デヴィッド・ハーヴェイ

The Enigma of Capital

資本の〈謎〉

世界金融恐慌と21世紀資本主義

森田成也・大屋定晴・中村好孝・新井田智幸 訳

作品社

デヴィッド・ハーヴェイ

The Enigma of Capital

資本の〈謎〉

世界金融恐慌と21世紀資本主義

目次

[図表一覧]

デヴィッド・ハーヴェイ

The Enigma of Capital

資本の〈謎〉

世界金融恐慌と21世紀資本主義

【凡例】

一、本書の底本は、以下の通りである。
David Harvey, *The Enigma of Capital and the Crises of Capitalism*, Profile Books, 2011.

一、ペーパーバック版（二〇一一年）「あとがき」の底本は、以下の通りである。
David Harvey, *The Enigma of Capital and the Crises of Capitalism*, Profile Books, 2011.

一、▼は訳注の印であり、訳注は当該の見開きの左端に掲載した。また、本文中の［　］内の割注も訳注である。

一、文中の（　）内は著者ハーヴェイによる記述であり、〔　〕は訳者による補足である。また、引用文中の〈　〉内はハーヴェイによる補足である。

一、『資本論』からの引用文は、大月書店刊の『マルクス・エンゲルス全集』所収の日本語訳を参考にし、その頁数を記載した。

一、既訳書のある文献からの引用文については出典を明示し、その訳文を参照したが、適宜、変更している。

一、読者の便宜を考えて、新たに小見出しを入れ、改行も増やしている。また、各章のタイトルは内容に即して変更している。

序文

デヴィッド・ハーヴェイ

本書は、資本の流れ《キャピタル・フロー》に関する著作である。

資本は、われわれが資本主義と呼ぶすべての社会の政治的身体《ボディ・ポリティック》の内部を流れる生きた血液である。それは時にしずくのように、時に大洪水のように、われわれの住むこの世界の中をすみずみまで駆けめぐる。この流れのおかげで、資本主義のもとで生きるわれわれは、日々のパン、住宅、車、携帯電話、シャツ、靴、その他、われわれが日々の生活を維持するのに必要な財を手に入れることができる。これらの流れを通じて富がつくり出される。われわれの生活を支え楽しませ教育し元気づけきれいにする多くのサービスが提供されることを通じて富が生まれるのだ。この流れに税金をかけることによって、国家はその権力、その軍事力を増大させ、自国の市民に十分な標準的生活を保障する能力を高める。この流れがさえぎられたり、スローダウンしたり、あるいはもっと悪いことに停止した場合には、われわれは資本主義の危機に直面することになり、これまで慣れ親しんできた日常生活をこれまでどおり続けることができなくなる。

したがって、資本の流れを理解すること、その曲がりくねった道筋とその行動様式《ビヘイビア》の奇妙な論理を理解することは、われわれの生活を取り巻く諸条件を理解するうえで決定的なものである。資本主義の最初の時期、あらゆる潮流の経済学者たちはこの流れを理解しようと悪戦苦闘し、勃興しはじめた資本主義がどのように働くのかを批判的に認識しようと努力した。しかし、最近では、われわれは、このような批判的理解を追求することを回避するようになった。その代わり、精緻な数学モデルを構築し、果てしなくデータを分析し、集計表を精査し、細部を分析し、資本の流れの体系的性格を、膨大な量の書類、報告、予測の中に埋もれさせてしまっている。

イギリス女王エリザベス二世が二〇〇八年一一月、ロンドン・スクール・オブ・エコノミクスの経済学者たちに、現在の恐慌の到来をどうして予測することができなかったのか尋ねたところ（間違いなく誰もがこの疑問を口にしたろうが、一人の封建君主だけがこれほど単純な形で問題を立て、何らかの回答を期待することができたのである）、経済学者たちは出来合いの回答をまったく持っていなかった。英国学士院の庇護のもとに集まった彼らにできたのは、六ヵ月もかけて研究し、熟考し、中心的な為政者たちとの密な相談を重ねたあげく、女王に宛てた集団的書簡の中で、自分たちが「システミック・リスク」と呼ぶものを何ゆえか看過していたこと、そして他のすべての者と同じく、「否認の政治」に陥っていたことを告白することだけだった。しかし、彼らはいったい何を否認していたのだろうか？

一七世紀初頭に活躍した私と同姓の人物、ウィリアム・ハーヴェイ（私と同じ「ケント人」だ）は、血液がどのように人間の身体を循環しているかを正確かつ体系的に明らかにした最初の人物であると一般にその功績が認められている。この成果にもとづいて、医学はさらに進んで、どのように心臓発作やその他の病気が、人体内部の生命力を深刻に損なうのか（場合によっては終わらせるのか）を明らかにした。血流が止まればその身体は死ぬ。現在の医学知識は、もちろんのこと、ウィリアム・ハーヴェイが想像しえたものよりもはるかに精緻なものになっている。それにもかかわらず、われわれの知識は依然として、彼が最初に明らかにした確固たる知見に依拠しているのである。

郵便はがき

料金受取人払郵便

麹町支店承認

8043

差出有効期間
平成30年12月
9日まで

切手を貼らずに
お出しください

1 0 2 - 8 7 9 0

1 0 2

[受取人]
東京都千代田区
飯田橋2―7―4

株式会社 作品社
営業部読者係 行

【書籍ご購入お申し込み欄】

お問い合わせ 作品社営業部
TEL 03(3262)9753/FAX 03(3262)9757

小社へ直接ご注文の場合は、このはがきでお申し込み下さい。宅急便でご自宅までお届けいたします。送料は冊数に関係なく300円(ただしご購入の金額が1500円以上の場合は無料)、手数料は一律230円です。お申し込みから一週間前後で宅配いたします。書籍代金(税込)、送料、手数料は、お届け時にお支払い下さい。

書名	定価 円	冊
書名	定価 円	冊
書名	定価 円	冊
お名前	TEL ( )	
ご住所 〒		

フリガナ お名前	男・女　　　　歳
ご住所 〒	
Eメール アドレス	
ご職業	
ご購入図書名	

●本書をお求めになった書店名	●本書を何でお知りになりましたか。
	イ　店頭で
	ロ　友人・知人の推薦
●ご購読の新聞・雑誌名	ハ　広告をみて（　　　　　　）
	ニ　書評・紹介記事をみて（　　　　）
	ホ　その他（　　　　　　）

●本書についてのご感想をお聞かせください。

ご購入ありがとうございました。このカードによる皆様のご意見は、今後の出版の貴重な資料として生かしていきたいと存じます。また、ご記入いただいたご住所、Eメールアドレスに、小社の出版物のご案内をさしあげることがあります。上記以外の目的で、お客様の個人情報を使用することはありません。

ところが政治的身体の心臓で生じた深刻な震動を扱う場合には、われわれの経済学者やビジネスリーダーや政治家たちは、資本の流れの体系的性格に関するいかなる概念もなしに、時代遅れの諸慣行を復活させるか、ポストモダン的諸概念を適用するかだった。一方では、種々の国際機関と信用提供者たちは依然として、いわゆる「構造調整」プログラムやその他の策略（たとえばクレジットカードの手数料を突然二倍にしたり）を通じて世界中のすべての人民から（彼らがどれほど貧困化しようとも）ヒルのようにできるだけ多くの生き血を吸っている。他方では、各国の中央銀行は、自国の経済を過剰流動性でじゃぶじゃぶにし、グローバルな政治的身体を膨張させている。このような緊急輸血によって病気が治癒されるだろうと期待してそうしているのだが、実際にはこの病気はもっとずっと抜本的な診断と介入とを必要としているのである。

本書において、私は資本の流れの何たるかに関する一定の理解を復活させるつもりである。現在われわれ全員がこうむっている崩壊と破壊に関してより正確な理解に達することができるならば、それについて何をなすべきかに関しても理解しはじめることができるだろう。

二〇〇九年一〇月、ニューヨークにて

第1章

なぜ金融恐慌は起こったか？

何か不吉なことが起こりつつあった。二〇〇六年のアメリカでのことである。クリーブランドやデトロイトのような古い都市の低所得者地域で、差し押さえになる住宅の割合が急増したのである。しかし、役所もメディアもまったく気に留めなかった。なぜなら、影響を受けたのは低所得者層、主にアフリカ系アメリカ人、移民（ヒスパニック）、シングルマザーだったからだ。とくにアフリカ系アメリカ人は、実際には一九九〇年代後半からすでに住宅ローンの支払いに困難をきたしていた。一九九八年から二〇〇六年の間に、すなわち住宅の差し押さえ危機が本格化する前に、彼らは住宅へのいわゆるサブプライムローンのせいで推定で七一〇億～九三〇億ドルもの資産価値を失っていた。しかし、何もなされなかった。レーガン政権期に蔓延したＨＩＶ／ＡＩＤＳ《エイズ》騒動の場合と同じく、今回も、真っ先に被害をこうむる人々への集団的関心の欠如と偏見のせいで、明確な警告のサインに注意が払われず、そのことで社会は最終的に計りしれない人的・金銭的損害をこうむることとなった。

ようやく二〇〇七年も半ばになって、差し押さえの波が、それまで活況を呈していたアメリカ南部（とくにフロリダ）と西部（カリフォルニア、アリゾナ、ネバダ）における都心・近郊の共和党有力地域に住む白人中間層にも波及すると、役所も注意を向けはじめ、主流メディアも取り上げはじめた。マンションの新規建設や宅地開発が影響を受けはじめた。いわゆる「ベッドタウン」でもしばしばそうなったし、都市周辺部を越えて影響が広がることもあった。二〇〇七年末の時点ですでに二〇〇万人近くが住宅を失い、四〇〇万人以上が差し押さえの危険性にさらされていると推定された。ほぼアメリカ全土で住宅価格が急落し、多くの世帯でローン額が住宅の価値を上回る羽目になった。これが差し押さえの下降スパイラルを促進し、住宅価格をますます押し下げた。

クリーブランドはまるで「金融カトリーナ」に街を襲われたようだった。持ち主に放棄され窓に板張りがされた家々が、貧しい居住区、主として黒人の住む地域の景観を覆った。カリフォルニアでは、たとえばストックトンでのように、町のどこの大通りでも、その通りに沿って空き家と放棄された家々がずらっと軒を並べていた。フロリダとラスベガスでは、いくつものマンションが住む者のいないまま林立していた。差し押さえにあった人々はどこかに雨露をしのぐ場所を見つけなくてはならなかった。カリフォルニアとフロリダではテント村ができはじめた。他の都市では、複数の家族が友人や親戚と相部屋したり、モーテルの窮屈な部屋を仮住まいにしたりした。

この住宅ローン破局の金融メカニズムを背後で支えていた人々は、最初のうちは不思議と影響を受けていないように見えた。二〇〇八年一月には、ウォールストリートのボーナスは合計で三二〇億ドルに達し、二〇〇七年の総額よりほんのわずか少ないだけだった。これは世界の金融システムを崩壊させたことに対する驚くべき報酬であった。社会のピラミッドの底辺にいる人々がこうむった損失は、その頂点にいる金融家たちの法外な利得とおおむね釣り合っていた。

しかし、二〇〇八年の秋までには、「サブプライムローン危機」と後に呼ばれる事態がウォールストリートの全大手投資銀行の瓦解をもたらした。資産状況の急激な悪化、強制的合併、そして破綻。投資銀行のリーマンブラザーズが破綻した日――二〇〇八年九月一五日――は決定的な瞬間だった。国際信用市場は凍りつき、世界中でほとんどの貸し出しが滞った。連邦準備制度理事会（ＦＲＢ）の元議長ポール・ボルカー（他の幾人かの事情通と並んで、アメリカ政府が銀行制度改革を強力に遂行しなければ金融恐慌が起こると五年前に予測した人物）が述べたところでは、「これほど急速に、世界中でこれほどいっせいに」急落が生じたことはかつてなかった。アメリカ以外の諸国はこれまで相対的に無傷であったが（イギリスは例外で、そこでは住宅市場における同様の問題が発生していて、同国政府は、主要な貸し手であったノーザンロック銀行を早々と国有化せざるをえない状況に直面した）、アメリカの金融崩壊に端を発する泥沼に深刻に引きずり込まれた。問題の発生源は「毒入りの」不動産担保証券（ＭＢＳ）の山である。それらが銀行に保有され、あるいは世界中の疑い知らずの投資家たちに売りまくられていた。誰もが資産価格が永遠に上がるかのように振る舞っていたのだ。

二〇〇八年秋にはすでに、かなり致命的な震動が銀行から大手の住宅ローン債務の保有者へと広がっていた。政府系住宅金融機関のファニーメイ（連邦住宅抵当金庫）とフレディマック（連邦住宅貸付抵当公社）は国有化せざるをえなくなった。両機関の株主は見捨てられたが、中国の中央銀行を含む債券保有者は守られた。世界中の疑い知らずの投資家たち――各種の年金基金からヨーロッパの地元の小銀行、ノルウェーからフロリダまでの自治体に至るまで――は、「高利回り」の証券化された住宅ローンのプールに投資したのだが、気づいたときには無価値の紙切れを持つだけとなり、債務の支払いも賃金の支払いもできなくなっていた。さらに悪いことには、アメリカ国内外の銀行のリスキーな投資に保険を提供していた、ＡＩＧのような巨大保険会社が、巨額の保険金支払い請求のせいで緊急支援を余儀なくされた。株式市場は大混乱に陥った。とくに銀行株がほとんど無価値になった。年金基金は悲鳴を上げて崩れ落ちた。自治体の予算は縮小した。パニックが金融システムを通じて拡散した。

政府による大規模な緊急支援《ベイルアウト》によってしか金融システムへの信頼を回復することができないことがますます明らかとなった。そこで、ＦＲＢは金利をほぼ〇％にまで引き下げた。リーマンブラザーズ破綻の直後には、少人数の財務官僚と銀行家が、ゴールドマンサックスの元会長である財務長官［ヘンリー・ポールソン］と同社

図表1　ケース・シラー住宅価格指数（季節調整済）の年変化率（1988-2009年）

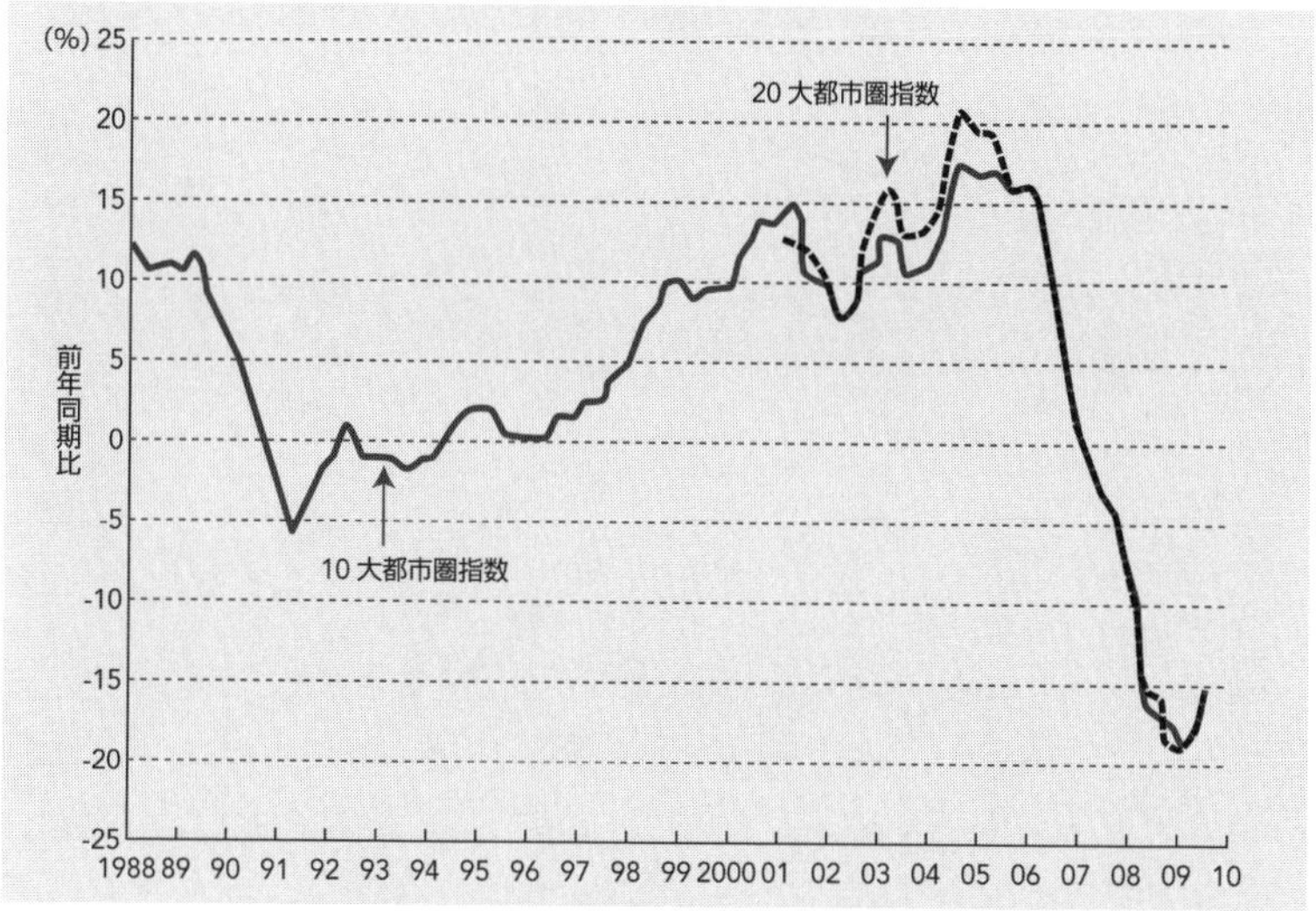

図表2　アメリカの持ち家率（1970-2008年）

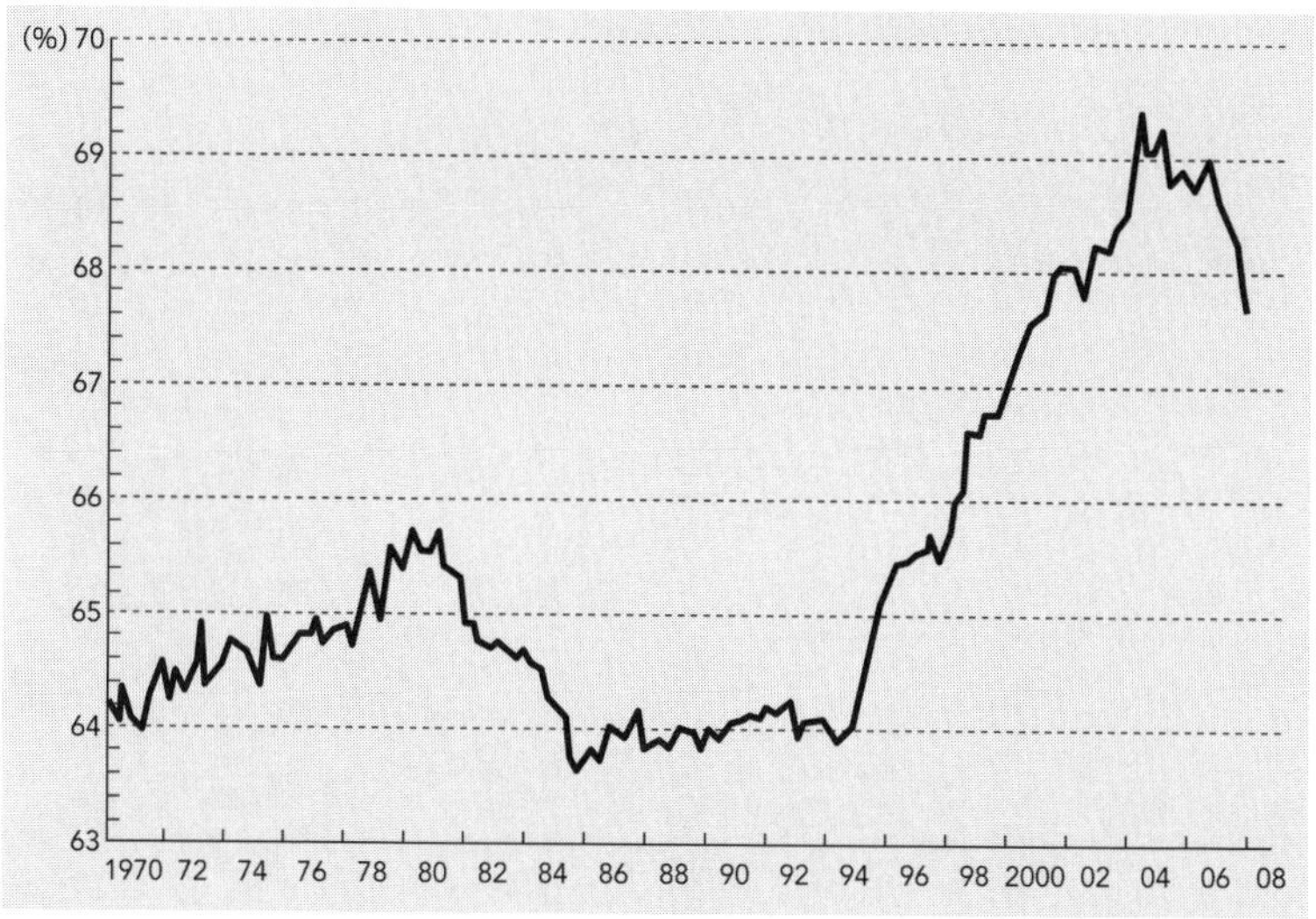

図表3　アメリカの住宅差し押さえ着手率（1985-2007年）

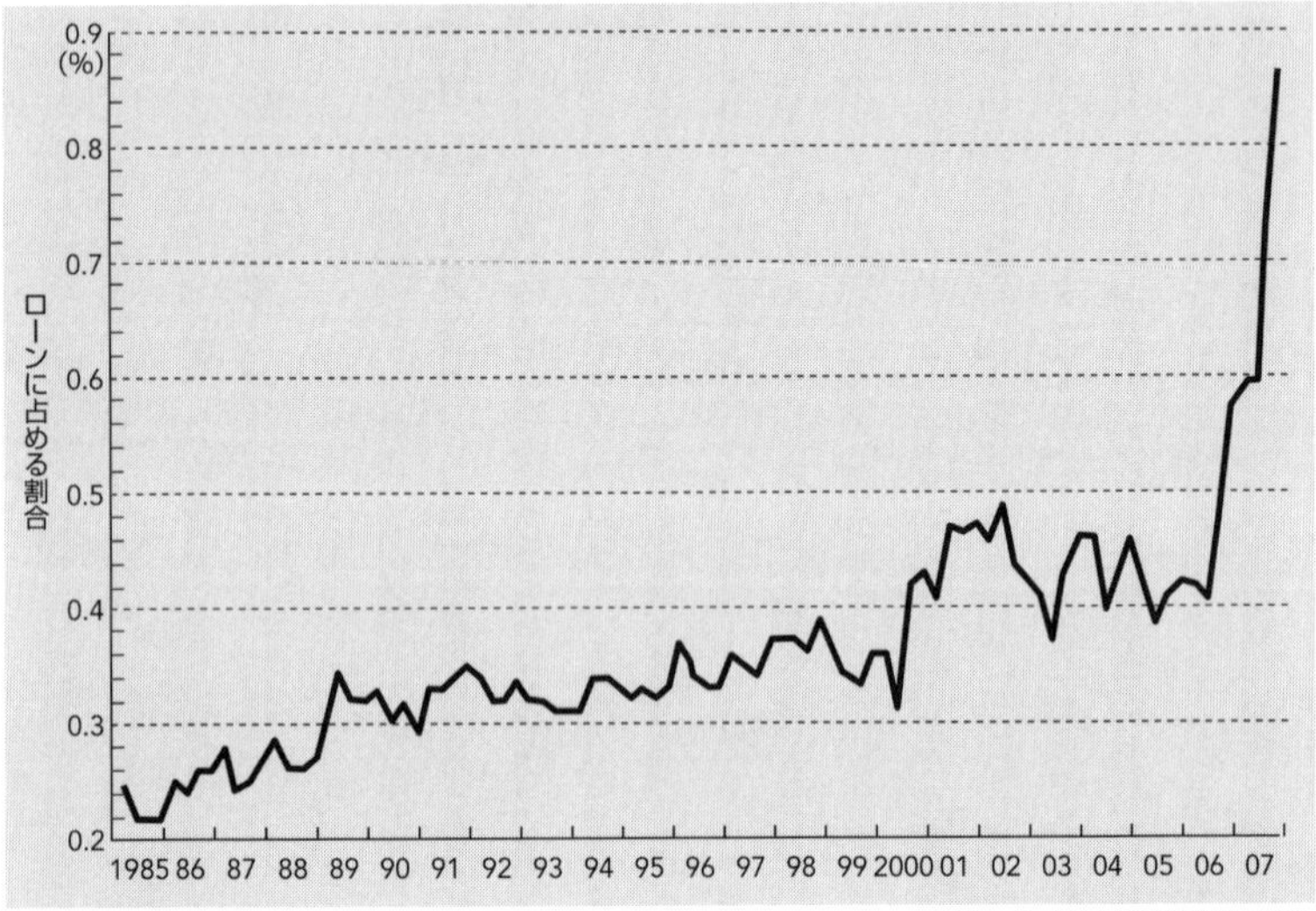

出典：アメリカ抵当貸付銀行協会

の現ＣＥＯ［ロイド・Ｃ・ブランクファイン］を交えて会談し、三頁の文書を持って会議室から現われた。それは、市場におけるハルマゲドンの脅しを用いつつ、銀行システムに対する七〇〇〇億ドルもの緊急《ベイル》支援《アウト》を求めるものだった。ウォールストリートはアメリカ政府と合衆国人民に金融クーデターを開始したようなものだった。数週間後、あちらこちらに但し書きを加え、たっぷりとレトリックを費やした挙句、連邦議会とブッシュ大統領（当時）は屈服し、「大きすぎてつぶせない」と思われるすべての金融機関に、いかなる規制もないままに、大金をじゃぶじゃぶ注入した。

しかし、信用市場はそれでも凍りついたままだった。「過剰流動性に覆われて」いると以前には言われていた世界（ＩＭＦはしばしばそう報告していた）は、突如として現金不足に陥り、住宅の過剰、オフィスや商業施設の過剰、生産能力の過剰、さらにはこれまで以上の労働力の過剰にさえ覆われた。

二〇〇八年末にはすでに、アメリカ経済のすべての部門が深刻な状況に陥った。消費意欲は減退し、住宅建設はストップし、有効需要は崩壊し、小売りは沈滞し、失業は急増し、店舗や工場は閉鎖された。ゼネラルモーターズ（GM）のような、アメリカ産業を象徴する伝統的企業の多くが倒産寸前となり、デトロイトの自動車会社を一時的に緊急支援《ベイルアウト》せざるをえなくなった。イギリス経済も同様に深刻な困難に陥り、ヨーロッパ連合（EU）は、不均等とはいえ、スペイン、アイルランドを筆頭に、そして最近EUに加盟し最も深刻な影響を受けた東ヨーロッパ諸国を筆頭に、大きな打撃をこうむった。アイスランドは、同国の銀行がこのような金融市場で投機を行なっていたため、完全に破綻するに至った。

二〇〇九年初頭になると、東アジアと東南アジアの目覚ましい成長をもたらしてきた輸出主導型工業モデルが危険水域にまで縮小した（台湾、中国、韓国、日本のような地域で輸出がたった二ヵ月で二〇%か、それ以上下落した）。グローバルな国際貿易は数ヵ月で三分の一下落し、ドイツやブラジルのような輸出中心型経済にダメージを与えた。原料産出国は、二〇〇八年夏には高値を享受していたが、突如価格の下落に直面し、湾岸諸国のみならず、ロシアやベネズエラのような産油国も深刻な困難に陥った。失業率は驚くべきスピードで上昇しはじめた。中国では約二〇〇〇万人が一気に職を失い、あちらこちらで騒動が起こっているとの不穏な報告が上がってきた。アメリカの失業者数は数ヵ月で五〇〇万人以上も増えた（ここでも、とくに失業が集中していたのはアフリカ系アメリカ人社会とヒスパニック社会だった）。スペインでは失業率は一七%以上に跳ね上がった。

二〇〇九年春には、国際通貨基金（ＩＭＦ）の見積もりによると、世界中で五〇兆ドル（世界の財・サービス生産の一年分の総額にほぼ等しい）以上の資産価値が破壊された。連邦準備制度理事会は、二〇〇八年だけでアメリカの家計保有資産価値が一一兆ドルも失われたと見積もった。またそれ以前にすでに世界銀行は、一九四五年以来初めて世界経済がマイナス成長になると予測した。

これは疑いなくあらゆる危機／恐慌《クライシス》の中でも最大級のものだった。しかし、これは、一九七〇年代と一九八〇年代初頭における資本主義の大規模な危機以来、何十年にもわたって繰り返されてきた一連の金融危機の頂点とみなされなければならない。これらの金融危機はますます頻繁に、かつますます深刻さの度合いを深めていた。一九九七～九八年に東アジアと東南アジアを揺るがした金融危機は巨大なものであり、ロシアに飛び火し（一九九八年に債務不履行に陥った）、その後二〇〇一年にはアルゼンチンに飛び火した（突然の全面崩壊を引き起こし、政情不安、工場占拠や工場の接収、自然発生的な道路封鎖、地域組織の結成を導いた）。しかしこれらはローカルな破局であった。アメリカでは、二〇〇一年にワールドコムやエンロンのような新興のスター会社が墜落した。両企業は基本的に、デリバティブ〔金融派生商品〕と呼ばれる金融手法を用いていた。両企業の崩壊は、一九九八年におけるロングターム・キャピタル・マネジメント（ＬＴＣＭ）（経営陣には二人のノーベル経済学賞受賞者がいた）の大規模な破綻と類似したものだった。このように、かなり早い時期から、相対型《オーバー・ザ・カウンター》の金融取引（後述する「影の銀行システム」として知られるようになったもの）、したがってまた一九九〇年以降に雨後のたけのこのように現われた規制外市場には、重大な欠陥があることを示す徴候はたっぷりあったわけである。

　一九七三年以降、世界中で金融危機は何百と起きている。一九四五～七三年にはそうしたものがごくまれであったのと実に対照的である。そして、それらの金融危機の一部は、不動産開発ないし都市開発に主導されたものだった。第二次世界大戦後における資本主義の最初の全面的な世界的危機は、アラブ諸国による石油輸出制限が石油価格を高騰させる六ヵ月も前の一九七三年春に始まっていた。その発端となったのは国際不動産市場の崩壊だった。銀行がいくつも破綻し、地方自治体の財政に大きな影響を及ぼしただけでなく（ニューヨーク市の財政は事実上一九七五年に破綻し、結局それは緊急支援されることになった）、より一般的には国家の財政にも大きな影響を与えた。一九八〇年代の日本の好景気は、株式市場の

図表4　アメリカにおける住宅抵当債務の年変化率

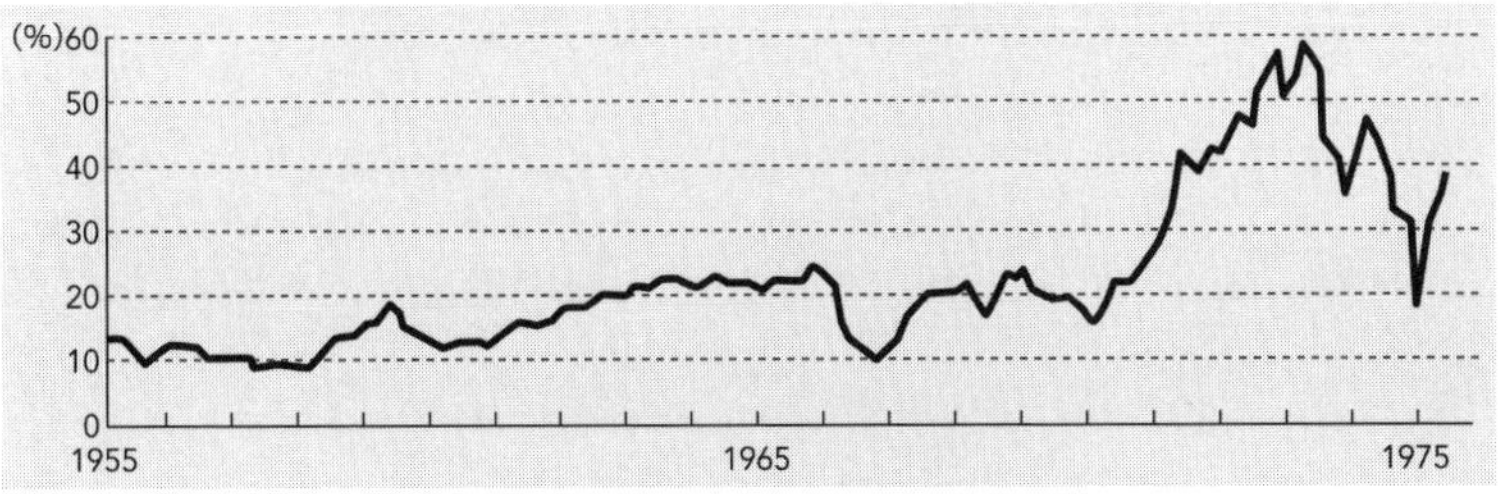

出典：商務省

図表5　不動産投資信託の株価（アメリカ）

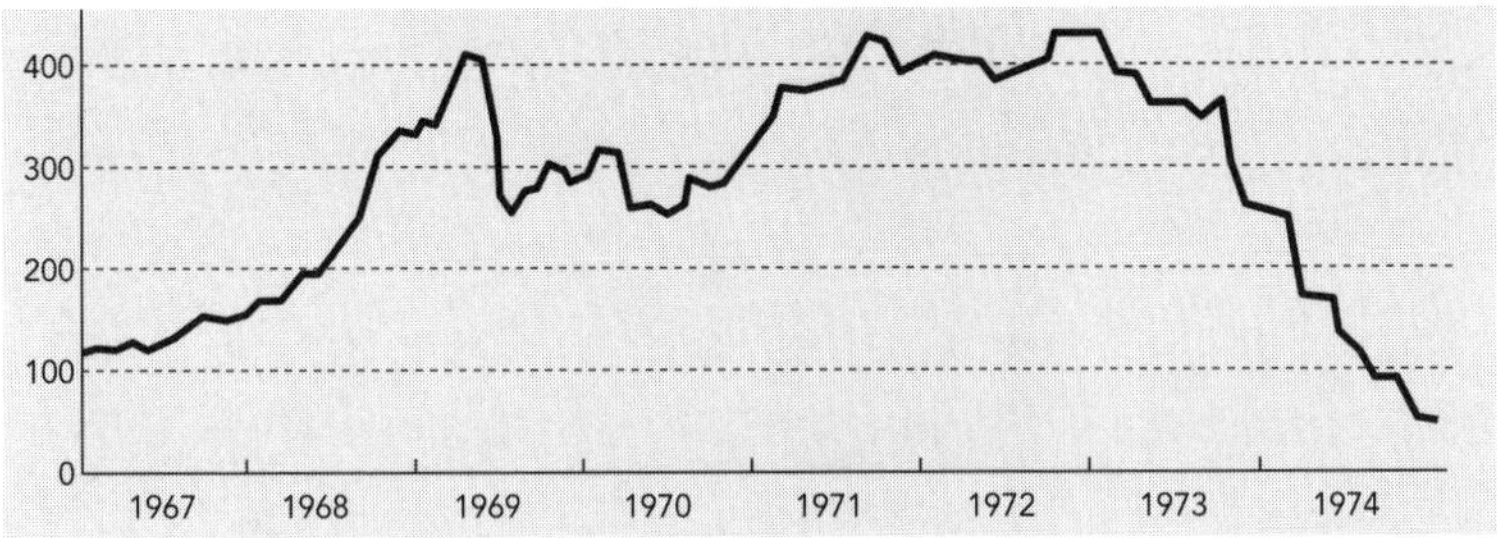

出典：『フォーチュン』

図表6　不動産株価指数（イギリス）

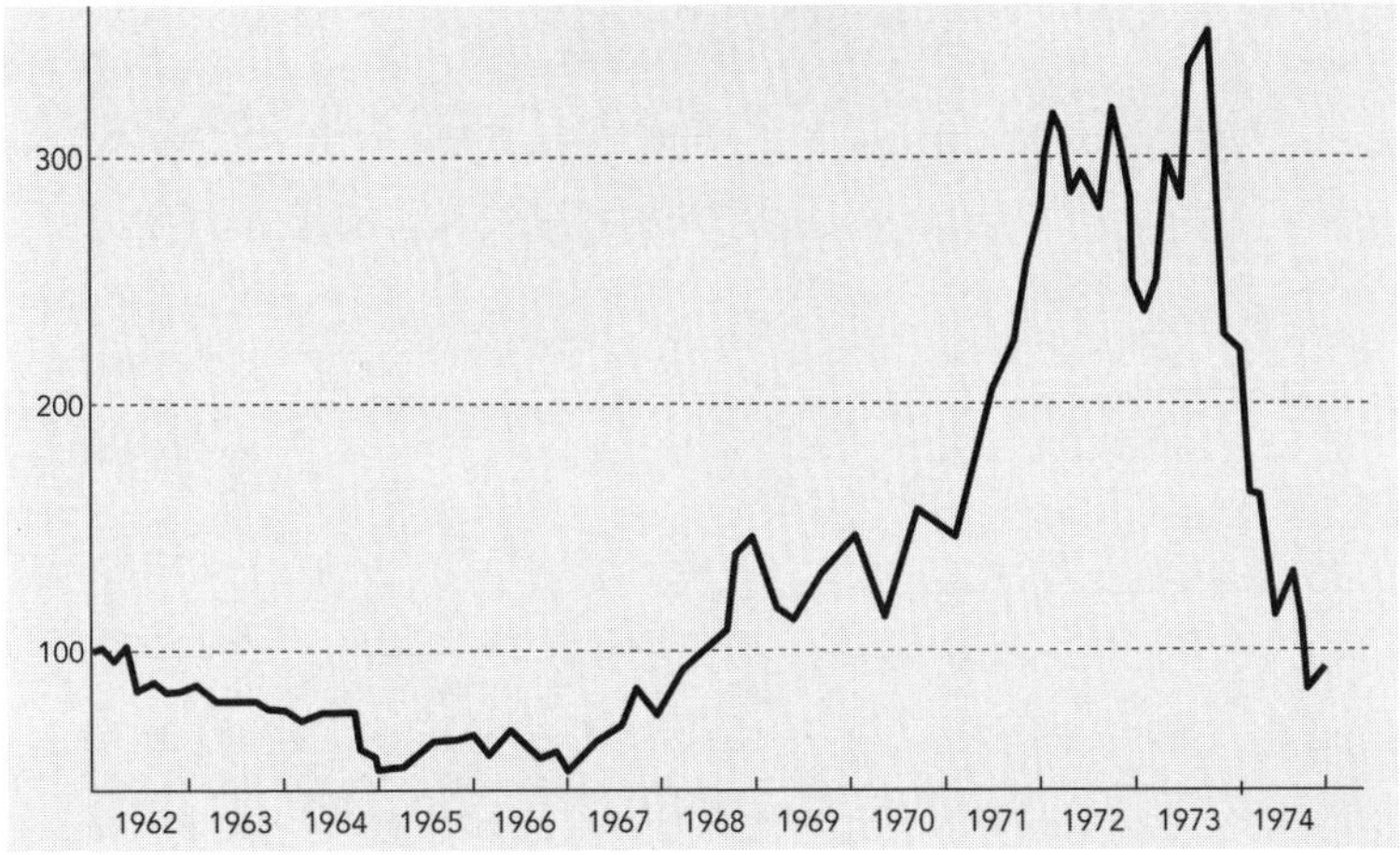

出典：『インベスターズクロニクル』

崩壊と地価の急落（まだ続いている）で終わった。スウェーデンの銀行システムは北欧危機の最中の一九九二年に国有化を余儀なくされた。ノルウェーとフィンランドも影響を受けたが、その原因も不動産市場の過熱であった。一九九七〜九八年の東アジアと東南アジアの崩壊のきっかけの一つとなったのは、都市開発の過熱であった。タイ、香港、インドネシア、韓国、フィリピンにおいては、外国の投機資本の流入がいっそう事態を悪化させた。一九八四〜九二年にはアメリカで、不動産への長期貸付によって主導された貯蓄貸付組合危機が勃発し、それは一四〇〇以上の貯蓄貸付組合と一八六〇の銀行を破産に追い込み、アメリカの納税者に約二〇〇〇億ドルもの負担を強いた（こうした状況の中、当時、連邦預金保険公社の総裁だったウィリアム・アイザックはすっかり動転し、一九八七年に、全米銀行協会に対して、これまでのやり方を改めなければ国有化するぞと脅しさえした）。不動産市場の問題に起因する危機は、時おり株式市場や銀行に直接襲いかかる短期の急激な危機よりも長期化する傾向がある。その理由は、今から見るように、建造環境[1]への投資は典型的に信用に依存するのであり、ハイリスクで、建設が長期にわたるからである。過剰投資が最終的に明らかになると（最近ドバイで起きたように）、形成されるのに何年もかかった金融的大混乱は、終息するまでにさらに何年もかかるだろう。

したがって今回の崩壊には、その規模と範囲を別とすれば、目新しいものは何もない。都市開発と不動産市場というその根源についても特異なものは何もない。だとすれば、ここには何らかの内的な連関が存在するのであり、それを注意深く再構成する必要がある、と結論づけなければならないだろう。

では、われわれは現在の大混乱をどのように解釈すべきだろうか？　この危機は、たとえば、資本主義発展の支配的な経済モデルであった自由市場的新自由主義の終焉を示唆するシグナルなのだろうか？　この答えは新自由主義という言葉をどのように解釈するかにかかっている。私見では、新自由主義とは一九七〇年代の危機と密接に結びついた階級的プロジェクトのことである。個人の自由、自己責任、民営化と

図表7　日本の地価の年変化率

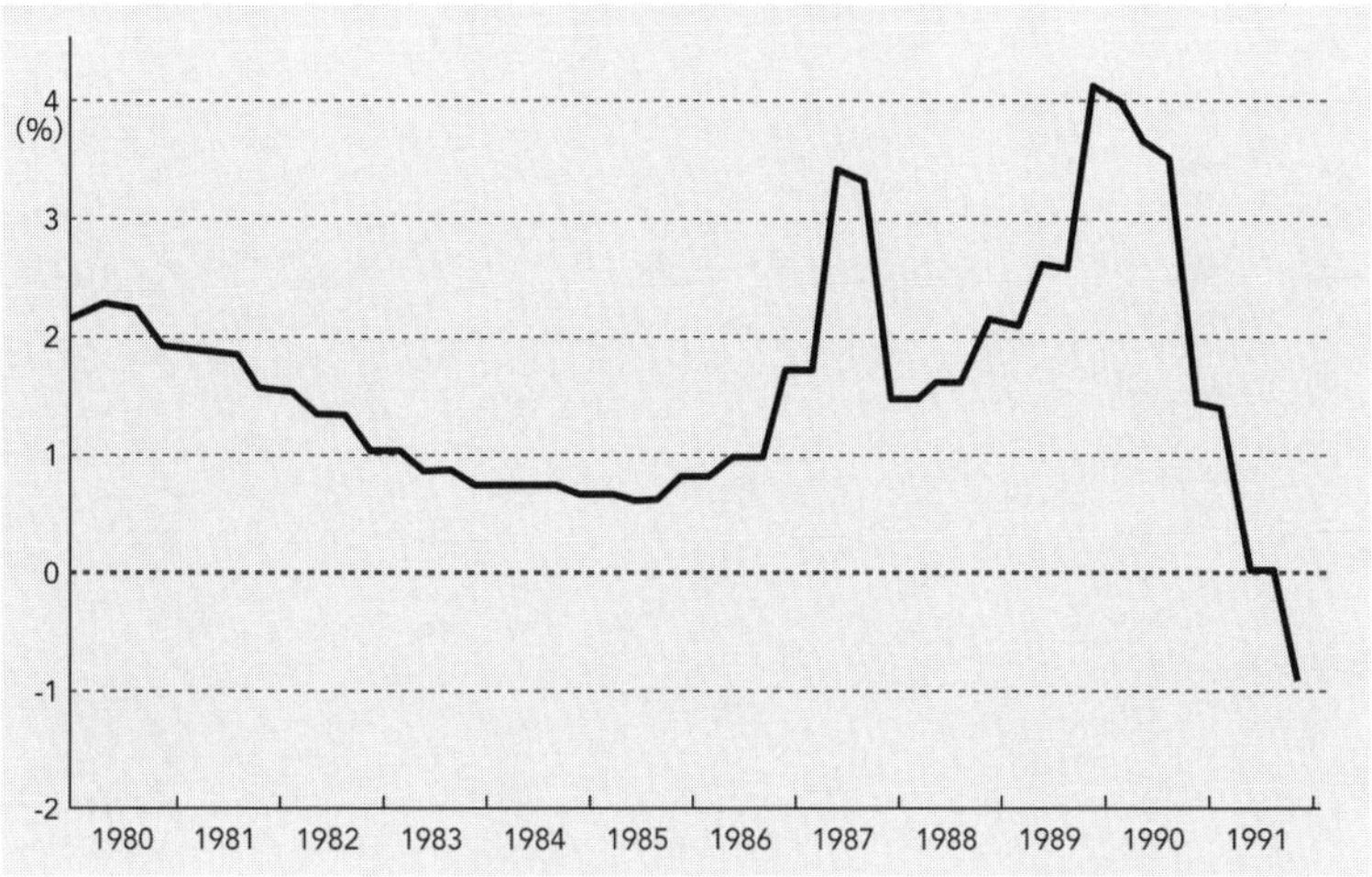

出典：G. Turner,2008 *The Credit Crunch: Housing Bubbles, Globalisation and the Worldwide Economic Crisis*, London, Pluto Press〔グレアム・ターナー『クレジット・クランチ　金融崩壊——われわれはどこへ向かっているのか？』昭和堂、二〇一〇年〕

図表8　日本全土の地価指数

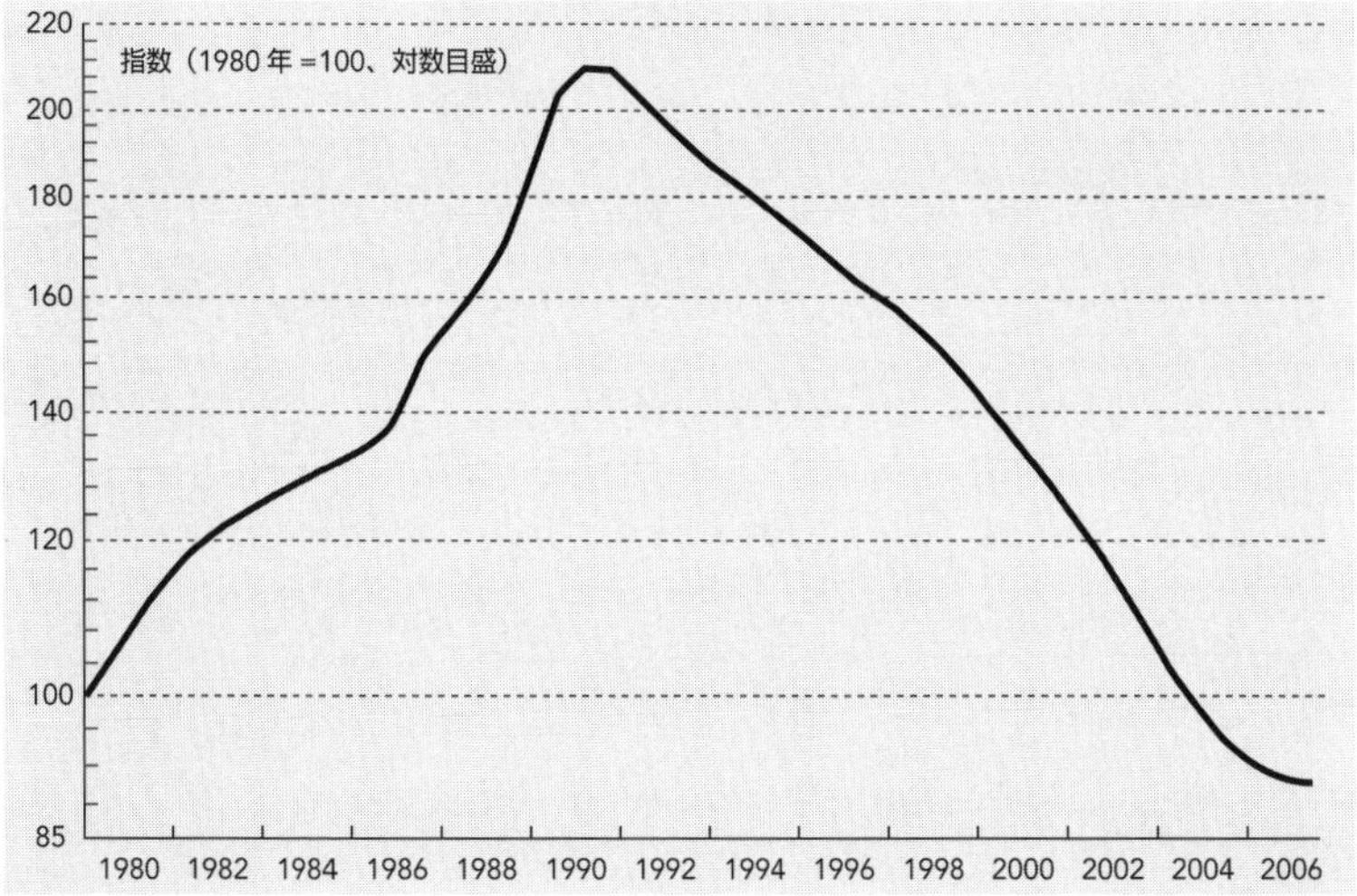

出典：同前

自由市場と自由貿易の美徳に関するさまざまなレトリックを隠れ蓑にして、新自由主義は資本主義の階級権力を回復し強化することをめざす過酷な諸政策を正当化した。このプロジェクトは成功を収めた。新自由主義の道を進んだすべての国で富と権力の途方もない集中が観察された。そして、この意味での新自由主義が死んだことを示す証拠はどこにもない。

一九八〇年代に台頭したプラグマティックな基本的諸原理の一つに、たとえば国家権力はいかなる犠牲を払っても金融機関を保護すべしというのがある。新自由主義理論が前提とする不介入主義に真っ向から反するこの原理は、一九七〇年代半ばのニューヨーク市の財政危機がきっかけで生まれた。その後、一九八二年にメキシコを根底から揺るがした債務危機の際に、国際的に拡張された。大雑把な言い方をすると、この政策は、利潤を私的なものにしつつリスクを社会的なものにすることである。つまり、銀行を救って人民を締めあげるのである（たとえばメキシコでは、国民の生活水準は一九八二年における金融救済《ベイルアウト》後の四年間で約四分の一も低下した）。その結果は、構造的な「モラル・ハザード」として知られる事態であった。銀行の振るまいはひどくなった。なぜならハイリスク経営の否定的結果に対する責任を負わなくてもよくなったからである。現在の銀行救済もこれと同じパターンである。ただ、今回はより大規模で、アメリカの中心部で起きたというだけだ。

一九七〇年代の危機への対処として新自由主義が台頭したのと同様に、今日どのような道が選択されるかで、資本主義のさらなる進化がどのような性格のものになるかが規定されるだろう。現在の政策は、この危機を脱するために資本主義的階級権力のさらなる強化と集中をめざすものである。アメリカには四つか五つの大銀行機関が残っているだけだが、ウォールストリートの多くの金融機関はこの瞬間も繁栄を続けている。たとえば、M＆Aを専門とする投資銀行のラザードは着実に儲けをあげ、ゴールドマンサックス（今では多くの人々が同社のことを、財務省の政策に対するその影響力から「ガバメントサックス」と冗談めかして呼んでいる）は、これまでのところ実に順調に回復してきている。たしかに失敗する富裕層もいるだろう。しかし、アンドリュー・メロン（アメリカの銀行家、一九二一～三二年に財務長官）がかつて述べた有名な言葉によると、「危機の時には、資産はその本来の所有者（つまり、彼）のもとに返ってくる」のである。そして、オルタナティブな政治運動が台頭して事態を食い止めないかぎり、今回もそうなるだろう。

金融危機《クライシス》／恐慌は資本主義の非合理性を合理化することに役立つ。恐慌はたいていの場合、勢力の再編成、新しい開発モデル、投資の新しい領域、階級権力の新しい形態をもたらす。これらはすべて、政治的にはうまくいかないかもしれない。しかし、アメリカの政治階級はこれまで、金融のプラグマティズムに閉じこもり、問題の根本に触れずにきた。オバマ大統領の経済顧問たちはいずれも旧態依然とした人々である。アメリカ国家経済会議（ＮＥＣ）の議長であるローレンス・サマーズは、クリントン政権期の財務長官で、金融の規制緩和熱が頂点に達した時にその任に就いていた。オバマ政権の財務長官であるティモシー・ガイトナーは、ニューヨーク連邦準備銀行の前総裁で、ウォールストリートと密接な関係を持っている。「ウォールストリートの党」とでも呼べそうな集団が、共和党内だけでなく民主党内にも巨大な影響力を持っている。たとえば、ニューヨーク州選出の民主党の大物上院議員チャールズ・シューマーは、何年にもわたってウォールストリートから何百万ドルもの献金を受け取ってきた。それは彼個人の政治活動だけでなく、民主党全体の政治活動に対する報酬なのである。

▼1　建造環境…経済地理学の用語で、工場やオフィスビル、倉庫、上下水道、鉄道・道路・港湾、住宅・学校・病院など、生産から消費にまでいたる、土地に埋め込まれた建造物群によって構成された人工的環境のこと。とくに生産に関しては、固定資本のうち物的インフラに投資された部分を指す。

クリントン政権期に金融資本の言いなりになってきたような人々が、現在、政権の舵取りをしている。だからといって、彼らが金融メカニズムの再設計をしないだろうと言いたいのではない。いずれにせよそれは避けられない。しかし、彼らは誰のために再設計するのか？ 銀行を国有化し、それを国民に奉仕する機関に変えるのだろうか？ 『フィナンシャル・タイムズ』にさえ載っているような有力意見として提案されているように、銀行は公的に規制された公益事業になるのだろうか？ それはまったく疑わしい。それとも、現在実権を握っている権力者たちは単に、国民の犠牲にもとづいて問題を片づけた上で、この大混乱を引き起こした当の階級集団に銀行を返還することをめざしているだけなのだろうか？ それに対抗する政治的動きが盛り上がらないかぎり、ほぼ確実にそちらの方へと事態は進むだろう。すでに「ブティック投資銀行」［比較的規模の小さい投資銀行］と呼ばれるものがウォールストリートの周辺に急速に作られており、リーマンブラザーズやメリルリンチの後釜に座ろうとしている。その一方、生き残った大銀行は、崩壊前に支払っていた巨額のボーナスの支払いを再開するため、資金を隠して貯め込みつつある。

階級的力関係の劇的変化

われわれが異なった形でこの危機を抜け出せるかどうかは、階級的力関係に相当程度かかっている。国民の大多数が立ち上がって「もうたくさんだ、このシステムを変えよう」と言うかどうかにかかっている。平均的アメリカ人たるジョーとジーン（彼ないし彼女が配管工であっても）には、そう言ってよい十分な理由がある。アメリカでは、たとえば、一九七〇年代以降、資本主義的階級諸集団による富の巨大な蓄積がなされた一方で、世帯収入は全般的に停滞しつづけた。米国史上初めて、労働者階級は生産性上昇の分け前にあずかることができなかった。三〇年にもわたって賃金抑制が続いた。いったいなぜ、どのようにして、このようなことが生じたのだろうか？

一九六〇年代を振り返ると、資本蓄積を持続し資本主義的階級権力を強化するのを妨げた主要な要因の一つは労働であった。ヨーロッパでもアメリカでも労働不足が生じていた。労働者はしっかり組織され、十分な賃金が支払われ、政治的影響力を持っていた。しかしながら、資本に必要だったのは、より安くより従順な労働力が供給されることだった。そのためにはいくつかの方法があった。一つは移民の促進である。一九六五年の「移民国籍法」は、出身国別の人数制限を廃止することで、アメリカ資本がグローバルな過剰人口にアクセスすることを可能にした（それ以前には、ヨーロッパ人と白人だけに特権があった）。一九六〇年代後期には、フランス政府は北アフリカからの労働力輸入に補助金を与え、ドイツはトルコから労働者を引き入れ、スウェーデンはユーゴスラビアから労働者を入手し、イギリスは旧イギリス帝国の住民に触手を伸ばした。

もう一つの方法は、自動車産業におけるロボット化のように、労働節約型技術を開発することである。それは失業を生み出す。部分的にそれは生じたが、労働者からの抵抗も大きかった。彼らは生産性協定を強く求めた。独占企業の権力が強化されたこともまた新しい技術を導入する動機を弱めた。というのも、高い労働コストは高価格として消費者に転嫁することができたからである（結果として恒常的なインフレが起きた）。デトロイトの「ビッグスリー」の自動車会社は典型的にこれを行なった。その独占権力も、日本とドイツがアメリカの自動車市場に進出してきた一九八〇年代についに打ち砕かれた。より厳しい競争条件へ回帰することは、一九七〇年代の重要な政策目標だったのだが、これが労働節約型技術を強要したのである。しかし、これはかなり後になってからのことである。

このすべてが失敗すると、虎視眈々と出番を待っていたロナルド・レーガン、マーガレット・サッチャ

図表9　アメリカの賃金および給与の対GDP比

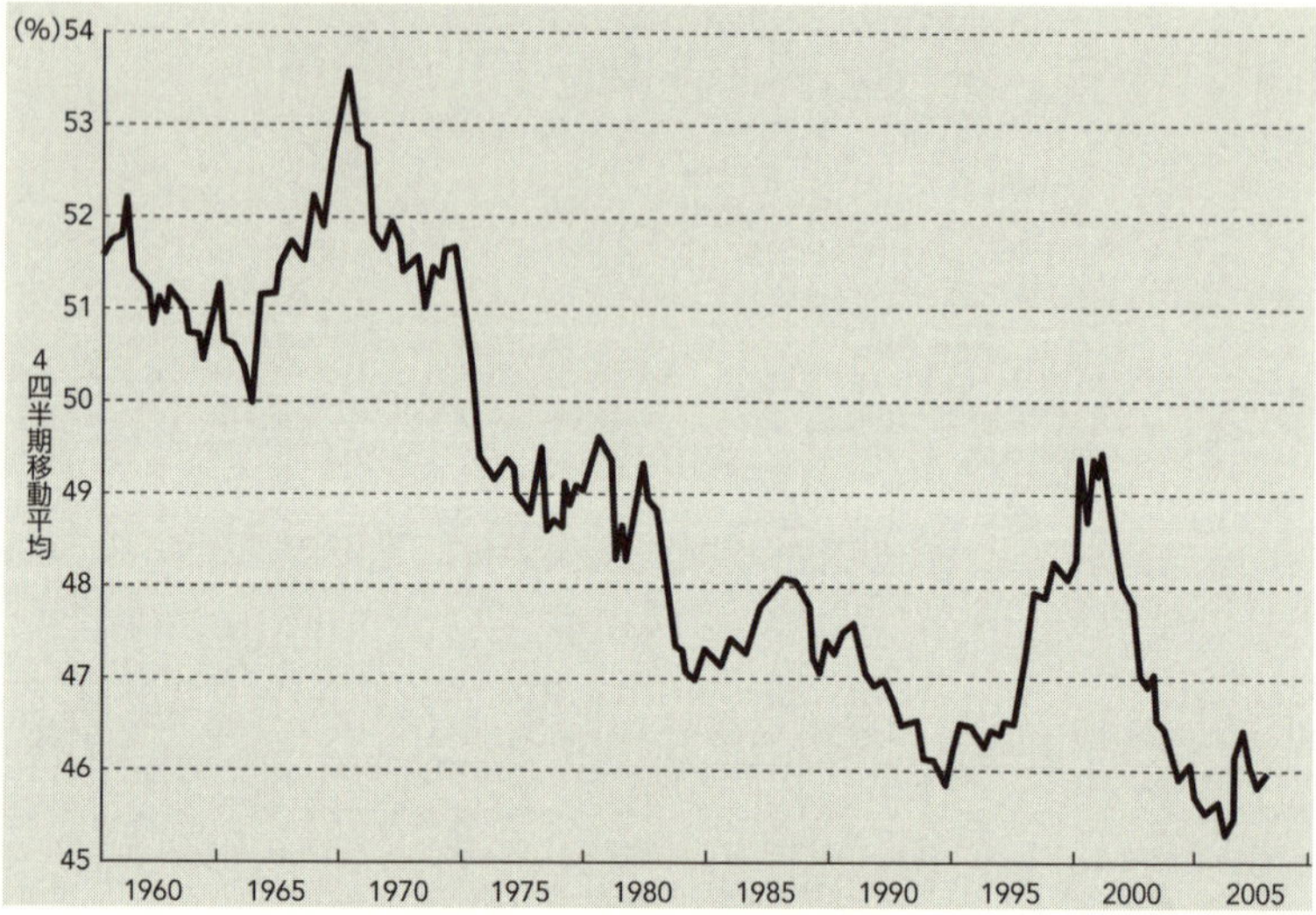

出典：経済分析局

図表10　イギリスの平均実質賃金

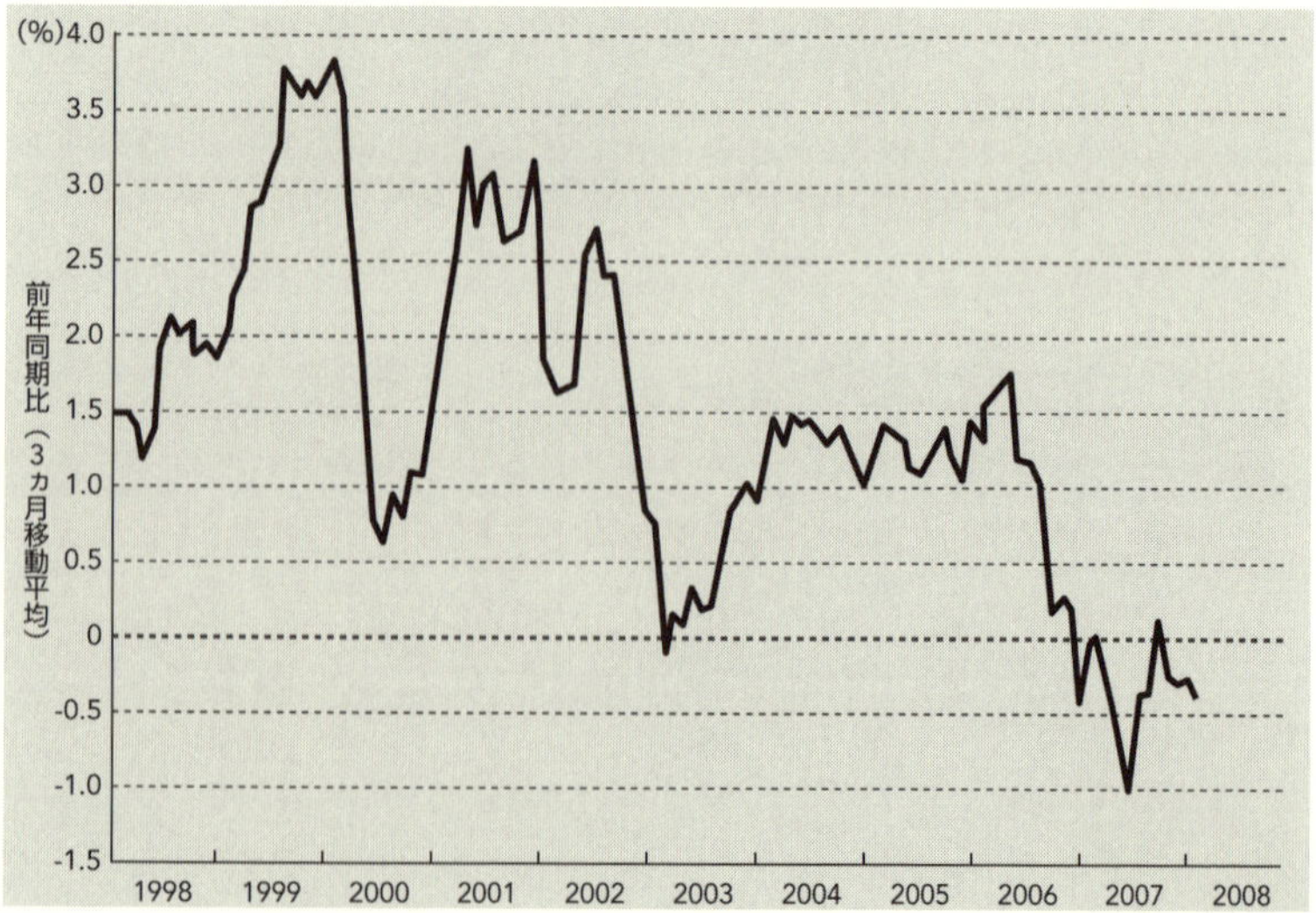

出典：国民統計局

図表11　中国の労働者所得と家計消費の対GDP比（1998-2008年）

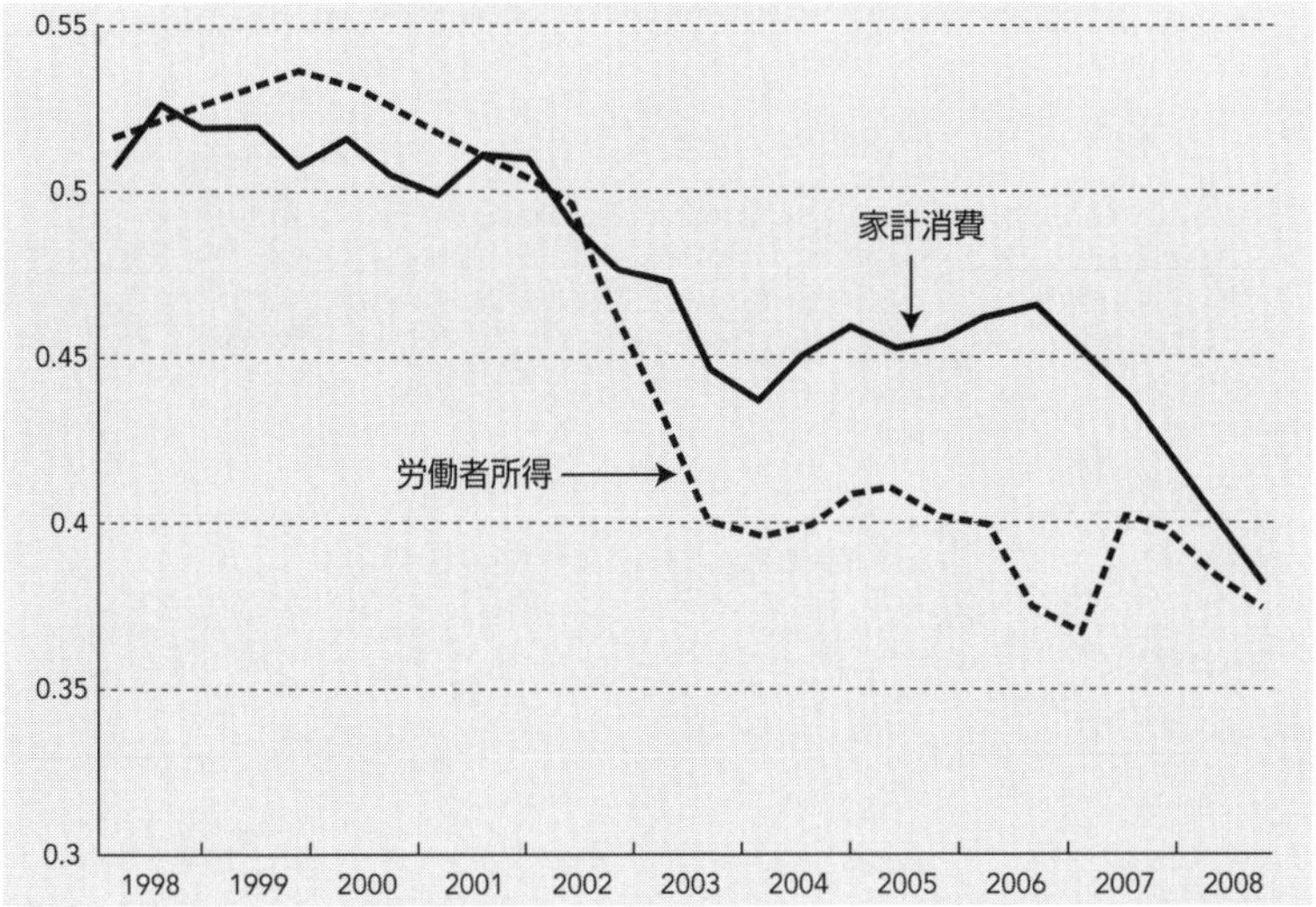

出典：中国国家統計局

ー、アウグスト・ピノチェト将軍のような人々が登場することになった。彼らは新自由主義の教義で武装し、組織労働者を国家権力を使って押しつぶすことに躊躇しなかった。ピノチェトや、ブラジルとアルゼンチンの将軍たちは軍事力でそれを実行した。他方、レーガンとサッチャーはより計画的に大労働組合と対決した。レーガンによる航空管制官組合との決着や、サッチャーによる炭鉱労組や印刷労組との激闘の場合のように直接的なものもあれば、失業を創出することによる間接的なものもあった。サッチャーの主任経済顧問だったアラン・バッドは後にこう認めている。「経済と財政支出の引き締めによってインフレを克服しようとする一九八〇年代の政策は、労働者に大打撃を与えるための隠れ蓑だった」。そうやって「産業予備軍」を創出し、労働者の力を掘りくずし、それ以降資本家が容易に利潤を上げられるようにしたのである。アメリカでは、インフレ抑制の名目のもと失業が急増し、一九八二年に失業率は一〇

%を超えた。その結果は賃金の停滞だった。アメリカではそれに伴って貧困層に対する犯罪取締りを強化し監獄にぶち込む政策が実行された。それによって、二〇〇〇年にはすでに二〇〇万人以上もの人々が監獄にいたのである。

資本には、過剰労働力が存在する国に進出するという選択肢もある。南半球《グローバルサウス》の農村女性はあらゆるところで労働力に組み入れられていった。カリブ海のバルバドスからバングラディシュまで、メキシコのシウダード・フアレスから中国の東莞《とんがん》までである。その結果はプロレタリアートの女性化が進行したことであり、自給自足的な「伝統的」農民制度が解体したことであり、世界のいたるところで貧困の女性化が起こったことである。家内奴隷や売買春のために女性が国際的に人身売買されるケースが急増した。二〇億人以上もの人々が、不衛生な諸都市のスラム、ファヴェーラ（貧民街）、ゲットーにますます押し込められ、一日二ドル以下で暮らしていた。

過剰資本にあふれたアメリカ企業は実際に一九六〇年代中頃から生産の海外移転を開始したが、この動きが本格化したのはようやくその一〇年後のことだった。その後は、部品が世界のあらゆるところで生産され（賃金と原料が安いところが選択される）、それらをアメリカに運んで、市場に近いところで最終消費用の完成品に組み立てるということが可能になった。一九八〇年代にはすでに「グローバル自動車」や「グローバル・テレビセット」が当たり前になった。資本は今や全世界の安価な労働供給を利用できるようになった。その上、共産主義の崩壊が生じ――旧ソ連圏では劇的に、中国では徐々に――、およそ二〇億人もの人々が国際賃金労働力に追加された。

「グローバルな展開」を促進したのは、移動にかかるコストを引き下げた輸送システムの抜本的な再編であった。コンテナ輸送――重大なイノベーション――は、ブラジルで生産された部品をデトロイトの組み立てラインで完成車に組み立てるのを可能にした。新しい通信システムはグローバルな空間を横断する商品生産の連鎖を緊密に組織するのを可能にした（パリのファッションを模造した商品は、ほとんど瞬時に香港の搾取工場《スウェットショップ》経由でマンハッタンに送られる）。関税や輸入制限のような人為的な貿易障壁は減少した。とりわけ、新しいグローバル金融の仕組みが形成され、最も利潤の上がるところへ流動的な貨幣資本が容易に国際移動できるようになった。一九七〇年代の後半に始まった金融の規制緩和は一九八六年以降加速し、一九九〇年代にはとめどもなく進行するようになった。

今や資本にとって労働不足の問題は完全に解消された。この二五年というものずっとそうであった。しかし、労働の弱体化は低賃金を意味し、貧困化した労働者は活気に満ちた市場を構成しない。つまり、持続的な賃金抑制は、資本主義企業の拡大するアウトプットへの需要不足を引き起こす。資本蓄積に対するある制限――労働問題――は、別の制限――市場の不足――をつくり出すという代償を払ってしか克服されない。ではどのようにしてこの二つ目の制限を回避することができたのだろうか？

有効需要と金融化

労働者が稼ぐ額と消費できる額とのギャップを埋めたのは、クレジットカード産業の成長と個人債務の増大であった。一九八〇年のアメリカでは平均的な家計債務額は四万ドル前後（恒常ドルで計算）であったが、今ではどの世帯でも住宅ローンを含めて約一三万ドルにのぼっている。家計債務はうなぎ上りに増大したが、このことは、金融機関が労働者（彼らの所得は増えていない）の債務を支えるとともにそれを促進することを必要とした。これは安定雇用層から始まったが、一九九〇年代後半には対象をいっそう広げなければならなくなった。この部分の市場が使い果たされてしまったからである。低所得者にも市場を拡大しなければならなかった。ファニーメイやフレディマックなどの金融機関に政治的圧力が加えられ、あらゆる人々に対して信用制限を緩和することを迫られた。貸付先に困っていた金融機関は、安定した収入がない人々にまで資金の貸付を開始した。そうでもしないと、借り入れで資金繰りをしていた不動産開発業者の建てる膨大な新築住宅や新築マンションを誰が買うことができたろう？ 需要問題は、買い手にだけでなく開発業者にも貸付を行なってなされた住宅建設によって一時的に解決された。金融機関は全体として、住宅の供給と需要の両者をコントロールしていたのだ！

同様のことは、あらゆるもの、あらゆる形態の消費者信用についても起きていた。自動車や芝刈り機から、トイザラスやウォルマートでクリスマスプレゼントを買い込むことまで。このすべての債務は明らかにリスクを伴うものだったが、証券化という驚くべき金融イノベーションによって処理された。それは、理論上はリスクを分散することになっており、さらにはリスクが消えてしまうかのような幻想さえ生み出した。擬制金融資本がそれをコントロールし、誰もそれを止めたがらなかった。なぜなら関係者は誰もが大金を稼げそうだったからである。アメリカではウォールストリートからの政治献金が急増した。ビル・クリントンが、自分の再選について聞かれた際に答えたときの有名な言い回しを思い出してほしい。「経済計画の成功と私の再選は、連邦準備制度理事会と膨大な債券トレーダーのくそ野郎にかかってると言いたいのかね」。飲み込みが早いのはクリントンの最大の取り得だ。

しかし、需要問題には別の解決方法もあった。資本の輸出と世界中での新市場の開拓である。この解決策は資本主義そのものと同じくらい古いが、一九七〇年代以降さらに精力的に追求された。ニューヨークの投資銀行は当時、湾岸諸国からのだぶついたオイルマネーで活気づいており、新たな投資機会を渇望していたのだが、アメリカ国内の有望な投資機会が枯渇していたため、メキシコ、ブラジル、チリ、そしてポーランドまでをも含む発展途上国に大規模に貸付を行なった。なぜそうなったかというと、シティバン

図表12　消費者家計債務率（可処分所得に占める債務支払い額）

出典：Board of Governors, Federal Reserve Board, Household Debt Services and Financial Obligations Ratios

図表13　アメリカの巨大な負債バブル

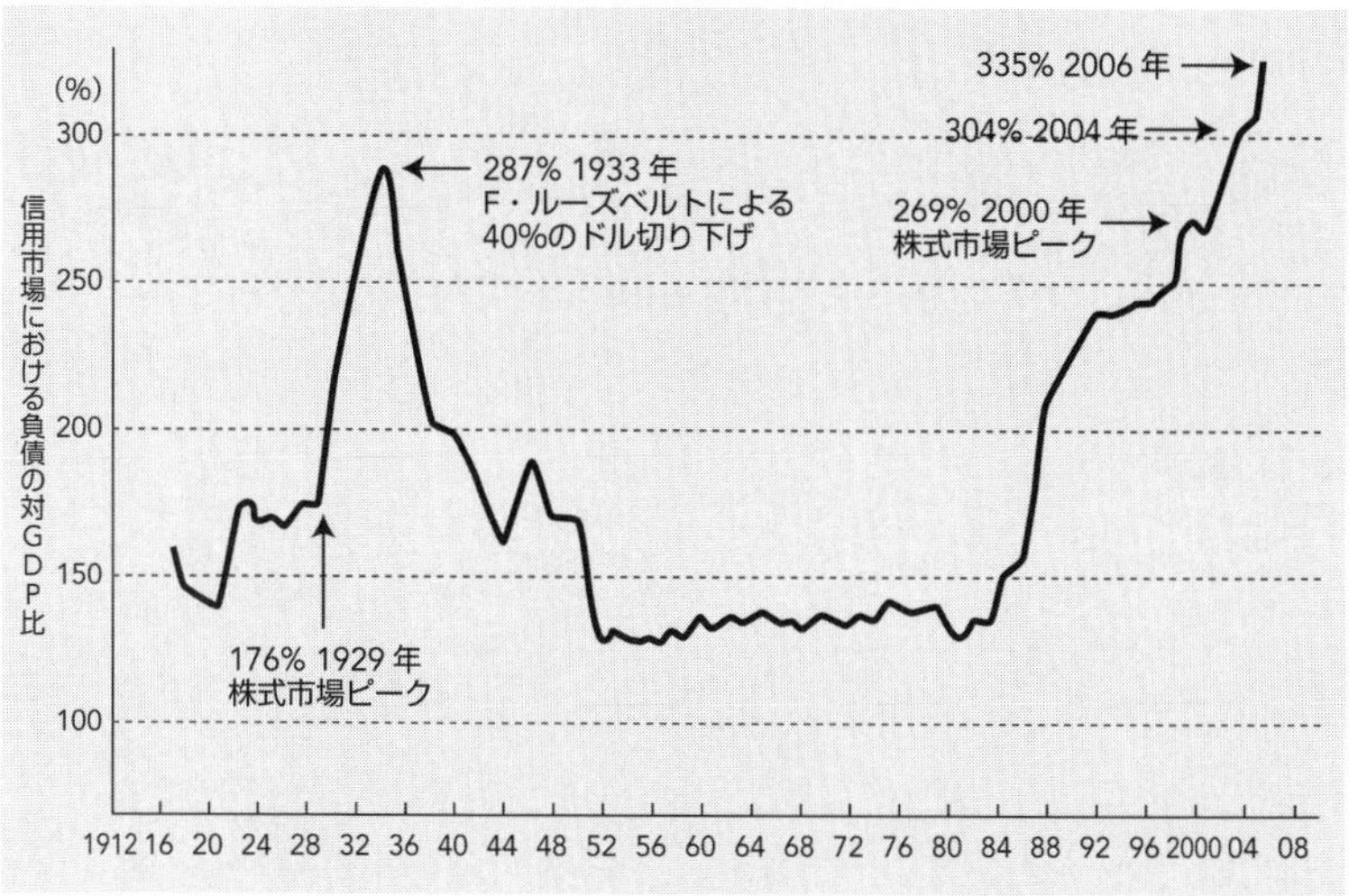

出典：『バロンズ』2006/2/21更新

ク頭取のウォルター・リストンの言うところではこうである。「国はなくならない。問題が起きてもそれがどこで起きたのかはいつでもはっきりしている」。

だが問題はすぐに起きた。一九八〇年代における途上国の債務危機である。一九七九年以降に金利が急騰した際、ラテンアメリカとアフリカを中心とする四〇ヵ国以上で、債務返済に困難が生じた。一九八二年にメキシコは破綻の危機に陥った。アメリカはただちに国際通貨基金（ＩＭＦ）（レーガン政権は厳格な新自由主義原理にのっとって一九八一年にはそこから資金を引き上げようとしたのだが）を国際的な金融規律機関として復活させた。すなわち、銀行が自分たちの貸しつけた金を取り戻し、そして各国民にその支払いを強制するのを保障する機関としてである。ＩＭＦの「構造調整プログラム」は、銀行に返済するために緊縮政策を押しつけるものであり、その後世界中に広められた。その結果、多国籍銀行の貸付行動において「モラル・ハザード」の風潮が蔓延した。一時的にはこの行動は巨大な成功を収めた。メキシコ救済二〇周年にモルガンスタンレーのチーフエコノミストはこう絶賛した。それは「アメリカ経済の強い拡張傾向と並んで、世界中で投資意欲を増大させるお膳立てをし、一九九〇年代後半の市場の成長を促進する要因」であったと。銀行を救済し国民を締めつけることは驚くべき成果を生む――銀行家にとっては。

しかし以上のことが本当に有効に機能するには、金融市場のグローバルな相互連携のシステムを構築する必要があった。アメリカ国内では銀行業に対する地理的制約は一九七〇年代後半以降しだいに取り除かれていった。それまでは、投資銀行――預金機関とは法的に分離されていた――を除くすべての銀行が一つの州でしか営業できないよう制限されていた。その一方で、貯蓄貸付会社が住宅ローンを貸しつけており、それは預金銀行と区別されていた。しかし、国内金融市場の統合と同様に国際的金融市場の統合も決定的に重要なものとみなされ、これが一九八六年に株式市場と金融市場の国際的な結合を導いた。この「ビッグバン」――当時そう呼ばれた――が、ロンドンとニューヨークとを結びつけ、その後すぐに全世界の主要な金融市場を（そして結局はローカルな金融市場をも）、一個の取引システムに結合したのである。以後、銀行は国境を自由に越えて業務することができるようになった（二〇〇〇年の時点ですでにメキシコの銀行はほとんどが外国所有になり、ＨＳＢＣ〔イギリスの国際金融グループ〕はあらゆるところで事業を展開し、「みなさまの世界地域銀行」と好んで自称した）。これによって国際資本移動に何の障壁もなくなったというわけではないが、グローバルな資本移動に対する技術的および物流上の障壁は確実に減少した。流動的な貨幣資本は収益率が最大の場所を求めてより容易に世界を駆けめぐれるようになった。一九三三年のグラス・スティーガル法以来機能してきた投資銀行と預金銀行との分離が一九九九年に廃止され、銀行システムはますます金融権力の一個の巨大なネットワークへと統合されていった。

　しかし、金融システムがグローバルになると、国際金融センター（主としてロンドンとニューヨーク）間の競争は必然的に高い代償を伴った。ゴールドマンサックス、ドイツ銀行、ＵＢＳ〔スイスの国際金融グループ〕、ＲＢＳ〔スコットランドの国際金融グループ〕、ＨＳＢＣのような多国籍銀行の各支店は、それぞれの金融グループ内部でも激しい競争を繰り広げた。ロンドンの規制環境がアメリカよりも厳しくないのであれば、ロンドンのシティの各支店がウォールストリートの各支店よりも業務を拡大した。利益の上がる業務は自然に規制体制の最も緩やかなところに流れ、そっぽを向かれた規制当局に対する政治的圧力が高まった。ニューヨーク市長のマイケル・ブルームバーグは二〇〇五年に報告書を出し、アメリカでの過度な規制はニューヨーク市における将来の金融事業を脅かすと結論づけた。ウォールストリートの連中はみな、連邦議会内部の「ウォールストリートの党」といっしょになってこの結論を吹聴した。

金融投機の異常な発達

一九八〇年以降の賃金抑制政策の成功は富裕層《リッチ》をいっそうリッチにした。これはよいことだと言われた。富裕層は新しい活動に投資するからだと（もちろん前もって顕示的消費にふける競争的衝動を満たした後だが）。しかり、たしかに彼らは投資をする。しかし、必ずしも生産に直接投資するとはかぎらない。ほとんどの投資家は資産価値に投資する方を好む。たとえば、彼らは株式市場に資金を投下し、株価が上昇すると、さらに多くの資金を株式市場に投下する。このとき、投資先の会社の事業が実際にどのくらい順調であるのかとは無関係にである（一九九〇年代後半のダウの平均株価予想が三万五〇〇〇ドルだったことを思い出してほしい）。株式市場はねずみ講型《ポンジー》投資詐欺的特徴を持つ。この世界のバーニー・マドフ[2]的人物がわざわざそうしなくとも、だ。富裕層はあらゆる種類の資産価値をつり上げる。株式、不動産、資源、石油、その他の商品先物のみならず、美術品市場もだ。彼らはさらに、美術館のスポンサーになったり、その他あらゆる文化活動を通じて文化資本に投資する（こうして、いわゆる「文化産業」を都市の経済開発に向けたお気に入りの戦略にする）。リーマンブラザーズがこけたとき、ニューヨーク近代美術館はそのスポンサー収入の三分の一を失ったのである。

奇妙な新市場が勃興していた。それは、後に「影の銀行」システムとして知られるようになった仕組みの内部で生まれ、信用スワップや通貨デリバティブなどへの投資に道を開いた。先物市場は汚染物質排出権の取引から天気への賭けにいたるまで、あらゆるものを取り込んだ。このような市場は一九九〇年にはほぼ皆無だったのに、二〇〇五年には二五〇兆ドルに迫る規模へと成長し（世界の総産出高は当時四五兆

図表14　アメリカの株価と住宅価格の対GDP比

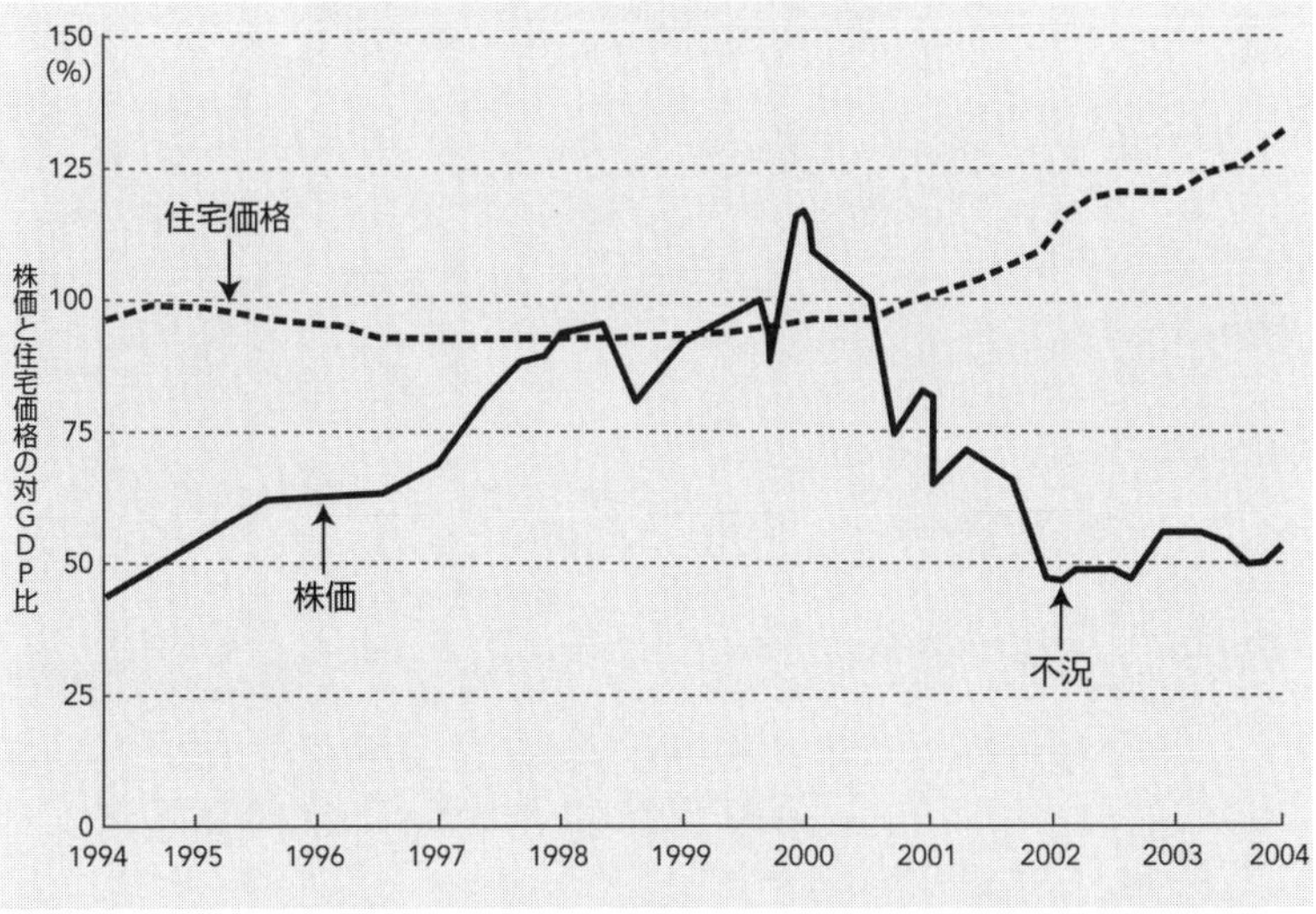

出典：Federal Reserve, Commerce Department via Economy

図表15　アメリカ企業の利潤源の逆転（1946-2007年）

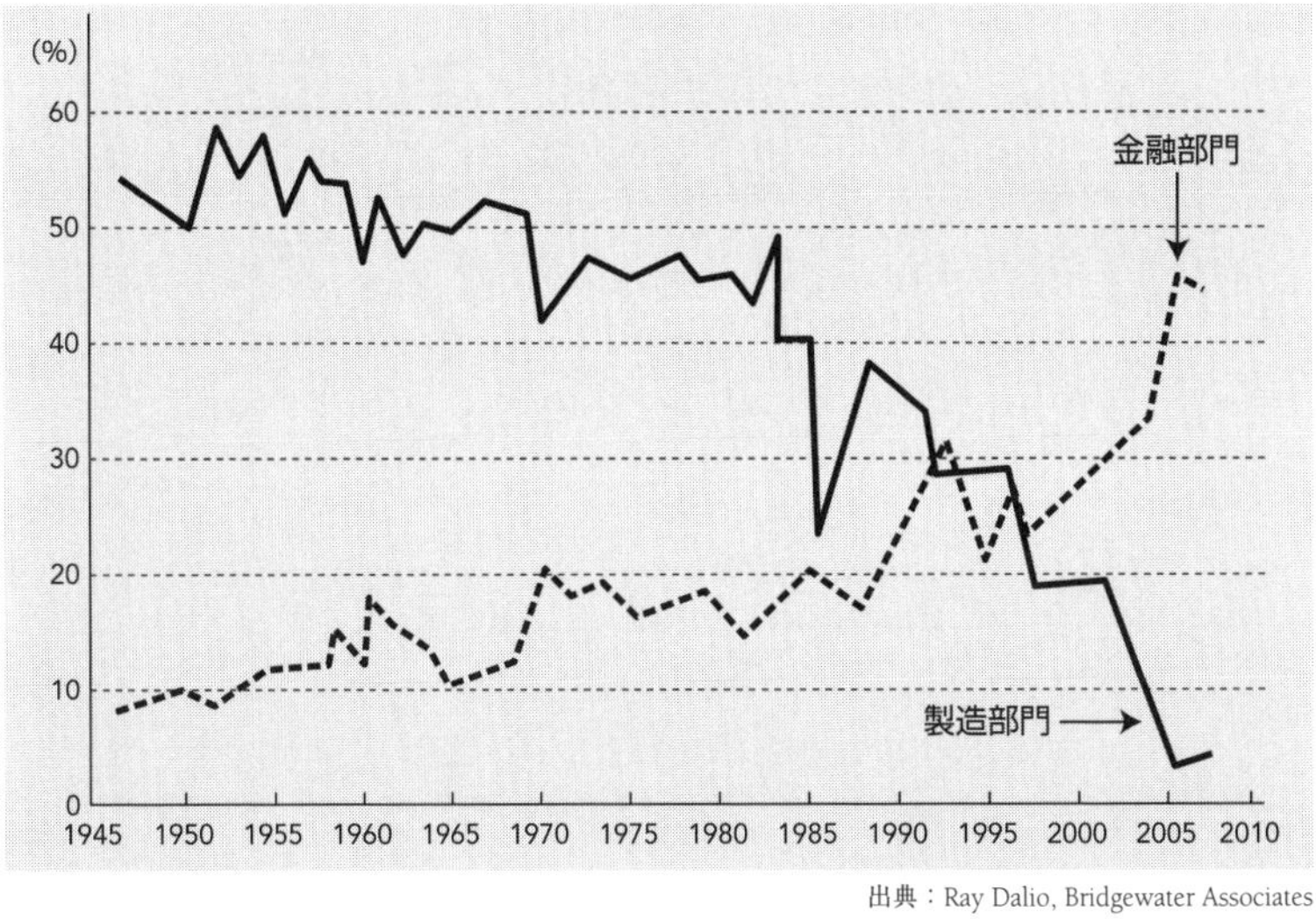

出典：Ray Dalio, Bridgewater Associates

図表16　デリバティブ市場での取引高と世界経済の産出高

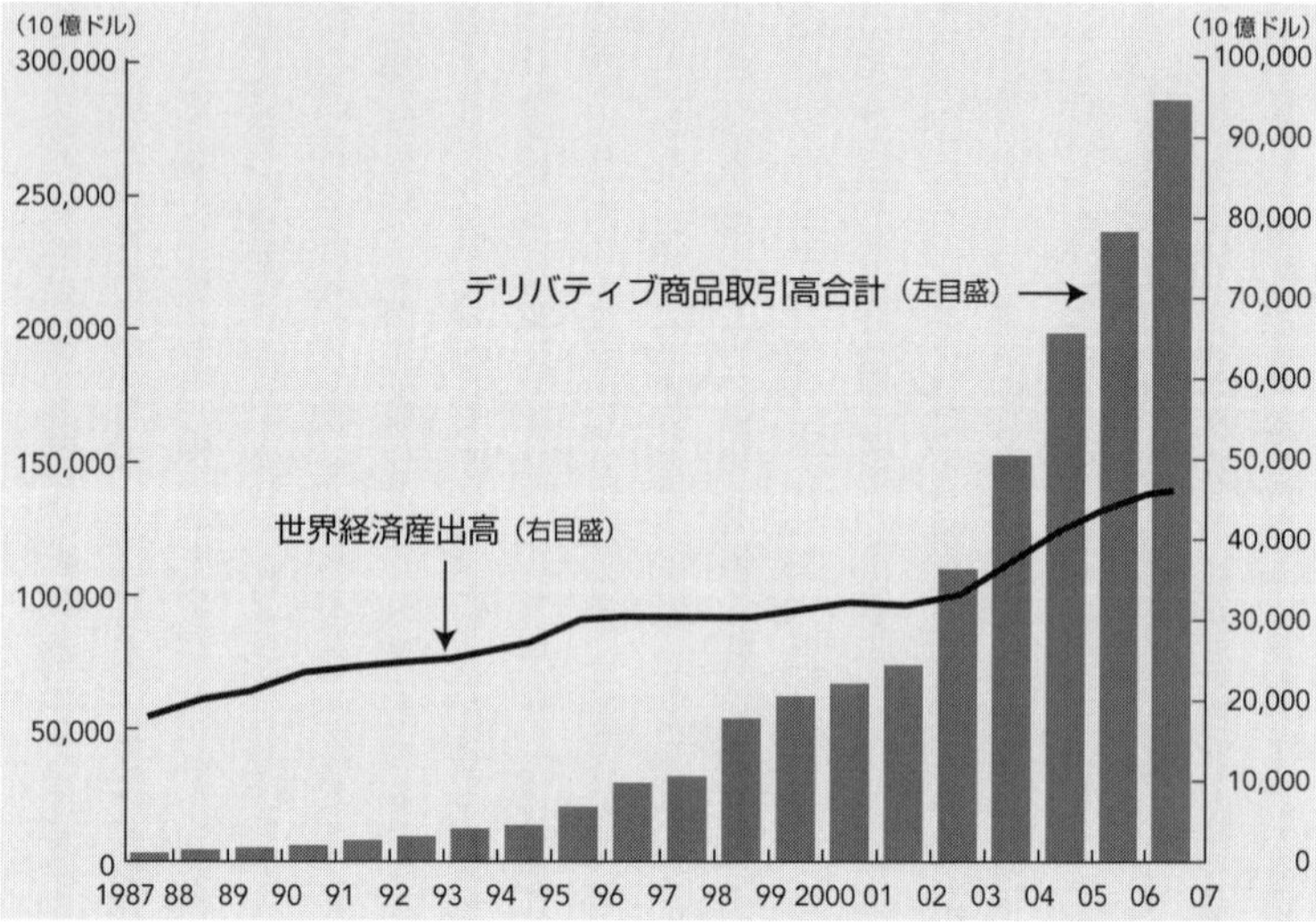

ドルにすぎなかった)、二〇〇八年にはおそらく六〇〇兆ドルに達している。投資家は今では資産価値のデリバティブに投資することができ、最終的には資産価値のデリバティブに関する保険契約のデリバティブにさえ投資できる。こうした環境が、ヘッジファンドを繁栄させ、そこに投資した人々に莫大な利益をもたらした。ヘッジファンドを運営していた連中は巨大な富を蓄積した(彼らの一部は二〇〇七年と二〇〇八年には個人年収が一〇億ドル以上にのぼり、稼ぎ頭の年報酬額は約三〇億ドルであった)。

　資産価値への投資傾向はますます広がった。一九八〇年代以降、次の点を指摘する報告が定期的に現われるようになった。非金融系の大企業の多くが、物の生産から上げる利益よりも多くの利益を金融操作から上げているというのである。これはとくに自動車産業にあてはまる。これらの企業は今や技術者によってではなく会計士によって運営されており、消費者向けローンを取り扱っている金融部門は高収益を上げていた。ゼネラルモーターズ・アクセプタンス・コーポレーション（GMAC）［GMの金融子会社］は、自動車購入者に貸付をする高収益事業であるだけではなく、まもなく、民間では最大の資産抵当権保有者の一つになった。しかし、さらに重要なことは、世界中で自動車部品を生産している企業内で内部取引がなされ、各国通貨を横断して価格と利益額を操作することができるようになったことである。すなわち、税率が最低の国で利益を申告し、また為替変動それ自体を通貨差益《マネタリーゲイン》を獲得する手段にしたのである。しかし、自社を防衛するために、各企業は不測の為替変動によって生じうる損失をヘッジする［リスクを分散する］必要があった。

一九六〇年代の固定相場制が一九七三年に崩壊したことは、より変動性の大きな為替システムが登場したことを意味した。新しい通貨先物市場が一九七〇年代にシカゴで形成されたが、これは厳格なルールのもとで組織されていた。その後、一九八〇年代終わりにかけて、変動性を相殺するために、ヘッジの慣行（通貨先物の両方向に賭けること）がより一般的になった。「相対取引《オーバー・ザ・カウンター》」市場が、規制の枠組みと為替取引ルールの外部に発生した。これが一九九〇年代に新しい金融商品――CDS[3]、通貨デリバティブ、金利スワップ[4]、その他いろいろ――の爆発的増大をもたらした民間側の動きである。これらは完全に規制外の「影の銀行」システムを構成し、多くの企業がそれに積極的に参加した。この影のシステムがニューヨークで実行できるのであれば、どうしてロンドン、フランクフルト、チューリッヒ、シンガポールでできな

▼2　バーニー・マドフ…巨額の投資詐欺事件を起こした投資家で、二〇〇八年に逮捕され二〇〇九年に懲役一五〇年の判決を受けた。

▼3　CDS…クレジット・デフォルト・スワップの略称で、債権自体を移転することなく信用リスクのみを移転する取引。

▼4　金利スワップ…異なる種類の金利間で、たとえば固定金利と変動金利とのあいだで交換取引をすること。

いことがあろうか。そしてどうして銀行だけにその活動が制限されるだろうか。エンロンはエネルギーを生産し分配するものとされていたが、だんだん単にエネルギー先物を取引するだけになり、二〇〇二年に破綻したときには、ハイリスク市場にどっぷりつかったデリバティブ取引会社としか思えないものになっていた。

起こったことは信じがたいほどわかりにくいので、事態の解明に役立ちそうなエピソードを一つ紹介しよう。二九歳のアンディー・クリーガーは、投資銀行のソロモンブラザーズにおいて通貨先物取引で大成功を収め、一九八六年にバンカーズトラストに入った。ちょうど「ビッグバン」の時期である。彼は、通貨オプションに価格をつけて利益を稼ぎ出す巧妙な数学的手法を発見した。彼はまた、ある将来時点で大量の通貨を購入するオプションを設定することで市場を操作しようとした。そうすれば、他のトレーダーたちは、その時点までにできるだけ通貨を購入して価格をつり上げようとするだろう。そして、クリーガーは十分価格が上がったところで保有通貨を彼らに売りつけ、オプションを解約してしまうのである。もちろん彼はオプションへの保証金を失うが、通貨の売却によってそれをはるかに上回る利益を得た。このような事態になったのは、取引が「相　対《オーバー・ザ・カウンター》」でなされていたからだった（すなわち、シカゴの通貨先物取引所の枠組みの外部で私的に契約が交わされた）。クリーガーは巨額の賭け金を投資し――あるときはニュージーランド・ドルに全額投資した（これはニュージーランド政府をパニックに陥れた）――、一九八七年には約二億五〇〇〇万ドルも稼ぎ出すことに成功した。バンカーズトラストの他部門が損失を出していた金融危機の年にである。彼は一人でバンカーズトラストを破産から救ったかのようだった。彼は、上げた収益の五％のボーナスを約束されていて（当時としては巨額だったろう）、わずか三〇〇万ドルを受け取ると、「自己の信念にもとづいて」辞職した。しばらくして、バンカーズトラストは、彼の上げた収益額の数値をチェックすることなく、自社の株価を支えるために自社の収益性を再確認する声明を出した。その後、クリーガーの数値が八〇〇〇万ドルも誤っていることが判明したのだが、自社の収益性が失われたことを認めるのではなく、同社は、数字の食い違いを隠蔽するためにありとあらゆる「創造的《クリエイティブ》」会計操作を駆使したが、結局、数値の誤りを認めざるをえなかった。

この物語のポイントを確認しよう。第一に、規制外の相対《オーバー・ザ・カウンター》取引が、ありとあらゆる種類の金融イノベーションと、胡散くさいが大金の儲かる取引を可能にした。第二に、銀行は、たとえその仕組みを（とくにその数学的手法を）理解できなくてもそれらをバックアップする。なぜならそれらはたいてい銀行の中核業務よりも相対的に収益性が高く、したがって株価を高めることになるからだ。第三に、粉飾《クリエイティブ》会計《・アカウント》がそうした状況に加担する。第四に、会計業務にとって資産価値を評価することは変動性市場においてははなはだ不確実である。最後に、それを推進したのは、同類たちの中でもとくに有能な若いトレーダーであった。フランク・パートノイは、以上のことを説明した『感染する貪欲』（二〇〇三年に出版されたことに注意せよ）の中で次のように述べている。

わずか数年で、規制当局は市場仲介者に対してかつて持っていたどんなわずかな限定的コントロールも失い、市場仲介者は企業経営者に対してかつて持っていたどんなわずかな限定的コントロールも失い、企業経営者は従業員に対してかつて持っていたどんな限定的コントロールも失った。このコントロール喪失の連鎖は、ほとんど公衆の目から隠されているが、多くの会社でリスクの可能性を幾何級数的に高めた。ありていに言えば、金融市場におけるコントロールの外観は一個のフィクションであった。

資産価値がつり上げられると、その動きは経済全体へとたちまち波及した。株はその一つだが、不動産もそうである。マンハッタンで家を買うことだけでなく、マンハッタンで暮らすことさえ、途方もない借金を抱えないかぎりほとんど不可能になった。誰もがこの資産価値のインフレに夢中になった。そこには、所得の上がらない労働者階級も含まれていた。大金持ち《スーパーリッチ》にできるのなら、どうして労働者階級にできないことがあろうか？　安易な貸付条件で住宅を購入し、その住宅を、価格が上昇していくATMのように扱うことができるならば、救急の医療費をまかなったり、子供を大学に行かせたり、カリブ海のクルーズを楽しむことだってできるはずだ。

しかし資産価値のインフレは永遠に続くことはない。今やアメリカは資産価値の下落の痛みを経験する番である。だが、その一方で、アメリカの為政者たちは、アメリカの歪んだ資本主義を世界の他の部分にも輸出しようと全力を尽くしている。

経済成長と過剰資本

資本主義のもとでの表象と現実との関係は、常に問題をはらんだものだった。債務は財とサービスの将来価値に関係する。将来価値には常に推測が関与し、それは、将来価値を見越した利子率によって設定される。一九七〇年代以降の債務の増大は、私が「過剰資本吸収問題」と呼ぶ根底的問題に関係している。資本家は利潤という形態で常に剰余を生産している。彼らは次にその剰余の一部を再資本化し再投資して生産を拡張することを競争によって強制される。そのためには、収益性のある新たな投資先が見つけ出されなければならない。

イギリスの傑出したエコノミストであるアンガス・マディソンは、人生をかけて資本蓄積の歴史に関するデータを集め分析した。彼の計算によれば、一八二〇年の資本主義世界経済における財とサービスの総

図表17　GDPの成長：世界および主要地域（1950-2030年）

	1950	1973	1990	2003	2030	1990-2003	2003-30
	単位：10億ドル（1990年購買力平価）					平均年変化率	
西ヨーロッパ	1,396	4,097	6,033	7,857	12,556	2.05	1.75
アメリカ	1,456	3,537	5,803	8,431	16,662	2.91	2.56
その他の先進国	180	522	862	1,277	2,414	3.07	2.39
日本	161	1,243	2,321	2,699	3,488	1.17	0.95
「富裕国」計	**3,193**	**9,399**	**15,019**	**20,264**	**35,120**	**2.33**	**2.06**
東ヨーロッパ	185	551	663	786	1,269	1.33	1.79
ロシア	315	872	1,151	914	2,017	-1.76	2.98
その他の旧ソ連諸国	199	641	837	638	1,222	-2.17	2.43
ラテンアメリカ	416	1,389	2,240	3,132	6,074	2.61	2.48
中国	245	739	2,124	6,188	22,983	8.56	4.98
インド	222	495	1,098	2,267	10,074	5.73	5.68
その他のアジア諸国	363	1,387	3,099	5,401	14,884	4.36	3.83
アフリカ	203	550	905	1,322	2,937	2.96	3.00
「富裕国以外」計	**2,148**	**6,624**	**12,117**	**20,648**	**61,460**	**4.19**	**4.12**
世界	**5,341**	**16,022**	**27,136**	**40,913**	**96,580**	**3.21**	**3.23**

出典：A. Maddison, 2007, *Contours of the World Economy, 1-2030 AD: Essays in Macro-Economic History*, Oxford, Oxford University Press

産出高は六九四〇億ドル（一九九〇年の恒常ドル換算）だった。一九一三年にはそれは二兆七〇〇〇億ドルになった。一九五〇年に五兆三〇〇〇億ドル、一九七三年には一六兆ドルとなった。そして二〇〇三年には約四一兆ドルになっている。二〇〇九年の最新の『世界銀行開発報告』では（現在のドルで）五六兆二〇〇〇億ドルとなっており、そのうちアメリカは約一三兆九〇〇〇億ドルを産出している。資本主義の全歴史を通じて、実質成長率は年二・二五％ほどだった（一九三〇年代はマイナスであり、一九四五～七三年には平均よりはるかに高くて、五％近かった）。現在、エコノミストや金融メディアのあいだで一致しているのは、「健全な」資本主義経済であるためには、つまりほとんどの資本家が適度な利潤を得られるためには、年三％の割合で成長する必要があるということである。それより低い成長率だと、経済は不振だとみなされる。一％を下回ると不況や恐慌という言葉が噴出する（多くの資本家がまったく利潤を上げられない）。

イギリスの首相ゴードン・ブラウンは、根拠なき楽観主義の気まぐれで、二〇〇九年秋の終わりに次のように口を滑らせた。われわれは次の二〇年間で世界経済の二倍以上の成長を期待することができるだろうと。バラク・オバマも、二〇一一年までに三％の「正常な」成長率に戻るだろうとの期待を表明した。もしそうなら、二〇三〇年の時点で世界経済は一〇〇兆ドル以上になっているだろう。その時には、利益の上がる新たな投資先がさらに三兆ドル分も見つけ出されなければならない。これは相当に厳しい注文である。

このことを次のように考えてみよう。資本主義が一七五〇年頃にイギリスのマンチェスターとバーミンガムの周辺の半径五〇マイルの中と、他のいくつかの集中地域《ホットスポット》で活動を開始したとき、年三％の複利的割合で終わりなき資本蓄積が続くとみなすことに何ら大きな問題はなかった。しかし、現在はどうか？　北アメリカ、オセアニア、ヨーロッパで進行しているいっさいのことを、それだけでなく、東アジア、東南アジア、またインド、中東、ラテンアメリカのかなりの部分、さらにアフリカの重要地域で進行しているすべてのことを考慮に入れて、終わりなき複利的成長が続くと考えてみよう。この複利的割合で資本主義の成長を維持する仕事はどう考えても気が滅入る。しかし、なぜ三％の成長が三％の再投資を前提とするのだろうか？　それは説明を必要とする謎である（チャンネルはそのままで！）。

とくに一九七三～八二年の危機以来、深刻な根底的問題が持続していた。財とサービスの生産から生じるますます増大する過剰資本をどうやって吸収するのかという問題である。この期間には、ＩＭＦのような通貨当局は「世界は過剰流動性で覆われている」と繰り返していた。つまり、ますます増大する膨大な貨幣が利益の上がる投資先を探していたのである。一九七〇年代の危機の背後で、石油価格の高騰の結果として膨大な過剰ドルが湾岸諸国に山と積み上げられた。それはニューヨークの投資銀行を通じてグローバル経済へと還流した。投資銀行は発展途上国に巨額の貸付を行ない、一九八〇年代における途上国の債務危機のお膳立てをした。

生産に吸収される過剰資本はますます少なくなっていった（中国の急激な経済成長にも関わらずである）。なぜなら世界の利潤率は一九八〇年代の短い回復期の後、再び下落しはじめたからである。過剰資本を投じうるより多くの場所を見つけ出そうと必死に試みる中で、民営化の巨大な波が世界中を覆った。その背後にあったドグマは、国営企業は本質的に非効率で放漫であり、そのパフォーマンスを向上させる唯一の方法は民間セクターにそれを譲り渡すことだ、というものだった。このドグマは緻密な検証にはとうてい耐えられない。たしかに非効率な国営企業は存在するが、そうでないものも存在する。フランスの鉄道網で旅をして、ぞんざいに民営化されたアメリカやイギリスのシステムと比較してみるといい。そして、アメリカの民間医療保険制度ほど非効率で浪費的なものはないだろう（国営部分であるメディケアの方がはるかに間接費が低い）。したがって問題はそんなところにはない。国営産業はとにかく、他に行くあてのない民間資本に開放されなければならないと呪文のように唱えられ、水道、電気、電気通信、交通のような公益事業（公共住宅や公教育や医療は言うまでもない）はすべて民間企業と市場経済の恩恵へと開放されなければならないとされた。効率性が増した例もあるかもしれないが、そうではない場合も多かった。しかし、はっきりしているのは、これらの公的資産を――たいていは格安の値段で――獲得した企業家たちがたちまち億万長者になったことである。二〇〇九年における『フォーブス』の世界長者番付で三位につけたメキシコのカルロス・スリムは、一九九〇年代初頭におけるメキシコの電気通信事業の民営化をきっかけとして一気に上昇気流に乗った。貧困で苦しんでいた国におけるこの民営化の波は、少数のメキシコ人をたちまちのうちに『フォーブス』長者番付にまで押し上げたのである。ロシアでは、市場化のショック療法によって数年のうちに七つの新興財閥《オリガルヒ》が経済のほとんど半分を支配するに至った（プーチンはそれ以来彼らと闘いつづけている）。

一九八〇年代になると、より多くの過剰資本が生産に投じられるようになり（とくに中国）、生産者間で高まった競争は価格の下落圧力になった（アメリカの消費者に対してつねに低価格をセールスポイントにしているウォルマート現象に見られるように）。一九九〇年前後から、利潤率は下がりはじめた。低賃金労働が豊富だったにもかかわらずである。低賃金と低利潤とは妙な組み合わせである。その結果、資産価値への投機に回る資金がますます増大した。そこでは利潤が得られたからである。日本でゼロ金利でお金を借りて、ロンドンの金融市場に投資すれば七％の収益を確保できるというのに（ただし円とポンドとの為替レートがありうる最悪の方向に変動する場合を想定して賭け金をヘッジしておく）、どうして利潤率の低い生産に投資するだろうか？　いずれにせよ、債務が爆発的に増大し、新しいデリバティブ市場が成長したのは、まさにこの頃だった。このデリバティブ市場は、インターネットの悪名高いドットコム・バブルと並んで、大量の過剰資本を吸収した。こうした状況下で、誰がわざわざ生産に投資するだろうか？　これが資本主義の金融化の危機的傾向が本当にはじまった瞬間であった。

永続的な三％成長は種々の深刻な制約にぶつかる。環境的制約、市場的制約、収益性の制約、空間的制約である（アフリカの大部分だけが、アジアとラテンアメリカの深い内陸部と並んで、資本蓄積によってまだ完全には植民地化されていない。もっとも、天然資源開発によって徹底的に略奪されているのだが）。

一九七三年以降における金融化への転換は必然の産物であった。それが過剰資本吸収問題に対処する方法を提示したからである。しかし、過剰資金、過剰流動性はどこから来たのだろうか？　一九九〇年代の時点では答えは明白だ。レバレッジの増大である。銀行は通常、預金者が同時にすべての現金を引き出すことはないという理論にしたがって、たとえば預金の三倍の額を貸し出している。銀行への取り付け騒ぎが本当に起こると、銀行はほぼ確実にドアを閉めて預金引き出しをストップせざるをえなくなる。というのも銀行は預金引き出しに対処するのに十分な手持ち資金をけっして持っていないからである。一九九〇年代から、銀行はこの預金貸出比率を引き上げ、しばしば互いに貸しつけあった。銀行は経済の他のどの部門よりも多額の負債を負った。二〇〇五年にはレバレッジ比率は三〇対一にまで高まった。世界が過剰流動性に覆われるようになったのも無理はない。銀行システムの内部でつくり出された過剰な擬制資本が過剰を吸収していたのだ！　これはまるで、銀行家たちが資本主義の屋上にある最上階《ペントハウス》に引きこもって、自分たちの間で取引とレバレッジを繰り返して莫大な資金を製造することに没頭し、地階で暮らしている労働者のことに何の関心も向けていないようなものだった。

　しかし、いくつかの銀行が困難に陥ると、銀行間の信頼は掘りくずされ、レバレッジによる擬制流動性は消え去った。銀行資本の大量の消失と減価を引き起こしながら、脱レバレッジが始まった。そして地階にいる労働者にとっても、最上階《ペントハウス》の住人たちがこの二〇年間にわたって何に没頭していたのかが明らかになったのである。

　政府の政策は問題を緩和するどころかむしろ悪化させた。「国民救済策《ナショナル・ベイルアウト》」という言葉は不正確である。納税者は単に銀行を、資本家階級を救済したにすぎない。彼らの債務を免除し、彼らの脱法行為を許したのだが、ただ「彼らの」だけを許したのである。公的資金が銀行に注入され銀行に金が回るようになったが、アメリカでは今のところ、差し押さえにあった住宅所有者にはお金は回っていないし、あるいは一般に国民にはお金は回っていない。さらに銀行はその資金を誰かへの貸し出しに用いるのではなく、レバレッジを減らして他の銀行を買収するために使っている。彼らは自分たちの力を強化するのに忙しい。このような不平等なありさまは、金融機関に対する、地階に暮らす者たちのポピュリスト的な政治的怒りを掻き立てた。その一方で、右翼と多くのメディアは、咀嚼することができる以上のものにかぶりついた無責任で軽率な住宅所有者を激しく叩いた。その後、国民に救いの手を差し伸べるための生ぬるい措置が提案されたが（しかもあまりにも遅くなってから）、それは、将来の資本家階級の支配権力に対する深刻な正統性危機になりかねない事態を回避するためであった。銀行が貸し出しを再開したからといって、信用に駆り立てられた経済に舞い戻ることができるだろうか？　できないとしたら、それはなぜか？

新自由主義的転換の政治経済学

この三〇年間に生産の地理的配置《ジオグラフィ》と政治経済権力の位置関係《ロケーション》における劇的な再編が見られた。第二次世界大戦の終結時には、次のことは十分理解されていた。すなわち、資本主義国間の競争と国家の保護貿易主義とが、戦争をもたらした国家間対立に重要な役割を果たしたことである。平和と繁栄が実現され維持されるべきであるとするなら、国際的な政治交渉と貿易とのよりオープンで安定的な枠組みが、すなわちそこから原理的には万人が利益を得ることのできるような枠組みがつくられなければならない。当時の指導的な資本主義大国であったアメリカはその支配的地位を利用して、主要な同盟国といっしょになってグローバル秩序の新しい枠組みをつくり上げた。アメリカは脱植民地化と旧帝国（イギリス、フランス、オランダ等）の解体を求め、国際連合の誕生と一九四四年のブレトンウッズ協定を仲立ちした。同協定は国際貿易のルールを定めた。冷戦が勃発すると、アメリカはその軍事力を用いて、非共産世界の傘下に入ることを選んだすべての国に保護を提供（「販売」）した。

つまり、アメリカは非共産世界でヘゲモニー権力の地位を引き受けた。そして、世界の大部分をできるだけ過剰資本の吸収に開かれたものとして維持するためのグローバルな同盟関係をつくり上げた。アメリカは普遍的善のために行動するように見せかけながら、自分自身の目標課題《アジェンダ》を追求した。第二次世界大戦直後にヨーロッパと日本において資本主義的復興を刺激するためにアメリカが援助を提供したのは、このような戦略の一例であった。それは強制と同意の結合による支配であった。

一九四四年のブレトンウッズ会議で、イギリス交渉団の高名な経済学者ジョン・メイナード・ケインズは、どの一国のコントロール下にも置かれないような国際通貨単位を求めた。アメリカは、この案を拒否し、金との固定された交換割合に裏づけられた米ドルがその役割を果たすことに固執した。そして、国際貿易を促進するために、他の通貨はすべてドルに対する固定した交換レートを設定した。明らかに通貨先物市場は不要だった。なぜなら、六ヵ月後の為替相場は最初からわかっていたからである。もちろん、たまに起こる破局的な通貨切り下げ［たとえば一九四九年のポンド危機］を除いての話だが。金融恐慌は――一九五八年と一九六六年における深刻な景気後退をもたらした過剰生産恐慌とは対照的に――このシステムのもとでは滅多に起こらなかった。金融資本の権力は、それなりに重要ではあったが、制限されたものであり、十分に透明性があった。

このシステムは、アメリカが自分勝手にドルを刷る力を用いるのを控えていたかぎりでは、うまく機能した。しかし、一九六〇年代のベトナム戦争と「偉大な社会」の反貧困プログラム（当時言われた言い方では、「大砲もバターも」の戦略）は一九六八年頃以降におけるドル危機をもたらした。アメリカの企業が過剰資本を海外に向けはじめたのもこの頃であった。アメリカのコントロールを離れた過剰ドルはヨーロッパの銀行システムの内部に蓄積されていった。金対ドルの固定相場への信頼が揺らぎはじめた。しかしそれに取って代わるべきものが何かあったのだろうか?

五つの主要通貨の価値にもとづいてIMFによって管理される「特別引出権」(SDR)という形での中立的な国際通貨というケインズの案は、一九六九年に復活した。だが、これはアメリカのヘゲモニーを脅かした。一九六八年から一九七三年までの一連の錯綜した国際的合意の中で形成されていった、アメリカにとってより受け入れやすい解決策は、金との固定した割合での交換を廃止するというものだった。やがて世界のすべての主要通貨はドルに対して変動するようになった。国際貿易システムに柔軟性と変動性が持ち込まれた一方で、国際準備通貨は引き続きアメリカのコントロール下に置かれた。

その結果、アメリカのヘゲモニーに対して別の形で挑戦がなされるようになった。もしドルが強いままでありたければ、アメリカ経済の生産性は、競争相手以上ではないにしてもせめて同等の水準でなければならなかった。一九八〇年代までに、日本と西ドイツの経済が生産性と効率性においてアメリカを凌駕し、他の競争上の脅威も舞台の袖に控えていることが明らかとなった。アメリカは保護貿易主義に戻ることはできなかった。むしろ、アメリカは過剰資本を吸収する手段として自由な国際貿易をいっそう率先して進めなくてはならなかった。アメリカはひたすら競争するしかなかった。資本主義は、以前には国民国家の枠内で独占的傾向に沿って発展してきたのだが、今日では国際的にはるかに競争的になった(日本とドイツの自動車メーカーがアメリカの自動車市場を突然侵食しはじめたことはその一例である)。金融資本はアメリカ国内でも国際的にも舞台の前面に踊り出て、利潤率の最も高いところに過剰資本を割り当てなければならなかった。

多くの産業では、そのような投資先はアメリカにはなく、とくに伝統的な生産中心地であった北東部や中西部にはないことがわかった。あるとしても西部と南部にしかなかった。その結果、世界中で生産が苦痛を伴いながら情け容赦なく再編成され再配置されていった。古くからの生産中心地における産業の衰退は、ピッツバーグ、シェフィールド、エッセンの鉄鋼産業からムンバイの繊維産業にいたるまで、あらゆるところで起こった。これと並行して、グローバル経済におけるまったく新しい諸空間で工業化の驚くべき波が高まった。とくに特別の資源があるところや、組織上の優位性があるところがそうだった。台湾、韓国、バングラディシュ。メキシコのマキラドーラ（非課税の組立工場地帯）のような特別生産地区。中国の珠江デルタ地帯に作られた輸出基地などである。生産能力のグローバルな移動《シフト》に伴って、非常に競争的な技術革新が起こり、その多くは労働節約型で、それは国際労働力を規律づけることにいっそう寄与した。

アメリカは、たとえ生産の領域ではかつての支配力を失った（それほど重大ではないが）としても、依然として巨大な金融力を保持していた。しだいにアメリカは、技術的・金融的イノベーションにおけるその優位性や知的所有権にもとづいて、レント［技術使用料や特許料］を引き出すことに依存するようになっていった。しかし、このことは金融には行きすぎた規制がかけられてはならないということを意味した。

二〇〇八〜〇九年におけるアメリカの金融部門の崩壊は、アメリカのヘゲモニーを危険にさらした。アメリカが独自に国債で資金調達して復興する計画を推進しようにも、その可能性は、国内における保守派の頑強な反対によって政治的に制限されているだけでなく、一九九〇年代以降の巨額の累積赤字によって経済的にも制限されている。アメリカは最近何年にもわたって一日あたり約二〇億ドルもの割合で借り続けてきた。貸し手側——湾岸諸国の中央銀行に加えて中国や日本やその他の東アジア諸国の中央銀行——は、アメリカ経済があまりにも大きすぎてつぶせないためにこれまで貸し続けてきたのだが、アメリカの政策に対して貸し手側の影響力が強まっているのは明らかである。その一方で、国際準備通貨としてのドルの地位も脅かされている。中国はケインズの本来の提案を復活させて、「民主化」されたＩＭＦ（そこでは中国が大きな発言権を持つであろう）によって管理される特別引出権（ＳＤＲ）としての国際通貨を創出するよう強く主張した。これはアメリカの金融ヘゲモニーにとっての脅威である。

冷戦の終結はまた、共産主義の脅威からの軍事的防衛を無意味なものにした。旧ソヴィエト・ブロックの諸国でさえ、まったく異なった道をたどった中国やベトナムといっしょに、グローバル資本主義の経済システムに統合されていった。これは過剰資本吸収の新たな機会をつくり出す一方で、剰余の創出をも加速させた。別の敵に対抗して全世界をアメリカの軍事力の傘のもとに結集させようとする試み――いわゆる「テロとの戦い」――はまだ成功していない。

以上の文脈にもとづいて、アメリカ国家情報会議〔CIAに属する機関〕がオバマ選挙の直後に発表した曖昧な評価を解釈しなければならない。それは、二〇二五年に世界がどのようになっているかに関する予想である。おそらく初めて、アメリカの公的機関はこう予測した。その時点〔二〇二五年〕におけるアメリカは、いまだ世界情勢における強力なプレイヤーでありつづけているだろうが、もはや支配的なプレイヤーではなくなっているだろう。世界は多極化し、脱中心化し、他方で非国家的なアクター（テロ組織からNGOまで）の重要性が高まるだろう。何よりも、「現在進行しつつある、相対的に富と経済力がおおむね西から東へと移っていくという前代未聞の移動《シフト》は、今後も継続するだろう」。

この「前代未聞の移動《シフト》」は、一八世紀以来起きていた東アジア、南アジアからヨーロッパ、北アメリカへの長期にわたる富の流出――アダム・スミスが『国富論』で嘆いている流出――を逆転させるものだった。一九六〇年代における日本の台頭、続いて一九七〇年代における韓国、台湾、シンガポール、香港の台頭、そして一九八〇年代における中国の急成長、その後、それにともなって起きた一九九〇年代におけるインドネシア、インド、ベトナム、タイ、マレーシアの急激な工業化。これらは資本主義発展の重心を移動させた。ただし、それほどスムーズになされたわけではない。東アジアと東南アジアにおける一九九七〜九八年の金融危機は富の流れを、一時的だが強力に、ウォールストリートとヨーロッパおよび日本の銀行へと逆流させた。

危機／恐慌《クライシス》は資本主義の発展における抜本的再編の契機でもある。だとすれば、アメリカが赤字国債を発行して巨額の財政的困難を切り抜けなければならない事実や、その赤字の大部分が、過剰資本を貯めこんでいる国々——日本、中国、韓国、台湾、湾岸諸国——によって補塡されている事実は、今回の恐慌がそのような〔西から東への〕移動《シフト》の機会になりうることを示唆している。アメリカとイギリスが現在陥っている困難は、ウォールストリートとロンドンのシティが一九九七〜九八年に東アジアと東南アジアに対して行なったことのしっぺ返し《ペイバック》だと解釈することもできるだろう。

この種の構造的移動《シフト》は以前にも起こっていた。それはジョヴァンニ・アリギの一九九四年の著作『長い二〇世紀』〔作品社、二〇〇九年〕に描かれている通りである。彼が指摘するところでは、金融化の時期がヘゲモニー移動《シフト》に先行するという明確なパターンがある。終わりなき蓄積に適応するため、ヘゲモニーはより小さな政治的単位（たとえば、ヴェネツィア）からより大きな政治的単位（すなわち、オランダ、イギリス、そしてアメリカ）へと時とともに移っていく。ヘゲモニーは通常、国内で大量の剰余が生産される政治的単位（あるいは、国外から利子や配当、帝国主義的略奪の形で大量の剰余が流れ込んでくる政治的単位）に属する。二〇〇八年に五六兆二〇〇〇億ドルに達した世界の総産出高のうち、アメリカは一三兆九〇〇〇億ドルを占めており、この占有率はいまだにアメリカをグローバル資本主義の支配的株主にしており、グローバルな諸政策に関して采配を振るうことを可能にしている（実際、アメリカは世界銀行やＩＭＦのような国際機関で筆頭株主のような役割を果たしている）。

しかし、生産活動と富の蓄積の世界地図は一九七〇年と今とではまったく異なって見える。アジアは急速にキャッチアップした。中国の深圳《しんせん》や東莞《とんがん》のように、香港近辺の小さな村だった地域が、あっという間に数百万都市になり、強力な生産拠点となった。グローバルな過剰資本のかなりの部分が、資本主義的活動のこれらの新しい空間の生産や、増大する国際貿易を促進するために必要とされるインフラ（たとえば、空港やコンテナ港）に吸収された。これらの活動が移動してきたこの特定の空間は、前もって決定されていたわけではなく、多くの状況依存的《コンティンジェント》でローカルな諸要因によって決定された。それは部分的には、いわゆる「天然」資源や人的資源、立地上の優位性（アメリカ市場に近接しているメキシコ北部の場合）などに依存していた。国家の特定の諸政策（たとえば、インフラへの投資、投資への補助金、労働政策、メキシコでの「マキーラ」地帯立法の制定、一九八〇年以降の中国で指定された「経済特区」など）も重要な役割を果たした。

このような発展の地理的展開《ジオグラフィ》とその後の恐慌の地理的展開《ジオグラフィ》は不均等なものだった。最も野放図に住宅バブルを推進した国々――アメリカ、イギリス、アイルランド、スペイン――は恐慌の最初の震源地であったが、至る所に多くの落とし穴があった。金融上の震源地はニューヨークとロンドンであった。両者とも、住宅ローンやその他の形態の債務を切り分けて証券化することを主導し、これらの債務を市場化し取引するために率先してさまざまな金融手段を構築してきた（主に債務担保証券〔CDO〕［不動産などを担保にした長期証券の一種］や投資ビークル〔SIV〕▼5）。また、これらの金融商品を保証しヘッジしスワップする二次的メカニズムを構築してきたのも両者である。そして、一九八六年に国際金融市場を統合する「ビッグバン」の後に成立した金融構造は、ロンドンとニューヨークで生じた失敗がただちに他のあらゆるところに波及することを意味した。結局、このような金融システムこそ、シンガポールの管理部門のトレーダーであったニコラス（ニック）・リーソンが東京市場での取引を通じて一九九五年にロンドンの由緒あるベアリング銀行［シティ最古の銀行で王室御用達の銀行］を破綻させるのを可能にしたのであり、またこのようなシステムゆえに、リーマンブラザーズの破綻による打撃がグローバル金融システムに波及するのがこれほど急速でこれほど深刻だったのである。

しかし、信用市場の崩壊は、経済活動が信用にどの程度依存していたかに応じて異なった衝撃を与えた。アイスランドは、投機的信用と銀行業務の役割を国が担っていたため、数週間でほとんどの資産価値を失い、巨額の損失を投資家（多くはイギリスにいた）に与え、自国政府を混乱に突き落とした。最近ＥＵに加盟して多額の借り入れをしていた東ヨーロッパの多くの国は債務の借り換えができず破綻に直面した（ラトビア政府は崩壊した）。

他方、自国の金融システムをグローバル・ネットワークに完全には統合させていなかった中国やインドのような国々は、危機から受ける打撃はより小さかった。そして、アメリカやイギリスのように、所得に比べて家計債務が相対的に大きい国々では、消費者が消費を控えるようになったために、特別に大きな打撃を受けた。また、急増する失業に対する社会的保護が最も貧弱な国――またしてもアメリカがそうなのだが――も同様だった（ヨーロッパ諸国は全体的にこの点でははるかにましであり、したがって追加的景気刺激策で対処する必要はなかった）。主要な輸出市場としてのアメリカに大きく依存していた国々、とくに東アジアと東南アジアは、結局、景気後退に見舞われ、それらの国の株式市場も低迷した。一方、原料や一次産品の生産国は、二〇〇八年初頭には好調を維持していて、恐慌とは無縁だと称していたのだが、二〇〇八年後半に一次産品と原料の価格が急落すると、深刻な困難に直面するようになった。石油価格は、二〇〇八年夏には一バーレルあたり一五〇ドル近くにまで上昇したが（「ピークオイル［世界の石油産出量の限界論］」をめぐる議論に大いに花が咲いた）、数ヵ月のうちに四〇ドルにまで反落し、ロシア、ベネズエラ、湾岸諸国にとってあらゆる問題を招いた。湾岸諸国では石油収入に依存した建築ブームが起きていたが、この価格急落によってブームは崩壊し、インド、パレスチナ、東南アジアから来ていた何千人もの移民労働者は母国に帰らざるをえなくなった。

▼5　ＳＩＶ…債務担保証券や資産担保証券などの高利回りの証券への投資を専門に行なう特別目的会社。

メキシコ、エクアドル、ハイチ、インドのケララ州は国外で雇用されている人々からの送金に大きく依存していたが、外国での建築労働や家政婦の仕事がなくなると、突如として世帯収入が枯渇することになった。飢餓による栄養失調や死亡がこれらの多くの貧しい国々で急増した。周辺化された地域の住民は先進資本主義世界の金融恐慌によってはそれほど影響を受けないとする考えが間違いであることが証明された。

恐慌はある領域から別の領域へと、ある地理的場所から別の場所へと、次々に伝播していった。それはあらゆる種類の波及効果とフィードバック効果を伴い、それをコントロールすることは、ましてやそれを押し止めたり逆転させたりすることは、ほとんど不可能に思えた。事態の展開に人々は最初はすっかり動転していたようだったが、国際資本のあり方に対する人民の抗議が突如として再浮上した。一九九九年のシアトルの抗議以降に表面化しエスカレートしたが、九・一一以降に減退していたあの抗議運動が再び起こったのである。今回の対象はより先鋭なものであり、また今回も地理的不均等性を伴っていた。フランスでストライキが勃発し、同時に中国での抗議運動、インドでの農村蜂起、ギリシャでの学生騒乱が起こった。アメリカでは、住むところを追われた人々が、差し押さえられ放棄された家々を占拠する運動を形成しはじめた。

確かなのは、一九九〇年代におけるポスト冷戦期の勝ち誇る自由市場の時代に支配的であった英米型の世界経済開発モデルがもはや信用を失墜したということである。

それでは、なぜ資本主義は周期的にこのような危機/恐慌を生み出すのだろうか? これに答えるためには、資本主義がどのように働いているのかに関して、われわれが現在持っている理解よりもずっと正確な理解が必要である。問題は、明らかに今回の恐慌を予測するのに失敗した経済理論や正統派理論が、われわれの討論を乗っ取り、われわれの思考を支配し、政治活動を支え続けていることである。このような支配的な精神的諸観念に挑戦しないかぎり、真っ先にわれわれをこの大混乱へと叩き込んだたぐいの資本主義にみじめに回帰することより「他に道はない《オルタナティブ》」（サッチャーが好んで言ったように）ということになるだろう。では、どのようにしてわれわれは、資本主義の恐慌体質を最もよく理解することができるのだろうか？　そして、どのようなオルタナティブを提示することができるのだろうか？　これらが、以下に展開される分析の核心をなす諸問題である。

第2章

どのように資本は集められるのか？

資本主義はいかにして存続するのか、そしてなぜ資本主義はこれほどまでに恐慌を引き起こしやすい傾向を有しているのか? この疑問に答えるためには、まずもって、資本蓄積が順調に進行するのに必要な諸条件について述べよう。ついで、永続的成長に付随する種々の潜在的障壁《バリア》／制限を明らかにし、過去にそれらがどうやって克服されてきたのかを吟味しよう。その後にどのような原理的閉塞が今回あったのかを示すとしよう。

資本流通とその潜在的諸制限

資本はモノではなく、貨幣がより多くの貨幣を求めて永続的に循環する一個の過程である。資本家――この過程を動かしている人物――は多くの異なった仮面《ペルソナ》をつけている。金融資本家は利子を見返りに他人に貸しつけることで貨幣を増やそうとする。商業資本家は安く買って高く売る。地主は、その所有する土地と不動産が希少であるがゆえに地代《レント》を取得する。不労所得者《レンティア》は、特許や知的所有権などからお金を稼ぐ。資産トレーダーは、所有権限（たとえば株式に対するそれ）、債務、契約（保険を含む）などをスワップして利得を稼ぐ。国家でさえも資本家のように行動しうる。たとえば、国家が税収をインフラに投資し、それが成長を刺激しより多くの税収を生むといった場合である。

しかし、一八世紀半ば以降に支配的になった資本流通の形態は産業資本あるいは生産資本の形態である。この場合、資本家は一定量の貨幣を持って出発し、技術や組織形態を選択し、市場に出かけて必要な量の労働力と生産手段（原料、物的プラント、中間生産物、機械、エネルギーなど）を購入する。労働力は、資本家の監督下で遂行される生きた労働過程を通じて生産手段と結合される。その成果は商品であり、それは、その所有者、つまり資本家によって市場で売られ、利潤が獲得される。次の日には、資本家は、すぐ後で明らかになる理由から、前日に上げた利潤の一部を新たな資本に転換し、拡大された規模で過程を新たに開始する。技術や組織形態が一定のままならば、このことはより多くの労働力と生産手段の購入を意味し、この第二期の過程においてさらに多くの利潤を上げる。そして、この過程はこのように続いていく、無限に。

サービス産業や娯楽産業ではこの過程は多少異なった様相をとる。なぜなら労働過程（散髪や群衆を楽しませること）はそれ自体が売られる商品だからである。そのため、ここでは商品の生産と販売とのあいだに時間差がない（多くの準備時間を伴うとしても）。拡大のために再投資する必然性は、一般に売りに出されているサービスが個人向けであるという性質を考えると、それほど強くはないだろう。それでもサービス店、映画チェーン、コーヒーショップ、さらには私立の高等教育機関にいたるまで、拡大の例には事欠かない。

資本流通における流れの連続性はきわめて重要である。その過程が中断されると必ず損失がもたらされる。流通速度を加速させようとする強いインセンティブも存在する。資本流通のさまざまな局面で速く資本を動かせる資本家ほど、競争相手より高い利潤を手に入れる。スピードアップはほとんど常に高利潤につながる。スピードを上げるのに役立つイノベーションが大いに追求される。たとえば、コンピュータの処理速度はどんどん速くなっている。

この過程におけるどんな中断も、損失や充用資本の減価の恐れがある。たとえば、二〇〇一年九月一一日におけるアメリカへの攻撃はニューヨーク市（とあらゆる場所）に出入りする財、サービス、人の流れを停止させ、金融市場を一時的に閉鎖させた。しかし、三日のうちに明らかになったことは、その流れは復活させなければならず、さもなくば経済は深刻な苦境に陥るであろうということだった。精力的に世間に訴えられたのは、みんな外出して買い物をしよう、旅行をしよう、消費しよう、仕事（とくに金融部門）に戻ろうということだった。買い物に出かけることで経済が元の軌道に戻るのを助けることは愛国的だったのだ！　ジョージ・W・ブッシュ大統領は各航空会社の合同コマーシャルにまで登場してまったく異例の呼びかけを行なった。恐怖を忘れて再び飛行機に乗るように訴えたのだ。しかし、9・11のような一時的な混乱は取り繕われうるかもしれないが、長期的な停滞は資本主義にとって危機の兆しとなる。

資本の流通には空間的運動も含まれる。どこかから貨幣が集められ、特定の場所へと運ばれ、どこか別の場所から来る労働資源を利用する。私がボルティモアの地方銀行に口座を開いて預金すると、その貨幣は最終的には中国の企業家の手に渡り、彼は東莞《とんがん》に靴下工場を建て、農村から来た（主に若い女性の）移住労働者を雇用する。生産手段（原料を含む）はまた別の場所から持ち込まれなくてはならない。そして、生産された商品はまた別の場所にある市場に運ばれなければならない。この空間的運動に伴うさまざまな摩擦や障壁が取引に時間を費やさせ、資本の流通を遅らせる。それゆえ資本主義の歴史を通じて、距離の摩擦と運動の障壁を減少させるために多大な努力が払われてきた。運輸・通信におけるイノベーションは決定的なものであり続けた。商業や金融に対する国境の開放性を増し、自由貿易協定を結び、国際貿易に適切な法的枠組みを保障することもまた、長期的には重要であるとみなされる。ヨーロッパで関税障壁が廃止されていなかったらと想像してみてほしい。別の現代的な例を出せば、ある地域の住宅ローンを証券化しそれを世界中の投資家に販売することは、資本不足の地域と資本過剰の地域とを、リスクを最小化する形で結合するものだとみなされた。

資本主義の歴史を通じて、空間的障壁《バリア》／制限の全般的な減少とスピードアップに向かう傾向が続いてきた。社会生活の時間的・空間的諸編成は周期的に変革されてきた（一九世紀における鉄道の登場や現在におけるインターネットの衝撃がもたらしたものを想起せよ）。運動はますます速くなり、空間はますます狭くなった。しかし、この傾向はスムーズなものでもなければ、不可逆的なものでもない。保護貿易主義が復活するかもしれないし、障壁が再強化されるかもしれないし、内戦が流れを破壊するかもしれない。さらに、空間的・時間的諸関係における革命は緊張と危機を生み出す（生産が東アジアに移転した一九八〇年代に資本主義的生産の中心地で起きた広範な産業空洞化によって、多くの都市がいかに厳しい適応を余儀なくされたかを想起せよ）。そのことによって生み出される地理的状況《ジオグラフィ》については後の章で説明する。

なぜ資本家は利潤を快楽に費やさずに拡張のために再投資するのだろうか？　これこそ「競争の強制法則」が決定的な役割を果たす場面である。もし私が資本家であったとして、私が再投資せず競争相手がそうしていたら、やがて私は事業からの撤退を余儀なくされるだろう。私は自分の市場シェアを守り拡大させなければならない。私は資本家でありつづけるために再投資しなければならないのである。しかしこれは競争環境の存在を前提としている。このことは、独占傾向をはじめ、競争的行動様式《ビヘイビア》を妨げるさまざまな社会的・慣習的な諸制限にもかかわらず、どのように競争が持続されるのかについての説明を必要とする。後でこの問題に手短に戻るつもりである。

しかし、再投資には別の動機もある。貨幣は私的個人によって領有されうる社会的権力の一形態である。さらに、貨幣は内在的限界を持たない社会的権力の一形態でもある。所有できる土地の量には限界があり、支配できる物的資産の量にも限界がある。イメルダ・マルコスは六〇〇〇足もの靴を所有していた。このことは、夫の独裁がフィリピンで打倒されてから判明した。しかし、それでもそこには限界があったのであり、それはどんなに金持ちでも何十億という数のヨットや豪邸を所有できないのと同じである。しかし、一個人は何十億ドルものお金を支配することができるのであり、そこには内在的限界は存在しない。貨幣の無限性と、貨幣が与える社会的権力への不可避的な欲望は、より多くの貨幣を求める並々ならぬ社会的・政治的インセンティブを与える。そして、より多くの貨幣を得る主要な方法の一つが、昨日得た剰余資金の一部を再投資し、明日にはさらなる剰余を生み出すことである。悲しいかな、貨幣がもたらす社会的権力を蓄積するには他にも多くの方法がある。詐欺、汚職、強奪、窃盗、違法取引、等々。しかし、ここでは主として、法的に是認されたやり方に焦点を当てよう。もっとも、法を逸脱したやり口は資本主義にとって周辺的なものというよりも根本的なものであって、それはしばしば深刻な事例を生んでいる（グローバルな対外取引の三大部門はドラッグ、違法な銃取引、そして人身売買である）。

貨幣権力が有する限界なき性質の重要性はいくら強調してもしすぎることはない。ニューヨークの主要なヘッジファンド・マネージャーは二〇〇五年には一人あたり二億五〇〇〇万ドルもの個人報酬を稼いだが、二〇〇六年にはトップ・マネージャーは一七億ドル稼ぎ、二〇〇七年には、グローバル金融の災いの年だったにもかかわらず、五人のマネージャー（ジョージ・ソロスを含む）は一人あたり三〇億ドルも稼いだ。これが社会的権力の一形態としての貨幣の無限性の意味することである。もし報酬が靴で支払われたなら、ジョージ・ソロスはどうしただろうか？

もちろん、お金に対する人間の欲望は何も目新しいものではない。しかし、これまで長いあいだ種々の社会システムは、貨幣的富の所有がもたらす個人的権力の過度の集中を制限すべく構成されてきた。たとえば、人類学者が示すところでは、非資本主義社会の「ポトラッチ」という儀式では、自分の蓄えた物的財産を、手の込んだ儀式を通じて、他の人々に分け与え、投げ捨て、さらには完全に破壊してしまうのであり、そういう人が尊敬を受ける。贈与経済のさまざまな形態も同様である。慈善主義的な気前のよさは資本主義の歴史にも長い伝統がある。カーネギー、フォード、ロックフェラー、ゲイツ、リーバヒューム〔石鹸事業で財を築いたリーバ社の創業者〕、ソロスの各種財団を思い起こせばよい。バチカンのような非資本主義組織も個人的富を吸収する（中世には、カトリック教会は免罪符――天国への入場券――を富裕な商人に売っていた）。二〇世紀の大部分では、多くの先進資本主義諸国は累進課税と現物の再分配と高い相続税を採用して、個人の富と権力の過度の集中を抑えたのである。

ではなぜ一九八〇年以降、アメリカやその他の国々で貨幣権力の過度な集中に対する制限が緩められたのだろうか？　「感染する貪欲」（アラン・グリーンスパンの言葉）の突然の爆発ではとうてい説明がつかない。なぜなら貨幣権力に対する根底的な欲望は常に存在していたからである。なぜビル・クリントン大統領はあんなに簡単に債券保有者に屈したのだろうか？　なぜローレンス・サマーズはクリントン政権の財務長官だったときに金融規制に猛烈に反対したのだろうか？　そして、なぜジョセフ・スティグリッツは、今では自らを主流派の左に位置づけているのに、クリントン政権の主席経済顧問だった一九九〇年代には、常に金持ちをより金持ちにする結果に「たまたま」なった政策を支持してきたのだろうか？　ジョージ・W・ブッシュが金持ちに著しく有利な課税原則を信奉したのは単に、金持ちのことが好きで再選には彼らの支持が必要だったからだけなのか？　ただ単に「ウォールストリートの党」が連邦議会でも行政府でも力を持っていたということなのだろうか？　もしそうならば、なぜイギリスのニュー労働党《レイバー》の大蔵大臣ゴードン・ブラウンまでもがかくも易々と同じ道を歩んだのだろうか？　ロンドンのシティが同様にそうさせたのか？　そしてなぜロシアやメキシコからインドやインドネシアに至るあらゆるところで、より裕福な者がますます途方もなく裕福になっていったのだろうか？

限界ないし制限がないかぎり、資本家であり続けるための再投資の必要性は資本主義の拡張を複利的割合で推進する。次にこのことは、再投資される資本の吸収先となる新しい活動分野を見つけ出す永続的な必要性を生む。これが「資本過剰吸収問題」である。どこから新しい投資機会はやって来るのか？　限界はあるのか？　明らかに、成長を掻き立てる貨幣の能力に内在的な限界は存在しない。二〇〇八〜〇九年に明らかになったようにである。その時国家は、苦境に陥った金融システムを救済《ベイルアウト》するために何兆ドルもの巨額の金をどこからともなく用意した。

しかし、資本流通には他にも潜在的諸制限が存在する。そのいずれも、克服できなければ恐慌（生産が過剰になり再投資が妨げられている状況として定義される）をつくり出しうる。そのとき、成長は止まり、資本を用いて利潤を上げる機会に比べて資本過剰ないし資本の過剰蓄積が生じていることが判明する。成長が回復しなければ、過剰蓄積された資本は減価ないし破壊される。資本主義の歴史地理はこのような過剰蓄積恐慌の例に満ちている。ローカルで短期的なもの（たとえば一九九二年のスウェーデンの銀行システムの崩壊）もあれば、より大規模のもの（一九九〇年頃から日本経済を苦しめてきた長期不況）もあった。また、時にはシステム規模になり、ついにはグローバルなものになったこともあった（一八四八年、一九二九年、一九七三年、二〇〇八年）。全般的恐慌の際には、多くの資本が減価する。今回の恐慌ではこれまでに世界中で五〇兆ドル程度の損失が見積もられているが、これなどはその最たる例である。減価した資本は多くの形態で存在しうる。放棄された工場、空っぽのオフィスや売場、売れない余剰商品、何の収益も生まない遊休貨幣、資産価値の下落した株式、土地、不動産、美術品、等々。

カール・マルクスもヨゼフ・シュンペーターも資本主義に内在する「創造的破壊」の傾向について詳細な記述を残した。マルクスは資本主義の創造性をはっきりと賞賛する一方で、レーニンとすべてのマルクス主義的伝統に受け継がれたように、資本主義の自己破壊性をも強く強調した。シュンペーター派は資本主義の終わりなき創造性を終始誇っており、破壊性はせいぜいビジネスを営む上での通常のコストの問題として扱われているにすぎない（彼らもその破壊性が残念なことに時おり手の施しようがなくなることを認めているのではあるが）。そのコストはシュンペーター派が一般的に考えるよりも大きいものの（とりわけ、結局資本主義国間の戦争であった二つの世界大戦で失なわれた人命で測られるときにはそうだ）、シュンペーター派の見解は少なくとも最近までは、長期的観点からは基本的に正しかったのかもしれない。結局のところ世界は一七五〇年以降に何度もつくられてはつくり直され、その総産出高は、増大する特権的住民にとっての物的財やサービスで測られた生活水準と同様、目覚ましく上昇した。そして総人口は二〇億未満から約六八億人にまで急増した。資本主義の過去二〇〇年の成果はまさに驚くほど創造的だった。しかし、今日の状況はかつてないほどにマルクスが描き出した様相に近いものになっている。それは、はるかに不安定になっているグローバル経済の中で社会的・階級的不平等が深まったからだけではない（このような不平等は以前にも起こっている。前回の大恐慌直前の一九二〇年代には最も不吉な形で生じた）。

資本主義はこれまで何度となく終焉が迫っていると予言されながらも生きのびてきた。この記録は資本主義があらゆる限界を克服するのに十分な可変性とフレキシビリティを備えていることを示しているが、しかしながら、周期的恐慌の歴史が示すように、それは暴力的修正なしにはすまないのである。マルクスはこの点を見る有効な方法を、後に『経済学批判要綱』〔以下、『要綱』と略記〕として一九四一年に出版される草稿の中で提示した。マルクスは、一方における貨幣蓄積の潜在的な無限性と、他方における物質的活動（商品の生産、交換、消費）の潜在的限界性とを対照させた。彼が示唆するところでは、資本はこのような限界を甘受することはできない。「どんな限界も乗り越えられるべき制限として現われる」[1]とマル

▼1　『マルクス資本論草稿集』第二巻、大月書店、一九九三年、一五頁。

クスは述べている。したがって資本主義の歴史地理の中には、絶対的限界に見えるものを乗り越え可能な、あるいは回避可能な制限に転換するための永続的闘争が見られるのである。ではそれはどのようにして起こり、原理的な諸限界となるものは何であろうか？

生産を通じた資本の流れを仔細に検討するなら、蓄積に対する六つの潜在的制限が明らかになるのであり、それらの制限は資本が再生産されるためには適切に対処されなければならない。（1）最初の貨幣資本の不足、（2）労働供給の不足ないしそれに伴う政治的困難、（3）いわゆる「自然的限界」を含む生産手段の不十分さ、（4）不適当な技術と組織形態、（5）労働過程における抵抗や不効率、（6）市場で支出される貨幣に裏づけられた需要の不足。これらのポイントのいずれかにおける閉塞は資本の流れの連続性を破壊し、それが長引けば、結果的に資本減価の危機を生むかもしれない。そこでこれらの潜在的制限を一つずつ考察していこう。

本源的蓄積と貨幣権力の集積

ヨーロッパの中世末期になされた資本の本源的蓄積は、暴力、略奪、窃盗、詐欺、強奪を伴うものだった。法を逸脱したこれらの手段を通じて、海賊、聖職者、商人は、高利貸の力を借りながら、貨幣を資本として系統的に流通させ始めるのに十分な量の最初の「貨幣権力」を集積した。スペインがインカの黄金を強奪したのはその典型例である。しかしながら、この最初の段階では資本は直接に生産を通じて流通したのではなかった。それは農業資本、商人資本、土地資本、時には国家の重商主義資本などのさまざまな形態をとった。このような諸形態は巨額の黄金の流入を吸収するには不適当だった。多すぎる黄金が少なすぎる財を求めたのだ。その結果は一六世紀ヨーロッパにおける「大インフレーション」だった。やがて資本家は、賃労働を雇用して生産することを通じて資本を流通させることを学んだ。そのことによってはじめて、複利的成長が始まったのであり、それは一七五〇年前後以降のことである。

勃興するブルジョアジーはしだいにその貨幣権力を行使して、国家形態に影響を与えそれを再編し、最終的に軍事機構や行政システム、法体系に対する支配的な影響力を獲得した。また彼らは、社会的給付の前資本主義的諸形態を略奪し破壊することによっても合法的に貨幣権力を集めることができた。ブルジョアジーはそれを国内でも（たとえばイギリスでは共有地の囲い込みや地代の貨幣化を通じて）、国外でも植民地主義的・帝国主義的諸実践を通じて行なった（インドでの地租の強制）。こうして金融と国家とのあいだには密接な結びつきが形成されたのだが、その結びつきはとりわけ国債の増大（通常は戦費調達用）を通じて形成された。

信用制度の中心に位置しているのは、私が「国家－金融結合体《ネクサス》」と呼ぶものを構成する一連の諸制度である。これは、国家と金融権力との合流を指示するものだが、国家と資本とが相互にはっきりと分離できるとする分析傾向と対立する。このことは、国家と資本が過去ないし現在、同一のものであったということを意味するわけではない。そこに存在する統治構造（かつては国家の貨幣鋳造権力であり、今日では中央銀行や財務省）にあっては、資本の創出や貨幣の流れに対する国家管理が、資本流通から分離していくのではなくしだいにそれと統合されるようになるということである。逆の関係もまた存在するのであり、租税や借入金が国庫に流入し、国家の機能もまた貨幣化され商品化され、最終的に民営化されるようになるのである。

昨日生み出されたますます増大する剰余が今日は新たな資本に転換されるのであるから、今日投資されたますます増大する貨幣は昨日獲得された利潤から来ていることになる。これは初期の時代になされた暴力的蓄積を余計なものにするように見えるかもしれない。しかし、「略奪による蓄積」は、最初の貨幣権力を集積する上で今でも一定の役割を果たし続けている。合法的手段のみならず非合法的手段——たとえば、暴力、犯罪、詐欺、略奪的手法（最近明るみになったサブプライム住宅ローン市場や、ますます重きをなしているドラッグ取引など）——も行使されている。合法的手段に含まれるのは、かつて共同所有とみなされていたもの（水道や教育など）の民営化、資産を剝奪する収用権の行使、広まりつつある乗っ取りや合併などの諸実践とその後の「資産はぎ取り」、そして、破産手続きを通じて年金債務や医療保険債務などを帳消しにすること、である。今回の恐慌で多くの人々が経験した資産喪失は略奪の一形態とみなすことができる。この略奪はさらなる蓄積に転換することができる。投機家たちは今日この資産を安く買い叩くが、それは市場が改善されたときにそれを売って儲けることをもくろんでのことである。これが一九九七〜九八年の東アジアと東南アジアの崩壊の際に銀行とヘッジファンドがしたことである。世界のこの一角における現地の莫大な損失は、主要な金融センターの金庫が潤うことにつながっていたのだ。

もし今日の拡張のために資本化されうるのが昨日の蓄積だけだとしたら、年々個人の手に集積された貨幣資本が徐々に増えていくだけだったろう。しかし信用制度は、異なった手段で大量の貨幣権力をきわめて急速にかき集めることを可能にする。これが重要なものになるのは、一八世紀のフランスのユートピア思想家サン・シモンがはるか以前に論じたように、信用制度は大規模な「資本の結合《アソシエーション》」をもたらし、資本主義の長期的発展を維持するのに必要な鉄道のような大事業を動かすからである。これが一九世紀の金融家でサン・シモン理論に学んだペレール兄弟が新しい信用機関を通じて効果的に達成したものである。彼らはこうして、オスマン男爵が一八五〇年代のパリ第二帝政時代に、建造環境を一新するのを助けたのである（今日われわれが目にしているパリの大通りはこの時代のものである）。

一九世紀になってから真価を発揮しはじめた有限会社、株式会社、その他の企業組織の場合、膨大な量の貨幣権力が少数の取締役や経営者のもとに蓄積され、集中される（しばしば無数の小口の個人貯蓄が源泉である）。買収（友好的なものも敵対的なものも）、合併、レバレッジド・バイアウト（LBO）[2]もとっくに一大ビジネスになっている。この種の活動は「略奪による蓄積」の新しいパターンになりうる。最近では、未公開投資会社グループ（ブラックストーンのような）が典型的にやるのは、公共企業を乗っ取り、再編し、資産をはぎ取り、労働者を解雇し、その後再び公的部門に売り戻して巨額の利潤を得ることである。さらに、大資本が小資本を駆逐するためのあらゆる種類のトリックが存在する（小規模ビジネスにとくに負担となるような国家規制は資本のさらなる集中をもたらす）。小経営者（地域の商店や家族農場）を略奪して大企業（スーパーのチェーン店やアグリビジネス）に道を譲ることもまた、しばしば信用メカニズムに助けられつつ、長期にわたって行なわれていることである。

流通の出発点において利用可能な貨幣資本の準備、編成、量に関する問題はけっしてなくならない。鉄鋼所や鉄道の建設、航空事業の着手には、生産の開始以前にさえ巨額の貨幣資本の初期支出が必要になり、開始と完了とのあいだのこの時間差は相当なものになりうる。比較的最近になってようやく、国家ではなく、結合資本の私的集合体が、イギリスと大陸ヨーロッパとを結ぶ英仏海峡トンネルのような巨大インフラ事業を遂行することができるようになった。このような巨大インフラ事業は資本主義が複利的成長を通じて規模を拡大していく中でますます必要になる。

資本過剰の地域と資本不足の地域とを結び、グローバルな資本の金融的流れを促進するための地理的ネットワークも構築されなければならない。ここにも、金融サービス業におけるイノベーションと国内およ

▼2　レバレッジド・バイアウト（LBO）…買収先企業の資産を担保に資金調達して買収を行なう手法。

び国家間関係におけるイノベーションの長い歴史がある。その主たる目的は、世界市場を横断して資本が自由に流通することに対する潜在的閉塞を克服することである。これは資本過剰吸収問題に「空間的回避《フィックス》」[3]を持ち込む可能性に道を開く。一九世紀後半のイギリスにあまりにも多くの過剰資本があったって？ ならば資本をアメリカやアルゼンチンや南アフリカのように、利潤を上げられるところに送ろう。台湾に過剰資本があるって？ ならばそれを中国やベトナムに送ってそこで搾取工場《スウェットショップ》を作ろう。一九七〇年代の湾岸諸国に過剰資本があったって？ ならば、ニューヨークの投資銀行を通じてメキシコに送ろう。

これらのすべてが効果的なものになるためには、最終的に、国家にも似た国際機関を創設する必要がある。たとえば国際的な資本の流れを促進し規制するブレトンウッズ協定のもとで作られたような諸機関がそうである。世界銀行や国際通貨基金（IMF）、さらにはバーゼルの国際決済銀行（BIS）がここでの中心であるが、他の諸組織、たとえば経済協力開発機構（OECD）やG7（後にG8、今は拡張されてG20）も有力な役割を果たしている。さらに各国の中央銀行や財務省は、発展中のグローバルな金融構造を「国家－金融結合体」の国際版として構築するために自分たちの行動を協調させようとしている。

しかし、この「国家－金融結合体」の役割については二つの重要なポイントを指摘しておかなければならない。一点目は、この結合体がそのサービスと引き替えに利子や税を引き出すことである。さらに、資本流通に対するその優位な地位ゆえに、そのサービスを必要とする人から独占利得《レント》を引き出すことができる。他方、遊休貨幣を流通に戻すために、この結合体は預金者や利用者に対し安全性と取引の効率性を示すか、余剰貨幣を持っている貯蓄者に預金利子を提供しなければならない。そしてこの結合体は、サービスにかかる費用および預金利子率と、貸出利子率ないし利用者に課す手数料との差に、自らの収益性の維持がかかっている。しかし、銀行は借りられる以上に貸し出すことができる。銀行が預金として持っている額の三倍貸すか三〇倍貸すかで、大きな相違が生じる。レバレッジの増加は、ごく単純に言って、銀行システム内での貨幣創造であり、利潤の急速な増加を意味する。現在の恐慌に至る前段階において、金融部門の収益性は急上昇していた。アメリカの全利潤に対する金融サービスの寄与率は一九七〇年の一五％前後から二〇〇五年には四〇％にまで上昇したのである。

信用の発達と「国家－金融結合体」

貨幣権力の結合《アサンブラージュ》と配分に特化した信用制度と信用機関は、したがって、時とともにその重要性を減らすどころかますます増してきた。信用制度の不適切な編成やわれわれが現在目の当たりにしているような制度内危機は、さらなる資本蓄積に対する潜在的な閉塞ポイントとなる。

信用制度を通じた貨幣権力のこのような集中は資本主義の発展軌道にあらゆる面で影響を与える。少なくとも、信用制度は特権階級である金融資本家に、生産者、商人、地主、開発業者、賃労働者、消費者に対する潜在的に巨大な社会的権力を与える。資本の集中の増大はさらに、独占権力の増進と競争の減少と

▼3　空間的回避《フィックス》…ハーヴェイの用語で、現在の過剰資本問題を解決するために、地理的に別のところ（国や地域）に資本投資をすることで、現在における過剰資本危機を回避することを言う。「fix」という用語が使われているのは、その「回避」が同時に、他の場所への資本の固定化でもあるからである。償却に長時間を要する大規模固定資本投資も一種の「回避《フィックス》」だが、これは現在の過剰資本危機を時間的に先送りしているので、ハーヴェイはこれを「時間的回避《フィックス》」と呼んでいる。また、新技術の開発と生産に過剰資本を投下することで、過剰資本危機を回避することを「技術的回避《フィックス》」と呼んでいる。

いう危険を引き起こし、そのために停滞を招くおそれがある。したがって資本主義国家は、時には競争を促進するために過度な独占権力に対しては規制をかけることを自らの使命としてきた（アメリカの反トラスト法やヨーロッパの独占禁止委員会）。しかし、同じぐらいありうるのは、「国家－金融結合体」が集中された信用権力に圧倒されて、「国家独占資本主義」と呼ぶのが最もふさわしい形態を構築することである。アメリカの多くの批判的理論家は一九六〇年代にまさにこのように状況を描き出した。たとえばポール・バランとポール・スウィージーは一九六六年に『独占資本』［岩波書店、一九六七年］という、大きな影響力を持った著作を出版している。一九六〇年代には強力だったフランス共産党の公式路線は、「国家独占資本主義」と闘うというものだった。

　資本の流通は本来的にリスクを伴い、常に投機的である。「投機」としてよく言及される状況とは、基本的な収益がマイナスなのに市場の熱狂のせいでそうした事情が隠蔽され、そこに過剰資本が投下されることである。たとえば、エンロンは一九九〇年代を通じてその損失をうまく隠蔽し（後に銀行システム全体がしたように）、本当の損失に直面しても虚偽の利益を計上しつづけた。これらは一般に「投機的狂宴」として言及される特殊事例である。しかし、重要なのは、すべての資本流通が徹頭徹尾投機的だということである。フランスの作家エミール・ゾラはかつてこう書いている。

> いいですか。投機とか株式相場というのは、われわれのような大きな事業の中心的メカニズムであり、その心臓部にあたるものなのです。そう、それが血液を呼び込み、小川を流れる血をいたるところで汲み取って集めるのです。そしてそれを大河にしてから、逆にあらゆる方向へと送り返し、巨大な金《かね》の循環を確立する。それが大事業の生命そのものなのです……。▼4

一日の始めに流通に投げ込まれた貨幣は、必ずしも最終的に利潤として実現されるとはかぎらない。最終的に剰余が実現されたなら、われわれは企業家の先見の明、想像力、創造性を賞賛する。しかしそうでなかったら（たいていは企業家の特別な落ち度のせいではないのだが）、われわれはたいていその資本家を投機家として非難するのだ！　わずか一年のあいだに、エンロンのCEOケネス・レイは天才企業家から投機家と罵られる存在に変貌した。

資本が産出（生産）し、その剰余を最終的に獲得（実現）できるよう、可能なあらゆることがなされなければならないのだが、うまく事が運ぶとはかぎらない。このことが意味するのは、期待、信念、確信、予想、願望、そして「アニマル・スピリッツ」（経済学者のジョン・メイナード・ケインズが一九三〇年代にそう呼んだもの）が、資本を流通に投じる決断に重要な役割を果たすということである。投資家の心理は、金融システムの健全性における信頼の状態と同じくけっして無視することはできない。そこでは多くの小口預金が集められ、利子の支払いと引き換えに資本家にそれが貸しつけられる。もし私が銀行を信用できなかったら、お金を枕の下にでも貯めておくだろう。それは資本家が利用できる貸付資本を減少させるだろう。「イングランド銀行のように安全」という慣用句は、この信念を保持するために普及した象徴的言いまわしだった。信用はプロテスタントであるとマルクスは述べた――それは純粋な信仰にもとづくのである。

しかし、しばしば期待は過大になり、貸付は濫用されるようになり、金融システムそれ自身の中で固有の金融恐慌を引き起こす。マルクスは『資本論』の中で簡潔にこう書いている。

▼4　エミール・ゾラ『金《かね》』藤原書店、二〇〇三年、一五二頁。

たった今までブルジョア〈ウォールストリートと読め〉は、繁栄に酔いしれ、自信満々にうぬぼれて、貨幣など純粋に想像の産物だと断言し、商品〈住宅のように安全なものと読め〉こそ貨幣だと言っていた。だが今では世界市場の至る所で正反対の叫びが響き渡る。ただ貨幣〈流動性と読め〉だけが商品だと。鹿が清水を求めて鳴くように、彼の魂は貨幣を、この唯一の富を求めて泣き叫ぶ。恐慌の時には、商品とその価値姿態たる貨幣との対立は絶対的な矛盾の水準にまで高まる。[5]

この矛盾の深みにおいては、期待は恐怖に満ちたものになり〈住宅もイングランド銀行もかつて思われていたほど安全とはみなされなくなる〉、金融はさらなる蓄積を支えるにはまったく不十分なものになる。金融・貨幣恐慌は資本主義の歴史地理における長期的な特徴であった。しかし、その頻度と深さは一九七〇年前後から目に見えて増大した。そこでわれわれが取り組むべき問題は、なぜこうなっているのか、そしてそれに対して何がなされえたのかということである。グローバルな資本蓄積の複利成長率は「国家―金融結合体」に大きな圧力をかけ続けてきた。貨幣資本を集積し分配する新しい革新的な方法を見つけ出し、貨幣資本の量を増大させ、その形態を刷新し、利得機会を獲得するのに最も適した立地を見出すためにである。近年の金融イノベーションの多くは、既存の制度的な規制枠組みによって課せられた障壁を克服するよう設計されている。規制緩和の圧力は一見抵抗しがたいものになってきた。しかし、この種の動きは常に、無制約の金融が暴走して恐慌をもたらす深刻な可能性を生み出す。これが、一八六八年の恐慌で、パリの市予算と同時に、ペレール兄弟のクレディ・モビリエとクレディ・インモビリエが破綻したときに起こったことである。そしてまた、二〇〇八年にグローバルな金融システムに起こったことである。「国家―金融結合体」は資本蓄積の「中枢神経系」として長らく機能してきた。その働きの内部にある信号が狂ったときには恐慌が当然にも起こる。現代国家の中央銀行と財務省の中で起こっていることの多くは世間の目から隠され謎で覆われている。ウィリアム・グレイダーが、連邦準備制度理事会がどのように仕事をしているかを徹底的に調査した一九八九年の著作を『寺院の秘密』としたのもわけあってのことである。マルクスは巨大にそびえたつ金融の世界を資本主義の「バチカン」として描き出した。今日の世界では金融の世界を「クレムリン」と呼ぶ方がいっそう皮肉がきいているかもしれない。なぜなら、世界は結局、労働者の独裁によってではなく世界各国の中央銀行の独裁によって支配されてしまう可能性の方が大きいように思えるからである。「国家－金融結合体」は封建的機関のあらゆる特徴を備えている。それは陰謀や密書に満ちており、資本の流通や蓄積の仕方だけでなく社会生活のほとんどすべての面に対して異常な、そしてまったく非民主的な権力を行使している。この「国家－金融結合体」に矯正能力があると盲目的に信じること、これこそ、ケインズが資本主義の持続にとって決定的だと考えた信頼と期待の根底にあるものである。

どの国家にも独自の形態の「国家－金融結合体」が存在している。社会的諸制度の地理的多様性はかなり大きなものであって、バーゼルの国際決済銀行や国際通貨基金（ＩＭＦ）のような国家間の調整メカニズムも重要な役割を果たしている。一九四四年のブレトンウッズでなされたように、国際取引システムの将来の金融構造に関わる主要な国際的決定を下すために集まった人々のように、制度構築にたずさわる権力者は、典型的にエリートであり、専門家であり、すぐれてテクノクラート的で非民主的であった。そして現代でもあいかわらずそうである。秘密のやり方に通じた人々だけが、その方法を矯正するよう求めら

▼5　マルクス『資本論』第一巻、大月書店、一八〇頁。

れるのである。

しかし、広い基盤をもった政治闘争が「国家－金融結合体」を一つの焦点にして起こっている。このような抵抗運動はしばしば階級的基盤にもとづく以上にポピュリスト的な基盤にもとづいており、典型的に、「国家－金融結合体」を支配する階級分派の行動に焦点を当てている。IMFや世界銀行の存続に反対する「五〇年でもうたくさんだ」キャンペーンのような一九九〇年代後半の運動は、さまざまな利益集団の多様な同盟をつくり出した。たとえば、世界貿易機構（WTO）に反対する一九九九年のシアトルでの街頭抗議行動の後に、労働組合と環境保護主義者とがいっしょになって「チームスターはウミガメのために」▼6というロゴをつくったことなどである。主として抗議の焦点となったのは、「国家－金融結合体」を構成する諸機関の規律強制的・新植民地主義的・帝国主義的な役割に対してであった。労働者自身は、一歩引いてしかそのような闘いに関わらないことが多い。しかしながら、彼らはポピュリスト的憤激の政治《ポリテ》力学《イクス》には容易に引き込まれうる（しばしば小ブルジョア的ないし――場合によっては――民族主義的な利害に導かれることもある。一九五六年にイギリスの「影の首相」▼7であったハロルド・ウィルソン［イギリス労働党の党首］が、イギリス経済を牛耳っていたスイスの投機家集団のことを「チューリッヒの小鬼たち」と呼んでその権力を罵ったときのことを思い出してほしい）。より一般的には、ポピュリズムが攻撃対象とするのは、巨大金融の貴族たちが手にするもろもろのもの、すなわち彼らが頻繁に獲得する巨大な富と貨幣権力、そして彼らが他のすべての者たちの生活条件を支配するためにしばしば行使する圧倒的な社会的権力である。二〇〇九年に銀行家たちの巨額の報酬とボーナスをめぐってヨーロッパとアメリカで大騒ぎが起きたが、これはこの種のポピュリズム運動の存在とその限界とをはっきり示している。これは、アメリカで一九三〇年代の大不況の責任者として非難された銀行と金融資本家に対して向けられた憤激と似ている。銀行強盗の「ボニー&クライド」▼8に人々の共感が寄せられたことは当時の伝説的な逸話の一つである。

したがって、「国家－金融結合体」の機能の仕方（そしてどの国家も他の国家とまったく同じということはない）を形作ることに関与している社会的諸力は、マルクス主義理論で一般に特権的地位を与えられている資本－労働間の階級闘争とはいくぶん異なっている。私がここで言いたいのは、巨大金融に対する政治的闘争が労働運動にとって関心外にあるということではない。もちろん、そんなことはない。しかし、税金、関税、補助金、国内外の規制政策にわたる多くの問題が存在するのであり、そこでは、産業資本家と組織労働者とが特定の地理的条件下では、対立関係ではなく同盟関係になることもあるということである。こうしたことは、二〇〇八～〇九年にアメリカの自動車産業に対する緊急支援《ベイルアウト》の要請として起こっている。自動車会社と労働組合はともに席を並べ、雇用を守って会社を破綻から救うことを目指した。他方で、巨大金融の権力に対して闘争することを利益とする集団は労働者以外にも多く存在する。一九八〇年代半ば以降にアメリカで起きたように、金融資本家が他の全部門を支配し、規制されるべき人物が国家の規制機関を握るならば、「国家－金融結合体」は、政治体全体の利益ではなく特定の利益集団を利することになりがちである。この場合、持続するポピュリスト的な憤激はバランスを回復する上で本質的に重要なものになる。

▼6　「チームスターはウミガメのために」…チームスターとは典型的なブルーカラー労働者の組合である全米トラック運転手組合のことで、ウミガメは環境保護を象徴しており、従来、疎遠であった労働運動と環境保護運動との連帯を表現している。
▼7　影の首相…二大政党制の国で、野党が政権に就く場合を想定してあらかじめ用意しておく首相候補。
▼8　ボニー&クライド…一九六七年のハリウッド映画『俺たちに明日はない』のモデルとなったカップルの銀行強盗で、一九三〇年代にアメリカ中西部で銀行強盗を繰り返した。

しかしながら、一九二九年や二〇〇八年のように、金融システムと「国家－金融結合体」が破綻したとき、誰もが資本主義の存続に対する脅威が存在することを認識し、それを再生させるためにはあらゆる手立てがとられ、あらゆる妥協が検討されなければならないと考えるのだ。まるでわれわれは、たとえ資本主義に不満を持っていたとしても、それなしでは生きてはいけないかのようだ。

第3章

どのように資本は生産をしているか？

ひとたび貨幣が、しかるべき時としかるべき場所で、しかるべき手に集積されたなら、この貨幣を使って原料、設備、エネルギー、労働力を動員し、商品を生産しなくてはならない。そこで次に、生産を遂行する上で確保されなければならないさまざまな要素について検討しよう。

労働供給と過剰人口

複利的割合での永続的蓄積は、アクセス可能な労働力の十分な予備が永続的に利用可能であるかどうかにかかっている。したがって、マルクスが「産業予備軍」と呼んだものは、資本の再生産と拡張にとっての一つの必要条件である。この予備軍が利用可能で、社会化され、規律づけられ、必要な質（たとえば、フレキシブルで、従順で、操作可能で、必要な場合には熟練を有している、など）を持っていなくてはならない。このような条件が満たされなければ、資本は持続的な蓄積に対する深刻な制限に直面する。

生産手段（とくに土地）に対する直接のアクセス権が大部分の人々から剝奪されているために、労働力が商品として市場に投入される。マルクスのいわゆる「本源的蓄積」の説明は大げさで単純化されすぎているかもしれないが、その本質的真理は否定できない。とにもかくにも住民の大多数は生きていくのに資本のために働かなくてはならない立場に置かれつづけている。本源的蓄積は、一八世紀後半のイギリスにおいて産業資本主義が出現することで終わったわけではない。たとえばこの三〇年間で、中国の開放や中・東欧の共産主義の崩壊を通じて約二〇億人もの賃労働者が利用可能な国際労働力に加わった。世界の至るところで、農村住民が、したがってまた独立農民が労働力として統合されつつある。なかでも最も劇的なのは女性の動員であって、彼女たちは今や国際労働力の支柱を形成している。資本主義的拡張のための大規模な労働力プールが今や利用可能になっている。

　しかしながら、労働市場は地理的に分断されている。一日あたり四時間の通勤時間は、労働者が毎日職場に通う上で外的な限界に近い水準である。四時間でどこまで行けるかは当然交通機関の速度と費用によるが、労働市場の不可避的な地理的分断が意味するのは以下のことである。すなわち、労働供給の問題は結局——国境を越えた移動（資本と労働双方の）によって軽減されるにしても——地域《リージョナル》戦略や国家戦略に埋め込まれた一連のローカルな問題に帰結するということである。とりわけ国家が関わってくるのは、移民法や労働法（最低賃金、労働時間や労働条件の規制）、社会的インフラの提供（教育、職業訓練、医療など）だが、これらが労働供給の質に影響し、産業予備軍を維持することを企図した政策（社会福祉の給付）に影響するのである。

　資本家は労働供給の潜在的限界を、ローカルな範囲内であっても、さまざまなやり方で管理し回避することができる。拡張が人口の増大を通じてなされる場合もある（たとえば、フランスの大家族への補助金のような、国家の側の出産奨励政策は、労働供給条件を資本の側に有利にするというはっきりとした効果を持っている）。それどころか、人口の複利的増大と資本の複利的蓄積にはきわめて普遍的な関係があるのであって、たとえば、一九八〇年以降中国で見られた資本主義の驚くべき成長パフォーマンスは、毛沢東時代における乳児死亡率の急激な低下にもとづいており、それが後に、雇用を必要とする膨大な若年労働力を生み出す結果をもたらしたのである。

生産性の増大がなければ、蓄積は、ローカルな労働資源を相対的な完全雇用状態に近づける。労働不足は賃金を上昇させる。その場合、賃金が上昇しても蓄積の増大が妨げられないか（より多くの労働者が雇用されるから）、あるいは労働需要の増大とともに蓄積が減退し、賃金を押し下げるかのどちらかである。ときには、資本家は事実上ストライキに打って出ることもある。すなわち、賃金の高騰が収益性を損なうという理由で再投資を拒否するのである。資本家の思惑は、その結果生じる失業によってより低い賃金率を受け入れるよう労働者を再び規律づけることである。

このような「資本のストライキ」の事例は実際に確認することができるとはいえ（たとえば、一九八〇～八二年の「レーガン不況」で失業率が一〇％以上にまで跳ね上がったが、これはその種の性格を一定帯びていた）、資本が労働不足問題に対処するもっと有利な別の方法も存在する。労働節約型の技術や組織的イノベーションが人々を職場から追い出し、産業予備軍へと投げ入れることである。その結果、解雇された労働者という「流動的過剰人口」が発生し、まさに彼らの存在が賃金の下降圧力となる。資本は労働に対する需要と供給を同時に操作するのである。

労働者はこのことをよく心得ているので、労働者はしばしば新技術の採用に抵抗する（一九世紀初頭のいわゆるラダイト運動の場合に起きたように）。先進資本主義国では、雇用保障と引き替えに新技術を受け入れる「生産性協定」が一九四五年頃から労使交渉で重要なものになってきた。それに対抗する資本家の戦略は、まだプロレタリア化されていない住民の中にいる諸分子を動員することであった。最も明白な対象となるのは農民と農村住民であろう（昨今の中国で起こったように）。先進資本主義国では、このような住民はほぼ使い果たされていたので、女性を賃労働力に動員することと、賃労働経済の外部で何とか生計を立ててきた住民をプロレタリア化することに向けた大きな転換が起こった。アメリカでは一九三〇年代以降、家族農場と小店主がプロレタリア化の主たる対象になってきた。多くの点で、これらの予備軍を動員することは、解雇と技術変化による失業の増加よりも望ましい。というのも後者の場合、政治的に問題になりやすいし、国家が失業給付に責任を負っている場合には経済的にも高くつくからである。

労働不足は常に局地的であるため、資本か労働の（あるいは両方の）地理的移動性が、ローカルな労働市場のダイナミズムを調整する上で決定的なものになる。短距離の移動でさえ（たとえばアメリカでは一九五〇年代以降、労働組合の強い中心都市から、未組織の潜在的予備軍、とくに女性が豊富にいる郊外へと事業が移転していった）、賃金率と労働条件に関する階級的力関係を劇的に転換することができる。より長距離の移動もまた労働供給問題に大きな影響を及ぼす。工業化され組合に組織されたアメリカ北東部や中西部から南部や西部に移動する場合や、あるいは一九二〇年代以降におけるようにアメリカ南部の過剰労働者が北部諸都市へ移住した場合などである。最近では国際的労働力移動がさらなる重要性を持つようになっている。一九七〇年にはアメリカにおける外国生まれの人口は五％程度だったが、今日では一二・五％を超えている。このような政策の否定的な結果は、人種差別主義の台頭を伴う反移民感情の高まりであり、労働者階級の内部での民族差別であった。

つねに資本家は、個々の労働者を互いに雇用を求めて競争させることで労働を統制しようとしてきた。潜在的な労働力はジェンダー化され、人種化され、民族化され、部族化され、また言語や政治的志向や性的指向や宗教的信仰によって分断され、それゆえ、これらの差異は労働市場が機能する仕方にとって根本的なものとして現われる。これらの差異は資本家が労働供給を管理する道具となっており、この点に関しては資本家は、人種差別主義と性差別主義を利用して競争を最小化しようとする特権的な労働力部門と手を携えていた。本源的蓄積の歴史そのものが、階層権力と階級支配の諸形態を正当化する種々の「自然な」、すなわち生物学的に基礎づけられた優劣関係の主張を生み出した。それは、宗教的には神のもとでの、世俗的には国家のもとでの、地位の平等という要求（アメリカ革命とフランス革命）に抗して主張された。歴史を通じて、資本家はそのような分断を利用するにやぶさかではなく、ときに促進しさえした。労働者自身は集団的な行動手段を求めて闘っているのだが、往々にして民族、宗教、人種、ジェンダーの種々のアイデンティティによる境界で立ち止まってしまう。それどころか、一九五〇年代と一九六〇年代のアメリカでは、労働組織は人種とジェンダーにもとづいた排除を押しつけることで労働市場における競争を抑制しようとさえした。

このような差別を維持する能力は次の事実によく示されている。約半世紀にわたる「同一労働同一賃金」の原則の推進にも関わらず、男女間の賃金格差は、そのような圧力がおそらく最も高かったアメリカにおいてさえなくなっていない。他の場所では、たとえば東アジアでは、ジェンダー格差ははるかにひどく、当然そこでは、新たにプロレタリア化された人口の大部分は女性からなっている。アメリカでは黒人と白人の賃金格差も、ヒスパニックとアジア人との格差と同様に存続しており、場合によっては年々拡大してさえいる。他の場所では、インドだと、平等な扱いを憲法で定めているにもかかわらず、カースト差別が労働市場における厄介な障壁として維持されている。

すべての労働市場はローカルなものであり、資本家より労働者にとってその度合いは高い。それゆえ、社会的・政治的連帯は、そもそもそれが何かを意味するかぎり、まず初めにローカルな地理的基盤で構築され、その後でようやく全国的ないし国際的な運動になることができるのである。資本家もまた通常は民族や人種その他の境界によって分断されているとはいえ（もっとも、資本家は通常、労働力よりもはるかに均質的である）、労働者がそのような差異を自分たちに有利になるように系統的に利用するのは難しい。それどころか、ウォールストリートの金融資本家たちに対する大衆的な反ユダヤ主義の歴史はしばしば嘆かわしい役割を果たしてきた。

一九六〇年代半ば以降、輸送技術におけるイノベーションもまた、低賃金で労働組織の弱い地域に生産を移転させるのをいっそう容易にした。この数十年間に、前述したように、製造業の大規模な再配置は労働市場のあり方を抜本的に変容させた。それは、一九七〇年以前に典型的に見られた労働環境と比べて顕著な相違である。

しかし、労働供給政策には多くの矛盾した側面が内在している。そうした矛盾はとりわけ、それぞれ固有の労働市場内で労働者によって個人的ないし集団的に実践されたものとしての、階級組織や階級政治のダイナミズムから起こる。実質賃金率は、一定の受容可能な生活水準で労働力を再生産するのに必要な財とサービスを供給する費用によって決まる。だが、「受容可能《ディーセント》」ないし「一定」というのは階級闘争、慣習的水準、社会契約（たいていは暗黙のものだが、時には、まっとうな医療や教育の権利に関する場合のように明示的な場合もある）などの産物であって、それらは通常、何らかの領域化された社会組織によって達成される（したがって、ここでも国家は、どのように社会生活が規制されるべきかの大雑把なコンセンサスを決定するための主要な制度的枠組みとして重要である）。労働市場は常にローカルなものであり、それゆえ、こういった生計費用や生活水準に関わる諸問題は地理的に多様であって、距離がかなり近い場合でさえそうである（ニューヨーク市はバッファローとは違うし、もちろん両都市はインドのムンバイのような他の諸都市とは異なる）。賃金交渉が行なわれる制度的枠組みもまた、全国的なものから（スウェーデンや最近までのイギリスのように）、常にローカルである場合まで（アメリカ）、さまざまである。後者の場合、こうしたローカルな枠組みの結果として、地域ごとに何が生活賃金を構成するのかを決定する「生活賃金運動」が生まれた。これが地域から地域へと広がっていったのは、連邦政府が全国最低賃金の引き上げに政治的に反対した一九九〇年代半ば以降のことであった。

局地的な労働運動の戦闘性、組織率、目標水準は場所ごと、時期ごとに実に多様であって、それゆえ、持続的な資本蓄積に対する潜在的障壁がこちらでは拡大し、あちらでは後退するということが起こる。労働者の究極的な力《パワー》──自らの労働を拒否しストライキをする力──はけっしてなくなってはいないが、この点でもたいていは力の非対称性が存在する。なぜなら、予備資金を備えている側（典型的には資本家）は、そのような資金のほとんどない側（労働者と労働組合）より長く持ちこたえることができるからである。ただし、労働紛争が広範なものになった場合に資本主義に与える長期的な脅威は、労働者の持つきわめて重要な予備力でありつづけている。

しかし、このような闘争の嵐の中にあっても、たいていは無風地帯のような場所はいくらでもあって、そこでは資本は相対的に自由に行動でき、その目的に適した労働力の供給を確保することができる。こう言っても間違いではないと思うのだが、一九八〇年以降、政治的抑圧（共産主義体制の崩壊を含む）、技術変化、資本の移動能力の高まり、かつての周辺的地域における本源的蓄積（およびその地域からの移住）の巨大な波、といった諸要素が結合して資本にとっての労働供給問題を効果的に解決してきた。ローカルな制約がここかしこに存在するものの、世界中で大量の労働予備軍（しかもインドや東アジア出身の教育レベルの高い労働者がますます増大している）が利用可能であることは紛れもない事実であり、それは階級闘争の規模に非常に重くのしかかっており、資本にとってきわめて有利になっている。

このような状況のもとで、開明的な資本家階級の利益集団ならば（激しい競争にさらされて「わが亡き後に洪水は来たれ」という政策をしばしば実践している個々の資本家とは違って）、労働力価値を低く維持するために安い賃金財の供給に補助金を与える政治的プロジェクトに結集するかもしれない。一九世紀の中頃にイギリス産業資本の利益集団が輸入小麦の関税を引き下げ、パンの供給を安くすることを求めたときのように。あるいはまたアメリカでウォルマート現象の出現や、中国の安価な小売商品の輸入の際に起きているようにだ。また、医療、教育、住宅を通じて労働供給の質を改善することに投資することにも賛成するかもしれない。また、ヘンリー・フォードが一九二〇年代に一日八時間労働で五ドルの日給を確立する方向に向かったように、市場におけるより強力な有効需要を保障する手段として、高賃金と合理化された労働者の消費を提案するかもしれない。

　このような闘争に対する国家権力の役割はけっして固定されたものではない。たしかに、特定の地域において労働があまりに高度に組織化され、あまりに強すぎる場合には、資本家階級は国家機構を用いて自己の命じることを直接に実行させようとするだろう。これは、前述したように、ピノチェト、レーガン、サッチャー、コール［八〇年代のドイツ首相］などによってなされたことである。しかし労働者は左翼の諸政党を通じて自己を組織することで、国家を逆方向に押しやることもできる。これも、さまざまな場所で（たとえばスカンジナビア諸国）、ある一定の時期（たとえば一九六〇年代におけるヨーロッパの大部分で見られた「社会民主主義的」コンセンサス）に起こったことである。しかし、一九七〇年代半ば以降、強固な労働組織という障壁を克服するために国家権力が用いられ、それは世界の多くの場所できわめて効果的なものであった。

　もう一つの方法は、資本の可動性を促進し、場合によってはそれに補助金を出すことである。そうすることで、労働供給条件や弱い労働組織をはじめとするビジネス環境が資本にとって最も有利なところ（たとえばアメリカ南部の反組合的ないわゆる「労働権」州）に、資本が移動できるようにすることである。資本投資を求める国家機構の側からの都市間、地域間、国家間の競争はここでは重要な役割を果たしている。政府（ローカル、リージョナル、ナショナルのそれぞれのレベルにおけるそれ）は、企業の労働需要に対して適切な量と質（熟練、訓練、政治的従順さを含む）の労働力を供給する責任を負う。したがって、国家機構は労働者の要求よりも企業の要求に従う方向へとシフトしていくかもしれない。その一方、質の高い教育機会（大学やコミュニティ・カレッジ）を保障する諸地域には依然として一定の優位性が存在する。なぜならそれがハイテク製造業を引きつけ、その地域の税収源としてより多くの貢献をすることができるからである。

一部のマルクス主義者は、しかるべき労働供給に対する制限の存在にもとづいて独特の恐慌形成論を構築した。いわゆる「利潤圧縮」恐慌説は、労働過程と労働市場の双方における労使関係と階級闘争という、絶えず緊張をはらんだ問題にもとづいている。これらの関係がさらなる資本蓄積に対する制限を課すなら、この制限を克服ないし回避する何らかの方策（あるいは、よりありそうなのは先に挙げたいくつかの諸方策の組み合わせ）が見つからないかぎり、恐慌が勃発する。

アンドリュー・グリン（彼が他の著者と書いた『賃上げと資本主義の危機』〔ダイヤモンド社、一九七五年。原著は一九七二年〕におけるその印象深い説明を参照せよ）のような理論家なら、一九六〇年代と一九七〇年代初頭に（とりわけヨーロッパと北アメリカで）起きたことを利潤圧縮状況の最適な実例だと解釈することだろう。たしかに、労働資源の管理、労働組織と労働供給の政治力学《ポリティクス》がこの時期の政治を支配していた。ヨーロッパのかなりの部分、そしてアメリカでさえも、労働者階級の組織は相対的に強力であり、国家機構はどこにおいても、組織労働者の力に配慮するか、左翼政党を通じて組織労働者の利益に部分的に従っていた。これが持続的な資本蓄積に対する深刻な制限を構成したことにいかなる疑問もない。この制限が、一九七〇年代と一九八〇年代初頭における新自由主義の台頭を通じて資本によって克服されてきたのであり、そのあり方こそが、われわれが現在直面しているディレンマの性質を多くの点で規定しているのである。

資本主義の存続は、このような潜在的制限／障壁《バリア》を永続的に克服ないし回避することで蓄積を維持することにかかっている。今この文章を書いている二〇〇九年末の時点で、利潤圧縮の徴候はほとんど存在していない。労働予備軍はあらゆるところに存在するし、資本家がそれを利用するための地理的障壁はほとんど存在しない。世界の至るところで労働者階級の運動に対する政治的攻撃がなされ、それによってほとんどあらゆるところで労働者の本格的な抵抗が穏当な水準に引き下げられたからである。したがって、二〇〇八〜〇九年の恐慌を利潤圧縮という観点から理解することは不可能である。むしろ、過剰に豊富な労働供給による賃金抑制とその結果としての消費者の有効需要の不足の方がはるかに深刻な問題なのである。

しかし、労働問題はけっして消えてなくなることはない。労働紛争は、いつかどこかで必ず深刻な問題として噴出しうる。たとえば、中国から現在の事例をとるなら、そこでは、世界的な経済的衰退が、最近プロレタリア化されたばかりの住民のあいだで、失業率の好ましからざる例外的な（中国では）上昇を引き起こし（二〇〇九年初頭の時点で失業者は二〇〇〇万人近くにのぼると推定される）、そのことで不穏な動きが高まっている。労働者の闘争の地理的不均等発展は注目を要する重要な事柄である。

資本－労働関係は常に資本主義のダイナミズムにおける中心的役割を果たしており、恐慌の根源に位置している。しかし、最近における主たる問題は、資本が強すぎて労働者が弱すぎる事実にあるのであって、その逆なのではない。

生産手段の調達と部門間の不比例性

資本家は再投資するときには市場で利用可能な追加的生産手段を見つけ出さなくてはならない。資本家が必要とする投入物には二種類ある。一つは生産過程で消尽される中間生産物（すでに人間労働によって形成されたもの）であり、たとえばコートを作るのに必要なエネルギーや生地がそれである。もう一つは、機械やその他の固定資本設備であり、そこには工場の建物や種々の物的インフラ（生産活動を支えている輸送システム、運河、港など）が含まれる。生産手段という範疇は明らかに非常に幅広く複雑である。しかし、これらの生産手段のいずれかが利用できなくなると、このことはさらなる資本蓄積に対する制限を構成する。

自動車産業は鉄鋼、プラスチック部品、電子部品、ゴムタイヤなしには拡張できないし、さらには、自動車が走る道路がなければ拡張は意味をなさないだろう。生産の流れを構成する「商品連鎖」や「サプライチェーン」と呼ばれているものの一部で技術革新が起これば、不可避的にあらゆる部分で技術革新が必要になる。マルクスが指摘したように、一九世紀の綿工業における力織機の登場による生産性の上昇は、綿生産における技術革新（綿繰り機）、運輸・通信、化学的・工業的な染色技術、等々における技術革新を必要とした。

したがって、昨日の利潤の一部を新たな資本に転化できるかどうかは、追加的に雇用される労働者を養う賃金財の増加量だけでなく、増大しつづける生産手段量が利用できるかどうかにかかっている。問題は資本の流れの連続性を維持するために物的投入物の供給を組織することである。言いかえれば、資本は拡張に先だって、自己自身の拡張を持続させるための条件をつくり出さなくてはならない！　そんなことがどうやってスムーズに困難なくできるのだろうか？

その答えは、マルクスが巧みに述べているように、「まことの恋が滑らかに行ったためしはない」である。こちらでは不足があり、あちらでは過剰があるというのが常であり、時にはこれらの不足が結合してさらなる拡張に対する恐るべき障壁となり、資本の流れの連続性を妨げるのである。しかし、需給条件を反映して価格シグナルが自由に動く効率的に機能する市場は、非常に有効な調整手段を歴史的に提供してきた。それはますます複雑になる社会的分業を押し進め、「生産の迂回性」（完成品に至る前に含まれる独立の生産段階数を示す）と呼ばれるものを増大させてきた。最終生産物に組み合わされる部品の数が増えれば増えるほど（たとえば、ＧＰＳシステムのような高度な電子機器を搭載した自動車）、供給の流れの複雑性が増す。それゆえ、資本流通の連続性を保障するためには、適切な価格シグナルを持った多少なりとも「正直」で信頼できる市場構造をつくり出すことが必要となる。複利的割合で資本を拡張することと、資本の流れを調整する市場シグナルを用いることとを内的に結びつけるためには、たとえば独占化や買い占めや市場操作といったものを防ぐような国家の規制が必要であり、それと同時に商品の移動に対する社会的障壁（関税、輸入制限、不必要な遅延）を縮小することが必要である。一九八〇年代にヨーロッパでトラック輸送の国境検査を廃止したことは、多くの生産過程への物資投入の流れをスムーズにする上で大きなインパクトを与えた。逆に、国家間の地政学的緊張は重要な投入物の自由な流れを阻害し、資本蓄積の妨げとなる。二〇〇八年に政治紛争によってウクライナ経由のロシアの石油と天然ガスの流通が断たれたことは、はるか西方のドイツやオーストリアで生産者と消費者に深刻な問題を引き起こしたのである。

しかし、市場は唯一の調整手段ではない。しだいに生産者はサプライヤーと直接取引をするようになる。最適なスケジュールと供給モデルにもとづいて、部品に対する注文を、中間のサプライチェーンを直接飛び越えて相手に伝え、「ジャストインタイム」原理にもとづいて入手する。これは遊休在庫のコストを最小化する。多くの産業（自動車やエレクトロニクスなど）では、このような直接的調整がオープン市場を凌駕するようになってきている。生産者は追加的生産手段がどれくらい必要になるかを前もって示し、サプライヤーの企業はそれにしたがって産出量を計算する。そして、市場の失敗が発生した場合には、国家がそれ自身の「投入－産出構造」モデルをもって参入し、供給構造の全体ないし、資本には組織しがたいサプライチェーンの主要部門（電力や水の供給、あるいは生産の物的インフラ一式）に関して計画を立てることもある。国家介入は不効率をもたらすと一般に信じられているが（とくにアメリカではそうだ）、日本やシンガポールの工業化の歴史は、国家が資本の流れを計画し、調整し、介入し、再組織する方が無政府的なオープン市場の調整よりも効率的であったことを示す豊富な事例を提供している。企業自身が無政府的なオープン市場をサプライヤーとの効率的で最適な計画的調整によって回避することで成功を収めてきたのだとすれば、なぜ社会はもっと広範な規模で同様のことができないのだろうか？

国家による計画化か市場かというイデオロギー的対立を脇に置くなら、以上のことが意味するのは次のことである。すなわち、社会的分業がますます複雑になっていく世界における資本の流れの連続性は、空間と時間を横断するこの流れの連続性を促進するような適切な社会的諸制度の存在にかかっているということである。そのような諸制度が有効でないか存在しないところでは、資本は深刻な制限に直面するだろう。無法状態や腐敗、所有権の不確定といった状況のもとでも資本がうまく機能する方策を見つけ出すことはできるかもしれないが、これは一般的には資本が繁栄するのに最適な環境を構成するものではない。それゆえ、「破綻国家」をどうするのか、どのように「良好なビジネス環境」を創出するのか（腐敗や無法状態を抑え込むことを含む）は、現代のアメリカやヨーロッパにおける帝国主義のさまざまな機関が世界各地で実行しているプロジェクトにとってだけでなく、IMFや世界銀行のような国際金融機関にとっても、その主たる使命となってきた。たとえば、WTOの協定は調印国（多くの国々にとってアメリカやヨーロッパと貿易を続けたければ調印する以外の道はなかった）に対して、企業が行きすぎた国家規制や介入なしにビジネスを行なう自由を高めるような「良好なビヘイビア」を定めている。

残念ながら、このようなプロジェクトは必ずや、市場によって与えられるもの以外の価値生産や価値評価の諸形態をも攻撃することになり、成功すれば（しばしば成功しないが）、通常の商品生産の外部で物的にも社会的にも日常生活を支えるのに重要な役割を果たしている文化的意味づけや社会的連帯の諸形態をも解体する。すなわち、非市場的で非資本主義的な生活様式は資本蓄積に対する障壁とみなされ、資本主義的ジャガーノート[▼1]を構成する三％の複利成長率に道を開くためには、そのようなものは解体されなければならないのである。一九七八年の改革後、共産党支配下の中国で資本蓄積の絶対的限界が一連の〔相対的〕制限へと解消され、しだいに克服ないし回避されていった複雑な歴史は、もちろんのこと、現代の最も重要な政治的・経済的物語の一つである。

しかし、サプライチェーンの中にも緊張と潜在的矛盾があり、それが「不比例性恐慌」と呼ばれるものをもたらしうることが知られている。『資本論』第二巻の終わりの方でマルクスは「再生産表式」と呼ぶものを提示し、経済の二大部門間の動態的関係を分析した。二大部門とは、「賃金財」〔労働者を食べさせ、維持させ、再生産させる諸商品のことで、後に資本家階級の私的消費である「奢侈財」をも含むように拡張された〕の生産部門と、生産手段〔資本家が生産に用いるためのもの〕の生産部門である。そしてマルクスは、資本家が競争を通じてすべての部門で利潤率を均等化させていく傾向を与件とした上で、資本が一方の部門から他方の部門へとどのように移動するのかを問うた。マルクスが示したのは、資本の再投資が部門間の不比例性を引き起こすように流通し、その不比例性が螺旋的に拡大して恐慌となるような状況が容易に起こりうるということだった。そのような問題が起こるのは、利潤率の最大化を競う中で、個々の資本家は両部門を横断する資本の流れの配置を系統的に誤る傾向にあるからである。

マルクスの議論にもとづいて打ち立てられたその後の研究は、はるかに洗練された数学モデルを使って、マルクスがその全体的な推論としては正しかったことを示した。たとえば二〇世紀における日本の経済学者、森嶋通夫は、技術変化のダイナミズムと二大部門の資本集約度に応じて、経済の均衡成長軌道を中心として経済動態が「発散振動」〔恐慌〕にも「単調な発散」にもなることを示した。この洞察は、一九三

▼1　ジャガーノート…押しとどめることのできない巨大な破壊力を持った動きやシステムを意味する。もともとは、ヒンドゥー教のヴィシュヌ神の八番目の化身であるクリシュナの異名で、ヒンドゥー教徒が救済を求めてジャガナート像を載せた戦車の車輪の下に身を投げたという言い伝えから、このような表現が生まれた。

〇年代と一九四〇年代にまで遡る、経済学者ロイ・ハロッドとエヴセイ・ドーマーによる経済成長の初期モデル（マルクスの先駆的な再生産表式に間接的にもとづいている）の結論と一致している。それは、経済成長は常に均衡成長の「刃先」の上にあり、簡単にその狭い軌道を踏みはずして大きな恐慌にまっさかさまに突っ込むものだということである。

それと同時に彼らが示したのは、恐慌は不可避的であるばかりでなく、むしろ必要でもあるということであった。なぜならこれが均衡を回復させ、資本蓄積の内的諸矛盾を少なくとも一時的に解決する唯一の方法だからである。恐慌はいわば、常に不安定な資本主義を不合理な形で合理化するものなのだ。まさに今がそうであるように、恐慌の最中には、常にこの事実を念頭に置いておくことが重要である。われわれは絶えずこう問わなくてはならない。ここで合理化されているものは何なのか、そして、合理化はいかなる方向をとっているのか、と。なぜなら、これらの問いは恐慌からの脱出方法を規定するだけでなく、資本主義の将来の性格をも規定するだろうからである。恐慌の時には常に選択肢が存在する。どの選択肢が選ばれるかは、決定的に階級的力関係にかかっているし、いかなる選択が可能かに関する精神的諸観念にかかっている。ルーズベルトのニューディールはけっして必然的なものではなかったし、それは一九八〇年代初頭におけるレーガンとサッチャーの反革命が不可避的ではなかったのと同様である。しかし、可能性は無限であるわけでもない。現在いかなる可能性があるのかを解明し、世界全体における現在の階級的諸関係の状況を踏まえて、それを蓋然性に対する関係のうちにしっかり位置づけることが、分析の役割である。

自然の希少性と自然的限界

資本家に生産手段を与える長いサプライチェーンの基礎には、潜在的な自然的限界というより深い問題が潜んでいる。資本主義も、他のどの生産様式とも同じく、自然の恵みに依存している。土地およびいわゆる天然資源の枯渇や劣化は、長期的には労働の集団的力の破壊に優るとも劣らぬ意味を持つ。というのもどちらも富の生産の根幹に位置しているからである。しかし、個々の資本家は、自己の短期的利益にもとづいて行動し、競争の強制法則に駆り立てられているため、労働者に関しても土地に関しても「わが亡き後に洪水は来たれ」という立場へと絶えず導かれる。そうでなくとも、永続的蓄積の進行は天然資源の供給に巨大な圧力をかけ、さらには、無駄な生産物の量が不可避的に増大することで、それらを吸収して有害物に転化させないようにする生態系の能力を使い果たしていく。ここでも資本主義は、ますます回避するのが困難になるような限界と制限に直面する。

資本主義の歴史の中で、自然の希少性に関する分野ほど資本の限界という思想が声高に絶え間なく叫ばれ続けた分野はない。著名な啓蒙派の経済学者、トーマス・マルサスとデヴィッド・リカードはともに、農業における収穫逓減は、最終的に利潤率をゼロにまで引き下げることで、われわれのよく知る資本主義の終焉を招くだろうと考えた。その理由は、周知のように、すべての利潤が土地と天然資源の供給に対する地代によって吸収されてしまうからである。もちろんマルサスはさらに進んだ主張をした（その『人口論』の初版において）。人口増大と自然的限界との矛盾は、どんな政策が遂行されたとしても、飢餓、貧困、疫病、戦争の危機を生まざるをえない（そしてすでに生んでいる）、と。

マルクスは資本主義の終焉について思考をめぐらせることにけっしてやぶさかではなかったが、マルサスとリカードの見解に対しては激しく反駁した。リカードに関しては、マルクスはこう反論する。輸送費の下落ときわめて肥沃な新しい土地の開拓、とりわけアメリカの開拓は、利潤率低下（マルクスが喜んで認めた傾向）と恐慌が何よりも自然の希少性に関わるという考えの誤りを示している、と。マルクスが皮肉っぽく指摘したように、リカードは恐慌に直面すると「有機化学に逃げ込む」▼2。

マルサスの場合には、マルクスの中心的反論はこうである。資本主義が貧困を生み出すのは、その階級関係のゆえであって、また将来の搾取のために窮乏化した労働過剰を維持する差し迫った必要性のゆえである。しかし、低い生活水準を、（資本による抑圧にではなく）自然の希少性に帰する議論は周期的にぶり返される。環境的説明は一九七〇年代の危機の時期に流行した（ドネラ・H・メドウズの影響力ある著作『成長の限界』は一九七二年に出版され、最初の「アースデイ」は一九七〇年であった）。二〇〇六年以降の経済的混乱の時期に、ピークオイル論や一次産品価格の上昇（少なくとも二〇〇八年秋まで）から地球温暖化に至るまでの幅広い環境問題が、進行中の経済的難局の根底にある説明として、あるいは少なくともその構成部分として広まっているのは驚くにはあたらない。

しかし、自然の限界とされるものと対決し、ときにはそれを克服し、たいていはそれを回避するための、さまざまな方法が存在することが明らかになっている。難しいのは、「自然」というカテゴリーがきわめて広くきわめて複雑であるため、物質的に存在するほとんどあらゆるもの（もちろん、後で別途取り上げる人間活動を通じて生産されるいわゆる「第二の自然」も含まれる）を包含しうることである。したがって、恐慌の形成において自然の希少性（市場操作から起こる希少性ではなく）が果たす役割について包括的な説明を見出すのは至難の業である。天然資源という概念は、たとえば技術的・社会的・文化的な価値評価にもとづくものであって、したがって、どんな外見上の自然的希少性も原理的に、技術的・社会的・

文化的な諸変化によって、完全に回避されないにしても緩和されうる。しかし、周知のように、文化的形態というのは他のすべてのものと同じく、しばしば固定的であり、さまざまな問題をはらんでいる。

サメが絶滅寸前になるほど無意味に乱獲されているのは、中国でフカヒレのスープが文化的に偏愛されていて、それを満足させるためである。同様にアフリカ象はその象牙のせいで絶滅寸前まで乱獲されているが、それは象牙を粉にして飲むと媚薬効果があると思われているからである（バイアグラの登場はアフリカ象をついに救うかもしれない！）。西洋文化における肉食中心の食生活習慣はエネルギー消費と地球温暖化に多大な影響を与えている。直接的にも（畜牛は大量のメタンガスを出す）、間接的にも（畜牛の餌に投入されるエネルギーは、肉食によって人間に与えられるエネルギーに比べて途方もなく大きい）、である。一定区画の土地の上に「マイホーム」を建てることを愛好する「アングロサクソン」文化は、エネルギーの浪費と土地の乱開発をもたらすような郊外化のパターンを生み出している。これらの事例で、このような環境的に有害な文化的嗜好が発展し維持されていることを理由に資本主義そのものを非難するのは形式上正しくないだろう。とはいえ、同じく環境的に有害な資本主義が、儲けが上がるならばいつでもどこでも、このような文化的嗜好（郊外化や肉食）を満たし、それを当て込んで商売し、ときにはそれを推進するのに大いに骨を折っていること、そして資本主義がまさにそれにうってつけのシステムであること、このことは言っておかなければならない。

さらに、「自然」という用語は、生命形態の巨大な地理的多様性や相互に絡み合う生態系の無限の複雑性をとらえるにはあまりにも単純すぎる用語である。大きな自然秩序の枠組みの中では、こちらでの湿地

▼2　前掲『マルクス資本論草稿集』第二巻、五六五頁。

の消失、あちらでの在来種の滅亡、その他の場所での特定の生息環境《ハビタット》の消失は取るに足りないことに見えると同時に、人口増大の至上命令を所与とすれば不可避的にも見える。複利的割合での終わりなき資本蓄積の継続を前提とすればなおさらそうだ。しかし、グローバルな森林消失や、生息環境《ハビタット》の消失と生物多様性の喪失、砂漠化、海洋汚染などのマクロなエコロジー問題を生み出すのは、正確にはこのような小規模な諸変化の集積なのである。

自然との関係を本質的に弁証法的なものとして解釈することは、人間の行動様式《ビヘイビア》のみならず自然的進化の過程（そこには人間による自然そのものの生産も含まれる）をも変化の可能性に富んだものとし、この関係をダイナミックで永続的に開かれたものにする。一方では、このような定式化は、何らかの本格的ないし長期的な――ましてや「最終的な」――環境危機の可能性を否定しているように見えるかもしれないが、他方、今ではよく知られているように、そこには、日常生活の継続にとって広範な破壊的影響をもたらす意図せざる結果を引き起こす可能性も含まれているのである。たとえば、冷蔵庫は、食品の質を保つことで多くの命を救い、大規模な都市化を可能にしたが、冷却に用いられるフロンガスが最終的にオゾンホールをつくり出すことになるなど、誰がいったい考えただろうか？　殺虫剤のＤＤＴが食物連鎖を通じて拡散して南極のペンギンを死に追いやっているとか、アスベストや鉛含有塗料が使われはじめてから何十年も後になって、それらが人々に悲惨な健康被害をもたらすと誰が考えたろうか？　人間の活動が環境に与える意図せざる結果が大規模なものになりうるということは、大昔からそれなりに理解されていた（少なくとも古代ギリシャの時代から）。そして、古代からの単なる火の使用や羊やヤギの放牧でさえ景観を大きく変えうるのであり、ましてや、より現代的な化学的魔術は生態系に毒物を広範に撒き散らしており、われわれが現在自然と呼ぶもののうち人間の影響を受けていないものはないと言えるぐらい、大規模に環境を変えてしまっているのである。

しかし、資本蓄積の複利的成長が必然的に示しているのは、時とともに、環境の変化がより深くより大規模な結果をもたらすことである。マンチェスターの綿工場が煙を吐き出し始めたのは一七八〇年頃からだが、その後すぐに、ペナイン山脈の泥炭地は酸性堆積物のせいで破壊された。しかしこれは、オハイオ渓谷の発電所がニューイングランドの森と湖の生態系を破壊し、イギリスの発電所が一九五〇年代からスカンジナビアに対して同じことをしていることに比べれば、ささやかなものである。

自然界は受動的存在ではなく、アルフレッド・ノース・ホワイトヘッドがかつて言ったように、「永遠に新奇性を求めるシステム」である。まず何よりも、地表下の地殻運動は不安定さを生み、地震、火山の噴火、津波、その他の諸事象を引き起こす。さらに大気循環と海洋循環の不安定さはハリケーン、竜巻、吹雪、洪水、熱波を引き起こし、それらは、地理的・社会的に不均等にではあるが、あらゆる人的被害をもたらす。さらに、自然現象から引き起こされる人的惨事を商売や儲けに利用することは、あまりに頻繁に見られる資本主義の特徴であり、軽く扱うことのできないものである。

人間の活動はペストや天然痘を絶滅することに成功したが、今ではまったく新しい病原菌や疾病と対峙しなければならない。たとえば、ＨＩＶ／ＡＩＤＳ、ＳＡＲＳ、西ナイル熱、エボラ出血熱、鳥インフルエンザ、そして言うまでもなくかつて一九一八年には数百万人もの犠牲者を出したような新型インフルエンザの大流行などがそうである。気候はきわめて多様な諸力の影響をこうむってきた。その諸力は人間によって誘発される諸要因と非人為的な諸要因とがきわめて厄介な形で混ざり合っており、人間の活動が地球の気候に及ぼす影響を明らかにするために当代最高の知性の持ち主が集まった場合でさえ、どこまでが人為的でどこまでが非人為的なものであるのかを判別するのが困難なほどである。その影響自体は議論の余地がないが、結果の及ぶ全範囲を特定するのはほとんど不可能である。人間が地表を変化させ始めるよりも以前の大昔の変化は、ときに非常に急速で――少なくとも地理学的時間（数百年）で測れば――、まったく予測できないものであり、広範な影響（たとえば種の絶滅のあいつぐ波）を伴うものだった。他の事情が等しければ、議論の余地なく人間によって誘発される諸影響は複利的成長のルールに従っている。それが、深刻な懸念を呼び起こして、最小限の措置とはいえ、本格的な調査と予防的な国際規制活動（フロンガスの使用を制限した一九八九年のモントリオール議定書でなされたようなこと）へと発展したことは間違いない。しかし、その場合でさえ、将来の気候をそれなりの確度で予測できると考える人々は自らを欺いているのである。

しかし、資本主義の歴史地理は、広範な予想外の結果をともなう自然との関係（人間の福利という観点から見ていいものも悪いものも）に関して信じがたいほどの可変性とフレキシビリティを発揮してきた。それゆえ、人間と自然との物質代謝関係において原理的に乗り越えることも回避することも不可能な絶対的限界が存在すると論じるのは誤りだろう。しかし、このことは種々の障壁がときに深刻なものであったりすることがないとか、一種の全般的環境危機を引き起こすことなしにそれらの障壁を克服することができるということを意味するものではない（サメの生息数が激減したときとは対照的である。まるでサメが海洋生態系全体に対して持っているであろう未解明だが広範な影響などないかのように、それは「単に」残念なことと解釈された）。

多くの場合、資本主義の政治力学《ポリティクス》は、とりわけ最近はそうなのだが、自然の「無償の贈り物」が資本にとって容易に利用できるだけでなく将来の使用のためにそれが維持されるようにすることをも目標としている。この二つの問題をめぐる資本主義の政治力学《ポリティクス》に内在する緊張関係はときに先鋭なものになりうる。たとえば一方では、安価な石油の増大する流れを引き続き維持しようとする願望は、過去五〇年ないし六〇年間におけるアメリカの地政学的スタンスにとって中心的なものだった。それはまさに、一九四五年以降の郊外化による資本過剰吸収が安価な石油の利用を条件としていたからである。世界の石油供給をいつでも利用できるようにしておくという政策は、アメリカを中東やその他あらゆるところでさまざまな紛争に引きずり込んだ。自然との関係にとって決定的な一例だけ取り上げるならば、エネルギーをめぐる政治力学はしばしば、国家機構の内部でも国家間関係においても支配的問題として立ち現われている。

しかし、他方では、安価な石油を確保しようとする政治力学は、石油の枯渇という問題を引き起こすだけでなく、地球温暖化やその他の「大気の質」をめぐる一連の諸問題（地表のオゾン濃度、スモッグ、とりわけ大気中の微粒子など）を引き起こす。これらの問題は、ますますもって人類に対するリスクを増大させている。都市のスプロール化によるエネルギー消費の増大は、土地の慢性的な劣化をもたらし、それは洪水、鉄砲水、都市の「ヒートアイランド」の発生を誘発した。このような環境的影響は、自動車産業（それは、一九三〇年代以降、過剰資本の吸収にとってきわめて重要な役割を果たしてきた）を支えるのに必要な天然資源が枯渇していくという問題と裏腹の関係にある。

一部のマルクス主義者（『資本主義、自然、社会主義』という雑誌の創刊者であるジェームズ・オコンナーがその中心）は、自然における種々の制限を「資本主義の第二の矛盾」と呼んでいる（第一の矛盾は言うまでもなく、資本－労働関係である）。現代においては、この「第二の矛盾」が、労働問題と同じぐらい（場合によってはそれ以上に）、多くの政治的関心を引きつけているのは間違いなく真実である。そして、自然との関係における危機という思想に注目する実に幅の広い関心領域が存在するし、それをめぐる政治的懸念や努力が見られる。その場合の自然とは、原料の持続可能な源泉であり、また、さらなる資本主義的（都市および農業の）発展のための土地であり、さらにはますます増大する有害廃棄物の汚水溝としての自然である。

しかし、「純」自然的限界なるものを過大評価する危険性が常に存在する。その際、何よりも環境の変化を強制する資本主義的ダイナミズム、およびそのダイナミズムを特定の環境的に有害な方向へと向かわせる社会的諸関係（とりわけ階級関係）から注意が逸らされてしまう。言うまでもないことだが、少なくともこの点では資本家階級は、環境問題の責任を免除してくれる環境的レトリックによって自分たちの役割が棚上げされ隠蔽されることを喜んでいる。二〇〇八年の夏に石油価格が急騰し、石油会社と投機家が非難されたときには、自然の希少性を振りかざすことは実に好都合なことであった。

オコンナーの労作では、資本主義のこの「第二の矛盾」は、一九七〇年代に労働運動と社会主義運動が敗北を喫して以降、「第一の矛盾」に代わって登場している。彼によれば、環境運動は反資本主義的アジテーションの最先端を構成しており（あるいは構成するべきであり）、一九八〇年代および一九九〇年代には実際に、あたかも環境運動だけが生命力を持った反資本主義運動であるかのように思われていた。この種の政治がどこまで追求されるべきかの判断は読者に委ねるとしよう。しかし、確かなことは、自然との関係におけるこの制限は軽く扱えるものではなく、その他すべてのものと同じく問題がますますグローバルなものになりつつあるということである。

われわれと自然との関係には差し迫った危機が存在するかもしれず、終わりなき資本蓄積の枠組みの中でも——少なくとも一定期間——この制限を回避することができるとするなら、広範囲に及ぶ適応（技術的のみならず文化的、社会的なそれ）が必要になるだろう。たしかに、資本主義はこれまで自然的制限をうまくかいくぐってきたし、その過程でしばしば利潤さえ上げてきた。というのも、環境技術はずいぶん以前から一大産業《ビッグビジネス》であって、いっそう大規模なものになるのは確実だからである（オバマ政権がそう提起しているように）。しかし、この事実は、自然の問題がけっして何らかの究極の限界にはけっしてなりえないということを意味するものではない。とはいえ、二〇〇六年に始まった現在の恐慌に関して言えば、自然的限界の問題は、少なくとも表面的には第一の地位を占めることはないだろう。ただし、いわゆる「ピークオイル」と、それがエネルギー価格に与える影響の問題は例外になりうる。それゆえ、ピークオイルの問題については少し説明が必要だろう。

背景として述べておく必要があるのは以下のことである。一八世紀イギリスにおいて、資本主義発展の潜在的な自然的限界のうち最大のものとして姿を現わしはじめたものがあったのだが、それは、化石燃料への転換と蒸気機関の発明によって見事に乗り越えられた。それ以前には土地は、食糧生産にもエネルギー生産（バイオマス〔生物資源にもとづくエネルギー〕にもとづく）にも用いられていた。ますます明らかになったのは、当時の輸送能力からして、複利的成長のもとで土地を両方の目的で使い続けることはできないということだった。だが、一七八〇年頃からエネルギーは地下からもたらされ（石炭紀に貯えられた埋蔵石炭の形で）、土地は食糧生産にのみ使うことができるようになった。一世紀ほど後には、白亜紀の莫大な埋蔵エネルギーもまた、石油や天然ガスの形で開発された。このような考察をしたのは、現在言われている石油不足に対してエタノールの生産で対応しようとしていることの明白な愚かさを示すためである。それはエネルギー生産を地上に戻すことになり（たいていは、実際に生み出されるエネルギー以上のエネルギーをその生産で使うことになる）、ただちに深刻な影響を穀物価格に及ぼす。われわれを一八世紀イギリスにおける「エネルギーか食糧か」という罠に引き戻すような政策の倒錯ぶりは、ショッキングと言うしかない。いったいどうしてこんなことになったのだろうか?

「ピークオイル」という発想は一九五六年にまで遡る。当時シェル石油のために働いていた地理学者のM・キング・ハバートは、新たな油田の発見率と採掘率とをリンクさせた定式にもとづいて、アメリカ国内の石油生産は一九七〇年代にピークとなり徐々に縮小すると予測した。彼はシェルでの仕事を失ったが、その予測は正しいことが判明し、一九七〇年代以降、アメリカは国内の資源が減少しつづけるにつれて日々ますます外国の石油に依存するようになった。アメリカは今では三〇〇〇億ドル近い額の石油を毎年輸入しており、それは急増する貿易赤字のほとんど三分の一に相当する。この貿易赤字を補塡するために、アメリカは世界中から一日二〇億ドルを超える借り入れを行なわなければならない。エタノールへの最近の転換は、この外国依存に対するアメリカの政治的・経済的脆弱性を低めようとする動きと、強力なアグリビジネス・ロビーへの豪華な補助金とを結びつけるものだった。アグリビジネス・ロビーは、すぐれて非民主主義的なアメリカ上院（田舎の小さな諸州が合計で六〇％もの投票を持っている）を支配しており、長年にわたってワシントンにおける最も強力なロビー勢力の一つであった（アメリカにおける高額の農業補助金は諸外国とのWTO交渉で最も議論になる問題の一つである）。その結果、まったく予想通り食用穀物価格の高騰をもたらしたが、それは、アグリビジネスにとってはグッドニュースでもあった。たとえニューヨーク市民が、突然ベーグルの価格が五〇％上昇するのを目の当たりにしたとしてもである。しかし、その結果、世界的飢饉が悪化したことは、冗談ではすまない問題である。ハバート命題に対するある批判者はこう述べている。「SUV車の二五ガロンのタンクを純エタノールで満たすには四五〇ポンド［約二〇〇キログラム］のとうもろこしが必要である。それは一人の人間を一年間養えるカロリーに相当する。現在（二〇〇八年）の傾向が続けば、慢性的飢餓人口は二〇二五年までに一二億人へと倍増することだろう」。

ハバートがアメリカに適用した「ピークオイル」論が世界的な石油供給の予測にも十分に適用できることは、ますます多くの証拠（と多くのレトリック）によって裏づけられてきた。データによれば、一九八〇年代半ばに世界的な発見率がピークに達したため、石油産出量そのものも遅くとも二〇一〇年頃にはピークに達するだろうと広く予想されている。アメリカ以外のいくつかの産油国もおおむねハバートのピークオイルの定式に当てはまっていた。クウェート、ベネズエラ、イギリス、ノルウェー、メキシコがそうである。その他の地域の状況、とくにサウジアラビア（すでに生産のピークに達しているとの噂がある）、中東全体、ロシア（プーチン大統領が――事実的理由というよりはほぼ間違いなく政治的理由でだが――最近述べたところでは、ピークオイルはすでに過ぎている）、アフリカについては、測定するのがより難しいものの、二〇〇二年の一バーレル二〇ドル以下から二〇〇八年夏には一五〇ドル以上への石油価格の急騰（そしてアメリカの消費者へのガス小売価格の倍加）は、ピークオイルが到来しその地点にとどまっていることを示す一般的にわかりやすい証拠を提供した。幸か不幸か（それはその人の見方しだいだ）、二〇〇八年末には石油価格は突如一バーレル五〇ドル以下にまで急落し、この理論の妥当性に対して一般に大きな疑問符が付いた。同時に、石油価格高騰によるインフレに対する中央銀行の恐れが弱まり、二〇〇八年末のアメリカで利子率がゼロ近くにまで低下する結果へと道を開いた。一バーレル五〇ドルはエタノールが利益を上げられる分岐点としてよく引き合いに出されることからして、二〇〇六年以降アメリカではエタノール工場の数がほぼ倍増したが、そこへの巨額の投資は今や危機に瀕しているかもしれない。

自然によって規定されているはずの希少性、そしてピークオイルの定式によって巧みに表現されているはずのこの希少性が、市場でこれほどまでに激しく変動しうるのは、いかにして、そしてなぜなのか？　これについては多少説明が必要だろう。これを理解するには、別の分配カテゴリーを導入しなければならない。それはマルクスも「後にまで」残したカテゴリー、すなわち、土地と天然資源に対する地代《レント》である。問題となる地代には二つの種類がある（マルクスが「絶対地代」と呼んだ第三のカテゴリーはここでは割愛する。というのも、率直に言って、それが有効であるとは思えないからである）。

有効である第一のカテゴリーは「差額地代」と呼ばれる。これは何よりも、市場の需要を満たすために生産に引き入れられる最も生産性の低い土地、鉱山、油田との比較で、土地の肥沃さや産出量における格差から生じる。差額地代は立地的要素をも含みうるし、しばしば含んでいる（市の中心に近い土地は周辺地域の土地よりも総じて価値が高いし、地表の油田は深海の油田や北極の油田よりも容易に採掘できる）。石油の場合、最も生産性が低く最もアクセスしにくい油田の採掘費用がまかなわれ、かつ標準的な利潤率が、生産に従事する資本家に平均率でつけ加えられなければならない。これが石油の基準価格を決定する。

他のすべての生産者は超過利潤を上げることができる。なぜなら彼らの生産費とアクセス費用がより低いからであり、産出量が限界油田より多いからである。誰がこの超過利潤を獲得するのか？　所有権が土地や油田に対して設定されていることを前提すれば、これらの所有権の保有者（個人ないし国家）は土地や資源を他人に使わせることで使用料《ロイヤリティ》を要求できる。その料金は資源の使用に対する直接の貨幣支払い（地代《レント》）の場合もある。それは、この資源を会社が使用することによって得られた利潤の一部である。あるいは、自らが利用する資源に対して所有権を持つ何らかの事業体（国営石油会社のような）が世界市場で直接石油を販売することから得られる純粋な超過利得である。しかし、このすべての場合において油田の所有者は一定の最低保障価格を設定しており、たいていの場合、資源を他人に利用させる前にその価格を請求し獲得するのである。彼らが十分に抜け目のない所有者であり、また引き続き石油産出を継続できるのなら、差額地代の全部ないしほとんどを要求しうる。

　まさにこの最低保障価格の存在こそ独占地代の存在を示唆している。それは、資本主義に特徴的な社会的諸制度のもとで、所有権にもとづく権利請求のあらゆる形態に付随している。所有権の保有者は、最低保障価格に達するまで、その所有物へのアクセスを差し控えさせ、使用を拒否することができる。競争的状況下ではこの最低保障価格は一般的にはかなり低いだろう。なぜなら利用可能な土地が豊富にあれば、生産者はどこに行くのかに関して選択権を持つことができ、もし誰かがその土地を妥当な価格で生産者に（販売、借地、小作の契約によって）使わせないのであれば、他の誰かがそうするだろうからである。あるときにはこの最低保障価格はほとんどゼロにまで近づくだろう。もっとも、その場合には、土地を貸し出すことは土地所有者にとって無意味なことだろうが。

　しかし、ここでわれわれは、資源の肥沃さや生産性が全面的に自然に依存するわけではなく、もともとの資源の生産性を新たな水準に高める技術と改善への投資にも依存するということも認めなくてはならない。土地の肥沃さは自然によって付与されたものであるのと同じくらい人間によってつくられたものでもある。土地の所有権保有者は使用者がその生産性を高めることに大いに利益を有している。一八七三年に始まった長期の農業不況以前の一九世紀イギリスにおいて「集約農法」が成功した時期には、地主は長期の借地契約を好んだ。なぜならそれは、借地者が土地を劣化させるのではなく肥沃度を高めるような長期的改善（排水、施肥、輪作技術など）を施すのを促すからである。この場合、差額地代は、長期的改善への資本投資の見返りとして借地期間中には使用者に帰属するだろう。しかし一六世紀に排水ないし海を干拓してできたきわめて肥沃な土地はどのように説明されるのだろうか？　差額地代は単純なカテゴリーではあるが、自然によって付与されたものと人間の活動の結果として生じたものとを実際に区別することの困難さという問題をかなり見事に体現している。それはまた、何らかの資源所有者が直面しなければならない戦略的問題を際立たせるものでもある。すなわち、容赦のない効率性にもとづいて既存の資源（その生産性が自然によって付与されたものであれ、人間の活動によるものであれ）を枯渇するまで採掘するのか、それとも将来に向けて潜在的に長期間持続可能な使用のために資源を節約ないし改善するのかという問題である。

しかし、油田の場合に問題となっているのは、それが再生不可能な資源だということであり、相対的希少性という条件によって最低保障価格が与えられていることである。油田に対する差額地代は——それが優位な生産技術から生じているのであれ、自然的諸条件（たとえば地下が高圧で埋蔵量が多いといった）によるものであれ——、ここでは独占地代と渾然一体になっている。ＯＰＥＣが一定の価格水準を維持安定させるレベルで世界市場に石油を供給するよう調整するのは、その顕著な事例である。もちろん、すべての国がこのカルテルに参加しているわけではなく、ＯＰＥＣの行動の自由はこの事実によって制限されている。しかし、通常なされる反対論にも関わらず、生産者も使用者もＯＰＥＣの行動によって得られる市場価格の一定の安定性から一般に利益を得ているのである。だとすれば、現在、石油価格がこれほどまでに乱高下しているのはどういうわけだろうか？

　この問いはわれわれを問題の核心へと導く。というのも、石油市場は、いわゆる自然の希少性と同じくらい社会的・経済的・政治的状況によってつくり出される希少性によって変動するからである。石油地代《レント》と石油先物は投機的投資の標的にされ、迫り来る石油不足への懸念（それが政治的不安定によるものであれ、戦争によるものであれ、ピークオイルによるものであれ）が劇的に石油価格を高騰させる。とくに、経済成長の力強い躍進に呼応して一九九〇年代中頃に中国とインドが石油市場に参入したときに起こったように、供給の一時的な不足と需要の何らかの「ピーク」がぶつかるような状況下ではそうである。したがって石油地代と石油先物は擬制資本の形態で資本化され、債権も流通する。市場の全仲買人が自分たちの賭金をヘッジし、あらゆる種類のデリバティブをつくり出し、その賭けが割にあうよう市場を操作しようとする。石油価格が上昇すればもちろんのこと、限界収益点の油田も利用される（あるいは再開される）。というのも限界収益点の規定そのものが異常な乱高下によって変動するからである。カナダのアサバスカのタールサンド［原油を含んだ砂岩］は利用するには高コストだったが、石油が一バーレル一五〇ドルに上がったときには高収益を見込めるようになった。しかし問題は新たな油田で生産を始めるには長い時間を要し、ＯＰＥＣによってコントロールされているときのように、比較的簡単に操業を開始する現存能力があるのではないかぎり、需要の急増に反応する速度は遅いということである。しかし、ここでも精製を含むすべての工程は資本集約的であり、資本市場の状況にも、利幅にも、そして石油先物市場で起きていることにも、非常に敏感である。石油先物市場は、ヘッジと賭けとの一大市場であり、過剰資本の利用可能性に大きく影響されている。世界中に過剰流動性があふれているときに、その一部を石油先物市場に投入しない理由があるだろうか？　ましてやピークオイルが間近に迫っていると云々されているときに！

以上のことから明らかなのは、自然との関係は、双方向的なものだということである。自然に起こる進化的変化の気まぐれや偶発性《コンティンジェンシー》が、自然の意味および自然との関係を決定する社会的・経済的・政治的諸状況の気まぐれや偶発性と組み合わさる。蓄積に対する諸制限は、いわゆる自然の希少性の問題をめぐって、絶えず解消されては再形成される。そして時おりこれらの諸制限は、マルクスの言い方を借りれば、絶対的矛盾と恐慌に転化しうるのである。

建造環境とインフラ投資

自然は多年にわたる人間の活動によって変形を加えられてきた。環境というカテゴリーには以下のものが含められなければならない。整備された田畑、排水された沼地や湿地、改良された河川と浚渫された入り江、伐採されたり植林されたりした森、これまで建造された道路、運河、灌漑設備、鉄道、港湾、滑走路、ターミナルビル、これまで構築されたダム、発電機、送電設備、さらには、上下水設備、ケーブルや通信網、広大な都市、スプロール化する郊外、工場、学校、住宅、病院、ショッピングモール、観光名所、その他多数である。

さらに、このような環境にはまったく新しい生物種が生息しており（犬、猫、畜牛、鶏など）、それらは選択的交配を続けることで改良されたか（いまではトウモロコシのような穀物やトマトを改良するのに直接遺伝子を組み換える技術も加わっている）、突然変異したか、新たな環境的ニッチ▼3を発見してきた（鶏肉生産工場のような新たに構築された環境で突然変異して広まっていった鳥インフルエンザのような疾病のパターンを見よ）。この地球上には、人間によるいかなる変形もこうむっていない純粋で太古のままの自然と考えられうるような場所はほとんど残っていない。他方、われわれも含めて、自分たちの再生産に役立つような方法で環境を変える生物はまったく不自然ではない。アリやハチもそうするし、ビーバーはとりわけ大規模にそうする。アリ塚に不自然なものがないのと同様、ニューヨーク市にも特段不自然なものがないのは確かだ。

しかし、このすべてを構築するのに人間の膨大なエネルギーと技量とが費やされてきた。こうした建造環境は、生産と消費の集団的諸手段の広大な領域を構成するのであり、それを建設し維持する過程で莫大な量の資本を吸収する。都市空間の形成《アーバナイゼーション》は過剰資本を吸収する一手段である。

しかしこの種のプロジェクトを実行するには、莫大な金融権力を動員しなければならない。そしてこのようなプロジェクトに投じられた資本は、利得を伴って回収されるまで長期間待たなければならない。そのためには、資本を集積し、長期的効果を期待してそれを充用し、利得を伴って回収されるまで我慢強く待つという一連の過程を遂行するのに十分な国家の関与、あるいは強固な金融システムが必要である。これは通常、「国家‐金融結合体」の抜本的なイノベーションを意味する。一九七〇年代以降、住宅抵当債務の証券化やデリバティブ市場の創設を通じた投資リスクの分散のような金融イノベーションが、国家権力によって暗黙に（今ではすでに見たように明示的に）バックアップされながら行なわれているが、このイノベーションのおかげで、過剰流動性をもった莫大な貨幣が都市建設《アーバナイゼーション》のあらゆる側面に流れ込み、世界中で建造環境を構築することが可能になったのである。

いずれの事例においても、「国家‐金融結合体」におけるイノベーションは、過剰資本を都市空間の形成とインフラ事業（たとえばダムや高速道路）へと誘導するのに必要不可欠の条件だった。しかしこの三〇年のあいだに幾度となく、このような事業への過剰投資が恐慌形成の触媒的誘因となってきた。先に指摘したように、一九七〇年以降の金融恐慌のいくつかは不動産市場の過剰拡張を引き金としていた。

資本主義的生産様式の核心にある複利的成長は、はじめに投入される必要な物的インフラ条件なしには達成されえない。何らかの国で輸出主導型の経済的活況が起こるには、前もって適当な輸送施設や港湾施設を必要とする。それは、工場が、適切な（ときには豊富な）水の供給やエネルギー投入物や運輸・通信インフラがなければ機能しえないのと同じである。このようなインフラがあってこそ、投入物（労働を含む）の供給と製品の出荷において大過なく生産を進行させることができるのである。また、労働者もそれなりに近いところで生活し、買い物し、子供を学校にやり、レジャーのニーズを満たさなくてはならない。

建造環境を構成するこの巨大インフラは、資本の生産、流通、蓄積を続けるのに必要不可欠な物質的前提条件である。さらに、このインフラが良好に機能しつづけるためには、しかるべきメンテナンスが恒常的に必要である。したがって、経済的産出物《アウトプット》のますます多くの部分が、このような必要不可欠なインフラを良好な状態に保つために投じられなくてはならない。メンテナンス不足（送電網の機能停止、水道の不具合、運輸・通信システムの混乱）は、最も先進的な資本主義経済においてすらまれではない（アメリカはここ数年、橋の崩落や電力供給の機能不全などのインフラ災害をたびたび経験してきた）。その上、さらなる資本蓄積は新たなインフラの建設にもとづいている。つまり、資本主義の存続は、複利的成長を達成するのに適合した物質的インフラ投資を組織しそこに資金調達することにかかっている。資本はある一定の時点で自分自身の必要に応じた景観――いわば自分自身の姿に似せて構築された「第二の自然」――をつくり出さなくてはならない。そして、その後の一定の時点になると、複利的割合でのさらなる蓄積に適合させるためにこの景観を再び変革しなければならない。

▼3　環境的ニッチ…生物社会において、特定の種が占める生態的な場所や地位のこと。

しかし、資本にとってこのようなインフラに投資することにどんなインセンティブがあるのだろうか？しかるべき率での貨幣収益は自明とも言える回答であり、このことはインフラを利用することに対する支払いが受益者から何らかの形で引き出されなければならないことを意味する。住宅や店舗や工場を使用者に売りに出したり、リースや賃貸にすることは十分想像できるし、集団的給付の特定の種類（高速道路、学校、大学、病院など）に関してはサービス料金を課して資金を調達することも想定可能である（必ずしも望ましくはないが）。しかし、建造環境には、共同で保有されていて直接的支払いを引き出すのがきわめて難しい多くの側面がある。この点こそ、国家が再び登場して中心的役割を果たさなければならない場面である。そのためには国家は税金を徴収しなければならない。生産的国家支出の理論は、第二帝政期のパリにおいてサン・シモン派の金融家たちが先駆となり、後にケインズが一般化した理論だが、その理論は課税ベースを拡大すべしと主張する。というのも、新たなインフラ供給によって生み出される投資機会に民間資本は肯定的に反応するからである。その結果、国家による投資が補償されるだけでなく、追加的な歳入さえもたらし、それがまた新たなインフラに投資されるという、「国家－資本」流通の一形態が生じる。

この種のことを考察するには、生産の概念をその慣習的な狭い枠から解放する必要がある。生産の通常のイメージとして広まっているのは、労働者が工場で、たとえば車を製造する組立ラインで汗して働くというものである。しかし、高速道路や上下水道や住宅を生産したり維持したりする労働者、あるいは景観を形成したり内装を行なったりする労働者も、まったく同様に重要である。実に膨大な数の企業と労働者は、都市空間の生産《アーバナイゼーション》（ほとんどの場合債務で資金調達されている）に積極的に従事している。あるいは、新たな空間、場所、環境の生産としてより一般的に記述した方がいいかもしれない。こうした舞台で繰り広げられる政治闘争はたいてい、かなり独特の性質を示す。建設労働者は賃金率、労働条件や安全性をめぐって建設業者と激しい闘争をするが、他方では民間であれ国家主導であれどんな種類の開発プロジェクトをも支持するとして悪名高い。このようなプロジェクトが環境的・政治的・社会的根拠にもとづく反対運動を引き起こすがゆえに、そしてそれがしばしば立場の弱い住民の土地の権利を略奪する事態を不可避的に伴うがゆえに、労働者階級の諸分派は、反資本主義闘争に団結する可能性と同じぐらい、相互に衝突しあう可能性もあるのである。

空間と場所の生産は、長期間にわたって莫大な過剰資本を吸収してきた。新たな景観と新たな地理が、しばしば深刻な諸矛盾につきまとわれながら、資本が流通する中で生み出されてきた。土地に埋め込まれた莫大な量の固定資本（これがどれだけ膨大なものであるかを実感するには、今度、飛行機に乗ったとき地上を見下ろしてみればよい）が実現されるためには、ただちにその場所で資本主義的生産者によって使用され支払われなければならない。これらすべての資産を放棄することは、一九八〇年代の産業空洞化の大きな波の中で多くの古い産業都市で起きたように、社会的にもインフラ的にも重大な損失を招き、それ自身が恐慌の源泉になりうる。それは、これらのインフラ投資の多くに債権を持っている人々に影響を及ぼすだけでなく、経済全体にも影響を及ぼす。ここでマルクスの命題が最もはっきりしたものとなる。すなわち、資本主義はそれ自身の内部で（この場合は、それが生み出した空間、場所、環境の内部で）不可避的に制限にぶつかるという命題である。

技術と組織形態のイノベーション

資本と労働との関係も、資本と自然との関係も、技術と組織形態の選択によって媒介されている。思うに、マルクスが最も力を入れて理論化したのは、このような選択を駆り立てる諸力が何であるのかであり、なぜ資本家が技術（とりわけ機械）と新しい組織形態を物神化するのかであった。問題が起こったって？ならば技術的ないし組織的回避《フィックス》が必要だ！

機械それ自体は利潤を生み出すことはできない。しかし、より優位な技術や組織形態を備えた資本家はたいてい、競争相手より高い率の利潤を獲得し、結果として競争相手を事業から駆逐する。それにつれて、生産性の上昇のおかげで、労働者が消費する諸商品のコストは通常低下していく。こうして労働コストは、労働者の生活水準を下げることなく引き下げることができ、すべての資本家により大きな利潤を生み出す。生産性上昇が非常に大きければ、労働者の物質的生活水準は賃金が低下しても上昇しうるだろう。これは、一九九〇年代以降のアメリカで、中国からの安い輸入品にもとづくウォルマート型小売りシステムで起こったことである。ウォルマート自身についていえば、この芸当を成し遂げる上で機械以上に組織形態の役割が大きかった。

その結果、組織的・技術的ダイナミズムに対する絶え間ないインセンティブが生じる。マルクスは『資本論』でこう述べている。

> 近代工業はけっして、ある生産過程の現在の形態を確定的なものとはみなさないし扱わない。近代工業の技術的基礎は革命的であるが、それに対して、以前のすべての生産様式は本質的に保守的であった。▼4

これこそマルクスの著作における一貫したモチーフである。マルクスとエンゲルスは先見の明を持って『共産党宣言』ですでにこう述べていた。

ブルジョアジーは、生産手段を、したがって生産諸関係を、それとともに社会的諸関係の全体を絶え間なく変革することなしには存続することはできない。〔……〕生産の絶え間ない変革、あらゆる社会状態の中断することのない撹乱、永遠の不安定さと動揺、これらが以前のあらゆる時代と区別されるブルジョア時代の特徴である。[5]

しかし、なぜこのような革命的衝動が資本主義の中心に位置するものなのか？　なぜ資本主義は他の諸生産様式とこれほど違うのだろうか？　人間は新奇なものを絶えず求めることに明らかに魅了されているが、そのような魅力が人類の発展の中心的な推進力になった社会的・文化的状況は、きわめて特殊である。かつて存在したほとんどの社会秩序は本質的に保守的だった。それらは現状を維持することを追求し、支配階級を保護し、イノベーションと新たな発想に向かう人間の衝動を抑え込もうとしてきた。これが、たとえば、中国文明史における一貫した特徴であった。最終的には、これが実在する共産主義のアキレス腱であることが明らかになった。官僚制と権力構造の硬直化が問題となったのだ。

何らかの理由があって――これについてはこれまで盛んに議論されてきたが、おそらく最終決着はつかないだろう――、一七世紀初頭におけるカトリック教会の異端審問やガリレオ迫害と、一八世紀後半におけるワットの蒸気機関の発明とのあいだに、ヨーロッパ、とりわけイギリスで、社会的・政治的・文化的・法的諸状況の抜本的な再編成が起こり、イノベーションと新たな発想が生まれ、富と権力の創造へと至

▼4　『資本論』第一巻、大月書店、六二三～六三四頁。
▼5　マルクス&エンゲルス「共産党宣言」、邦訳『マルクス・エンゲルス全集』第四巻、四七八～四七九頁。

る扉が魔法のように開かれた。支配階級は支配し続けたが、必ずしも同じ人物やその生物学的子孫によるものではなくなった。

出現した新たな社会は、私的所有権、法的個人主義、何らかのタイプの自由市場と自由貿易にもとづいていた。国家は、この経済を巧みに管理してその富と権力とを増大させることが自己の役割だとますます認識するようになった。これらのいずれも、ジョン・ロックやアダム・スミスの言う建前通りには機能しなかった。大法官府［イギリスの裁判所］での果てしない法廷闘争を描いたチャールズ・ディケンズの『荒涼館』を読みさえすれば、イギリス社会がかつても今も旧い社会秩序と新しい社会秩序とのあいだの絶え間ない権力闘争によって構成されていることがわかるだろう。しかし、イギリスとそのかつての植民地であるアメリカでは、この新たな社会的諸制度からもたらされる競争の強制法則が、階級や社会的地位による抑圧によって妨げられることなく作用するものだと広く承認されてきた。

したがって、イノベーションを抑圧や規制から解放する主要なメカニズムは競争である。これは典型的には技術と組織形態における絶え間ないイノベーションを生み出す。なぜならより効率的で効果的で生産的な労働過程をもつ資本家は他の資本家よりも高い利潤を得られるからである。より高い効率性の追求は実際には資本流通のあらゆる局面を包括する。労働供給や生産手段の確保（したがって下請け業者から近代企業に至るまでのジャストインタイム搬入のサプライチェーン構造）から、効率的で低コストのマーケティング戦略（ウォルマート症候群）に至るまでだ。したがって資本は、個人企業家から巨大企業に至るまで、組織的・技術的諸形態に綿密な注意を払うことを強制され、超過利潤を生み出す（少なくともしばらくの間は）ようなイノベーションを常に追求する。問題は、彼らの手に落ちる超過利潤は一時的なものにすぎないことだ。というのも競争相手は技術的・組織的優位に追いつくことができるし、時には一気に追い抜くことさえできるからである。

したがって、過酷な、ときに資本家自身が「破滅的」とさえ呼ぶような競争は、飛躍的イノベーションを生み出す傾向にあり、それは往々にして資本家に、そのあらゆる願望（市場と労働過程の双方において労働者を規律づけることを含む）に対する解答として技術的・組織的イノベーションを物神化させる。この物神性は肥大化して、ついにはイノベーションそのものが一個の産業になり、最新の機器を手に入れなければ生きていけないとすべての人に思い込ませることで独自の市場を形成しようとさえする。新技術の破壊的で潜在的に破滅的な衝撃への恐れは時には、脅威となるイノベーションを規制しさらには抑え込むような試みを誘発する。昨今でも、特許を独占したり買い占めたり、イノベーションにつながる道（たとえば電気自動車）を独占支配を通じて系統的に破壊したりすることは、過去のものとなっていない。しかし、現在デトロイトの自動車産業の例で目の当たりにしているように、長期的にはそのような対応はうまくいかない。

しかし、重要なのは資本家間の競争だけではない。イノベーションを促進する上で決定的役割を果たす他の意志決定主体が存在する。その最も重要なものは国家機構である。通常言うところの国家間システムは一六四八年のウェストファリア条約を通じてヨーロッパで確立された。主権をもった実体が形成され、その領土的統合は必要とあらば武力によってでも尊重され守られるべきだとみなされた。この時点から、多くの国家は軍事技術、組織形態、運輸・通信システムの優越を追求することに関与するようになった。国家の後援する名目的には独立した「学会」――たとえば、アカデミー・フランセーズや英国王立協会――が、種々の研究調査への支援を開始した。たとえば、外海でも機能し、したがって航海を容易にするクロノメーター〔経度を測定する精密な時計〕の研究は有名である（もっとも、当時まだ力を持っていた貴族的秩序は、一七七二年にこの問題を実際に解決した一介の職人であるジョン・ハリソンの成果を認めるのを拒否したのだが）。後に「軍産複合体」と呼ばれるものは密かな形で資本主義国家の発展史の初期段階ですでに姿を現わしていた（一七四七年に設立された「ポンゼショセ（国立土木学校）」という機関は、インフラ・軍事建設問題に対するその科学的・技術的専門性ゆえにフランスで伝説的な名声を獲得した）。しかしイノベーション推進のこうした側面が真に顕著なものになったのは、ようやく第二次大戦中およびその後の時期においてであった。冷戦期の軍拡競争、宇宙開発競争、その他いっさいにおいて、国家はさまざまな経済部門における資本主義企業と協力しつつ直接に研究と開発に関与した（核エネルギーから衛星画像や公衆衛生に至るまですべて）。戦時や政治的緊張の時期（たとえば冷戦、より最近ではいわゆる「テロとの戦い」）は、イノベーションの方向性を定める上で決定的役割を果たした。「国家－金融結合体」が資本主義の発展に主要な役割を演じているのと同じく、「国家－企業結合体」も、戦略的に（単に軍事的にだけではなく）重要だとみなされた経済部門における研究と開発の諸問題を中心に姿を現わす。「監視」は一大産業になった。

　研究開発がグローバルな経済競争において比較優位を支えるものになるにつれて、政府機関の中の実にさまざまな省庁（より伝統的な軍事的な武器や監視はもちろんのこと、医療、食糧、農業、運輸・通信、エネルギーを扱う部門も）が、技術的・組織的イノベーションにおいて決定的な役割を果たすようになった。その際、指導的な資本主義大国においては、半ば公的な巨大研究大学システムにバックアップされ、産業界と緊密に協力しあった。日本では、国家が、組織的・技術的な研究計画をめぐる企業活動を官僚を通じて提携させた。それが工業化を通じて卓越した競争力を日本にもたらしたのである（このモデルはその後、韓国、台湾、ブラジル、シンガポールに引き継がれ、現在では中国で決定的な役割を果たしている）。

　このすべての諸力が結合することで、技術的・組織的変化のテンポはたいてい、生産方法のイノベーションだけでなく新製品の開発《プロダクト・イノベーション》と発展における新しいフロンティアを次々と急速に開拓していく事態を加速させる。このようなイノベーションの波は資本家自身にとってさえ破壊的で破滅的なものになりうる。その理由の一つは、昨日の技術や組織形態が償却し終わる前に投げ捨てざるをえなくなるからであり（私が使っているコンピュータのように）、また、労働過程の絶え間ない再編が流れの連続性を破壊し、社会的諸関係を不安定化させるからである。たとえば、先行投資財（機械、工場と設備、建造環境、通信網）が、その価値が回収される以前に減価するならば、深刻な問題となる。同様に、労働の質的要件の急速な変化（たとえば、コンピュータの操作能力のような新しい技能が突然必要になる）が、既存の労働力のキャパシティを超えるスピードで進むならば、労働市場に軋轢が生じる。社会的・教育的インフラが十分速やかに適応するのは困難であり、労働者が一生のうちに何度も「再訓練」しなければならないとすれば、それは個人的エネルギーの消耗になるだけでなく、公的資源の大きな負担にもなる。熟練解体と再熟練化を通じて慢性的な雇用不安がつくり出され、技術誘発型失業がそれに拍車をかける（アメリカでの近年の雇用喪失の約六〇％は技術変化に起因するものであり、広く非難されている、メキシコ、中国その他への企業の海外移転によるものは三〇％にすぎない）。

　螺旋的に発展する不比例性恐慌は、さまざまな部門間の技術的キャパシティの不均等発展からも生じうるのであり、たとえば賃金財の産出高と生産手段の産出高とのあいだに不均衡を生む。運輸・通信におけるイノベーションの結果としての時空間関係の劇的な変化は、生産と消費のグローバルな景観に革命を引き起こし（すでに産業空洞化の事例で論じたように）、地理的不均等発展の不安定なシステムの中で「切《スイ》り換え恐慌《ツチング・クライシス》」（ある「集中地域《ホットスポット》」から他の「集中地域《ホットスポット》」への資本投資の流れの突然の切り換え《スイッチ》による恐慌）をも生み出しうる。資本流通における突然の加速や全般的なスピードアップ（たとえば、ウォールストリートを襲った最近の破局の原因としてしばしば非難されている金融市場のコンピュータ取引）は、独自の数学モデルが（少なくとも一時的には）最もうまく機能した人々にとっては有利で高収益を上げることを可能にしただけでなく、カオスと破壊の源泉にもなりうるのである。

資本主義における技術的・組織的変化の歴史は特筆に値する出来事に事欠かない。しかし、それは実際には、諸刃の剣であり、進歩的で創造的なものになりうると同時に破滅的で破壊的にもなりうる。マルクス自身は、マルサスやリカードが想定した利潤率の低下を説明する批判的手段を明らかにしたと感じていた。マルクスが論じるところでは、利潤率の低下は労働節約型イノベーションが利潤率に与える全般的な影響によって最もうまく説明できる。すべての新たな富を作り出す源泉である労働を生産から放逐することは、長期的には利潤率に対してもマイナスの作用を与えざるをえない。利潤率の低下傾向（リカードが確認したもの）とそれが必然的に引き起こすであろう恐慌は、資本主義に内在しており、自然的限界の観点からはまったく説明できない。

しかし、イノベーションが労働を節約するのと同じくらい資本ないし生産手段を節約する場合には（たとえば、より効率的なエネルギー消費を通じて）、マルクスの利潤率低下論は通用しがたくなる。マルクス自身も実際に利潤率低下に対して「反対に作用する」さまざまな諸要因の影響を列挙している。そこで挙げられているのは、労働搾取率の上昇、生産手段のコスト減（資本節約型イノベーション）、資源コストを引き下げる外国貿易、産業予備軍の膨大な増加（それは、資本の絶えざる減価と同じく、新技術採用への衝動を鈍らせる役割を果たす）、物的インフラ生産への過剰資本の吸収、そして最後に、独占化と、労働集約型の新しい生産部門の開拓である。このリストはとても長く、労働節約型の技術革新が機械的に利潤率を低下させるという厳格な「法則」に関するマルクスの巧みな説明を、かなり議論の余地のあるものにしている。

「反対に作用する」諸要因に関するマルクスのリストの最後の項目は、さらなる検討に値する。というのも、新たな生産部門が開拓されなかったなら、資本の過剰吸収問題はとっくの昔に資本主義の弔鐘を鳴らしていただろうからである。マルクスの時代から今日に至るまで、新しい生産部門の開拓と商品の新規開発が資本主義発展の命綱になってきたのと同時に、人々の日常生活をも変革してきたのであり、その影響は、いわゆる発展途上国の中間所得層にまで及ぶものだった（数十年のうちにトランジスタラジオや携帯電話が世界中で急速に普及したように）。専門職ブルジョアジーや先進資本主義国（ヨーロッパと北アメリカに加えて、今ではほとんどの東アジア、東南アジアも含まれる）の中上層階級によって使われている家庭内テクノロジーはまったく驚くべきものである。新製品の開発《プロダクト・イノベーション》と発展は、例によって例のごとく、それ自体が一大産業になった。それは既存の諸商品（たとえば自動車）の性能向上のためだけでなく、まったく新しい産業部門（たとえばコンピュータやエレクトロニクスなどがそうであり、それらは家庭用品としてだけでなく、政府・自治体、製薬業界、医療、企業組織、娯楽産業などの広大な領域に応用された）にもあてはまる。これらの多くは、もちろんのこと、消費者の嗜好とその有効需要レベル（後に簡単に考察する問題）に依存している。しかし、一九五〇年代ごろから、新製品の発展の中で、まったく新しい生産部門の創造とその加速化への驚くべき執着が見られるようになったが、このことは、現代資本主義の持続可能性の中心に消費主義の発展と有効需要の増大を位置づけるに至った。この点は、マルクス自身、予測困難なものであったろう。

だが、その意味するところは、たとえば特許法や独占化、資本のますます進行する集中やあまりに官僚化された国家介入などを通じて、競争の強制法則が弱体化した場合には、技術革命のテンポと形態が影響をこうむるだろうということである。アメリカでは、各研究大学――これらはいっそう企業化され国家や企業からの資金援助にますます依存するようになっているとはいえ、これらの大学を規制したり中央集権的な統制下に置いたりするのは困難である――が、諸外国に対する技術的な比較優位を維持する上で決定的役割を果たしている。これらの総合大学のすぐれてルーズな組織形態は、国家官僚と企業官僚とが相互に重なり合う中で生じている硬直化（と潜在的な腐敗）に向かう傾向を防いでいる。重要なことに、ヨーロッパ諸国、日本、中国は今では遅ればせながら、自国の将来の競争力のためにはこの種の国家‐大学の研究開発部門が重要であることを認識し、高等教育に莫大なお金を投資し研究開発系のシンクタンクに資金提供することで、必死に追いつこうとしている。

階級闘争の次元も検討に値する。工場での新しい技術や組織形態に対するサボタージュを含む広範な反対（たとえば、マルクスが考察した一九世紀初頭の機械打ちこわしのラダイト運動）には長い歴史がある。こうした反対が起こるのは、資本が新しい技術をしばしば階級闘争の武器として用いたからであり、労働者が本能的にそれに抵抗するからである。労働者が、彼らの操作する機械の付属品の地位になればなるほど、彼らの動作の自由は少なくなり、彼らの特殊な熟練は意味を持たなくなり、技術誘発型の失業にますます強くさらされるようになる。そのため、新しい技術の導入に対してときに労働者の強い反対が起こる。妥協点はもちろん組合と資本とのあいだで締結される生産性協定であった。それによって両者が生産性上昇から生じる利益を分けあうのである。生産性協定は一九五〇年代と一九六〇年代に資本主義国の先進的部門の多くで一般的になったが（こうして労働者階級の特権的部門の生活水準向上が保障された）、一九七〇年代半ばの危機以降は実行するのが年々難しくなってきた。それ以来、生産性上昇の利益のほとんどは資本家とその上層階級の代理人に行くようになり、労働者の所得はそれと比較して停滞するようになった。

しかし、技術的・組織的ダイナミズムにはさらに二つの論点があり、資本主義の進化の軌跡を理解する上で、これらは最高度の重要性を有している。両方とも長期的なものだが、第二次大戦後からますます顕著になり、一九七〇年代以降、支配的なものとして現われるに至った。

第一に、いわゆる「長期波動」ないし「コンドラチェフ循環」が資本主義の発展史において平均五〇年の周期で存在するという議論がかなり以前からなされている。これは、技術革新が特定の場所と時期において群生的に発生し、安定的な発展と外部への普及という局面を構成し、この技術革新を凌駕するような新しい技術革新の群生が起こるまで続くことにもとづいている。過去を振り返って資本主義発展の「諸時代」を規定することは可能である。それは大まかに以下のような技術に対応している。鉄道、蒸気船、石炭・鉄鋼産業、電信。自動車、石油、ゴム・プラスチック産業、ラジオ。ジェットエンジン、冷蔵庫、エアコン、軽金属（アルミニウム）産業、テレビ。一九九〇年代の「ニューエコノミー」を支えた、コンピュータチップと新しいエレクトロニクス産業。だが、このような説明から抜け落ちているのは、資本－国家のダイナミズムとそれに連動して起こった組織形態における変化（たとえば家族経営から垂直的に統合された企業へ、さらに生産と分配の水平的ネットワークシステムへの移行）の革命的で矛盾した社会的諸帰結に対する理解である。

技術的・組織的イノベーションが、規則正しい間隔で機械的に起こる時間的波動（と空間的波及）だとする命題は、私見では妥当しない。しかし、何らかの技術的・組織的形態が一定期間、一種のパラダイムとなり、やがてその可能性が使い果たされて他の何かによって置き換えられるまでそれが続く、という洞察は重要である。資本過剰吸収問題が先鋭なものになればなるほど、それはますます重要性を増す。量的に増大する資本過剰は、このイノベーションの波に投資されるのでないかぎり、儲けの上がる投資機会を見つけ出すことはできないだろう。存在する資本過剰が多ければ多いほど、それは新しい技術へと熱狂的に殺到し、巨大な投機の波をつくり出す可能性は高い。この投機熱は、一九世紀の鉄道ブームとその崩壊を後景に追いやるほどの規模になるだろう。「国家－金融結合体」はここで「国家－企業研究結合体」と合体する。なぜなら、このようなベンチャー資本が最前線に出ないならば、多くのイノベーションは急速に成長するどころか日陰でしおれてしまうからである。

社会的諸制度や国家や官僚の文化がここでは決定的な役割を果たす。しかしながらイノベーションの波は、資本過剰を吸収する新たなはけ口を見つけ出すための切実な必要性と複利的な資本蓄積に呼応して、ますます速く、ますます緊密に、ますます投機的になるだろう。それでは、次のイノベーション主導の投機バブルはどこからやって来るのだろうか？　私の現在の予想は、生物医学と遺伝子工学（これは研究資金に関して部分的に国家に取って代わってきているビル・ゲイツやジョージ・ソロスのような人々に資金提供を受けた大規模な慈善団体がその活動を集中している分野である）、そしていわゆる「グリーン」技術である（とはいえこれは、一般に思われているよりは限定的であろう）。

第二に、社会全体への技術的・組織的変化の持つ革命的含意を検討しよう。新製品や組織的イノベーションを通じて新たな富と権力を生み出そうとする力は、支配階級が支配し続けることを許すが、必ずしも同じ人物やその生物学的子孫によるものではない。このことはずっと以前からそうである。アンドリュー・カーネギー〔一九世紀におけるアメリカの鉄鋼王〕、ジェイ・グールド〔一九世紀におけるアメリカの鉄道王〕、ヴァンダービルト家〔一九世紀におけるアメリカの海運・鉄道王とその家系〕、アンドリュー・メロン〔一九世紀における大実業家で銀行家〕、南北戦争後のアメリカのその他の「ゴム長者」たちと、彼らが鉄道によってほとんど無から築いた莫大な富を考えてみよう。ヘンリー・フォード、ジョン・D・ロックフェラー（スタンダードオイル）、その他、自動車によって階級権力を上昇させた人々を考えてみよう。そして、ビル・ゲイツ、ポール・アレン〔マイクロソフトの共同創業者〕、ジャック・ウェルチ〔二〇〇一年までゼネラル・エレクトリック社の最高経営責任者〕、マイケル・ブルームバーグ〔金融業で財を成し二〇〇二年にニューヨーク市長に〕、その他、一九八〇年以降に新しいエレクトロニクスと通信技術にもとづいて支配権を獲得した人々、さらには、ジョージ・ソロス、サンディ・ウェイル〔巨大金融企業のシティグループの創業者〕、ロバート・ルービン〔ゴールドマンサックス、シティグループの会長を務め財務長官も歴任〕、ブルース・ワッサースタイン〔企業買収の専門家でM＆Aの「魔術師」と呼ばれる〕、チャールズ・サンフォード〔バンカーズトラストの元CEO〕のような金融王たち、その他すべてのウォールストリート・ギャングたちについても考えてほしい。

ありていに言えば、マルクスとエンゲルスが言う「あらゆる社会状態の中断することのない攪乱」と「永遠の不安定さと動揺」というのは、資本主義全般にあてはまるだけでなく、資本家階級の構成メンバーにもあてはまるのである。資本家階級は革命に次ぐ革命を経るが、それは必ずしも平和的なものではない。一度権力を持った者たちはしばしば、「成り上がり者」や「成金」どもを、排除のネットワークや打ち破りがたい文化のネットワークに絡めとることで弱らせようと画策するし、時には実際に追い落とそうとする（一八六八年のパリで、古いタイプのロスチャイルド家が「成り上がり」のペレール兄弟とその新しい信用機関に対してしたように）。金融化を通じた階級関係の抜本的再構成はまだ現在進行中なのである。

しかし、新しい技術的・組織的諸形態から帰結する社会的諸関係の変革にはまだ別の次元もある。マルクスは、かつては不透明で神秘的なものだった工業過程が透明で理解可能なものになったことが、資本主義的近代性《モダニティ》のもとで発展した技術の長所だと考えた。殺菌、製鉄、蒸気、工業原料、建築、これらの科学と技術は、職人の頭脳と慣習行為の中に閉じ込められているのではなく、万人に開放され理解可能なものになっている。しかし、われわれはここでぐるっと一周して振り出しに戻っているようである。現代技術の多く（原子力から素材科学やエレクトロニクスに至るいっさい）はあまりにも複雑であり、われわれはますます「専門家の支配」に従属するようになっている。われわれはみな、医者や歯医者の診察室に座り、レントゲンと呼ばれるぼやけた写真についていい知らせか悪い知らせかの専門的解釈を聞いている。われわれのほとんどは、適切な解釈に着手することさえお手上げの状態なのである。コンピュータシステムのどこがおかしいのかを診断するのは簡単な作業ではない（まして、ハッカーやウイルスやＩＤの盗み取りに対処するのはなおさら難しい）。われわれのほとんどは、ユーザーフレンドリーなシステムに依存しており、それはシステムに不具合が生じたときにそれを修復する専門家（十分に理解力のある人にとってさえもしばしば意味のわからないことを話す人々）を必要とする。多くのことが専門家の知識への信頼に依存している。その知識を持つ人々は一定の独占権力を獲得し、それはいつでも易々と濫用されうるのである（それを技術ファシズムと呼ぶ人もいる）。

　信頼が崩壊した場合、破局的な事態になりうる。金融取引における最近の事件はまさにこの問題を鮮やかに示す実例となっている。一九八〇年代半ばには、コンピュータはウォールストリートでも珍しかったし原始的だった。市場はまだ比較的単純で、透明で、厳しく規制されていた。トレーダーたちは情報（当時は実際になされていたようにインサイダー情報を含む。ただし逮捕起訴されなければの話だが）と直観との組み合わせにもとづいて活動していた。二〇年後、まったく新しい「相対取引」、したがってまた規制外でしばしば記録さえされない市場（オプション市場やデリバティブ市場）が取引を支配するようになった（二〇〇八年には、世界経済における財とサービスの総産出高が五五兆ドル程度であったのに対して、六〇〇兆ドルの金融取引がなされた！）。

　このようなイノベーションの波が目的としていることの一つは、規制を回避することであり、過剰資本が制約のない「自由な」（つまり規制外の）市場で充用されて利益を上げることのできる新たな舞台を創出することであった。これらのイノベーションは場当たり的で私的なもので、システム形成的というよりも「ブリコラージュ〔ありあわせのものを集めて無秩序な造形をすること〕派」の諸活動に相当する。これが規制機関を回避し市場を自由化する方法だった。一九九〇年代半ばにはすでにトレーダーたちはしばしば、高度に訓練された数学者や物理学者たちだった（これらの分野での博士号をひっさげてマサチューセッツ工科大学から直接やって来た者も多かった）。彼らは複雑な数式を用いて金融市場をモデル化することに嬉々として取り組んだ。その先駆となったモデル化は、一九七二年にフィッシャー・ブラック、マイロン・ショールズ、ロバート・マートン（彼らは後に、ヘッジファンドのロングターム・キャピタル・マネジメント〔ＬＴＣＭ〕の破綻とその後の緊急支援《ベイルアウト》において果たした役割で悪名を馳せることになる）が数学的定式を書き上げた時にまで遡る。彼らは、いかにしてオプションの価値づけを決定するかに関してノーベル経済学賞を受賞した。このオプション取引は市場の不効率部分を特定しそれを利用することで、リスクを分散するとされている。しかし、そのまったく新しいパターンのせいで、規制するどころか把捉することさえ困難であるような市場操作を大量に発生させた。というのも、これらの操作は、コンピュータ化された数学的な相対取引プログラムという本来「ブラックボックス」であるもののうちに埋め込まれているからである。

新しい技術と組織形態が物事をより理解しやすくより透明なものにするだろうとのマルクスの希望は打ち砕かれた！　多くの個々のトレーダーが稼ぐ利益は跳ね上がり、ボーナスは天文学的な額になった。しかし、損失の方もしかりであった。二〇〇二年にはすでに不吉な前兆がはっきりと現われていた。シンガポールの若きトレーダー、ニコラス・リーソンは由緒あるベアリング銀行を破綻させ、エンロン、ワールドコム、グローバルクロッシング、アデルフィアのような企業は、ＬＴＣＭやカリフォルニア州オレンジ郡の自治体と同様に、破綻寸前に追い込まれた。そのすべては、新しい規制外市場（デリバティブとオプション）における取引の結果であり、またこれらの取引を、あらゆる手練手管による闇の会計操作と数学的に洗練された価値づけシステムを使って覆い隠したことの結果なのである。

この種の技術的・金融的イノベーションは、無責任な専門家の支配のもとでわれわれ全員をリスクにさらすことに一役買った。この種の専門家は公共の利益を守ることは何もせず、その代わり、その専門性からくる独占権力を使って、巨額のボーナスを稼ぐためにあらゆることをしている。金儲けに血道を上げるこれらのトレーダーたちは一〇年ほどで億万長者になろうとし、それによって手っ取り早く資本主義的支配階級の仲間入りを果たそうとしている。

より一般的な形で言うなら、技術的・組織的イノベーションを諸刃の剣として認識する必要があるということである。これらのイノベーションは、過剰資本を吸収する新たな発展の道を開くと同時に、システムを不安定化させる。すなわち、技術的・組織的形態におけるイノベーションの波はつねに、ある一固まりの支配的諸形態が他の支配的諸形態に取って代わられることで生じる「創造的破壊」による危機《クライシス》/恐慌をもたらすのである。技術的・組織的諸変化の過程が不可避的に利潤率の低下傾向を生み出すというマルクスの説明は単純にすぎるかもしれないが、そうした変化がいっさいを不安定化させ、そのことによって何らかの危機《クライシス》/恐慌を生み出す上で主要な役割を果たすというマルクスの本質的な洞察は間違いなく正しい。

労働過程の統制

人間労働を用いて原料(自然のものも、すでに部分的に人間活動によって加工されているものも)を加工し新たな商品を作ることは、労働過程の核心へとわれわれを導く。そこでは資本家の指揮のもとで旧価値が保存され新価値(剰余価値を含む)が創造される。ここで利潤が生み出されるのである。労働はあらゆる形態の人間生活にとって基本的なものである。なぜなら自然の諸要素は、人間にとっての有用物へと転換されなければならないからだ。しかし、資本主義において支配的な社会的諸関係のもとでは、労働はきわめて特殊な形態をとる。そこでは、労働、生産技術、組織形態が、利潤を生み出す商品生産を目的として、あらかじめ定められた時間契約にもとづいて、資本家の統制下で結合されるのである。

労働過程の中で形成される人間関係は常に複雑な問題である。規律機構がどれほど厳格であっても、技術がどれほど自動化されていても、労働条件がどれほど抑圧的に見えても、である。マルクスの最も優れた成果の一つは以下のことを認識したことである。すなわち、たとえ資本家がすべての法的権利を持ち政治的・制度的切り札（とりわけ国家に対する支配力を通じたそれ）のほとんどを手にしているように見えるとしても、実際には労働者――実際に労働をする人々――こそが労働過程の中で真の力《パワー》を持っているということである。労働過程において、資本家は究極的には労働者に依存している。労働者が商品の形態で資本を生み出し、こうして資本家を再生産する。もし労働者が労働を拒否したり、ストライキをしたり、順法闘争を行なったり、機械に砂を投げ入れるなどしたら、資本家にはなすすべがない。資本家が労働過程を組織するとはいえ、創造的主体はあくまでも労働者である。いわゆる「アウトノミア派」の観点をとっているマルクス主義者のマリオ・トロンティが強調したように、資本に対して協力するのを拒否することは、資本流通における潜在的閉塞の決定的ポイントになりうるのであって、この点において労働者は資本の流れに制限を課す力を有しているのである。

階級闘争について考えるとき、われわれの想像力は往々にして資本の搾取に対する労働者の闘いというイメージに引き寄せられがちである。しかし、労働過程においては（他のどこでも実はそうなのだが）、闘争の方向は実際には逆なのである。労働者が潜在的に強力であるまさにその地点において、資本は労働者を従属させるために激しく闘わなければならないのである。このことは、工場や農場やオフィスや諸機関における社会的諸関係を組織する資本の戦術を通じて直接なされるし、運輸・通信のネットワークの形成を通じてもなされる。資本が産出されるためには、これらの社会的諸関係が資本に対して共働的かつ協力的な形で形成されなければならない。これは時に暴力や強制、技術的な規制様式によって達成されるが、たいていは、信頼や忠誠、巧妙な相互依存の形態を必然的に伴う社会的組織化の形態をとる。資本は労働者の潜在的力《パワー》を承認しつつ、それを資本の目的にかなうようにつくり変えるのである。この点で資本はしばしば、労働運動の一定の力に――その物質的優位性は言うまでもなく――譲歩する。もちろん、資本が今後も生産され再生産されつづけるということを前提にしてのことだが。

たしかに、労働者が暴力的な監督者の鞭のもとで働いたり、言葉による虐待や心理的・肉体的暴力にさらされているような労働過程の事例も事欠かない。そして技術革新の歴史における最も一貫した流れの一つは、労働者からできるだけ力を奪い取って、動作と判断の決定力を機械の中に移し入れるか、少なくとも遠隔操作室の「階上」に与えようとする願望であった。しかし、労働過程はつねに永続的な闘争の場であり、生産の現場に特有の過程であり、閉ざされた扉の向こうでなされる。マルクスが述べたように、この閉ざされた扉には、「ビジネスに関わること以外入るべからず」という資本家の信条が刻み込まれている。その閉ざされた扉の向こうで何が起きているかについては、われわれは総じて知らないが、その内側で働いている者たちは十分よく知っており、さまざまな形態の闘争や妥協に従事している。これらは集合的に、資本主義が作動する仕方のダイナミズムにとって重要な含意を有している（ただし、資本主義が機能しつづけ利潤を上げつづけられるかぎりでのことだ）。

ブルジョア的な立憲体制は市場の事柄にはうまく機能するかもしれないが、その範囲を生産にまで拡大するやいなや著しい困難に逢着する。それにもかかわらず、労働運動の側は長い年月を通じてしだいに、雇用条件、職場の安全性、社会的諸関係の規制（ハラスメント防止や均等待遇の立法）、技能規定といった諸問題をめぐって譲歩を勝ちとってきた。労働者を組織化する合法的な形態は、職場オルグ（イギリスで言う職場代表委員《ショップ・スチュアード》）をエンパワーする。彼らは、より広範な階級運動（たとえば全国的な労組や左翼政党）と結びつきつつも、労働過程に直接介入して、職場内の社会的諸関係を規制することができる。しかし、職場の組織化は必ずしも容易ではなく、それが実現されても、しばしば労働過程を、労働者の利益になるのと同じくらい資本の利益になるように規制することになりがちである。そして近年アメリカで不法滞在労働者の雇用というスキャンダル（皮肉にも反移民熱によって拍車をかけられた）によって繰り返し暴露されたように、労働法の侵害は広範なものになっている。その理由の一つは、国家が企業集団によってますます支配されるようになったことで政府の執行能力が系統的に骨抜きにされているからである。とはいえ、労働過程に対する規制の法的水準は場所によって著しくばらつきがあり、そのため、組合化運動の地理的不均等性、および労働過程に対する規制体制の地理的不均等性は、資本主義世界の全体を通じて非常に顕著である。

労働過程における資本家の戦術には一定の幅があることを正しく理解しなければならない。とりわけ、資本家はこの点で、自分たちの利益を最大化するために社会的差異の力を利用する。ジェンダーの問題はしばしば工場において最重要のものとなる。民族、宗教、人種の問題のみならず、性的指向の問題でさえもそうである。いわゆる発展途上世界の搾取工場《スウェットショップ》では、資本主義的搾取の矢面に立っているのは女性であり、彼女たちの才能と能力は、家父長的支配にしばしば類似した条件下でとことんこき使われている。

このようなことが起こるのは、資本家は、労働過程に対する統制を行使し維持しようと死にもの狂いで努力する中で、あらゆる差異の社会的諸関係や、社会的分業の中のさまざまな区分や、あらゆる特殊な文化的嗜好や習慣を動員しなければならないからである。それは、職場における労働者の地位の共通性が不可避的に社会的連帯の運動へと発展するのを防ぐためであり、また労働力が断片化され分断されたままでいるようにするためである。要するに、職場の文化は決定的な契機となるのであり、そこにはより広範な文化的価値——家父長制、権威の尊重、支配と従属の社会的諸関係など——がことごとく導入されて、生産の実際の諸行為の中で一定の役割を果たすのである。何らかの職場——たとえば病院やレストラン——に入って、さまざまな作業に従事している人々のジェンダー、人種、民族を記録すれば、集団的労働過程の中での力関係がさまざまな社会的諸集団のあいだでどのように分配されているかが明らかになるだろう。このような社会的諸関係は変化に対して頑強に抵抗する傾向を有しているのだが、このことは、社会的諸関係の固有の保守主義や、さまざまな集団がささやかな特権（低賃金雇用を確保することさえそこには含まれる）を守ろうとする願望に関係しているだけでなく、資本のさまざまな戦術にも関係しているのである。

われわれは今では幸いにも、きわめて多様な諸状況と根本的に異なった文化的文脈の中で――主として労働過程を研究する人類学者や社会学者によって――なされた無数の民族誌的研究を利用することができる。これらの研究者たちが差異と特殊性の諸文化を説明する際に有している特定の既得権をとりあえず脇に置いておくなら、それらから集合的に生み出される像は、社会的諸関係と文化的習慣の一見して無限の多様性の一つを体現している。とはいえ、それは全般的な制約の枠組みの中での多様性である。

この制約は簡潔に言い表わすことができる。その形態を何重にも覆い隠すイデオロギー的・実践的試みがなされているとしてもである。労働過程でどのようなことが起こるにしても、アウトノミア派が強調するようなたぐいの革命的閉塞の潜在的可能性は、常に脅威であり続けている。それは資本によって何としてでも避けなければならないものである。なぜなら、資本も資本家も、労働という活動を通じて労働者によって絶え間なく再生産されなければならないからである。これがどのようになされるかの細部は無限に多様であり、間違いなく綿密な研究に値する。職場、農場、工場、オフィス、店舗、建築現場における社会的闘争は、空間や場所や建造環境の生産をめぐる社会的闘争と同様に、資本蓄積にとっての潜在的閉塞ポイントになる。それは資本主義が存続するかぎり永遠に存在し、したがって永遠に回避されつづけなければならない。

第4章

どのように資本は市場を通るのか？

永続的蓄積に対する最後の潜在的制限が存在するのは、新しい商品が、何らかの種類の物ないしサービスとして、最初の貨幣に利潤を追加した貨幣と交換されるために、市場に入っていく地点においてである。商品という特殊なものは、貨幣という一般的なものに転化しなければならないが、これは貨幣（価値の一般的表現）から商品への移行よりもはるかに難しい。売りが可能になるためには、誰かがその特殊な商品を求め望み欲しなければならない。もし誰もそれを欲しないならば、その商品は無用であり、いかなる価値も持たない。しかし、その商品を求め望み欲する人々はまた、それを買うための貨幣をも持っていなければならない。貨幣がなければ買うことができないからだ。もし誰もそれを求めないか、あるいは買う余裕がなければ、売りは存在せず、利潤は実現されず、最初の資本は失われる。

潜在的な市場を確保するために、巨大な広告産業の形成を含む莫大な努力が払われ、人々の必要、欲求、欲望に影響を与えそれを操作しようとしてきた。しかしここで関係しているのは、単なる広告以上のことである。必要なのは日常生活の諸条件を形成することであり、それを維持するために一群の商品とサービスの吸収を必然化させることである。

たとえば、アメリカにおける必要、欲求、欲望の発展が第二次世界大戦以降の郊外型ライフスタイルの出現と結びついていたことを考えてみよう。われわれが語っているのは、車やガソリンやハイウェイや郊外の規格化された住宅《トラクトハウス》といったものの必要性だけでなく、芝刈機、冷蔵庫、エアコン、厚手のカーテン、調度品（内装および外装の）、室内娯楽装置（テレビ）の必要性であり、そして、こうした日常生活を維持するための膨大なメンテナンス・システム全体もそうである。郊外の日常生活には、少なくともこれらすべての消費を必要とした。郊外の発展は、これらの商品を、欲求や欲望から絶対的な必要《ニーズ》へと変えた。新たな必要《ニーズ》を絶えず生み出すことは、資本蓄積の終わりなき拡大を持続させる上で不可欠の前提条件である。ここで、新しい必要を創出する技術と政治《ポリティクス》とが、持続可能な蓄積の最先端として前面に現われる。今やよく理解されているように、豊かな社会になればなるほど、「消費性向」と「消費意欲」は、終わりなき資本蓄積にとっての鍵となるだけでなく、ますます資本主義の生存を左右する支柱になる。アメリカの経済活動の七〇％が大衆消費に依存しているのである。

しかし、これらすべての生産物を買うための購買力は、どこから来るのか？　購買を促進するためには、最終的に誰かがどこかで追加貨幣量を持っていなければならない。そうでなければ、支払い能力に裏づけられた欲求、必要、欲望として定義される有効需要が不足することになる。「過少消費」恐慌と呼ばれるものは、生産される商品を吸収できるだけの十分な有効需要が存在しないときに生じる。

労働者が自分の賃金を支出することは、有効需要の一つの源泉である。しかし、総賃金は、流通している総資本よりも常に少ないのだから（そうでなければ利潤が存在しないことになるだろう）、日常生活を支える賃金財の購入は（郊外型ライフスタイルでさえ）、総生産物が販売されて利益を出すのにはけっして十分ではない。賃金抑制政策は、過少消費恐慌の可能性を高めるだけである。多くの分析者は、一九三〇年代の恐慌を主として過少消費恐慌だとみなすようになった。彼らはそれゆえ、労働者階級における有効需要を強化するために、組合化やその他の国家戦略（社会保障など）を支持した。二〇〇八年、それと同じことをするために、アメリカの連邦政府は、一定の所得水準以下のほとんどの納税者に対して、一人あたり六〇〇ドルの戻し減税を実施した。だが、一九七〇年代半ば以降導入された賃金抑制策を逆転させ、実質賃金を上昇させた方がはるかによかっただろう。そうしていれば、消費者需要と消費意欲を恒久的にてこ入れすることになったろう。しかし、多くの資本家は、右翼イデオローグたちと同じく、このような解決策を考えようとはしなかった。共和党の国会議員たちは、デトロイトの複数の自動車会社を緊急支援するという当初のプランを阻止したが、その根拠は、組合に組織された労働者の賃金と付加給付を、アメリカ南部に展開している日本とドイツの未組織の自動車会社で見られるような水準にまで下げていないからだというものだった。つまり彼らは、恐慌を、さらなる賃金抑制を行なう機会とみなしたわけだが、それは有効需要の不足という病《やまい》に対するまったく誤った処方箋であった。

しかし労働者による需要は、一つの重要な基盤であるとはいえ、利潤の実現という問題をけっして解決することができないのは明らかである。有名な左翼活動家にして理論家のローザ・ルクセンブルクは、かつて一九〇〇年代初頭にこの問題に大きな注意を払った。まず彼女は、追加需要が、増大する金供給によって（あるいは現代では単に中央銀行がより多くの貨幣を刷ることによって）もたらされる可能性を取り上げた。明らかに、これは短期的には助けとなる。たとえば、システムに十分な流動性を導入することは、二〇〇八年の金融恐慌の時のように、資本の連続した流通と蓄積を安定化させる上で不可欠であった。しかしその影響は限定的であり、その効果は長期的には別種の危機を、すなわちインフレーションという危機をつくり出す。ローザ・ルクセンブルクのもう一つの解決策は、資本主義システムの外部に何らかの潜在的で動員可能な追加需要の存在を前提することであった。これは、非資本主義社会に対する帝国主義的な強制と実践を通じて、本源的蓄積を継続することを意味した。現地の住民は、労働者としてよりも消費者として動員される必要があった。一九世紀にイギリス人は、イギリス商品の市場を拡大するために、インドに対して帝国的な支配権を行使した（そしてその過程で現地の生産様式を破壊した）。中国市場もまた、一九世紀に強制的に開放された（しかし、一九四九年に共産党が権力を握った後に再び閉鎖される結果に終わった)。

資本主義への過渡期においても、そして本源的蓄積の局面においては、封建秩序の内部で蓄積された富の貯えが、商業資本による非資本主義世界からの富の強奪や略奪と並んで、こうした役割（しばしば金貸し業者と高利貸しの活動によって解き放たれた）を果たすことができた。しかし、非資本主義世界（インドや中国など）の「金準備」と呼びうるものは時とともにしだいに枯渇していき、地主貴族（貨幣地代の抽出を通じて）ないし国家機構（課税を通じて）の消費を支える農民の能力も、しだいに使い果たされていった。

産業資本主義がヨーロッパと北アメリカで強固に確立されるにつれて、インド、中国、その他のすでに発達した非資本主義的社会構成体からの略奪はますます顕著になっていった。とりわけ一九世紀半ば以降がそうである。これは、東アジアと南アジアから、さらにはある程度は南アメリカとアフリカから、ヨーロッパと北アメリカの中核的資本主義諸国の産業資本家階級へと、富が巨大な規模で移転する時期であった。しかし結局は、資本主義が成長し地理的に広がるにつれて、この種の手段でシステムを安定化させる能力はしだいに通用しなくなっていった。

一九五〇年前後以降、そして一九七〇年代以降はなおはっきりとそう言えるのだが、この種の帝国主義的実践が大規模な安定化装置という役割を果たす能力は深刻に損なわれた。資本主義（一定のタイプのそれ）が今や東アジアと東南アジア全域にしっかりと根づいており、インドとインドネシアで強力に発展しており、世界のその他の部分については言うまでもない。消費者のグローバルな有効需要という問題は、まったく異なった基盤に置かれている。たとえば、中国の現在の成長を安定させている有効需要は、現在はおおむねアメリカの内部に存在している。これは、なぜ中国がアメリカの赤字を補塡しなければならないと感じているのかを説明する。その理由は、アメリカの消費主義が崩壊すると、中国の工業雇用と利潤率に対して破壊的な影響を及ぼす（そして現に及ぼしつつある）からである。それに対する対応は明白であり、中国が自国の国内市場を発展させることであるが、それは賃金の引き上げを必要とし、グローバル経済における中国の競争上の優位性を掘りくずすだろう。それはまた、中国の余剰資金をもっと国内の発展に用いることを意味するだろうが、このことはアメリカに貸しつけ可能な資金が少なくなることを意味する。これは、中国製品に対するアメリカの有効需要をさらに減らすだろう。このことが予示しているのは、われわれが先に見たように、一五〇〇年あまりにわたる東アジア・南アジアから欧米への富の移転を歴史的に逆転させることであり、グローバル資本主義を支配するアメリカの能力（アメリカは一九四五年以来ずっと支配してきたのだが）に根本的な変化をもたらすことである。

有効需要という難問に対する最も重要な解答――ローザ・ルクセンブルクは気づかなかったが、マルクスの分析から論理的に引き出されるもの――は、解決策は資本家による消費にあるというものだ。この消費には二種類のものがある。剰余価値の一部は収入（たとえば必需品プラス奢侈品とサービス）として消費されるが、他の部分は、追加労働者を雇用するために賃金財に再投資されるか、あるいは新たな生産手段へと再投資される。賃金抑制が世界中で（不均等にだが）起こっている一方で、資本家階級の可処分所得は総じて増大する傾向にあり、奢侈品に対する需要はそれに応じてはっきりと増大してきた（フロリダや地中海あたりの波止場に行き、そこに停泊中のヨットやクルーザーを見てほしい。そして、これを、一九七〇年代に見られたであろう光景と比べれば、事態が飲み込めるだろう）。しかし、その消費習慣がどれほど顕示的であっても、億万長者《ビリオネア》階級が消費できるヨット、豪邸《マックマンション》、高級靴にはやはり物理的限界がある。資本家の個人的消費は、有効需要の源泉としては非常に弱いことは明らかだ。資本の集中によって、人口の非常に小さな集団の手に富が集まれば集まるほど（たとえば一九九六年の国連開発レポートによると、約三〇〇家族が、世界の富の四〇％を支配していた）、その消費は需要にてこ入れするには有効でなくなっていくのである。

したがって、解答は資本家の再投資に存在するのでなければならない。資本家がその剰余価値を生産のさらなる拡大にのみ使うと仮定しよう。今日の拡大のための追加的需要は、それゆえ、昨日生産された生産手段と賃金財の剰余を吸収する。剰余生産は、それ自身の増加する貨幣需要を内部化するのだ！　もっと正確に言うと、昨日の剰余生産物に対する有効需要は、労働者の消費と、資本家の個人的消費と、明日のさらに拡大する生産から生じる新しい需要に依存している。過少消費問題として現われるものは、昨日生産された剰余の一部のために再投資の機会をいかに見出すかという問題に転化するのである！

この再投資が起こるためには、三つの基本条件が満たされなければならない。まず第一に、資本家は、昨日得た貨幣を、新たな資本としてただちに流通に投げ返さなければならない。しかし、商品の貨幣への転化に続いてただちに貨幣の商品への再転化が続くことを命じる強制法則は存在しない。資本家は、再投資よりも貨幣を保持することを選ぶかもしれない。資本家がそうすることが完全に理に適っているような環境が生じており、そしてこの点において、過少消費恐慌の可能性に関するマルクスの考えとケインズの考えには一定重なりあう面がある。不確実な状況のもとでは、商品ではなく富の一般的形態である貨幣にしがみつくことは、理に適っている。ただし例外は、急激なインフレーションという条件であり、そのときは貨幣よりもツナ缶とサラダ油を持っておく方が有利だということになる。もっと一般的なケースは、経済に対する信頼と確信が失われて、人々が貨幣を退蔵して使わなくなる場合である。収益予想が不透明なときにこうしたことが起こりうる。しかしこのことが次に、ケインズが「流動性の罠」と呼んだ事態を招く。すなわち、貨幣を使わず退蔵する人々や組織（銀行や企業を含む）が増えれば増えるほど、有効需要が崩壊する可能性が高まり、生産に再投資しても儲からなくなる。その結果は、逆転させるのが難しい下方スパイラルである（一九三〇年代に起こった、そしてわれわれが現在目撃しているたぐいのそれ）。

ケインズは、国家主導の財政的・金融的管理戦略に訴えることによって、この制限を回避しようとした。国家による計画的な赤字財政（二〇〇八年の晩秋に、アメリカやイギリスその他の国々で顕著になったたぐいのそれ）は、直接の万能薬と見られている。

第二の条件は、今日の再投資と昨日の剰余産出とのあいだの時間的ギャップが何らかの形で橋渡しされることである。これには、計算手段としての貨幣の使用が必要であり、このことは、不十分な有効需要という問題を解決するために、流通過程に入り込むことのできる信用制度が存在することを意味する。他の選択肢（先行する社会秩序の金準備を略奪するとか、世界の他の部分から価値を奪うといった選択肢）が枯渇するにつれ、信用が、有効需要問題をカバーする唯一の主要手段になる。その解決策は、それゆえ、資本蓄積のダイナミズムのうちに内部化される。しかしながらその対価として、信用制度を操作する銀行家と金融業者は、信用機関の中に自分の貨幣を預けている貯蓄家とともに、利子と手数料という形態で将来の剰余価値の分け前を再び要求することができる。

第三の条件は、受け取られた信用貨幣が、すでに生産されている追加的な賃金財と生産手段の購入に費やされることである。上層階級へと富を集中させることを支持する一般的な政治的議論は次のようなものである。彼らはその富を再投資し、そうすることで雇用を創出し、新しい生産物や新しい富を生み出すことができるし、生み出しているのであり、こうして生み出された富は結局のところ、トリクルダウン効果やそれと類似した過程を通じて潜在的に万人の利益となりうるのであり、それゆえさらなる需要を生むことができる、と。この種の論理が見落としているのは、われわれがすでに見たように、資本家は何に再投資するのかを選択することができるということである。資本家は生産の拡大に再投資することもできるが、株式、不動産、美術品といった諸資産の買い占めにも、また、未公開投資会社やヘッジファンドやその他キャピタルゲインを実現できる金融機関のような何らかの投機会社への投資にも富を使うことができる。

この場合、彼らの再投資は、有効需要をてこ入れする役にはまったく立たない。

昨日の剰余生産物に対する需要を生むのは生産のさらなる拡大であり、信用が時間的ギャップを橋渡しする必要があると結論するのであれば、信用によって推進される複利的資本蓄積も、資本主義の存続条件だということになる。その場合のみ、今日の拡大が昨日の剰余を吸収することができるのである。したがって、三％の成長が三％の再投資を必要とする理由は明らかである。資本主義は、実のところ、外部的可能性が使い果たされている状況のもとで存続しようとするならば、それ自身の有効需要を自ら生み出しそれを内部化しなければならない。生産の持続的拡大に対する制限ゆえに、そのことに失敗するならば――現在そうなっているように――恐慌が発生する。

さらにもう一点論じておきたい。もし生産の絶え間ない拡大を続けるために競争が必要なのであれば、資本主義を競争的なままにしておくことも、資本主義の存続には必要不可欠である。たとえば行きすぎた独占を通じて競争が弛緩すれば、それ自体が資本主義的再生産の危機を生み出す可能性がある。もちろんこれはまさに、経済学者のポール・バランとポール・スウィージーが『独占資本』（一九六〇年代に書かれた）の中で論じた点である。彼らがはっきりと予言したように、独占と資本集中へと向かう傾向は、必然的に、一九七〇年代につきまとったようなスタグフレーション（インフレーションの加速と軌を一にした失業の増加）の危機を発生させる。その後起こった新自由主義的反革命は、労働の力を粉砕しなければならなかっただけでなく、終わりなき資本蓄積の法則の「執行者」としての「競争の強制法則」をも解き放たなければならなかったのである。

この過程には、潜在的に厄介な問題がないわけではない。まず何よりも、それは、他のすべての制限（たとえば自然との関係）が乗り越えられて、より多くの生産が可能となる余地が豊富に存在することを前提している。このことが含意しているのは、帝国主義が、世界の他の部分から価値を奪い資産を巻き上げるというやり方から、世界の他の部分を資本主義的生産の新しい形態を切り開くための場として用いることへとシフトする必要があるということである。商品の輸出ではなく資本の輸出が決定的に重要になる。この点に、一九世紀のインドや中国と、アメリカとの大きな違いがある。前者にあっては、両国〔中国とインド〕の市場が資本主義的に支配されることで富が略奪されたが、後者〔アメリカ〕にあっては、その無制限な資本主義的発展が新しい富を生み出し、資本主義の旧来の中心地で生じた剰余生産物を吸収し実現したのである（たとえば、一九世紀にイギリスからアメリカへと資本と機械が輸出された）。近年の中国は、生産の発展の中で膨大な外国資本を吸収しており、その過程で、原料のみならず機械やその他の物的投入物のための巨大な有効需要を生み出した。それは、生産への投資のための巨大な中心地であるから、生産者市場である。

しかしながら、過少消費問題に対するこの解決策には、二つの本質的な問題が内在している。第一の問題は、蓄積が二重に投機的になるという単純な事実から生じる。蓄積は、明日の拡大が何らかの障壁にぶつからず、それゆえ今日の剰余が有効に実現されるだろうという確信にもとづいている。これは、ケインズがよく理解していたように、予測と期待が資本流通の連続性にとって根本的だということを意味する。いかなる投機的期待の減退も恐慌を引き起こす。ケインズの『一般理論』では、期待と予測の心理学と比べて金融・財政政策の技術的解決策は議論のマイナーな部分を占めているにすぎない。システムへの信頼が根本的であり、二〇〇八年に起きたような信頼の喪失は致命的なものになりうる。

第二の問題は、貨幣・信用制度それ自身の内部で生じる。「独立した」金融・貨幣恐慌の可能性は、常にあらゆるところに存在する。根底的な問題は貨幣形態そのものの持つ諸矛盾のうちにある。貨幣システムが明確な金属的基盤を有していたときにこの矛盾は最も容易に理解できる。特殊な商品、つまり金《きん》はあらゆる形態の社会的労働の価値を表現している。特殊なもの（具体的で実体的なもの）が、一般的なもの

（抽象的なもの）を表現している。そして私人が、無制限の社会的権力をわがものとしている。諸個人が貨幣にしがみつこうとする誘惑が絶えず存在するのは、まさにそれが社会的権力の一形態だからである。しかし、そうする人々が増えれば増えるほど、流通の連続性に対する脅威が大きくなる。より多くの社会的権力を得るために、貨幣を手放して流通に投げ返すことは、信念にもとづく賭けであり、あるいは安全で信用に値する諸機関を必要とする。すなわち、自分の個人的貨幣を他の誰かの自由に委ねて、その誰かが利潤稼ぎの冒険を追求することができるような機関を必要とするのである（もちろん銀行は伝統的にそのように行動している）。システムに対する信頼が決定的に重要になる。どんな種類であれ、ネズミ講《ポンジー》型投資詐欺《スキーム》はこの信頼を掘りくずす。

貨幣という象徴（通貨の安定を保障する国家の力）に対する信頼が失われるか、あるいは貨幣の質に対する信頼が失われるなら（インフレーション）、通貨飢饉の可能性と、二〇〇八年秋に起こったような支払い手段の凍結にぶつかる。信用制度の中心には一連の技術的・法的諸側面が存在しており（その多くは、単にその運用ルールによって、失敗したりひどく歪みうる）、それらは主観的な期待や予測と一体になっている。そして、資本主義が拡大すればするほど、資本蓄積のグローバルなダイナミズムを方向づけそれを統制する一種の中枢神経系統としての信用制度の役割はますます顕著なものになる。その意味するところは、信用手段に対する統制が資本主義が機能する上で決定的なものになるということである。このような位置づけについては、すでにマルクスとエンゲルスは『共産党宣言』で認識しており、信用手段を国家の手に集中することを自分たちの主要な要求の一つにしているぐらいである（もちろん、労働者階級による国家管理が前提になっている）。このことに、鋳貨および――より重要なことには――象徴貨幣の質に関する国家の中心的役割がつけ加わるならば、「国家－金融結合体」への国家権力と金融権力とのさらなる融合が不可避的なものとして立ち現われてくる。

しかしここには重要な問題がある。資本は、労働力の需要と供給の両サイドで作用することができるのと同じように(技術誘発型の失業を通じて)、信用制度を通じて生産－実現関係の両サイドで作用することができる。持ち家をほしがる人々にますます気前よく信用が供与される一方、それと並んで、住宅建設と都市開発において大規模なブームを煽るために不動産業者にも気前よく信用が供与される(最近フロリダとカリフォルニアで起こったように)。このようにすれば、剰余の持続的な生産と実現という問題が解決されると想像することができたのだろう。これは、信用制度の内部に、膨大な社会的・経済的権力を集中させる。しかし、これを維持するためには、信用それ自体もまた、過去二〇年以上にわたって実際に起こったように、複利で拡大する必要がある。信用バブルが破裂する時――それは不可避的に破裂せざるをえないのだが――、経済全体が二〇〇七年に始まったような下方スパイラルに陥る。そして、まさにこの地点において、資本主義は、それ自身の内的矛盾から自らを救い出すために、外的力を創出しなければならない。資本主義は、外部の封建的ないし非資本主義的な金準備(資本主義は歴史的にこれを糧にして成長した)に相当するものを再創造する必要がある。資本主義はこれを、無限に貨幣を創造する権力を、連邦準備制度理事会のようなネオ封建主義的な機関の内部に付与することによって行なうのである。

実現問題と過少消費の脅威はけっしてなくならない。しかし、有効需要の不足ゆえに生じる利潤率低下と減価という問題は、信用制度の手練手管によって、しばらく食い止めることができる。短期的には、信用は多くの小規模な問題を取り除くのにはうまく機能するが、長期的には、それは矛盾と緊張を蓄積する傾向がある。そして、そうしたリスクを蓄積すると同時に、それらを拡散する。真の問題は有効需要の不足ではなく、昨日の生産で産出された剰余を再投資して儲けを上げる機会が不足していることである。このことこそ――言っておかなければならないが――引き出すに値する唯一の結論であり、このことは、資本主義の生き残りにとって不可欠なあの資本流通条件に、すなわち、流れの連続性が絶え間なく維持されなければならないという条件に由来するのである。そしてそれを維持することは、われわれが最初に論じたように、グローバル経済が五五兆ドルという領域にまで達し、今後三〇年間にさらにそれが倍増するとなれば、なおさら困難になるであろう。

種々の恐慌理論

恐慌の理論化の歴史を見ると、資本主義の恐慌体質に関して一つの支配的説明を探し求めようとする傾向が見出せる。大別すると、三つの伝統的な理論陣営が存在する。利潤圧縮説（実質賃金の上昇のせいで利潤が下落）、利潤率の傾向的低下説（労働節約型の技術革新が逆効果となり、「破滅的な」競争が価格を引き下げる）、過少消費説（有効需要の不足と、過度の独占化と結びついた停滞傾向）、である。これらの思想グループ間の分裂は、一九七〇年代にとくにひどくなった。あるグループでは、「過少消費説」という用語そのものが禁句に等しくなった（そんな説を唱えるのは、単なるケインズ主義者であって、「真の」マルクス主義者ではないかのようだ）。その一方で、ローザ・ルクセンブルクの熱心な支持者たちは、理論化の中心に利潤率の傾向的低下論を位置づける人々がローザを侮蔑的に退けているとして激怒している。だが最近では、いくつかの明白な理由から、恐慌形成の環境的・金融的諸側面により多くの注意が向けられるようになってきている。

思うに、恐慌形成に関してははるかに良い考え方がある。すなわち、資本流通の分析はいくつもの潜在的な限界と制限を指し示しており、それらがいずれも恐慌の可能性をつくり出すという考え方である。そのリストの筆頭に来るのは、貨幣資本の不足、労働問題、部門間の不比例性、自然的限界、不均衡な技術的

・組織的諸変化（競争と独占との対立を含む）、労働過程における規律の欠如、有効需要の不足、である。

これらの諸事情のいずれか一つでも、資本の流れの連続性を遅滞ないし中断させるなら恐慌を引き起こし、その結果として資本の減価ないし喪失をもたらす。一つの限界が克服されても、蓄積はしばしば、どこかで別の限界にぶつかる。たとえば一九七〇年代に、労働供給の危機を緩和し、組織労働者の政治的力を抑制するための動きが起きたが、これは生産物に対する有効需要を減少させ、一九九〇年代に市場における剰余の実現を困難にした。この実現問題を緩和させるために信用制度の利用を労働者階級の中にも拡大する動きが起きたが、これは結局、労働者階級の収入と比較しての過剰債務状況を招き、これが今度は、二〇〇六年に起こり始めた、種々の債券の質に対する信用の危機を引き起こした。資本主義の恐慌傾向は解決されることなく、ただあちこちにたらい回しされているだけなのである。

このように、ある制限が回避されてもその代わり別の制限が絶えず再登場するという認識、したがってまた、恐慌がさまざまな歴史的・地理的状況の中で形成されうるという認識は、マルクスが頻繁に引き合いに出した資本主義的発展の流動的でフレキシブルな性質とよりよく合致していると思われる。同じく念頭に置いておくべき決定的に重要なことは、恐慌が、資本主義の歴史地理において、本質的に矛盾をはらんだシステムを「不合理に合理化するもの」としての中心的役割を担っていることである。要するに、恐慌は、貨幣や労働力、資本そのものと同じように、資本主義の発展に必要不可欠なのである。しかしながら、特定の場所あるいは時間における閉塞の源泉ないし諸源泉が厳密にどこにあるのか突き止めるためには、注意深い追跡と唯物論的な分析が必要である。

現在の恐慌に関して言うと、その概観は次のようなものである。その直接の震源地は、信用制度と「国家－金融結合体」の技術と組織形態にあるが、より根底的な問題は、労働に対して資本が力を持ちすぎたことであり、その結果生じた賃金抑制である。これが有効需要問題を招いた。この有効需要問題は、世界のある部分では信用に煽られた過剰な消費主義によって糊塗されたが、他の部分では新しい生産部門における生産のあまりに急激な拡張を招いたのである。

だが、話はこれで終わりではない。資本主義発展の歴史地理をそのあらゆる複雑さにおいて理解することを可能とするさらなる分析道具が必要である。部門間および地理的な不均等発展の役割を、恐慌形成に関するわれわれの分析のうちに統合しなければならない。それでは次にこの課題に進もう。

第5章

資本主義発展の共進化

資本主義の出現によって解き放たれた力は、一七五〇年以来、何度となく世界を再設計してきた。一八二〇年にイングランド中部の上空を飛べば、少数のこじんまりした工業化された諸都市（小さな工場の煙突からは有害な煙が吐き出されている）が見えたことだろう。それらの都市と都市とのあいだには農業を営む広大な領域が広がっており、そこでは、散在する村々と農場の中で農村生活の伝統的形態が維持されていた。その一方でこれらの農場の所有者たちは、農業の生産性向上（および貨幣地代の上昇）を支える新しい農業実践について美辞麗句を唱えていた。こじんまりとした工業中心地は、マンチェスターやバーミンガムといった名前を持っており、不潔な道路と細く枝分かれした運河によって、人と物であふれた首都ロンドンと結びついていただけでなく、相互に結びつきあい、ブリストルやリバプールといった主要な商港都市とも結びついていた。石炭と原材料を満載した荷船が、こき使われている役馬か、マルクスが『資本論』で記録しているように、ほとんど食うや食わずの女性たちによって、運河に沿って苦労して牽引されていた。移動は遅かった。

一九八〇年に、珠江デルタ地帯の上空を飛べば、深圳《しんせん》や東莞《とんがん》という名前の小さな村や町が、米、野菜、畜産業、養魚業という、主として自給自足的な農業的景観に囲まれているのが見えたことだろう。それらの産業は、地方の党役員によって厳しく統治される人民公社として社会化されていたが、飢餓の恐れを防ぐための「鉄飯椀《テファンワン》［すべての人々に最低限の生活保障を与えること］」を維持しているのもその役員たちであった。

これら両地域の上空を二〇〇八年に飛べば、眼下には、かつての景観とはまったく似ても似つかない都市空間が縦横に広がっているのが見られるだろう。生産と輸送の諸形態、社会的諸関係、技術、日常生活の諸様式、消費形態もまたそうである。マルクスがかつて断言したように、われわれの課題が世界を理解することではなくそれを変革することであるとすれば、資本主義は、彼のアドバイスに従ってかなり立派な仕事をしたと言わねばならない。これらの劇的な諸変化のほとんどは当初、世界がどのように動きその結果がどうなるのかについて誰も意識することなく生じた。予想だにしないことや予期せざることが繰り返し起こり、知らぬまに生じたことの複雑な諸帰結を整理しようとする膨大な知的・実際的努力がその後でようやく起こったのである。

資本主義の壮大な物語はパラドクスに満ちているにもかかわらず、社会理論のほとんどどの形態も――とくに経済理論――、そうした点を考慮することを全面的に回避している。資本主義の否定的側面としては、資本主義の進化を画す周期的でしばしば局地化された経済危機《クライシス》／恐慌が存在するだけではなく（そこには、資本主義間および帝国主義間における世界大戦も含まれる）、以下のような諸問題も存在する。環境の劣化、多様な生物のいる生息環境《ハビタット》の喪失、貧困の増大と人口急増の悪循環、新植民地主義、公衆衛生の深刻な危機、疎外とおびただしい社会的排除、安全性の欠如や暴力や満たされない欲望といったさまざまな不安。資本主義の肯定的側面としては、一部の人々が暮らす世界では、物質的な生活水準と福利とがかつてなく高まり、旅行と通信に革命が起こり、人間の相互交流に対する物質的な空間的障壁（社会的な障壁は別にしても）が大いに縮小し、医療や生物医学の発展が多くの人々により長い人生を提供した。そして、巨大でスプロール化した多くの点で実に壮大な諸都市が建設され、知識が増大し、希望の泉が永遠に湧き出て、あらゆること（自己複製から宇宙旅行まで）が可能であるかのように見える。

これがわれわれの生きている矛盾した世界であり、それが予測不能で統制不可能に見える仕方で急激に進化しつづけていること、このことは否定しがたい。しかし、この発展を支えている原理は不透明なままである。その理由の一つは、われわれ人類は、ダーウィンが自然進化の領域で発見したような何らかの統制的な進化原理に従ってというよりもむしろ、あれこれの集団的で時に個人的な人間欲求が無秩序にせめぎ合う中で、歴史の大半を作ってきたからである。もしわれわれが意識的な介入を通じてこの世界をより合理的で人間的な編成へと集団的に変革すべきだとすれば、まずもってなされなければならないのは、われわれが世界に対して何をしているのか、その結果が何であるのかに関して、現在よりはるかによく理解することである。

もちろん、資本主義の歴史地理は資本蓄積の問題に還元することはできない。しかし、資本蓄積が、人口の成長と並んで、だいたい一七五〇年ごろ以降の人類進化のダイナミズムの中核にあったことも言っておかなければならない。それらがどのようにそうであったのか、まさにこのことこそ、資本の謎《エニグマ》を解く中心に位置する事柄なのである。では、この点で、われわれが何らかの例証として依拠することのできる、実際に作用している進化原理は存在するのだろうか？

資本主義的進化の七つの活動領域

まずもって、資本主義の時間的発展から考察し、資本主義的進化の空間的編成とその地理的ダイナミズム、その環境的影響と制約といった問題をしばらく脇に置いておこう〔第6、7章で考察される〕。次に、利潤を追求する多様だが相互に関連した「活動領域」（これからこう呼ぶことにする）を通じて資本が展開していく状況を想像しよう。一つの決定的な「活動領域」は、新しい技術的・組織的諸形態の生産に関わっている。この領域における変化は、自然との関係だけでなく、社会的諸関係にも深い影響を与える。しかし、社会的諸関係と自然との関係はどちらも変化するが、その変化の仕方はけっして技術と組織形態によって決定されているわけではない。さらに、労働供給の不足ないし自然の希少性が、新しい技術と組織形態によってそれらをカバーすることに向けて強い圧力をかける、という状況も生じる。たとえば最近、アメリカのメディアでは、一連の新技術によって外国の原油への依存から脱却し、地球温暖化と闘う必要があるとの論評があふれている。オバマ政権は、その目標に向けた計画を約束しており、すでに自動車産業に対して、電気自動車かハイブリッド車（残念ながらこの分野では中国と日本が先行している）の生産に向かうよう後押ししている。

生産システムと労働過程も、日常生活が消費を通じて再生産される様式と深く関係している。これらはいずれも、支配的な社会的諸関係、自然との関係、しかるべく構成された技術や組織形態などと無関係ではない。しかし、われわれが「自然」と呼ぶものは、明らかに資本蓄積の影響を受けているが（より高度な管理によって生産性が高められた土壌や森林だけでなく、生息環境《ハビタット》の破壊と種の絶滅、地球温暖化、新しい化学物質による汚染など）、資本蓄積によって決定されているとは言えないのは確かである。地球における進化の過程は常に自立的に起こっている。たとえば、HIV／AIDSのような新しい病原体の出現は、資本主義社会に巨大な影響を及ぼした（そして、資本流通に埋め込まれた技術的・組織的・社会的諸反応を生じさせた）。それが、日常生活の再生産、性的な諸関係と諸活動、生殖行為に与えた影響は深刻なものだったが、医療技術、制度的対応、社会的・文化的信念によって緩和されてきた。

これらの「活動領域」のすべては、一連の社会的諸制度（たとえば私的所有権と市場契約）と行政構造（国家とその他の地域的、多国籍的な編成）のうちに埋め込まれている。またこれらの諸制度は、さまざまな危機的状況（われわれが今まさに目にしているように）と社会的諸関係の変化に適応せざるをえないとはいえ、それ自身でも進化する。さらに人々は、自分自身の予測、信念、世界認識にもとづいて行動する。社会システムは、専門家に対する信頼、決定を下す人々の側の適切な知識と情報に対する信頼、しかるべき社会的諸制度（階層的であれ、平等主義的なものであれ）の受容といったものに依拠しているだけでなく、倫理的・道徳的基準（たとえば、われわれとは異なった他者に対する関係のみならず、動物に対する関係や、われわれが自然と呼ぶ世界に対する責任に関する基準）に対する信頼にも依拠している。文化的規範と信念体系（つまり、宗教的・政治的イデオロギー）は強力に存在しているが、社会的諸関係、生産と消費の可能性、支配的技術といったものと無関係に存在しているわけではない。資本蓄積に適合的な形で進化する技術的・社会的諸要件、知識構造、終わりなき蓄積と合致した文化的規範と信念、これらのもののあいだでせめぎ合っている相互関係はすべて、資本主義の進化において決定的な役割を果たしてきた。単純化のために、これら最後の諸要素をまとめて、「世界に関する精神的諸観念」として総括しておこう。

以上のように考えることによって、資本主義の進化の軌跡の内部に、七つの「活動領域」を識別することができるだろう。技術と組織形態、社会的諸関係、社会的・行政的諸制度、生産と労働過程、自然との関係、日常生活と種の再生産、「世界に関する精神的諸観念」である。これらの領域はどれ一つとして、支配的ではないが、その他のものから独立してもいない。かといって、それらはいずれも、他のすべてによって――たとえ集合的にであれ――決定されているわけでもない。それぞれの領域は独自に進化するが、常にその他の領域との動的な相互作用のうちにある。技術的・組織的変化は実にさまざまな理由で生じる（時に偶然的理由でも）。一方、自然との関係は不安定で絶え間なく変化しているが、その理由の一つは人間によって加えられた種々の変形のせいである。もう一つ例を挙げると、世界に関するわれわれの精神的諸観念は、たいてい不安定で、争い合っており、種々の科学的発見にしたがっているだけでなく、気まぐれや流行、情熱的に抱かれた文化的・宗教的信念や欲望にも従っている。精神的諸観念における変化は、受け入れ可能な技術的・組織的諸形態、社会的諸関係、労働過程、自然との関係、さらには社会的諸制度に対して、あらゆる種類の意図された結果と意図せざる結果をもたらした。再生産と日常生活の領域から生じる人口学的ダイナミズムは、自律していると同時に、他の諸領域に対するその関係によって深く影響されている。

領域間で働いている影響の複雑な流れは、絶え間なくすべての領域の形態をつくり直している。さらに、これらの相互作用が常に調和しているとはかぎらない。それどころか、さまざまな活動領域間に生じる緊張と対立という観点から、恐慌形成の概念を再構成することさえできる。たとえば、新しい技術が、社会的諸関係の新しい編成に対する願望に対抗するとか、既存の労働過程の組織化を攪乱するといった具合にである。先にわれわれは資本流通の分析の中でこれらの諸領域を順番に検討したが、ここでは、それらを資本主義の長い歴史の中で集合的に共－存在（co-present）し共進化（co-evolve）するものとして考察しよう。

特定の空間と時間における特定の社会において――たとえば一八五〇年のイギリスや、現在の中国の珠江デルタ地帯――、われわれはその全般的な性格と条件を、これら七つの領域がそれぞれの相互関係の中でどのように組織され編成されているのかという観点からおおむね規定することができる。種々の活動領域間の緊張と矛盾を踏まえて、この特定の場所における社会秩序の将来ありうる展開についても、なにがしかのことを言うことができるだろう。とはいえ、ありうる進化のダイナミズムは、決定論的なものではなく、状況依存的《コンティンジェント》なものでもあることも踏まえておこう。

資本主義の共進化の考察枠組み

資本は、何らかの形でこれらすべての活動領域のそれぞれすべてに関わることなしに、流通したり蓄積したりすることはできない。資本が、領域内部や領域間で制限ないし限界にぶつかった時には、その困難を回避したり乗り越えたりする方法が見出される必要がある。その困難が深刻であれば、われわれはここでもまた恐慌の源泉を見出す。種々の活動領域の共進化の研究は、それゆえ、資本主義社会の全体としての進化とその恐慌体質について深く考察するための枠組みを与えてくれる。では、このかなり抽象的な分析枠組みは、具体的にはどのように応用することができるのだろうか?

ここで一つの逸話が役に立つかもしれない。話は二〇〇五年秋にさかのぼる。私は韓国のまったく新しい都市のデザインを選定する審査委員会の共同議長を務めたことがある。当時、「行政中心複合都市」と呼ばれていたその都市(現在の世宗)は、当初、新しい首都になることが計画されていたが、憲法上の異議申し立てがあって、ソウルと釜山のほぼ中間にある衛星都市へと縮小された。しかし、政府の行政機能の多くがここに置かれることになっていた。審査委員会の仕事は、何らかの最終デザインを選定するというよりも種々のアイディアについて判断を下すことであった。プロジェクトの担当責任者たちは、最終デザインを決定する任務を帯びており、種々の提案からコンペに至るまで、われわれ(および彼ら)が有益であるとみなしたものは何でも取り入れてくれた。その審査委員会は、半数が韓国人、半数が外国人であり、その中で重きをなしていたのは、技術者、都市計画家《プランナー》、数名の著名な建築家たちであった。明らかに韓国政府は、それまで韓国やアジアの大多数で優位を占めていた決まりきった都市空間に飽きており、何か違ったことを行なうこと、できれば革新的な都市空間のための新しい世界的モデルを生み出すことに関心を持っていた。

われわれは、意思決定の前に、委員会に提出された多くのデザインを判断する際に最も重要なのはどのような基準なのかということについて議論した。最初の議論は、円や球体の相対的強度をめぐる建築家のさまざまな見解が中心となった。円や球体は、象徴的な形状としても物理的な形態としても、さまざまな開発戦略に適合させることができるだろう、と。さまざまな地図状のデザインを見れば、この種の違いが明確に示されているのは容易に理解できた。しかし私は議論に割って入り、もっと議論を広げて、いくつかもっと別の基準についても考えてはどうかと提案した。たとえば、自然との関係や、都市で展開されるさまざまな技術的組み合わせに関してどのような提案がなされているのか。生産の諸形態、生み出される雇用、関連する社会的諸関係を、デザインがどのように扱っているのか（たとえば、その都市が科学的、技術的、官僚的エリートによって支配されるという問題にどのようにアプローチするのか）。立場のさまざまな住民にとっての日常生活の質。この新しい種類の都市で生活するという経験から生じる、世界に関する精神的諸観念と政治的主体性（人々はより個人主義的になるのか、それとも社会的連帯の諸形態へと向かうのか？）。結論として私は、物理的デザインがこれらすべての論点について答えることができると思うのは間違っているであろうが、この新しい都市の建築について、これらの基準に配慮した形で考察するよう最善を尽くすべきだと思う、と述べた。

私のこのような思考方法には他の審査員たちもかなり興味を持った。私のアイデアをめぐって議論がしばらく続いた後、明らかにその議論の複雑さに我慢できなくなった一人の建築家が割って入り、これらの疑いなく正当な観点の中で最も重要なものとして際立っているものが一つあり、それは精神的諸観念だと主張した。こうした立場から、最も重要な問いは象徴的意味に関する問いであると述べた。こうしてわれわれはたちまち、都市デザインにおける円や正方形の象徴的・概念的・物質的可能性に関する議論に舞い戻ることになったのである！

ユートピア的に聞こえるかもしれないが、私がまったく新しい都市の建築責任者になったとしたら、固定的で身動きの取れない完結した永続的構造よりも、未来に向けて進化できるような都市を考えたい。そして、これらのさまざまな領域間の関係のダイナミズムがどのように作用するかだけではなく、そのダイナミズムが——何か特定の目標を達成するというよりもさまざまな可能性を切り開くために——どのように意識的に動員されるのか、について想像したいと思う。たしかに、都市は何よりもまず、支配的な社会的諸関係や雇用関係、利用可能な技術や組織形態にしたがって建築されなければならない。しかしまた、都市は、たとえば、より平等主義的な社会的諸関係の展開と適合し、ジェンダー問題に配慮した新しい技術や組織形態を探求するための場として見ることもできるだろうし、三%の複利的割合で進行する終わりなき資本蓄積というますます神聖ならざるものになっている聖杯を求めるよりも、自然により配慮した関係を探求する場として見ることもできる。

しかしながら、この思考枠組みは私のオリジナルではない。それは、『資本論』第一巻第一五章［邦訳では第一三章「機械と大工業」］にある脚注を敷衍したものに由来する。その脚注の中でマルクスは、興味深いことにダーウィンの進化論に短く触れた後で、こう述べている。

> 技術は、自然に対する人間の能動的関係を、直接的生産過程を、したがって人間の生活の維持に寄与する過程を露わに示しており、したがってまた人間の生活の社会的諸関係の生産過程やその諸関係から生じる精神的諸観念の生産過程を露わに示している。▼1

ここでマルクスは、私が特定したさまざまな活動領域のうちの五つ（あるいは、「人間の直接的生産過程」が、商品の生産と日常生活におけるその消費の両方を意味しているのであれば、六つ）を引き合いに出している。抜けているのは社会的諸制度だけである。

この脚注が、資本主義の支配的な技術的・組織的形態がどのように発生するのかに関する長い説明の前に位置していることは重要である。マルクスが関心を寄せたのは、工場制度の起源と、新しい技術の生産にひたすら邁進する自律的事業としての機械制大工業（機械による機械の生産）の出現を理解することであった。これは、「生産のたえまない変革、あらゆる社会状態のたえまない動揺、永遠の不安定と変動」[2]を支える中心産業であり、資本主義がこれまで行なってきた、そして現在も行なっていることの顕著な特徴として、『共産党宣言』の中で明らかにされた。

機械についてのこの長い章の中で、さまざまな領域が、資本主義の絶え間ない革命的性質に適合しそれを強固にするような形で共進化する。生産を技芸《アート》として理解する精神的諸観念は、科学的認識および新しい技術《テクノロジー》の意識的設計に取って代わられた。労働者が職人としての固有の熟練を備えた諸個人から機械のフレキシブルな付属品という地位にしだいに還元されていくにつれて、階級、ジェンダー、家族の諸関係も変化していった。それと同時に、資本家は新しい技術と組織形態を、労働者に対する階級闘争の武器として動員した（その結果、労働する身体を機械によって規律づけた）。女性が大量に労働力へと参入したことは、当時も現在と同じく、あらゆる種類の社会的影響をもたらした。さまざまな仕事に対する労働者の

▼1　マルクス『資本論』第一巻、四八七頁。
▼2　邦訳『マルクス・エンゲルス全集』第四巻、四七九頁。

フレキシビリティと適応性が決定的な要件になるにしたがって、公教育が必要になった。これは、他の制度的変化を生じさせたが、とくに一八四八年の工場法の教育条項が、資本家と地主によって支配された国家によって採択された。その国家によって指名された工場監督官は、マルクスに自己の議論を強化するのにうってつけのきわめて豊富な材料を提供した。新しい組織形態（企業形態の工場）は、新しい社会的諸制度のもとで新しい技術を推進し、それは社会的諸関係と自然との関係に派生的影響を及ぼした。どの時点でも、これらの諸領域のいずれか一つが他の諸領域を支配したようには思われない。

しかし、領域間には不均等発展が存在し、これが進化の軌跡にさまざまな軋轢を生み出す。いくつかの決定的な転換点においては、これらの軋轢が軌跡をあれこれの方向へと修正する。マルクスが言ったように、新しい「より高度な」家族形態がこのダイナミズムから生じることは可能だったのだろうか？　読み書きのできる、フレキシブルで、十分訓練された労働力を生産するために必要な公教育は、大衆を啓蒙することで、結果として、労働者の階級運動が支配権を握ることを可能にしたのだろうか？　労働者を終わりなき資本蓄積のジャガーノートへと容赦なく縛りつけるのではなく、労働者の負担を軽くするような技術を発明することは可能だったのだろうか？　現実になされた選択は、資本主義をより抑圧的な進路へと押し進めるものだったとしても、さまざまな可能性が状況のうちに内在していた。自由市場的「レッセフェール」政策に対するイギリスの固執が、一九世紀に勝利しなければならなかったわけではない。しかしいったん勝利したかぎりでは、資本主義の進化は、非常に特殊だが特別に慈悲深いわけではない転換を成し遂げた。

まとめよう。七つの活動領域は、資本主義の歴史的進化の中でさまざまに共進化する。どれか一つの領域が他の諸領域を支配するわけではない。自律的発展の可能性はそれぞれの中に存在する（自然は独立して変化し進化するし、精神的諸観念や社会的諸関係、日常生活の形態、社会的諸制度、技術などもそうである）。これらの領域のいずれも、他の諸領域との相互作用においても、人間社会に絶え間なく新奇なものを生み出す内的ダイナミズムを通しても、絶え間なく更新され変容する傾向がある。領域間の関係は因果関係ではなく、資本の流通と蓄積を通じた弁証法的な絡み合いである。したがって、全体としての編成のあり方が社会生態学的総体性《トータリティ》を構成する。これは、強調しておかなければならないが、機械的な総体性ではない。すなわち、諸部分が全体の命令に厳密に調和する社会工学的機関ではない。それは、多くのさまざまな種と活動形態からなる生態系に似ている。これはフランスの哲学者／社会学者であるアンリ・ルフェーブルが「総和《アンサンブル》」と呼ぶもの、あるいは彼の同僚の哲学者であるジル・ドゥルーズが、それぞれがお互いに動的関係にある諸要素の「アサンブラージュ〔結合体〕」と呼ぶものである。そのような生態学的総体性においては、その種々の相互関係は、それぞれが複雑に絡み合いながらも、流動的で開かれている。

領域間および領域内部の不均等発展は、緊張と矛盾だけでなく、偶発性《コンティンジェンシー》も生み出す（ダーウィン理論の中で、予測不可能な突然変異が偶発性を生み出すのとまったく同じように）。さらに、ある時間と場所での一つの領域の爆発的な発展が、前衛的役割を担うということは十分ありうることである。新しい病原体の突然の蔓延（たとえばＨＩＶ／ＡＩＤＳや鳥インフルエンザやＳＡＲＳ）。労働者の権利や市民的権利や女性の権利などをめぐる強力な社会運動の興隆。エレクトロニクスとコンピュータ・チップにもとづいた技術の近年の隆盛に見られるような爆発的な技術革新。ユートピア主義的政治の激しい勃発。これらはすべて、さまざまな時と場所において、共進化過程の前景に登場して、他の諸領域に巨大な圧力を加える。その圧力のせいで、他の諸領域はそうした動きに連動しようとしたり、あるいは逆に反抗や活発な抵抗の中心を形成したりする。いったん技術がそれ自体として一大事業になれば（一九世紀半ばからますますそうなったように）、しばしば本末転倒が起こって、新しい技術を用いるために社会的必要の方が作られなければならなくなる。最近、わが国の製薬部門において、新薬に合わせて、精神的・身体的状態のまったく新しい診断法が生み出されている（坑鬱薬のプロザックが古典的な事例）。資本家階級の内部には、あるいはより一般的には社会秩序の内部には、次のような支配的信念が存在する。すべての問題には技術的解決策が存在し、すべての病気には薬があるという信念である。これは実にさまざまな結果をもたらしている。それゆえ「技術物神」は、ブルジョアジーの歴史を推進する上できわめて突出した役割を果たしており、その驚くべき成果とそれが自ら招いた破局の両者を規定している。自然との関係における諸問題は、社会的再生産と日常生活における革命によってではなく新しい技術によって解決されなければならない、というわけだ！

　これらの活動領域のいくつかがお互い激しく対立する時期が歴史には存在する。たとえばアメリカでは、科学と技術を推進することは至高のものであるように見えるのに、これほど多くのアメリカ人が進化論を信じていないことは奇妙に思われる。地球の気候変動については科学的にははっきりと確立されているが、多くのアメリカ人はそれが捏造だと確信している。科学にいかなる信任も与えないような圧倒的な宗教的ないし政治的信念を前にして、いったいどうやって自然との関係をよりよく理解することができるのだろうか？　この種の状況は概して、停滞の局面か、あるいは根本的な再建につながる。恐慌は通常、このような局面が発生する前触れである。ここでもまた、資本主義の恐慌傾向は、解決されず、たんにあちこちにたらい回しにされているだけなのである。

　しかし、以上のことには最低ラインというものが存在する。どんなイノベーションや転換が起ころうとも、資本主義が長期的に生き残れるかどうかは、三％の複利的成長を達成できるかどうかにかかっている。資本主義の歴史には、試されたがうまくいかなかった技術、新しい社会的諸関係を推進しようとしたユートピア的計画（一九世紀のアメリカのイカリア共同体[3]、一九五〇年代のイスラエルのキブツ、今日の「緑の共同体」など）がたくさんあるが、これらは結局、資本主義の支配的論理に直面して、取り込まれてしまうか放棄された。何が起ころうとも、どんな手段を使っても、資本主義は何とかして三%のルールに従って七つの活動領域を組織しなければならないのである。

資本主義の断続的発展と変革の可能性

実際には資本主義は、スティーブン・ジェイ・グールドの自然進化の「断続平衡」説に多少似た形で進化してきたようである。つまり、比較的緩慢だが領域間の適度に調和した共進化の期間のあいだに挟まって、撹乱と根本的改革の局面が存在するのである。ひょっとすると、現在われわれは、そのような撹乱的な局面の真っ只中にいるのかもしれない。しかし、既成秩序を回復させて、あたかも重大なことは実際には何も起こらなかったし起こるはずがないかのようにやっていこうとする絶望的な努力の現われも存在する。

一九七三〜八二年の危機の時期に起こった、資本主義的再編の最新の大規模な局面を振り返ってみた時、この「断続平衡」という考え方がどのように見えるかを検討しよう。私は二〇〇五年の著作『新自由主義』［作品社、二〇〇七年］の中で、あの危機の時期に始まった資本主義的再編を説明しようとした。資本主義世界全体で、とりわけアメリカ（当時の議論の余地なき支配大国）では、資本主義的階級権力は、労働運動やその他の社会運動に対して相対的に弱くなっており、資本蓄積が遅滞していた。指導的企業の重役、メディ

▼3　イカリア共同体…エティエンヌ・カベーに率いられたユートピア主義的な共産主義運動。

アの大立者、金持ちの個人――その多くはロックフェラー兄弟のように資本家階級の子孫だったが――、これらの連中は一体となって反撃を開始した。彼らは「国家‐金融結合体」の抜本的再建に着手した。金融業務を全国的に――そして後には国際的に――規制緩和したこと、債務による資金調達を自由化したこと、世界を激化する国際競争へと開放したこと、社会的給付に関して国家機関の役割を転換したこと、である。さらに、資本は、失業の大規模な創出と脱工業化、移民の受け入れ、企業の海外移転、あらゆる種類の技術的・組織的変化（たとえば下請け化）を通じて、労働に対して自らの権力を再強化した。こうした反撃は、直後のレーガン・サッチャー時代に、あらゆる形態の労働組織に対するイデオロギー的・政治的攻撃と結合したが、その結果、賃金抑制と国家による社会的給付の縮小によって、利潤率低下と資産価値の下落という危機を解決した。世界に関する精神的諸観念は、自由市場と自由貿易に必然的に埋め込まれたものとしての個人の自由という、新自由主義的原理に訴えることによって、徹底的につくり直された。そのためには、国家が社会的給付から手を引き、一九七〇年代初頭に構築された規制体制（たとえば環境保護）をしだいに解体していくことが必要であった。新しい形態のニッチな消費主義と個人化されたライフスタイルも突然姿を現わし、ポストモダン・スタイルの都市空間（都市の中産階級化《ジェントリフィケーション》と一体となった、都心のディズニー化）を中心に構築された。そして、自己中心的な個人主義、アイデンティティ政治、多文化主義、性的指向などがないまぜとなったものを中心とする社会運動が出現した。

　資本がこれらの運動を生み出したわけではないが、これまでの重要な階級的連帯を打ち破るという点でも、これらの運動と結びついた情緒的な有効需要をニッチ市場へと商品化し方向づけることによっても、資本はこれらの運動を利用して操作する方法を見出した。生産にも消費にも幅広く応用された新しい電子技術が、労働過程に巨大な影響を及ぼし、多くの住民にとって日常生活上の諸行為にも影響を与えた（ノートパソコン、携帯電話、iPodが至るところにある）。こうした新しい電子技術にこそ世界の諸問題に対する解答があるのだというお題目が、一九九〇年代の流行の物神的呪文になった。そしてこのすべてが、世界に関する精神的諸観念における同じくらい大きな変化の前触れとなり、はるかに徹底した所有的個人主義が勃興し、それと軌を一にして、金もうけ、負債、資産価値への投機、政府資産の私有化、社会階級間を超えた文化的規範としての個人責任の広範な受容といったことが生じた。たとえば、差し押さえの波に巻き込まれた人々に関する予備調査によれば、多くの人々が、自宅の所有に伴う個人責任をまっとうすることが——理由が何であれ——できなかったことに対して、システム的な諸条件よりも自分自身に責めを負わせている。国家と国家権力の適切な役割に関する見解は、新自由主義の時代に劇的に変化し、今や、二〇〇八年九月のリーマン・ブラザーズの破綻の後、破滅の瀬戸際にあった銀行システムを救済するために大規模な財政支援でもって国家が介入せざるをえなかったときでさえ異論が出たほどである。

もちろん、細部はこれよりもはるかに複雑であったし、多種多様な諸力が作用して、あらゆる方向へと流れていった。世界的規模で、新自由主義の地理的不均等発展は、さまざまな抵抗を引き起こしつつ、いたるところではっきりと現われた。私がここで例証したいことは、一九八〇年から二〇一〇年のあいだに、これらの活動領域を横断して世界がどれほど変わったのか、である。この変化の度合いは世界のどこにいるかによって異なるが、このような共進化的動きそのものは、それを経てきた人々にとっては十分実感しうるものであった。

通俗的な理解にとってだけでなく、社会理論にとっても危険なのは、活動領域のどれか一つを決定因とみなすことである。韓国の都市審査委員会の建築家が、精神的諸観念だけが重要だと言った時、おそらく彼は単純化したいというもっともな欲求に駆られて、ごくありふれた行動をしていたのである。しかしそのような単純化は、正当ではないし、危険なまでにミスリーディングでもある。実際われわれの周囲には、危険なまでに単純化されすぎた一元的因果関係による説明がいくらでも存在する。二〇〇五年のベストセラーである『フラット化する世界』［日本経済新聞社、二〇〇六年］の中で、ジャーナリストのトーマス・フリードマンは、一種の技術決定論（彼はそれを間違ってマルクスに帰している）を臆面もなく採用している。ジャレド・ダイアモンドの『銃・病原菌・鉄』（一九九七年）［草思社、二〇〇〇年］は、自然との関係こそが重要だと論じて、人間の進化を環境決定論の物語へと変えている。彼に言わせれば、アフリカが貧しいのは環境的理由によるのであり、人種的劣等性のゆえでもなければ、奴隷貿易とともに始まった帝国主義の数世紀にわたる略奪のゆえでもない（後者については触れていないが）。マルクス主義と無政府主義の伝統においては、階級闘争決定論がふんだんに見られる。ジェンダー、セクシュアリティ、人種差別という社会的諸関係を社会的進化の前衛の地位に置く人々もいる。また別の人々は、悪名高い個人主義と普遍的な人類の貪欲から、われわれの現在の問題が生じていると説く。観念論の中では精神的諸観念が社会変化の前衛の地位に置かれているが、これにはとても長い伝統がある（その最も壮麗な代表物は、ヘーゲルの歴史理論である）。しかしながら、他にも多くのバージョンがあり、そこでは力強い改革者や起業家、宗教指導者やユートピア的政治思想家（たとえば一部の毛沢東主義）の洞察力やアイディアが、すべての中心に置かれている。信念と価値を変えることが真に重要なことである、と言われる。時には、言説《ディスコース》を変えれば世界も変わるだろう、と言われることもある。

　他方、マルクス主義的伝統における労働者主義的翼は、労働過程を、真に革命的な変化が生じる唯一の場とみなす。なぜなら、世界を変えるという労働者の真の力は、もっぱら労働行為という活動に存するからである。この出発点から、そしてこの出発点からのみ、ジョン・ホロウェイが二〇〇二年に主張したように、『権力を取らずに世界を変える』［二〇〇九年、同時代社］ことが可能なのである。またもう一つの流行した著作である『祝福を受けた不安』（二〇〇七年）［バジリコ出版、二〇〇九年］において、ポール・ホーケンは、あたかもわれわれの時代の社会的変化は、自分たちが生活している特定の場所で、自分たちの日常生活を変えようとする何百万人もの人々の実際的な関与からのみ起こりうるのであり、そしてそれはすでに起こりつつあるかのように主張しており、過去に災厄であることが明らかとなった政治的イデオロギーとユートピア的な精神的諸観念（共産主義から新自由主義まで）をすべて退けている。これの左翼版も今では、特定の場における日常生活の政治力学《ポリティクス》を、政治的行為にとってもラディカルな変革にとっても重要な苗床とみなしている。ローカルな「連帯経済」を創出することこそが唯一の答えだとされている。他方で、「制度学派」という肩書きを選ぶことで、社会的・行政的諸制度の支配と改革とを根本的なものとして特権化する社会変革理論への固執を顕示している歴史家と政治哲学者たちの一派が存在している。国家権力を奪取して粉砕するというのは、これの革命的でレーニン主義的なバージョンである。もう一つのラディカルなバージョンは、ミシェル・フーコーが焦点を当てた統治性《ガバメンタリティ》という問題から生じている。それは、興味深いことに、二つの領域――制度的・行政的システムと日常生活（身体の政治学《ポリティクス》として解釈される）――とのあいだの相互作用を分析している。

　これらの可能性の殿堂におけるそれぞれの見解には、一次元的とはいえ、資本主義の社会生態学的ダイナミズムとオルタナティブ構築の潜在的可能性について、一定の重要な知見が述べられている。しかし問題が生じるのは、これらの見解のあれこれが、排他的かつドグマチックに変革にとっての唯一の源泉とみなされ、したがって、そのために政治的な圧力をかけるべき第一のポイントとみなされる場合である。社会理論には、何らかの活動領域を他の諸領域よりも優先させてきた不幸な歴史がある。時にはこうした優先性が、その時々の状況を反映していることもある。すなわち、その時起こっている変革の前景にあれこれの活動領域――たとえば階級闘争や技術的ダイナミズム――が押し出されているように見える場合があって、そうした状況が理論に反映されるのである。このような状況下では、その場所とその時の社会生態学的変化の前衛にある諸力を認識しないのは乱暴であろう。それゆえ、言いたいのは、七つの活動領域に常に同じ重要性が与えられるべきだということではなく、それらの不均等発展の内部の弁証法的緊張を常に念頭に置いておくべきだということなのである。

ある時代やある場所では取るに足りないものに見える事柄が、次の時代には重要なものになることがある。労働者の闘争は現在のところ、一九六〇年代や一九七〇年代初頭と違って、政治的ダイナミズムの前景に位置していない。現在は自然との関係が以前よりも大きな注意と関心を集めている。現代において、日常生活の政治力学がどのように展開されているのかに大きな関心が向けられているが、それは明らかに歓迎すべきことである。それが過去に、本来享受すべきであった注意と関心を受けてこなかったという理由だけでもそう言える。今ここで、新しい技術と組織形態が及ぼす社会的インパクトに関するさらに詳しい説明をする必要はおそらくないだろうが、過去においては、往々にして技術と組織形態は軽率にも優先事項とされてきたのである。

実のところ、封建制の中から資本主義が出現してくる過程に関するマルクスの説明そのものが、ここで特定された七つの異なった活動領域を横断する共進化的運動という観点から再構築することができるし、そう読むことができる。資本主義は、これらの諸領域のどれか一つだけの内部で動員された力にもとづいた何らかの整然とした革命的変化によって封建制に取って代わったわけではない。それは、旧社会の隙間から成長して少しずつ取って代わらなければならなかったのであり、時に軍隊、暴力、資産の略奪と奪取を通じて、時に策略と狡猾さをもってそうしたのである。そして資本主義はしばしば旧秩序との闘いに敗れたが、最終的には勝利した。しかし、生まれたばかりの資本家階級は、権力の断片を獲得すると、最初のうちは、封建制秩序のもとで長い間構築されてきた技術、社会的諸関係、行政システム、精神的諸観念、生産システム、自然との関係、日常生活の諸パターンにもとづいて、自己のオルタナティブな社会形態を構築せざるをえなかった。資本主義はさまざまな活動領域の中で共進化と不均等発展を経てようやく、それ自身の特有の技術的基盤を獲得したのであり、またその独自の生産過程や制度的・行政的枠組みはもちろんのこと、その信念体系や精神的諸観念、その不安定だが明らかに階級に支配された社会的諸関係の編成、その奇妙な時空間的リズムとその同じく特殊な日常生活の諸形態を見出したのであり、したがって、これこそ真に資本主義だと言いうる存在になったのである。

とはいえ、資本主義はそれ自身に、資本主義への転換が実際に成し遂げられた際の特殊な諸条件の多様な痕跡を身につけた。資本主義が世界のさまざまな部分でどのように運動しているかに関する重要な差異を明らかにするにあたって、おそらく、プロテスタント的伝統、カトリック的伝統、儒教的伝統の差異にあまりに大きな比重が置かれてきたのだが、かといって、そのような影響が無関係だとか無視してよいとまで言ってしまうのは乱暴であろう。さらに資本主義は、いったん一人立ちすると、複利成長率での終わりなき資本蓄積の不可避的な圧力に適応するために、すべての領域を横断して絶え間ない革命的運動に従事した。一九九〇年代に出現した労働者階級の日常的習慣と精神的諸観念は（まずもって何が「労働者階級」としての社会関係を構成するのかさえ再定義された）、一九五〇年代と一九六〇年代におけるイギリス労働者階級の習慣や行動様式とはほとんど似ても似つかない。資本主義が作動させた共進化の過程は絶え間なく継続しているのである。

おそらく、社会主義を構築しようとした過去の試みの最大の失敗の一つは、これらのすべての領域を横断して政治的に関与することに消極的であったことであり、領域間の弁証法を通じてさまざまな可能性を切り開こうとせず、むしろそれらの可能性を閉じてしまったことである。革命的共産主義、とくにソヴィエト連邦のそれは、一九二〇年代の革命的実験の時期がスターリンによって終止符を打たれた後はとりわけそうなのだが、領域間の諸関係の弁証法を、あまりにしばしば、生産力（技術）を変化の前衛に位置づける単線的な計画へと還元してしまった。このアプローチは必然的に失敗した。それは、停滞状態、沈滞した行政的・社会的諸制度へと行きつき、日常生活を単調なものにし、新しい社会的諸関係や精神的諸観念を探求する可能性を凍結させた。それはまた、自然との関係にしかるべき配慮をしなかったことで悲惨な結果をもたらした。

もちろん、レーニンには、先行する秩序によって与えられた社会編成（部分的に封建的であり、部分的に資本主義的であった）にもとづいて共産主義をつくり出す努力をする以外の選択肢はなかった。そしてレーニンがこの立場から、フォード主義の工場とその技術的・組織的形態とを、共産主義への移行のために必要な一段階として容認したことは理解できる。彼は、社会主義への移行とその後の共産主義への移行が成功するには、最初は資本主義によってつくり出された最先端の技術と組織形態にもとづく必要があると説得的に論じた。しかし、真に社会主義的な（共産主義的な、とは言わないまでも）技術と組織形態の構築に進もうとする意識的試みは、とりわけスターリンが後継者となった後には、まったく見られなかった（とはいえ彼らは、ロボット化、最適生産の数学的計画化とスケジューリング・システムにおいて大きな進歩を成し遂げたのだが。それが適切に適用されたなら、労働の負荷を軽減し効率性を高めることができたであろう）。

毛沢東は、矛盾がどのように作用するかに関するその圧倒的な弁証法的感覚と、革命は永続的なものであるか無に帰すかのいずれかにならざるをえないという認識——少なくとも原理的には——のおかげで、さまざまな歴史的局面において、さまざまな活動領域における革命的転換を意識的に優先させた。「大躍進」は、生産の領域と技術的・組織的変革を重視した。それは、その直接的な目標において失敗し、大規模な飢饉を発生させたが、精神的諸観念に対して大きな効果があったことはほぼ間違いない。文化大革命は、社会的諸関係と、世界に関する精神的諸観念の構造を、一気に根本的に再編しようとするものだった。毛沢東が以上二つの努力のいずれにおいても悲惨な失敗を遂げたことは現在では一般に認められている常識である。だが、一九七〇年代後半以降における制度的・行政的改革に向けた大きな変化以降、中国で特徴的であったその驚くべき経済的成果と革命的変化の基礎が、多くの点で毛沢東時代の現実の成果に固く根ざしていたのではないかという説も存在している（とくに、党が日常生活に対する掌握を深化させた時に、大衆の中で、多くの「伝統的な」精神的諸観念や社会的諸関係との断絶が起こった）。毛沢東は、一九六〇年代に医療の提供のあり方を完全に再編した。たとえば、それまで無視されてきた農村の貧困地域に「赤脚医生」［農村で比較的簡単な医療活動を行なう医療補助員］の一団を派遣することによって、基本的な予防医学、公衆衛生対策、妊婦の健康管理について教えた。その結果としてただちに起こったのが、乳児死亡率の劇的な低下と平均寿命の増伸だった。これは、はからずも余剰労働力を生み出し、これが一九八〇年以降の中国の急成長を促した。だがこのことはまた、一人っ子政策の強制を通じて生殖行動に厳格な制限を課した。以上のすべてが、ある種の資本主義的発展への道を切り開いたことは、巨大な意義を持った意図せざる結果である。

それでは、社会変動に関するこの共進化理論の観点からすると、革命戦略はどのように解釈されるべきだろうか？　この理論は探求のための枠組みを提供するだろう。それは、大きな革命戦略から都市空間《アーバナイゼーション》と都市生活の再設計に至るまで、あらゆることについて考え抜くための実践的手がかりになりうる。それと同時に、この理論が示しているのは、われわれが、多くの意図せざる帰結だけでなく、偶発性《コンティンジェンシー》、矛盾、自律的可能性に絶えず直面するだろうということである。封建制から資本主義への移行の場合と同じく、資本主義に反対するオルタナティブな社会運動を開始するための間隙は豊富に存在する。しかし、良き意図にもとづく運動が体制に取り込まれたり破局的失敗に終わる可能性もまた、たっぷり存在する。逆に言えば、否定的な発展に見えるものが驚くほど良い結果をもたらすかもしれない（たとえば毛沢東の大躍進や、一九四五年以後の急速な経済成長を準備した第二次世界大戦）。このことはわれわれのやる気を挫くものだろうか？　進化一般、そしてとくに人間社会における進化を（資本主義的な至上命令があろうとなかろうと）押しとどめることはできないのだから、このドラマに参加する以外の選択肢はない。われわれが唯一選べるのは、われわれの介入がどのように作用するかに関して意識的であるかどうかであり、状況が変わった時や意図せざる帰結がよりはっきりとした場合に、すばやく進路を変える準備をしているかどうかである。資本主義の明らかな順応性とフレキシビリティは、ここでは重要な役割モデルを与えてくれる。

では、われわれは革命的な反資本主義運動をどの領域から開始するべきなのだろうか？　精神的諸観念か？　自然との関係か？　日常生活と再生産の慣行か？　社会的諸関係か？　技術と組織形態か？　労働過程か？　諸機関の奪取とその革命的変革か？

オルタナティブな思考と反体制的社会運動についてざっと概観するならば、どこから始めるのが最も適当かに関してさまざまな思想潮流（往々にして不幸にも相互排他的に対置されている）が存在することがわかるだろう。しかし、ここで提示されている共進化理論が意味しているのは、出発地点にとどまるのでないかぎりどこから開始してもよい、ということだ！　革命は、言葉のあらゆる意味において運動でなければならない。革命が、さまざまな活動領域の内部で、それらを横断して、そしてそれらを通じて動くことができなければ、結局どこにも行けないだろう。このことを認識するなら、さまざまな領域の周囲に編成された一連の社会的諸勢力間の同盟を構想することが至上命令となる。自然との関係がどのように働いているかに関して深い知識を持っている人々は、社会的・行政的諸制度がどのように機能しているのか、科学技術がどのように動員されているのか、日常生活と社会的諸関係はどのようにすれば最も容易に再組織できるのか、精神的諸観念はいかに変わりうるのか、生産と労働過程はどのように再編されうるのか、ということに精通している人々と同盟する必要がある。

しかし革命的運動はいかなる空間で生じるのか？　そしてそれが進行するにつれてどのように空間をつくり出すのか？　それが、われわれが今から考察しなければならない地理学的問題である。

第6章

資本の流れの地理学

アメリカのきわめて局地的な住宅市場で二〇〇七年に始まった金融恐慌は、緊密にネットワーク化された金融取引システムを介してまたたくまに世界中に広がった。このシステムはリスクを分散するとされていたのだが、実際には金融的大混乱を世界中に拡散した。信用収縮効果が広まるにつれて、恐慌は場所ごとに異なった衝撃をもたらした。いっさいは次のような諸事情にかかっていた。各国の銀行やその他の諸機関（年金基金など）が、アメリカから売り込まれた不良資産にどれぐらい投資していたか。アメリカ以外の諸銀行が、アメリカ的手法をどの程度模倣し、どれほどハイリスクな投資を追求していたか。各国の企業や公的機関（たとえば地方自治体）がその債務を借り換えるのにオープンな与信枠に依拠していたか。アメリカやその他の場所で急速に下落した消費者需要が、輸出主導型経済にいかなるインパクトを与えたか。原料（とりわけ石油）への需要とその価格がどのように乱高下したか。各国で支配的である雇用や社会的援助（たとえば仕送りの流れ）や社会福祉の構造がどのように異なっていたか、などである。

この恐慌が特定の国や地域や地域社会を襲うのなら、それはいつ、どのように、そしていかなる理由でなのか？　ヨーロッパ連合（EU）内での失業率は、二〇〇九年四月の時点で平均八・九％だったが、どうしてオランダの二％からスペインでの一七・五％まで大きな幅があったのか？　近年、アメリカの世帯がほとんど貯蓄ゼロであったのに対して、イギリスの貯蓄率は世帯所得の約二％、ドイツでは一一％であったが、これはなぜ大きな問題なのか？　レバノンは、近年激動の歴史を歩んできたにもかかわらず、二〇〇九年夏の時点でも恐慌の影響をほとんど感じなかったが、それはなぜなのか？（その答えの一部は、二〇〇六年のイスラエルによる大規模爆撃の廃墟から国を再建するために、巨額の経済刺激策がすでに進行していたからである）。

中国や他の多くのアジア諸国では、この問題はほぼ全面的に輸出市場の崩壊を通じて表面化したのに対して、アイスランドでは、国内銀行の資産が不良債権化したことにほぼ全面的に起因していた。厳しく規制されていたカナダの銀行では、これまでのところまったく問題が報告されていないが、対米貿易に依存していた同国の産業は深刻な打撃をこうむった。イギリスはほぼあらゆる面でアメリカ型モデルに従っていたため、ひどい打撃をこうむった。それに対してドイツは、同国の銀行システムに多額の不良資産が隠されているとの噂が飛び交ったものの、主として対処しなければならなかった問題は輸出産業の低迷だった。巨額の外貨準備金を有していた中国には、困難に対処する豊富な資金があったのに対して、アイスランドは無一文だった。

各国の住民および政府当局の反応もまた、以下の諸事情に応じて国ごとに大きく異なっていた。各国の抱える問題の深刻さの度合いとその性質、イデオロギー的傾向、恐慌の主たる原因をめぐる支配的解釈、社会的諸制度（たとえば、福祉給付が極端に貧弱なアメリカと比較して、多くのヨーロッパ諸国にははるかに強力な社会的セーフティーネットがある）、習慣や慣習（たとえば個人貯蓄の多寡）、そしてローカルな衝撃に対処するのに利用可能な各国の資源（とりわけ財政黒字）。ドイツは、ワイマール共和国期のインフレがヒトラーの権力獲得をもたらしたという恐るべき記憶もあって、過剰な借り入れによる資金調達がインフレを引き起こしかねないことを警戒し、新自由主義的正統性に非常に固執した。それに対して、アメリカは、（共和党内の生粋の財政保守主義者たちが困惑したことには）「財政赤字は問題ではない」というレーガン・ドクトリンに屈託なく同意した。

反応と衝撃がこれほどまでに多様であることからして、次のような疑問が提起される。すなわち、景気回復は、あるいはオルタナティブな政治経済に向かう何らかの革新的転換は、どの地域からもたらされるのか？　一九九七〜九八年の東アジア・東南アジア危機に対する回答は知られている。好況に沸いた借金漬けのアメリカの消費者市場のおかげで、この地域の経済は輸出できるようになり、健全経済に回帰することができた。だとすると、今回はどこがそれを引き受けるのだろうか？　依然として成長しつづけているブラジル、インド、中国の新興市場であろうか？　景気回復の中心地として東アジアを示唆する徴候はたくさんあるが、今回については安易に語ることはできない。恐慌の及ぼす影響も、景気回復のいわゆる「若い芽ぶき」[1]が広がっていく地理的道筋も、予言するのはほぼ不可能であると予想せざるをえない。金融恐慌の伝染は奇妙な経路を通じて広まりうるが、それを説明するために、次のような事例を検討しよう。

世界中の多くの自治体と同様に、ベルリンは一九九〇年代に公共交通機関の資金調達問題を抱えていた。ますます新自由主義化しつつあった中央政府は財政支援に消極的だった。金融アドバイザーは難局を脱する妙案を思いついた。交通設備をアメリカの投資家に売却し、その後でそれをドイツ側に長期リースするのである［リースバック］。アメリカの投資家は、対外投資の減価償却分を税額控除され、その減税分をベルリンの交通当局と分けあった（ドイツ側は一九九〇年代後半におよそ九〇〇〇万ドルを手に入れた）。つまり実質的にアメリカの納税者がドイツの地方自治体に助成金を出したことになる。ドイツの多くの自治体が、上下水道からコンベンションセンター［会議場や宿泊施設を備えた総合ビル］に至るあらゆるものについて同様の契約を結んだ。アメリカの税務当局はこのいかさまに気づき、二〇〇四年以降、こうした抜け穴をふさぐことへと動いた。しかし、英文で書かれた複雑な契約は引き続き有効であった。契約の文面には、リースされた資産の価値は、格付けの高い保険会社の保険に入っていなければならないと明記されていた。ベルリンは、アメリカの投資銀行JPモルガンにやがて説き伏せられて、リーマンブラザーズ、AIG、アイスランドの銀行など、大いに信用に値するとみなされていた多くの金融機関の保証する債務担保証券（CDO）を通じて、保険契約を交わした。これらの金融機関がすべて二〇〇八年九月に破綻し、CDOが不良債権化すると、ベルリンは、高く評価された別の保険会社を探すか（当時は不可能なことであった）、自治体の資金を担保として預けなければならなくなった。その額は二億ドル以上になった。ドイツの他の多くの自治体も同じ苦境に立たされた（ライプチヒはとくに厳しい打撃をこうむった。というのも同市はほとんどすべての市の所有物をリースしていたからである）。しかしドイツのある自治体職員が記しているように、一九九〇年代において、大金が舞い込んでくるのをきわめて多くの自治体が満足げに眺めていたときに、こうした計略に引っかからずにいることはきわめて困難であった。

国境を越えたドイツのリース契約の失敗は、その後、独仏両国の指導者によって表明されたヨーロッパ的解釈に拍車をかけることになった。この解釈はいかにももっともらしいが、実際には誤っていた。つまり、この恐慌は資本主義のシステム的失敗に起因するものではなく、英米型資本主義の固有の産物だというものである。そう考えると、この恐慌に対してヨーロッパの多くの部分で起きた広範なナショナリスト的反応（そしていくつかの点では危険なまでに右翼的な反応）――その一例が右翼政党が得票を大きく伸ばした二〇〇九年六月の欧州議会選挙である――も、より理解しやすいものになるだろう。しかし、ドイ

▼1　「若い芽ぶき」…一九九一年、イギリスのメジャー政権の大蔵大臣ノーマン・ラモントは、まだ不況を脱却していない状況下で一時的に生じた株価上昇を本格的景気回復の徴候だと判断して、「景気回復の若い芽ぶきが見られる」と発言して、後に大問題となり、政権与党の敗北につながった。それ以来、景気が回復していない状況下での株価上昇を「若い芽ぶき」と呼ぶようになった。

ツの輸出産業が、あたかも大西洋の向こう側〔アメリカ合衆国〕での借金漬けの消費ブームとは無関係であるかのように、独力で繁栄したかのように考えるのは、グローバル化しつつある資本主義の現実が狭い一国的認識によって歪曲されて理解される見事な一例であろう。

資本主義の地理的環境

それでは、恐慌が展開する地理的軌跡を先導するものは何だろうか？　そして、ローカルな衝撃とローカルな政治的反応はどのようにグローバルなダイナミズムと関連しているのだろうか？　要するに、資本主義の地理的不均等発展に関する何らかの理論は存在するのだろうか？　資本蓄積の複雑な地理的ダイナミズムを理解するのを助け、したがって今回の恐慌の展開をしかるべき文脈に位置づける手がかりとなるような理論はあるのだろうか？

資本の蓄積過程がその地理的環境の外部に存在しないことは明らかであり、こうした環境はそもそも非常に多岐にわたるものであるが、資本家とその代理人たちは、こうした環境を変革する上で能動的で卓越した役割を果たしてもいる。さまざまな新しい空間と空間的諸関係は絶えず生産されている。まったく新しい運輸・通信のネットワーク、スプロール化していく諸都市、高度な生産性をもつ農業的景観などがつくり出されている。土地の大部分で森林が消失し、地球の奥深くから資源が採掘され、生息環境《ハビタット》や大気の状態は（ローカルにもグローバルにも）変えられてきた。海では食料のためにトロール網で魚介類が大量に採られ、あらゆる種類の廃棄物（その一部はあらゆる生命体に有毒である）が地球を横断して拡散している。われわれの歴史全体を通じて人間の活動によってもたらされた長期的な環境変化は巨大なものだった。資本主義下でもたらされた変化は、なおいっそう巨大なものだった。自然によってわれわれに与えられたものは、長い時間を経て、人間によって構築されたものに置き換えられていった。資本主義の地理はますます自己産出されている。

しかしながら、資本家はこの生産に従事してきた唯一の存在ではない。一七〇〇年頃から世界の人口は、複利的割合で増大しており、興味深いことに、この割合は資本蓄積の複利的割合とパラレルである。世界の人口は一八一〇年頃に一〇億人を突破した。それは一九〇〇年の一六億人から、一九五〇年までに二四億人になり、そして二〇〇〇年には六〇億人以上へと増加した。試算では現在六八億人である。予想では、二〇五〇年までに九〇億人前後となるとされる。

資本蓄積と人口増加との関係が正確にいかなるものであるかは、これまでも議論の対象であった。しかし、ほぼ確実に言えるのは、生産者としても消費者としても活用できる人口の絶え間ない拡張がなかったならば、資本主義はこれまでのような存続も繁栄もできなかったであろうということだ。増大する住民が資本主義的な社会的諸関係や技術や生産形態や社会的諸制度にもとづいて組織されていない場合でさえ、このことはあてはまるだろう。奴隷制、インカ帝国の黄金、先住民から搾りとられた原料の供給、非資本主義的市場などは、剰余の生産と過剰資本の吸収に寄与したのであり、その貢献は、何世紀にもわたる資本主義の成長を維持する上で根本的なものだった。一八六〇年のマンチェスターにおける綿工業ブームは、アメリカのプランテーション農園で生産された綿花に依存していたが、そこで用いられていたのはアフリカから連れてこられた奴隷労働だった。他方、その完成品が売られた先は何より、非資本主義的だがイギリス帝国主義に支配されたインドの、膨大で絶えず増大する住民だった。しかし、逆の命題もあてはまる。資本蓄積によってもたらされる成長がなければ、他の食料供給方法が案出されないかぎり、住民はおそらく飢餓状態に陥ったであろう。

さらに最近では、中国農村部における新たに（だが多くの場合部分的に）プロレタリア化された住民が、目を見張るような資本主義的成長局面の基盤となっている。たとえ中国の低賃金産業に太刀打ちできない諸地域にさまざまな困難と矛盾を引き起こしているとしても、この成長のおかげで、ますます不安定になりつつある資本主義はその複利的成長軌道を維持することができたのである。別の事例を挙げれば、膨張する人口が大規模に都市へ移動したことは、土地利用に大きな圧力をかけ、したがって、土地の価値と地代とを高騰させる上で決定的な役割を果たしたが、その恩恵は土地資本家と開発業者の手中に帰した。

地球という惑星にますます多くの人々が居住するようになったこと自体、大規模な地理的変化をもたらすものであった。一七〇〇年における北アメリカのような人口希薄な大陸では移民と開拓の波が起こり、それによってこの大陸は、人口増大の中心地となり、その結果として資本蓄積のダイナミックな中心地になった。資本主義の歴史の初期段階では、資本主義的発展のための新たな領土を切り開く点で、入植者のコロニーとフロンティアの開拓活動は決定的役割を果たした。今日においても、何百万人もの農民、小規模農家や小生産者、職人や手工業生産者や修理工などがおり、それに加えてオルタナティブなライフスタイルを追求する人々、あるいはもっと単純に資本主義システムに組み込まれる機会がなかった人々などが存在している。こうした人々と資本蓄積との結びつきは、緩やかなものであるか、ごくわずかなものである。彼らの関わりはおおむね、市場システムとの接触や、商品交換への限定的参加を通じて組織されている。しかしながら、国家の課税制度は、この種の人々を資本蓄積の全般的軌道に引き入れる長期的手段を提供する。なぜなら、国に税金を支払うためには何かを売らざるをえないからである。

この膨大な人々の一団は、潜在的な労働予備軍にもなるし潜在的市場にもなる。最近ではたとえば、かつて国際機関の公用語で「インフォーマル・セクター」と呼ばれていたもの（したがってまた資本蓄積の論理の外部にあったもの）が、現在では「小規模事業《マイクロエンタープライズ》」の世界として再定義されるようになった。そして、こうした小規模事業にマイクロクレジットやマイクロファイナンスの仕組みを広めることで、これらの事業の運命は資本の運命と結びつけられるようになっている。こうした仕組みは、一日二ドル未満の収入で生活している二〇億もの人々の中から形成されるさまざまな集団（通例はかなり少人数の女性からなる集団）に、小額の信用貸しを（きわめて高い利子率で）広めていく。その目的は、住民が貧困から脱出するのを助け、資本蓄積という楽しいビジネスに参加できるようにすることだと言われている。しかし、一部は実際に成功するが、残りの者にとってそれが意味しているのは債務奴隷になることである。

　これらの住民は実にさまざまな形で独自の地理《ジオグラフィ》を形成している。しかし、その人口分布と経済状況は、きわめて多様である。東アジアと南アジアでは、植民地的・帝国主義的実践が強力に推進されたせいで、一七世紀以降——少なくとも最近まで——その地から莫大な富が流出したのだが、人口は急増しつづけている。西ヨーロッパの大部分や日本のような、資本蓄積のより発達した中心地では人口成長は停滞し、それに付随して、持続的資本蓄積にさまざまな問題をもたらす住民の高齢化問題を引き起こしている。その一方で、残りのアジア諸国、ラテンアメリカやアフリカでは人口は増加しつづけている。中国はどうかというと、家族規模を厳格に制限することで、一三億というすでに膨大なものとなっている人口の増大を抑制しようとしている。他方でアメリカ合衆国では、今ではますます問題視されつつある開放的な移民受け入れ政策によって、その人口成長が維持されている。この政策を補完しているのが、農業や建設業、とりわけ家内サービス業に必要な低賃金労働者の大半を提供している不法移民の膨大な流入である。

　人々は空間を占有し、どこかの土地の上で何らかの方法で生活しなければならない。その生活の仕方、自己を維持し種を再生産するあり方は、場所に応じて途方もなく多様であるが、その過程で人々は、自分たちの住む場所を創造する。農民の小屋から[2]小規模な村落、貧民街《ファベーラ》、都市部の借家、郊外の規格化された《トラクト・》住宅群《ハウス》や、ロングアイランドのハンプトンズにあるような何百万ドルもの大豪邸、中国のゲーティッド・

コミュニティ［ゲートで囲われた富裕層の居住地］、あるいはサンパウロやメキシコシティの高層住宅に至るまで、さまざまな場所を創造するのである。場所を形成すること、そして「家庭」と呼ばれる安定した環境となる住まう場所を創造することは、資本蓄積と同じく広範囲に及ぶ影響を地上にもたらすのであって、そのような場所を生産することが、剰余を生産し吸収する主な原動力にさえなっている。今日、「都市圏」には、増大する世界人口の大半が住んでいるが、この「都市圏」の生産は、時とともにますます資本蓄積と密接に絡みあうようになっており、相互に分離することが不可能なまでになっている。スラム街で住民自身の手でつくられた家屋でも、その材料となっているトタンや荷箱や防水シートは、もともとは商品として生産されたのである。

過剰人口が場所に縛られないのは、資本が場所に縛られないのと同様である。こうした人々は、国民国家がしばしば移民に制限を課すにもかかわらず、機会や雇用を開拓するためにあらゆるところへ流れていく。年季奉公の家事使用人という拘束された労働者や、建設労働者や農業労働者などの移民集団は、地元住民やよりよいライフチャンスを求めて移動するさまざまな個人と競合する。ポーランド人女性はロンドンのヒースロー空港周辺のホテルで清掃している。ラトビア人はアイルランドのパブで給仕をしている。メキシコやグアテマラからの出稼ぎ労働者はニューヨークの高層マンションを建設し、カリフォルニア州の農園ではイチゴを摘み取る。パレスチナ人、インド人、スーダン人は湾岸諸国で働いている、等々。湾岸諸国からインドや東南アジアへ、あるいはパレスチナ難民キャンプへと送金され、同じく、アメリカからメキシコ、ハイチ、フィリピン、エクアドル、その他の多くの発展途上国へも送金が流れ込む。さまざまな種類のディアスポラ［世界各地に広く分散した人々］（ビジネス関係と労働者の両方）は、資本蓄積の空間的ダイナミズムの中に複雑に織り込まれたネットワークを形成する。そして、まさにこのようなネットワークを通じて、アフリカやインドの農村部に至る隅々にまで金融恐慌の影響が広がっていったのである。栄養失調やさらにははっきりとした飢饉がハイチに蔓延するのは、ニューヨーク市やフロリダ州で女性家事労働者が仕事を失ってアメリカからの送金が干上がってしまったからである。

こうして、地理的差異を伴う人的景観が創造され、その中で、社会的諸関係、生産システム、日常のライフスタイル、技術と組織形態、自然との独特の関係が、社会的諸制度と結合しつつ、さまざまな性質を持った固有の場所を生産していく。これらの場所はまた、それぞれ固有の政治や競合する生活様式によって特徴づけられる。これらのあらゆる要素が自分の住んでいる場所で結合しあっているのだが、そのさまざまなあり方をちょっと考えてみよう。この複雑な物的・社会的地理は、さまざまな社会的・政治的諸過程の痕跡を帯びているだけでなく、それをつくり出した現実の諸闘争の痕跡をも帯びている。

その結果としてもたらされる地理的不均等発展は、無限に多様で、極度に不安定である。工業の衰退した華北地方の都市。かつて東ドイツであった地域における都市の縮小。珠江デルタ地帯における活況を呈する工業諸都市。バンガロールへのＩＴ産業の集中。略奪された農民が反乱を起こすインドの経済特区。アマゾン川流域やニューギニアで抑圧されている先住民。コネチカット州グリニッチの富裕地域（少なくとも最近まで世界のヘッジファンドの首都であった）。ナイジェリアのオゴニ川流域における紛争の続く油田地帯。メキシコのチアパス州におけるサパティスタ民族解放軍のような戦闘的運動によって切り取られた自治区域。ブラジル、パラグアイ、アルゼンチンの広大な大豆生産地帯。内戦の荒れ狂うダルフールやコンゴの農村地域。ロンドン、ロサンゼルス、ミュンヘンにおける中産階級の住む閑静な郊外。南アフ

▼2　ハンプトンズ…ニューヨーク市郊外のロングアイランドにある高級保養地の総称で、「ハンプトン」という名称のつく町が多いので「ハンプトンズ」と呼ばれている。

リカのスラム街。全面的に女性《ウーマン》が「配置《マン》された」スリランカの衣料工場やバルバドスとバンガロールのコールセンター。有名建築家の設計した建造物が立ち並ぶ湾岸諸国の新造大都市。これらのすべて（そしてもちろんそれ以上の多く）が相互に結びついて、人間の活動によってつくり出される地理的差異の一大世界が構成されるのである。

一見すると、この世界は地理的にあまりにも多様であるため、合理的に制御することはもちろんのこと、原理的な理解をすることも不可能なように見える。そもそもそのいっさいはどのように関係しているのだろうか？　何らかの相互連関と相互関係があるのは明らかだ。アフリカの内戦は、多くの点でヨーロッパの植民地主義的実践の悲しむべき遺産なのだが、アフリカの貴重な資源を支配しようと企業や国家が主導した闘争の長い歴史を反映してもいる。この点では、今日、中国がますます重要なプレイヤーになりつつある。華北地方やオハイオ州では工場が閉鎖されているが、その理由の一つは、珠江デルタ地帯で工場が次々と稼動しているせいである。バルバドスやバンガロールのコールセンターは、オハイオ州やロンドンの顧客に応対し、パリで着用されるシャツやスカートにはスリランカ製やバングラディシュ製といったタグが付けられている。それは、かつてイタリアで製造されていた靴が今ではベトナムから来ているのと同じである。湾岸諸国は、石油の輸出にもとづいて壮大な建造物を次々と建設しているが、その輸出は、アメリカにおいて優勢な郊外型ライフスタイルを支えるエネルギーの大量消費に部分的に依存している。

では、以上のような地理的差異はどのように生産されるのか？　その無限で制御不能に見える多様性は、どのようにして内的に結合し絡み合って、われわれの存在を取り巻くダイナミックな地理《ジオグラフィ》を形成しているのだろうか？

三つの地理的空間と共進化

先に略述した共進化の過程が生じるのは、いかなる空間においてであろうか？　まず、金融恐慌が発生する以前の二〇〇五年における、ワシントンDCといった大都市圏にあるアメリカの典型的な郊外を考えてみよう。その住民は相対的に均質であり（その多くは白人だが、高学歴のアフリカ系アメリカ人や、近年ではインド、台湾、韓国、ロシアなどさまざまな国からの高学歴移民もあちこちに暮らしている）、またかなり裕福でもある。郊外の規格化された住宅はきちんと整備され、学校、スーパーマーケット、ショッピングモール（娯楽施設を備えたそれ）、医療施設と金融機関、ガソリンスタンド、クルマのショールーム、スポーツ施設や広場などが、自家用車で簡単に行ける距離にすべて揃っている。地元の雇用はその多くがサービス業（とくに金融業、保険業、不動産業、ソフトウェア生産、医療研究）に関連しており、何らかの製造業があるにせよ、中産階級の郊外型ライフスタイルの維持に向けられたもの（自動車修理、園芸用品、窯業、大工、医療機器）か、建造環境の再生産ないし拡張に関連しているもの（建設業の全体とそのサプライヤー、たとえば配管工、屋根職人、道路舗装業など）か、である。税基盤は安定的かつ健全であり、地方行政は、建設業界や開発業者との癒着というよくある郊外型の慣行に関係することを除けば、かなり効率的である。通勤時間は長いが耐えがたいほどではなく、とくにその助けとなるのが、クルマの中を娯楽センターに変えてくれるあらゆる電子機器である。日常生活は、スキャンダルによる家庭崩壊や悪質な犯罪という少数の事例を別とすれば、かなり秩序立っている。社会的諸関係は個人主義的だが、いくつかの社会的交流形態――とりわけ教会や学校、地元のゴルフクラブ――を通じて、緩やかに統合されている。持ち家（住宅ローンによって促進され、税の控除を受けている）は一般化しており、そのため、孤立した個人主義がはびこっている中にあっても、個々の住宅価値を防衛することは、住宅所有者組合に支援された集団的規範になっている。その持ち家にはさまざまな電子機器がぎっしりと詰め込まれ、もちろん各人もiPodや携帯電話を持ち、ひっきりなしに使い続けている。

こうした世界では、七つの活動領域間の諸関係はおおむね調和しており、大半の人々がそれらを、少々退屈ではあっても、確実で安心できるものとして受け入れている。紛争はまれで（あるとしてもその大半は「ニンビー」的なものである）、公職をめぐって争う二大政党も穏健な候補者を立てる。この作られた場所に流出入しその中を流通する資本の流れは安定しており、さまざまな活動領域間の諸関係のこうした特殊な編成は、これらの流れが持続的に利益をもたらすよう巧みに構成されている。

このような地域と、そこからさほど離れていない第二の地域（たとえばペンシルベニア州のある地域）とを対照させてみよう。こうした地域は、かつては鉄鋼・金属加工業の盛んな都市だったが、近年は産業空洞化と工場閉鎖の波に覆われている。そこの住民は、かつてはきわめて均質的であった。組合に組織され外観上安定した男性ブルーカラー職を中心に構成され、不安定なパートの低賃金女性雇用という追加収入源にもとづく家族構造をともなっていた。しかし、今ではこのすべてが消えてしまった。多くの男性は失業して福祉に頼っており、労働者階級の住宅は劣悪化し（いくつかの家屋は空き家となって壊れたままである）、多くの地元商店はシャッターを閉め、税基盤も弱く、そのせいで学校やサービスの質は劣悪で、福祉・年金・医療の権利は脆弱になっている。かつて社交の中心であった組合会館は、放棄されたか、ほぼ空き家状態になっており、教会だけが社交と慰めのための聖域を依然として提供している。軽犯罪が蔓延している。アルコール依存症や薬物乱用といった問題は激化している。ジェンダー関係は根本的に変わってしまい、伝統的な家族形態の崩壊が進行している。女性が一家の主要な稼ぎ手となり、伝統的な男性労働者階級が使い捨てのアンダークラスの地位に追いやられている。地域復興の試みがさまざまに進められているが、いずれも大して効果はないようだ。初歩的なコンピュータ技術を身につけた一部の女性は、物々交換にもとづく集団的な支援のネットワークをつくり出している（現在「連帯経済」と呼ばれるものの一例だ）。地元の起業家は、観光客を引き寄せることをもくろんで芸術イベントの支援のために地元商店を結集しようと試みている。現地の不動産価格が安いことは、生活費があまりにも高くかかる近隣の大都市（例えばニューヨーク市）から幻滅した人々を引き寄せる市場となっている。だが、やって来る人々は、移民、ゲイ、ボヘミアンなどであり、かつて安穏と暮らしていた、主として白人の労働者階級とは根本的に異なる価値観を持っている。民族的・性的な緊張が高まる。出稼ぎ移民労働者は一部の空き家で寝泊まりし、地元住民の敵意に迎えられる。移民排斥の暴力が燃え上がる。生産基盤の崩壊は、この地で、他のあらゆる活動領域を横断する連鎖反応を引き起こす。技術や統治システムにおいてだけでなく、精神的諸観念、社会的諸関係、日常生活や社会的再生産のパターンに関しても、軋轢と葛藤をともなう緊迫した共進化的調整を強いる。活動領域間に不調和があることは目に見えて明らかであり、それらがどのように均衡を取り戻すのかは不確かである。

今度は、インドで法的に「スラム」と定められている場所を考察しよう。土地や住宅への正当な所有権のまったくない居住地に、何千人もの人々が詰め込まれている。統治行為はたいてい、合法的ないし非合法的に蓄積された経済的富かあるいは社会的地位から派生する非公式の権力構造を通じて行使される。カリスマ的な宗教的・政治的人物が地元のボスとして君臨する。公式の国家権力が直接行使されることはめったになく、それがあるとすれば、警察や軍の暴力的介入や官僚的・お役所的強制によるか、または保護という名目でのまったくの汚職行為によるかである。一定の経済活動も見られる。たとえば、ゴム製のタイヤがサンダルにつくり変えられて路上で販売される。人口稠密で混沌とした社会構造の中に、その末端がマンハッタンの店舗につながっている皮革製品や工芸品の下請けネットワークが見られる。水道や下水処理は総じて欠如しており、そこら中に悪臭が漂っている。頻繁に電力が盗まれる。平均寿命は短く、乳幼児死亡率は驚くほど高い。

その一方で、社会的諸関係は相互に支援しあうものであるのと同時に、しばしば略奪的なものでもある。社会的権力を維持するために、場合によっては生活そのものを維持するために、暴力が行使されることはしょっちゅうである。農村部からの新たな移住者は、下層民の最底辺として扱われ、ジェンダー関係や家族構造は不安定で一時的なものである。ただし、一部の集団は強い相互扶助の結びつきを形成している。生活条件を向上させようとするNGOの初歩的な試みが存在し、貧困に対する解決策としてスラム街にマイクロファイナンス事業を持ち込もうとする試験的プロジェクトも存在するが、多くの困難を抱えていて、十分な影響力を持つに至っていない。

はるか遠くにある開発計画機関には、物的環境を向上させる一定の計画が存在しているが、大半の地元住民にしてみれば、それは潜在的に高価値な土地から自分たちを立ち退かせようとする陰謀のように見える。地元の民間療法用の薬か先住民の治療法を除けば医療はなく、教育も、まったく存在しないか、行き当たりばったりである。都市の残りの地域には、一定の労働力流入が起きている。男性は建設や造園の仕事に向かい、女性は、ほとんど無報酬で中産階級家庭の床を清掃する。ただし少なくとも彼女たちは、金持ちのテーブルの残り物から十分食べてはいる。トランジスタラジオはどこにでもある。そして固定電話はないが、携帯電話は今では広く行き渡っている。だが、その携帯電話はしばしば盗品である。それどころか、そこでの主たる市場活動は、盗品をめぐるものか最安値の製品の物々交換である。高速道路や曲がりくねった川によって明確に境界づけられたこの空間の中で、七つの活動領域が独特の編成の中で共存している。アメリカの郊外とは根本的に異なりながらも、それでもわれわれは、この空間の総体性の内部にある内的諸関係を描き出し、しばしば軋轢と矛盾をはらんでいる共進化の諸過程（このスラム街をこのような動的な生態学的空間につくり上げている過程）を分析することができる。

これらの三つの場所において、共進化の軌跡は一見して異なった方向を指し示している。経済的・社会的・政治的な風は、ある所では一定の方向に吹き、別の所では停滞しており、さらに別の所では完全に異なる方向に吹いている。だが、それぞれの場合において、種々の生活がどのように営まれ、また諸状況がどのように変わりつつあるのかを把握することができる。実際、あれこれの場所で起きている相互作用と諸変化をその複雑な細部にわたって記述している無数の歴史地理学的・社会学的・人類学的研究文献が利用可能である。そうした文献は、異なる活動領域間の関係をしばしば暗黙のうちに示唆している。メディアは、「アメリカの旧郊外」、カザフスタン、カイロ、ヴッパータール［ドイツ・ルール地方の工業都市］、チェンナイ［インドの都市］、モンバサ［ケニアの港町］、広東省やオハイオ州で、事態がどのように進行しているのかを――悪い方向であれよい方向であれ――描写してくれている。大きな問題が起こるのは、われわれが世界中から得られるこれらの説明のすべてを結合して、それらの相互依存性とそれぞれの紛れもない特殊性の両方を際立たせようとするときである。

地球を横断してさまざまな場所で生じている資本の運動を何らかの形で地図化できるとすれば、その地図は、外宇宙から撮られた衛星画像に映る、地球という惑星の海洋、山脈、平原を横断して渦巻く気候系のように見えるだろう。そこでは活動が湧きあがり、あそこでは無風地帯があり、別の場所には渦巻状の高気圧があり、他のところにはさまざまな深さや大きさを有した強い低気圧があるのが見えるだろう。そこかしこで竜巻が大地を引き裂き、ある特定の時期には台風やハリケーンが海を渡ってきて、その経路にある人々を危険にさらしている。さわやかな雨が緑の草地をつくる一方で、他のところでは干ばつが茶色の焦土を残す。

一見、こうした気候の動き全体は混沌としており、予測不可能なようである。しかし、注意深く観察し分析すると、その渦巻く無秩序のうちにいくつかのパターンがあることが解明される。気象が示す長期的変化も識別できる。気候学者や気象学者は、気象運動の多くを推進している基底的な流体力学的諸力や熱収支やその他のものを把握することができる。彼らが自らの考えを仔細に枠づけようとカオス理論に依拠する場合もある。彼らは短期的な気象パターンを予測したり、地球温暖化のようなより長期的変化を予測することに関して、完璧ではないにしても、一定の影響力を発揮することさえできる。明らかに彼らは、過去に起こったことの遡及的理解が非常に説得的なものになるような地点にまで達している。

経済地理学者も類似の問題に直面しており、地上で観察できる社会的・経済的・政治的諸活動の一見無秩序に見える混沌の中から、変化の一定の独特のパターンとその長期的徴候を発見しようとする。たとえば、一九八〇年代における経済活動の観測地図をつくったなら、それは東アジアと東南アジアの太平洋沿岸（日本から香港まで）だけでなく、アメリカ西海岸、ドイツのバイエルンとイタリアのトスカーナの一帯に高気圧〔好景気〕が発生し渦巻いている様相が描かれただろう。その一方で、ラテンアメリカの大半は停滞し、暴力的な政治的・経済的激動が起きる傾向にあり、オハイオ川渓谷やペンシルベニア州、イギリスの中心的工業地域、そしてドイツのルール川渓谷一帯には、一連の深刻な低気圧〔不景気〕が通過しているように描かれただろう。だが、気象・気候研究とは次のような大きな違いがある。すなわち、流体力学の諸法則は時を経ても変わらないと想定しうるのに対して、資本蓄積の諸法則の方は、人間の行動が新しい状況に再帰的に適応しながら絶えず進化していることである。

地理学的な分析と予測の技法やその科学は、たとえば、世界の気象や気候の理解のために振り向けられた努力と比べれば、嘆かわしいほど不十分なままである。種々の社会科学もまた、地理学の問題に共通して背を向けることが多い。人類学者は概して（もちろん立派な例外はつねにあるのだが）、ローカルな民族誌にのみ焦点を絞ることを正当化しようとして、グローバルな乱雑さを手に負えないものとみなそうとする。社会学者は、コミュニティと呼ばれるものを焦点にするか、最近までは国境の内側に自分たちの研究を限定してきた。経済学者はというと、あらゆる経済活動を針の頭の上に置いてしまう［地理的空間の存在を無視していることの比喩］。ローカルなものからグローバルなものまで含めた複雑な地理《ジオグラフィ》そのものは、無視されるか、最近ではジャレド・ダイアモンドの『銃・病原菌・鉄』や経済学者のジェフリー・サックスの『貧困の終焉』（二〇〇五年）［早川書房、二〇〇六年］によって宣伝されたたぐいの物的な地理的決定論の俗流バージョンに還元されるか、あるいはさらに悪い場合には、地政学的支配をめぐる国家間のダーウィン主義的闘争という危険な（というのもそうした理論はしばしば自己成就的であるから）諸理論を復活させるか、なのである。

その結果、二重の意味で深刻な空白が生じている。第一に、何がどこで生じるのか、ここでの種々の出来事が他のところにある諸条件になぜいかにして影響するのか、これらのことが十分理解されないままである。第二に、資本主義の再生産が、地理的不均等発展の一見混沌とした諸形態にどのように依拠しているのかということも評価できなくなる。その結果、恐慌の真っ只中にあってそれについて何をなすべきかに関する理解が曖昧になる。本来ならば、われわれは集団的には、意識的行為によって社会的再生産と資本蓄積の諸法則を（望むらくはよりよい方向へと）変えることが可能な潜在的地位にあるというのにである。

それでは、地上に存在するこの一見したところ混沌とした全体と、資本主義の再生産においてそれが果たす役割とを理解するために、われわれが暫定的にでも依拠できるような何らかの地理学的諸原則は存在するのだろうか？　以下の叙述において、いくつか概括的な考えを展開しよう。

第一の原則——地理的限界の克服と空間的支配

一番目の原則は、資本蓄積にとってのあらゆる地理的限界は克服されなければならないというものである。マルクスが『要綱』で書いているように、資本は「交易、すなわち交換のあらゆる空間的制限を取り払って、地球全体を自己の市場として獲得しようと努め」なければならない。資本はまた絶え間なく「時間によってこの空間を絶滅しようと」努めなければならない[3]。これは何を意味しており、なぜそうなのだろうか?

資本主義の初期に都市を活動基盤にした商人や貿易業者が学んだのは、土地にもとづく封建的ないし帝国的権力《パワー》の中で生き残るのに必要な自分たちの力《パワー》は、優れた空間操作能力を開発することにあるということだった。商業資本は(生まれたばかりの銀行資本とともに)、かなりの程度、空間的戦略によって封建秩序を回避し、ついには崩壊させた。ただしその戦略には、ある特定の場所——初期の貿易都市——を、封建的制約のある世界の中にあってネットワーク化された自由の孤島として防衛することも含まれていた。今日に至るまで、資本家階級とその代理人(たとえば、華僑のようなさまざまな民族的商業ディアスポラ)は、空間を支配したり移動する優越した能力のおかげで、その支配力のかなりの部分を維持している。

この同じ力は、あらゆる軍司令官が承知しているように、軍事的優位性を維持する上でも根本的である。一九六〇年代と一九七〇年代における米ソ間のいわゆる「宇宙開発競争」は、この普遍的な野望の近年ではおそらく最も劇的な現われだった。かくして資本主義の内部に構築された「国家-企業結合体」のうちに一つの共同の至上命令が立ち現われ、国家と資本とによる空間の持続的支配と空間的運動とを保証する技術と組織形態に資金が提供される。それゆえ一八世紀の英国王立協会は、外海でも機能して正確な位置を示してくれるクロノメーターを設計することに懸賞をかけたのである。かつて地図は、国家機密として保護され、厳重に保管された。もちろん今のわれわれには、人工衛星やＧＰＳシステムやグーグルアースがあるが、それにもかかわらず、アメリカ合衆国は、その軍事的利益のために、アフガニスタンのすべての衛星画像を買収したのである。コロラド州の基地からの指令で、アフガニスタン上空を飛ぶ無人偵察機はミサイルを発射する。コンピュータを通じたウォールストリートからの注文は、ロンドンで実行され、チューリッヒとシンガポールに瞬時に届く。

この空間的支配への執着は、単なる経済的合理性を越えてさらに深いところにまで及んでいる。端的に言ってその心理学も重要である。自らを長らく地球上に縛りつけている鎖を凌駕する能力が人間にはあるという物神的信念は、ブルジョアジーのユートピア的願望の中心的モチーフであった。次の二行連句は、一八世紀の英国詩人アレキサンダー・ポープのものである。

神々よ！　空間と時間を絶滅し、
この二人の恋人を幸福にせよ

▼3　前掲『マルクス資本論草稿集』第二巻、二一六頁。マルクスのドイツ語原文では「空間的制限」が「場所的制限」に訂正されているが、ハーヴェイが底本にしたペンギン版の英訳では「空間的制限（spatial barrier）」になっているので、ここではハーヴェイの原文に即し「空間的制限」としておく。

偉大な合理論哲学者であるルネ・デカルトは、自然は人間によって支配されうるという信念にもとづいて、自分の技師に高みから世界を俯瞰させた。ヨハン・ゲーテの描くファウスト博士は、地球に対する全能を得るために、悪魔と契約を交わした。小説家オノレ・バルザック――彼は常に、成り上がり階級の抱く物神的願望に関する素晴らしく啓発的な源泉である――は、次のごとく誇張気味に自己を想像している。「私はあらゆるものを意のままにしながら、世界を駆けまわった」、「私は疲れもせずにこの世界を所有し、そして世界もまたこれぽっちも私に影響を及ぼさないというしだいさ」、「私はここにいるかと思うと、また、他の場所にいることもできる。時間にも空間にも距離にも支配されない。世界は私の下僕だ」[4]。

空間と時間の征服、そして世界（「母なる地球」と世界市場の両方）の支配は、多くの資本主義的空想のうちに現われており、それは、性的願望や千年王国的カリスマ信仰という、場違いだが崇高な男性的表現としても表明されている。これが、金融投資家の「アニマル・スピリッツ」（それは絶え間なく増幅させられてきた）を今後も駆り立てる物神的信念なのだろうか？　これが、かくも多くの金融投資家やヘッジファンドの天才たちが男である理由なのだろうか？　ニュージーランド通貨に全額を一度に賭けようとする際に人が感じる気分は、こういうものなのだろうか？　世界をまたにかけてそれを自己の意志に従わせるとは、何という驚異的な力であることか！

マルクスとエンゲルスは一八四八年の『共産党宣言』で、このことの世俗的諸結果を明快に説明しているが、その言葉は、過去四〇年間に産業空洞化を経験したことのある労働者であれば、誰でも容易に理解するであろう。

> 古来の国民的諸産業は滅ぼされてしまい、なおも日々滅ぼされていく。それらの諸産業は新しい産業によって押しのけられ、これらの新しい産業を導入することがあらゆる文明国にとって死活の問題となる。

それは、もはやその土地の原料ではなくて、はるか遠い地域で産する原料を加工する産業であり、これらの産業の製品は、自国内だけでなく、同時にこの地上のすみずみで消費される。国産品だけで充足されていた昔の欲望に代わって、はるかに遠い風土の産物でなければ満たされない新しい欲望が現われてくる。昔の地方的《ローカル》ないし国民的《ナショナル》な自給自足や閉鎖に代わって、諸国民の全面的な交通、その全面的な依存関係が現われてくる。▼5

今日「グローバリゼーション」と呼ばれるものは、資本家階級の視界のうちに最初から一貫してあったのである。

空間と自然に対する征服欲が、何かしら普遍的な人間的憧れの現われであるのか、それとも資本家階級に特有の情熱の産物なのかは、わからない。確実に言えるのは、空間と時間を征服することは、自然を支配することの絶えざる追求と並んで、資本主義社会の集団心理において長期にわたって中心的なものであったことだ。実にさまざまな批判、異論、反感、そして政治的対抗運動があったにもかかわらず、また自然との関係において大規模な意図せざる諸結果が生じていることがますます感じられるようになっているにもかかわらず、時間と空間を、そして自然（人間的自然を含む）を征服することは、何らかの形で可能

▼4　バルザック「海辺の悲劇」、邦訳『海辺の悲劇　他三篇』岩波文庫、八四頁。同「ゴプセック」、邦訳『ゴプセック・毬打つ猫の店』岩波文庫、二七頁。同「神と和解したメルモス」、邦訳『バルザック幻想・怪奇小説選集3　呪われた子　他』水声社、一八八頁。
▼5　邦訳『マルクス・エンゲルス全集』第四巻、四七九頁。

であると、依然として広く信じられている。その結果、資本の世界には、私が「時間と空間の圧縮」と呼ぶものを容赦なくつくり出す傾向が存在する。それは、資本がますます速い速度で移動し、相互作用の距離が圧縮される世界である。

　こうした事態に対しもっと散文的な見方をすることもできる。競争の強制法則は、しばしば抵抗を受けつつも、企業と国家の双方を促して、技術的進歩のみならず、空間と時間の優れた統御がもたらす優位性を追求させる。いずれかの優位は、明らかな経済的・政治的・軍事的利益を生み出す。そして、資本が直面するあらゆる問題には、技術的回避《フィックス》ないし時空間的回避《フィックス》があるという、物神的信念が定着する。過剰資本を吸収するのが困難だって？　ならば、新たな技術と新たな生産部門を創出するか、あるいは、地理的に拡張し、必要とあらば植民地主義的・新植民地主義的支配によって、どこか別の空間に市場を見出すかだ（これは、イギリス資本が一八五〇年頃からインドで行なったことである）。もし外部市場が容易に入手できなければどうなるのか？　その場合には、資本を輸出して海外に新たな生産拠点をつくり出すだろう。その新たな拠点では、「個人的消費」（たとえば借金漬けのアメリカにおけるそれ）よりも、生産の加速（たとえば現代中国におけるそれ）が需要を創出して、過剰資本を一掃してくれるだろう。

　こうした技術的回避《フィックス》と時空間的回避《フィックス》への二つの物神的信念がぶつかると、お互いに促進しあって、資本流通に対するあらゆる時間的・空間的限界を回避するための技術革新の熱狂が起こる。資本主義の全歴史を通じて生じた技術革新のどれほどの数が、距離による摩擦を減少させたり資本流通を加速させるものであったろうか。そのリストは果てしがない。運河、鉄道、汽船、自動車、高速道路、航空輸送、電信、ラジオ、電話、電子通信などがなかったなら、われわれはどうなっていただろう？　ほぼ一瞬に済む情報の流れによって結ばれた金融中心地で、コンピュータ化された取引は今や、一瞬のうちに世界中で六〇〇兆ドルもの大金をデリバティブ商品へと転換している。豚でさえ、かつての習慣的数の二倍もの子豚を毎年生んでいる（豚がインフルエンザにかかるのも無理はない）。

第二の原則――地理的集中と地理的差異

第二の原則は、資本の流通は針の頭の上では起こらないという単純な事実から生じる。生産は、貨幣、生産手段、労働力（労働力はたいてい局地的労働市場に封じ込められている）の地理的集中を伴う。これらは特定の場所に集められて、新しい商品が生産される。次に、それらは市場へと出荷され、どこかで販売・消費される。生産手段（天然資源を含む）、労働力、消費市場が相互に近接していることは、コストを低くし、利潤率を高め、立地を有利なものにする。

しかし、どこから資本蓄積は始まるのか？　その答えはこうだ。ある一定額の貨幣を持つ誰かがどこかの時点と場所で、賃労働を搾取することでより多くのお金を儲けるために自分の貨幣を用いることを決断するのである。だが、諸個人が金儲けを開始することができ、さらに重要なことには、長期にわたってそれを持続することができるのは、いかなる諸条件にもとづくのか？　明らかに、貨幣経済が（市場交換とともに）すでに存在していなければならないし、貨幣がすでに社会的権力の重要形態になっていなければならない。さらに、賃労働者もすでに存在しているか、少なくとも入手可能になっていなければならない。その手段は、土地から人々を追放するか、何らかの手段で彼らを労働市場に引き寄せること、である。これを実現するには、個々の資本蓄積に対する社会的・政治的諸制限が克服されなければならない。中国の指導者鄧小平が、お金を儲けることと豊かになることは良いことだと宣言し、中国全土で資本主義という魔神をランプから呼び出した。それは驚異的な結果をもたらした。しかし、単なる宣言や行政上の制約を緩和するだけで、成功が保証されるわけではない。成否が測られるのは、競争の強制法則を通じて他ならぬこの場所でこのイニシアチブが成功を収めたことが確定された後になってのことである。

この点は重要である。資本の蓄積法則は事後に作用するのであって、事前にではない。時々言われるのは、マルクスが、いっさいは経済的に決定され、あらかじめ経済的に合理化されていると主張していたというものである。マルクスは、個人のイニシアチブや活動にいかなる余地も認めていなかったというのだ。これほど真実からかけ離れた主張はない。資本主義は、特定の場所と時代に活動する個々の企業家の直観や冒険心や時にはいかれた発想（マルクスとケインズが共に言及したあの「アニマル・スピリッツ」）に依拠しているのであり、まさにこの点に資本主義の神髄がある。一定の個人的自由が許容されるか促進される場所でしか、資本主義（それは本来的に投機的である）は発展できないし、自己を前方へと駆り立てることができない。資本主義は、その支配的イデオロギーとその必然的な諸実践という両方の点からして、投機的な金儲けに従事する個々人の自由にもとづいている。マルクスはこの点を十二分に理解し認識していた。

ここから以下のように結論づけることができる。すなわち、地理的差異の一見したところ無秩序なカオスこそ、資本蓄積が開始されるための必要条件だということである。何といっても、イギリスで産業革命が開始されたのは、協調主義的《コーポラティスト》な政治的統制やギルド的労働組織が支配的であったノーリッジやブリストルなどの大都市圏ではなく、社会的・政治的統制が欠如していたマンチェスターやバーミンガムという名前の小さな村や町であったのだ。それに続いて産業革命が起こったのは、アメリカのシカゴという名前の小さな交易地であった。

いわゆる資本の蓄積法則は、事前にではなく、事後に作用する。たとえば、イングランドの東オックスフォードという意外な立地で、ウィリアム・モリス［モーリス自動車の創立者］という人物が自動車製造（自転車修理ではなく）を開始したが、それは、一連のきわめて特殊な諸事情に導かれてのことだった。デトロイトのヘンリー・フォードにもまったく同じことがあてはまる。しかし両方の事例において、最初の諸事情――原材料、賃労働、市場へのアクセス――は、成果を収めるのに十分なものであった。最初の成功のおかげで、その地域に有益なインフラ（社会的インフラと物的インフラの両方）が続々と建設され、これらによってまた、この選ばれた立地が自動車生産にとってますます有利なものになった。成功した企業はしばしば、自社（および他社）の周囲にインフラ開発を集中させ、いっそう収益性を高める。あれから一世紀も経った今日になってようやく、こうしたかつて繁栄した立地における自動車生産は、競争と恐慌によって合理化の波に飲み込まれ、消える瀬戸際にあるか、根本的な再編の局面にある。

　資本蓄積に対する合理化と地理的再編が「事後」に生じるのは、競争の強制法則と恐慌を通じてのことである。それゆえ、競争と恐慌はともに、資本主義の発展軌道にとって根本的なものなのだ。だがこのことはまた、資本主義が、この途方もなく多様な物的諸属性と社会的・文化的諸条件の存在する地理的世界で最高度に発展を遂げた理由をも説明する。利潤を追求する冒険的事業《ベンチャー》がそこではなくここで成功できるか否かは、前もってわかるわけではないのだから、あらゆる場所の可能性を探り、どこで何がどう動いているのかを解明することが、資本主義の再生産にとって死活に関わることになる。失敗はサクセスストーリーよりもはるかに多い。だが、勝者だけが生き残る経済的歴史地理の中では、こうした失敗の事例を耳にすることはほとんどない。インドのバンガロールでIT産業がここまで成功を収めるなどと、誰にわかりえただろうか？　ヘンリー・フォードが戦間期にアマゾン川流域に新しいゴム・プランテーションを建設しようとして惨めに失敗したが［次章で詳述］、それはなぜなのか？　地理的多様性は、資本の再生産に制限を課すのではなく、むしろその必要条件なのだ。もし地理的多様性があらかじめないのであれば、それは創造されなければならない。

貨幣、財、人の地理的流れには連続性が必要不可欠であり、このような多様性のいっさいが、効率的な運輸・通信システムを通じて編み合わされなければならない。その結果として生じる生産と消費の地理的《ジオグラ》配置《フィ》は、空間の横断にかかる時間と費用にきわめて敏感である。こうした時間と費用は、技術的・組織的イノベーションや燃料コストの下落によって、大きく縮減されてきた。距離の摩擦は今やますます、資本主義の地理的可動性を制約する役割を果たさなくなってきている。しかしながら、これは、地理的差異がもはや問題にならないということではない。まさにその逆である。可動性の高い資本は、地域によるわずかな費用の違いにさえも細心の注意を払っている。というのも、こうした事情がより高い利潤を生み出すからである。

空間的立地をめぐる競争と戦略

資本家は、最大収益の上がる立地に引き寄せられ、そうした地で最もよく存続しうるのであり、こうした事実のせいで、ある特定の場所に多くの活動がしばしば集積することになる。綿紡績工場は、機械製造工場や化学染料業者、シャツ生産業者がその近くにあることから利益を得る。「外部経済」（ある資本家が他の資本家たちの近くにいることから受ける経済的利益）は、資本主義的活動の地理的集積をもたらす。一九世紀の著名な経済学者アルフレッド・マーシャルは、多くの企業が密集する場所を「産業集積地」と命名した。これは、資本主義が構築する地理的世界でおなじみの特徴である。法律、金融、インフラ、運輸・通信関連の多くの企業が集合することで、共同の労働力プールや自治体による支援策を利用することができ、その特定の場におけるすべての資本家にとってのコストが安上がりになる。ただし、あまりに多くの企業や工場が集まってくると、混雑費用がしだいに増大し、集積から得られる利益を相殺するに至る。資本主義の初期に起きた産業都市の台頭は、こうした「集積の経済」が作用した典型例であった。最近では、シリコンバレーや、あるいはボローニャを中心とした「サードイタリア」など、「マーシャル型」産業集積地の勃興についても、これまでも大いに議論されてきた。こうした地域では、多数の中小企業が一箇所に集まり、生産と販売において「集積の経済」をともに享受している。今日の金融世界では、法律、会計、税務相談、情報、メディア、その他の諸活動が金融活動の中核部分と並んで存在することが、ロンドンのシティやウォールストリートといった巨大な金融中心地の典型的特徴となっている。

きわめて初期の段階においては、資本主義企業は、空間的に散在する諸市場を結ぶ広大なネットワークを利用した。羊毛、綿花、外来染料、木材や皮革といった商品が、はるか遠方からやって来た。かつて労働者の日常生活を支えてきた賃金財の大半は近郊からもたらされていたが、他方では、商人の活動によって、塩、香辛料、砂糖、紅茶、コーヒー、カカオ、ワイン、樹脂、乾燥タラ、さらには、小麦、米、ライ麦、大麦までもが、はるかに離れた地域と取引されていた。ある場合には、取引ネットワークが公式のものとなり、たとえば初期にはハンザ同盟といった形をとった。多くの都市から訪れる商社や商人たちは、一三世紀以降、バルト海からイベリア半島に広がる相互支援のネットワークを形成した。これと並行して金融機関の国際ネットワークも成長した。一六世紀にはアウクスブルク〔ドイツ南部の都市〕やニュルンベルクの銀行家たちのネットワークが生まれた。その後、一九世紀には、ウィーンやパリ、ロンドン、マドリード、ベルリンにさまざまな分家を伴ったロスチャイルド家など、巨大金融一族のネットワークが成長した。今日では、ゴールドマンサックスやＨＳＢＣ（「世界の地域銀行《ワールド・ローカル・バンク》」）が世界中に事務所を構えている。別の場合には、昔の中国のように、収税官をはじめとする帝国権力の代理人たちによって慎重に監視される定期市という構造の中で、取引ネットワークが発展した。諸商品はいつでも巨大な距離を旅してやって来る

（ただし当時はきわめてゆっくりとだが）。たとえば、中国から西洋にいたる伝説的な「シルクロード」を通ってである。華僑はおおむね同じやり方を続けている（私の言いたいことをその目で確かめたければ、世界の各都市につくられたどこかのチャイナタウンを訪れていただきたい）。

取引ネットワークの触手は絡みあい、内外に伸びていき、あらゆる所に浸透する。チベットのような遠方地域の羊毛がインド市場にまで入っていくし、モンゴルや中国西部から送られる薬草や動物の毛皮などが、香港に集められてから東南アジアの各市場へと広がっていく。北アフリカやインド・ケララ州の街角の為替取引業者は、湾岸諸国からの送金が流れる水路となっている。これらのネットワークを確立し、そのルート、経路、通り道を把握し、絶えず新たな地図を作成し、どこかで何らかのものと交換可能な商品種類を把握することは、商業資本と貿易資本がもたらした巨大な貢献の一つである。こうしたものがなければ、われわれが今日知るような資本主義は現われなかったであろう。そしてそれは、今日においても商人や貿易業者がますます洗練された形で遂行していることでもある。彼らは過剰資本を吸収するための市場への経路を苦心して発見する。さもなければ、こうした経路はわからないままであったろう。

競争は、個々の資本家と企業が生産のためのより有利な場所を探すよう強制する。それはちょうど、彼らがより優れた技術を追い求めることを強制されるのと同じである。より低いコストの新しい立地が利用可能になると、競争の砲火にさらされている資本家たちは、可能であるなら、その場所に移動することで対応せざるをえない。生産者は、たとえば、オハイオ州から珠江デルタ地帯に、カリフォルニア州からティファナ［アメリカとの国境近くにあるメキシコ北西部の都市］のマキラドーラ工場に、あるいはランカシャからトルコに移動する。

しかし、より有利な立地をめぐる競争は、特殊なタイプの競争である。というのも、さまざまな企業は、同一の技術を採用することはできても、同一の立地を占有することはできないからである。アダム・スミスがはるか以前に記したように、企業間の空間的競争は、競争の独占的形態である。ロンドン－グラスゴー間に一二本の鉄道が競合するというのは、馬鹿げた事態である。同じ通りに一二のスーパーマーケットがあるというのも、経済的にはまったく無意味であろう。経済的に意味があるのは、ロンドン－グラスゴー間に一本の鉄道路線が走り、都市全体にいくつものスーパーマーケットが分散していることである。他方で、同じ地区に（あるいはニューヨーク市のように同じ通りに）さまざまな宝飾店や骨董店が集まっていることは、「集積の経済」による相互補完という理由からして、まったく理解可能である。一個の古い金時計を求めて探し回るとしたら、多くの店舗が一箇所に集まっている方が都合が良い。

空間的競争における独占的要素は、市場にもとづく経済に遠大な結果を及ぼす。たとえば、運輸コストが高ければ、ローカルな市場にいる多くの生産者は、外部との競争から保護されるだろう。彼らは実質的にその地域の独占業者となる。運輸コストが下がれば、この局地的独占力も弱まる。ビールはかつてローカルな市場でのみ醸造・販売されたものだが、一九六〇年代半ば以降、運輸コストが大幅に下落してからというもの、それは国際貿易の重要品目になった。ペットボトルの飲料水でさえ、今ではフィジーやフランスのエビアンからニューヨークへと旅してくるのだ！　五〇年前ならば、それは馬鹿げた発想であっただろう（考えてみれば、今でも多くの点で馬鹿げている。ニューヨークの水道水だって同じくらい美味しいのだから）。

しかし、空間的独占の力を保護する別のやり方もある。この特殊な生産物を生産するにはこの特定の場所しかないと主張することである。この地域産のワインが、それどころかこの特定の土地――フランス語で言えば「テロワール」――からできたワインは特別のものである、なぜなら、そのブドウが育った環境は他のどこにもない特別なものだからだ、と。同様の主張は、エビアン産やフィジー産の水についてもなされている。いかなる化学分析も味覚テストも、実際には特別なものを何ら確認することができないとしてもである。立地の特異性によって付与される独占は、市場における他のどのブランド化手法にも優るとも劣らないぐらい強力であり、生産者はこうした独占を守るためにさまざまな手段を行使する。ウィスコンシン州でロックフォール・チーズ［フランス産の青カビ・チーズで洞窟内で成熟させる］の生産を試みたらどうなることやら。またＥＵは、フランスの特定地域で生産されたスパークリングワイン以外にシャンパンという言葉を使ってはならないと主張している。ビール取引は国際的なものだが、地ビールはどこでも特別なものである。一等地によって与えられる独占力をめぐる競争は、資本主義的ダイナミズムの重要な一側面であったのであり、今もそうでありつづけている。

　地理的景観もまた、一方での集中による経済的利益と、他方での分権化と分散から生じる潜在的により高い利潤とのあいだの、永続的な緊張関係によって形成される。この緊張関係がどのように解決されるかは、空間的運動に押しつけられる諸制限、「集積の経済」の度合いと分業の程度に依拠している。金融企業は、ウォールストリートに本社を置いているかもしれないが、その事務管理部門はニュージャージー州やコネティカット州にあり、いくつかの日常業務部門はバンガロールにあるかもしれない。運輸・通信コストが低下するにつれて、かつての最適地は劣等化する。昔は活況を呈した高収益の工場や製鉄所、製パン所、そしてビール醸造所は閉鎖される。そこに埋め込まれた固定資本は減価し、局地的恐慌は、今や活気を失ったこの地に居住するすべての人々の生活を直撃する。シェフィールドは、一九八〇年代の約四年間に鉄鋼関連の雇用をおよそ六万人分も失った。ペンシルベニア州にあったベツレヘム・スチールの巨大工場は、かつて支配した町にもぬけの殻となってたたずみ、貝のように沈黙している。騒々しいカジノに転用されたその一部だけが例外である。その一方で、工場や製作所、製パン所、ビール醸造所が他の場所で次々とオープンしている。生産、雇用、消費の地理的パターンは絶えず変化しつづけている。

　地理的に局地化された恐慌は、資本主義の歴史における一種の風土病であった。鉱脈が尽きれば、炭鉱は閉鎖され、ゴーストタウンが残される。地方の工場は何らかの理由で倒産し、ほとんどの人が職を失う。

こうした局地的恐慌が螺旋的に悪化してコントロールを失い、地理的・経済的秩序のグローバルな恐慌をもたらすことはありうるのだろうか？　そうだ、ありうる。これこそまさに、二〇〇六年にとりわけフロリダ州とアメリカ南西部で起きた、きわめて局地的な一連の住宅差し押さえ危機が、二〇〇七～〇九年にグローバル化した際に生じた事態である。減価された場所に住み続ける人々にとって、こうした恐慌による社会的コストはしばしば計りしれないものとなり、窮状は極端にひどいものとなる。

都市空間の形成と過剰資本の吸収

それでは、以上のすべてがどのように作用しているのか、その拡張された一例を考察してみよう。

空間の生産一般、特殊には都市空間の生産《アーバナイゼーション》は、資本主義のもとでは一大産業《ビッグビジネス》となっている。それは、過剰資本が吸収される重要な方策の一つである。世界の総労働力のかなりの割合が、建造環境の建設と維持に充用されている。大規模な結合資本は通常、長期の貸付という形で動員され、都市開発の過程に投入される。債務によって推進されたこのような投資は、しばしば恐慌形成の震源地となる。都市空間の形成《アーバナイゼーション》、資本蓄積、恐慌形成、この三者の結びつきは注意深い考察に値する。

都市というのは、最初から、剰余の食料と労働力が利用できるかどうかに依存していた。これらの剰余は、どこかから、そして誰かから（たいていは搾取される農村人口か農奴や奴隷から）動員され、抽出された。剰余の利用と配分に対する統制は通常、少数の人間（たとえば、宗教的寡頭制かカリスマ的軍事指導者）の手中に握られる。それゆえ都市空間の形成と階級の形成とは常に一体となって進行する。この一般的関係は資本主義のもとでも継続するが、かなり異なったダイナミズムが働く。資本主義とは、剰余

〔価値〕の永続的生産を主目的とする社会の階級的形態である。これは、都市空間の形成にとっての必要条件を資本主義が絶えず生み出しつづけることを意味する。過剰資本の吸収と増大する人口の吸収が問題になるにつれて、都市空間の形成はその両者を吸収する決定的な手段となる。したがって、剰余生産、人口成長、都市空間の形成という三者に、内的連関が生じるのである。

この内的連関は資本主義のもとで独特の歴史をたどったが、それは実に興味深いものだ。まず、一八五二年から一八七〇年まで続いたフランス第二帝政期として知られる時期に、パリで起きたことを考察してみよう。一八四八年にヨーロッパ全域に拡大した経済恐慌は、最初のはっきりとした恐慌の一つであった。過剰資本と過剰労働力とは利用されないまま並存し、それらを再び結合する手立てはないように見えた。この恐慌はとくにパリに打撃を与え、その結果、ブルジョア・ユートピア主義者は、「社会的共和国」が一八三〇年代と四〇年代に広がった資本主義的強欲と不平等への解毒剤であるとみなし、失業した労働者の一部とともに革命を起こしたが、敗北を喫した。ブルジョア共和派はこの革命を暴力でもって粉砕したが、恐慌を解決することには失敗した。その結果、ルイ＝ナポレオン・ボナパルトが権力の座に登りつめると、彼は一八五一年にクーデターを起こし、一八五二年には自らを皇帝ナポレオン三世と宣言した。権威主義的な皇帝は、政治的生き残りをかけて、オルタナティブな政治運動に対しては広範な政治的弾圧に訴えつつも、過剰資本を吸収し利潤を上げる方法を見つけ出さなければならないことも自覚していた。彼は、国内外のインフラ投資に関する広大な計画を発表した。それは、フランス国外では、ヨーロッパ全域から東方に至る鉄道の建設や、スエズ運河などの巨大土木事業に資金を出すことを意味した。国内では、鉄道網の統合や港湾建設、沼地の干拓などであった。しかしわけても、パリの都市インフラの再整備がその計画に含まれていた。一八五三年、ボナパルトはオスマン男爵をパリに派遣し、公共事業を担当させた。

オスマンは自らの使命が、都市空間の形成《アーバナイゼーション》という手段を通じて過剰資本と過剰労働力の問題を解決することであることをはっきりと理解していた。パリの再開発は、当時の水準から見て莫大な量の労働と資本を吸収したのであり、それは、パリ労働者の野望に対する権威主義的抑圧ともあいまって、社会を安定させる原動力となった。オスマンは、フーリエ主義者やサン＝シモン主義者が牽引するユートピア的なパリ再編計画に依拠した。それは、一八四〇年代に議論されていたものだが、大きな違いが一つだけあった。オスマンは、都市形成過程として想像される際の尺度を変えたのである。彼は、より大きな尺度で都市について思考し、郊外をパリに編入し、都市構造の断片ではなく近隣地域の全体を再設計した。たとえば、エミール・ゾラは小説『パリの胃袋』（一八七三年）［藤原書店、二〇〇三年］でレ・アールの市場がつくり出されるさまを見事に描き出している。オスマンは都市を小売規模ではなく卸売り規模で変革したのである。彼がこれを果たせたのは、部分的には、新しい建築技術（鉄筋・ガラス建設、ガス灯など）や新たな組織形態（乗合馬車会社や百貨店）のおかげであった。しかし、彼はまた、新しい金融機関と新しい債務手段（クレディ・モビリエとクレディ・インモビリエ）をも必要とした。要するにオスマンは、債務で資金調達された都市インフラ開発というケインズ型システムを確立することで、過剰資本処理問題の解決に貢献したのである。

以上のことに伴って、新しい都市型生活様式と新しいタイプの都市型人格《ペルソナ》とが共進化した。パリは「光の都市」になり、消費、観光、快楽の一大中心地へと変貌した。カフェや百貨店（これもまたゾラの別の小説『ボヌール・デ・ダム百貨店』（一八八三年）［藤原書店、二〇〇四年］で見事に描写されている）、ファッション業界、壮大な博覧会、オペラ、邸宅生活のスペクタクル。これらが全体としてそれぞれ作用することで、消費主義による利潤の新たな機会が創出された。しかしその後、これらのすべてを支えた金融システムと信用構造は過剰なまでに拡張し、ますます投機的なものとなって、ついに一八六八年の金融恐慌へと至った。オスマンは失脚を余儀なくされ、絶望したナポレオン三世はビスマルク率いるドイツとの戦争に突入して敗北を喫し、それに続く空白状態の中でパリ・コミューンが勃発した。それは、資本主義的都市の歴史における最も偉大な革命的エピソードの一つであった。

急いで先に進もう。次は一九四二年のアメリカである。アメリカでは過剰資本処理問題は、一九三〇年代には（それと並んで存在した失業問題とともに）手に負えないものであるように思えたが、この頃には戦争努力に向けた大規模動員によって一時的に解決されていた。しかし、戦争が終わればどうなるのだろうか？　政治的には状況は危険なものになっていた。連邦政府は事実上、国有化された経済を運営していた（そしてそれはきわめて効率的に運営されていた）。アメリカはファシズムとの戦争において共産国のソヴィエト連邦と同盟していた。社会主義的傾向を持った強力な社会運動が一九三〇年代に登場し、左翼的な同調者たちが戦争努力に組み込まれた（マルクス主義哲学者であったヘルベルト・マルクーゼは、後にCIAに改組された機関で働いている）。法人資本主義の正統性と効率性に対する疑問の声は広く流布していた。それゆえ、左翼に対する政治的抑圧のかなりの部分は、この時期の支配階級によって自らの権力を維持するために開始されたのである。「ベッドの下のアカ」に対する魔女狩りであったマッカーシズムは、一九五〇年以降あらゆるタイプの反資本主義的反対勢力に対処する手段となったのだが、その徴候は一九四二年にすでに、アメリカ議会内での非米活動委員会公聴会に見られたのである。だが、過剰資本の処理問題はどうなったのだろうか？

その答えは、ロバート・モーゼスという人物に象徴されている。彼は、オスマンがパリに対して行なったことを、第二次世界大戦後のニューヨーク大都市圏で実行した。モーゼスは、都市そのものではなく大都市圏について考えることにより、都市空間に関する思考の尺度を再び変えた。債務で資金調達される高速道路網やインフラ整備、郊外化を通じて、また、都市だけでなく大都市圏全体の再開発（第二次大戦中に開発された新しい建設技術を利用しつつ）を通じて、モーゼスは過剰資本と過剰労働力を吸収して利潤を上げる方策を確定したのである。アメリカの南部や西部へと資本主義的発展が地理的に拡張するにつれて、この郊外化の過程が全国規模のものになると、それは戦後のアメリカ経済のみならず、アメリカを中心としたグローバル資本主義の安定化にとっても決定的な役割を果たした。一九四五年以降に、ニューヨーク大都市圏やシカゴ、ロサンゼルス、その他の同種の場所が形成されなかったなら、過剰資本はどこに向かっただろうか？

　だが、こうしたことのすべてが起きるためには、金融・行政構造が変革されなければならず、また、債務による資金調達へと転換しなければならなかったが、それは、郊外型の生活様式を金銭的に維持する労働者の能力を強化することによっても支えられた。第二次大戦後における労資協定は、生産性向上による利益を労働者の特権的部分にも共有させるものであり、有効需要問題に対処する一助となった。一九三〇年代に始まった金融機関の革命（とりわけ、住宅ローン融資を促進することを目的としたそれ）は、持ち家への税額控除や、復員軍人の住宅保有や大学教育を支援する気前の良い復員兵《GIビル》援護法などに補完されつつ、そのいっさいがアメリカの郊外化のための基礎を築いたのである。

　アメリカの郊外化は、単に新しいインフラの問題ではなかった。第二帝政期のパリでも起きたように、郊外化はライフスタイルの根本的な変革をともなった。それは、高速道路と自動車にもとづく新たな生活様式をもたらした。郊外型規格住宅やショッピングモールから、冷蔵庫、エアコン、テレビ、電話機まで、あらゆる新製品の生産・販売に郊外化は依拠していた。自家用車は二台になり、ゴム産業、石油産業、鉄鋼産業は活況を呈した。芝刈り機の需要さえ急増した！　何といっても、これらの郊外では芝生はきれいにしておかなければならなかったからだ。かくして郊外化は（軍事化とともに）、アメリカでは戦後、過剰資本と過剰労働力の両方を吸収する上で決定的な役割を果たしたのである。同じような嗜好や技術――とりわけ自動車文化――が普及することによって、こうした過程は世界規模で広まった。

　だが、そこには代償もあった。郊外化は土地利用とエネルギー利用の両面での浪費をもたらした。それは自然との関係における巨大な転換に依拠していた。アメリカでの郊外化は、ついには外国の石油資源への依存をもたらし、米国は中東における石油をめぐる政治力学に永続的に関わることになった。急速な郊外化はまた、都心の空洞化をもたらし、そこは持続可能な経済基盤が奪われたまま放置された。大恐慌に対する郊外型の解決策は、一九六〇年代にいわゆる「都市危機」を生み出した。すなわち、郊外と新たな繁栄のどちらにもアクセスできずにインナーシティ［都心部の貧困地域］に押し込まれた種々のマイノリティ（主にアフリカ系アメリカ人）の反乱が起こったのである。

　しかし、郊外でも万事が順調というわけではなかった。新しいライフスタイルは、さまざまな社会的・政治的結果をもたらした。個人主義、不動産価値を守ることに汲々とすること、退屈で魂のない日常生活、こういったものが批評の話題を提供した。伝統主義者はしだいに都市問題専門家《アーバニスト》のジェイン・ジェイコブズ[6]の周囲に結集するようになっていった。彼女は、何が都市の日常生活のより充実した形態を構成するのかに関して非常に独特の考えを持っていた。彼女の周囲に結集した人々は、郊外化の拡張やモーゼスの大規模事業における野蛮なモダニズムに対して、別種の「都市の美学」でもって対抗しようとした。それは、ローカルな近隣社会の開発、歴史の保存、さらには古い地域の再生利用と中産階級化《ジェントリフィケーション》といったものを中心としていた。フェミニストは郊外とそこでのライフスタイルが、自分たちの根本的不満のすべてを引き起こす場だと宣言した。オスマンの場合でも起こったように、危機が展開しはじめると、一九六〇年代の終わりにかけてモーゼス式の都市空間は（モーゼスもろとも）忌避されるようになった。そしてパリのオスマン化がパリ・コミューンのダイナミズムを説明する一つの要因であったのと同じく、魂のない郊外生活はアメリカにおいて一九六八年の劇的な抗議運動に一定の役割を果たしたのである。

　白人中産階級の出身で郊外出身の学生たちは不満を抱いて反乱に立ち上がった。カリフォルニア州サンタバーバラでは、学生たちは自分たちの嫌悪感を象徴的に示そうと、砂の中にシボレーを埋め、バンク・

オブ・アメリカの建物を焼いた。彼らは、他の周辺化された諸集団と手を組もうとし、アメリカ帝国主義（ベトナム戦争）に反対する集会に集まり、環境的に持続不可能な郊外型消費主義に反発した（最初のアースデイは一九七〇年であった）。彼らは、未熟だが力強い運動を開始し、異なったタイプの都市経験、自然との異なる関係をはじめとする異なったタイプの世界を構築しようとしたのである。

さらに、戦後期を通じて一貫して郊外化の原動力となり国際的発展を支えた「国家－金融結合体」のうちに金融危機が広がりはじめた。それは、アメリカを中心にしていたが、規模的にグローバルなものだった。この危機は一九六〇年代の終わりに勢いを増した。それをいかにして解決するのかが大きな問題になった。一九四四年に結ばれたブレトンウッズ協定にも厳しい圧力がかかった。過剰な借入のせいで米ドルはますます増大する国際圧力のもとに置かれた。そして一九七三年にグローバルな不動産市場バブルが崩壊すると、資本主義システム全体が深刻な不況に陥った。一九七〇年代の暗い日々が、前述したようなあらゆる結果をともなって訪れたのである。

ところで、この嵐の中心には、一九七五年のニューヨーク市の財政危機があった。ニューヨーク市は、当時の資本主義世界で最大級の予算規模を持った都市の一つであったが、富裕層がしだいに郊外に移転していったために、財政破綻に陥った。そのローカルな解決策は、国家権力と金融機関との不安定な同盟によって画策されたものであり、イデオロギー的・実践的な新自由主義的転換の先駆けになった。この転換は後に、資本主義的階級権力の維持・強化をめぐる闘争の中で世界的な規模で展開されることになる。考

▼6　ジェイン・ジェイコブズ…アメリカの評論家、ジャーナリストで、人間不在の都市や高速道路建設に反対の論陣を張った。

案された処方箋はきわめて単純であった。労働者の力を粉砕し、賃金を抑制し、市場を自由に活動させ、何よりも、国家権力を資本一般に、とりわけ金融資本に奉仕させることだった。これが一九七〇年代の解決策であり、二〇〇八～〇九年の恐慌の根底にある事態なのである。

グローバルな都市空間の形成と恐慌

一九七〇年代以降、都市空間の形成《アーバナイゼーション》は、規模の点でさらなる転換を経験した。それはグローバルなものになった。この二〇年間における中国の都市空間の形成は、途方もなく重要である。一九九七年前後の短期的な景気後退の後、そのペースは加速し、二〇〇〇年以降、中国は世界のセメント供給量の半分近くを吸収しているほどである。過去二〇年間に一〇〇以上の都市が人口一〇〇万人を突破し、深圳《しんせん》のような小さな村落が六〇〇万人から一〇〇〇万人を擁する巨大都市《メトロポリス》になった。当初は経済特区に集中していた工業化は急速に外部へと広がり、あらゆる地方自治体に向かっていった。それは、国外の過剰資本を吸収し、その収益も再投資されて、急速な拡張をもたらした。ダムや高速道路などの莫大なインフラ整備計画――またしても債務によって資金調達されている――は、中国の景観を変貌させつつある。同様に広大なショッピングモール、サイエンスパーク〔科学研究機関や科学産業が集中している地域〕、空港、コンテナ港、あらゆる種類の娯楽・風俗施設、そして新たにつくられたさまざまな文化施設が、ゲーティッド・コミュニティやゴルフコースとともに、中国の景観に点在する一方、貧しい農村地域から動員される膨大な労働予備軍は都市部の狭い寮やアパートにすし詰めになっている。

このような都市空間の形成過程がグローバル経済と過剰資本の吸収に与えた結果は巨大である。チリは銅への需要のおかげで好景気に沸き、オーストラリアは栄え、ブラジルやアルゼンチンでさえ、中国からの原料需要が強力であることが一つの要因となって、景気回復を果たしている。二〇〇〇年から二〇〇九年のあいだに、中国・ラテンアメリカ間の貿易は一〇倍も増大した。中国における都市空間の形成は、グローバル資本主義の主要な安定装置なのだろうか？　その質問には部分的にはそうだと答えなければならない。しかし、不動産開発が中国における階級編成にとって決定的であるということも事実である。この領域において、非常に短期間に莫大な個人資産がつくられた。珠江デルタ地帯にある新規工業用地での大規模住宅生産のために一九九〇年代半ばに創設されたある会社は、二〇〇七年に香港の証券取引所に（JPモルガンの支援もあって）上場し、二七〇億ドルの純資産を実現した。この会社を立ち上げた人物の娘はその株式の六〇％を保有しており、したがって、約一六〇億ドル相当の財産を所有することになった。彼女はかくして、世界の長者番付においてウォーレン・バフェットやビル・ゲイツよりも上位を占めることができたのである。

しかし、都市空間の形成は、今日、世界の金融市場の統合によって促されつつますますグローバル化しているが、その過程において中国だけがその中心地というわけではない。債務によって資金調達された都市建設事業はドバイからサンパウロまで、あるいはマドリードやムンバイから香港、ロンドンにかけて、いたる所に存在する。中国の中央銀行はアメリカにおける住宅ローンの二次市場で活躍している。同銀行は、ファニーメイとフレディマックに莫大に投資しており、アメリカがこれらの機関を国有化した際、その債券保有者を保護したが、それは中国によって保有されているからというのも、理由のあることなのである。ゴールドマンサックスはムンバイで高騰する不動産市場に深く関与しており、香港資本はボルチモアに投資している。貧しい移民の流れが「スラムの惑星」を創造しつつある真っ只中にあって、世界のあらゆる都市部は建築ブームたけなわである。

建設ブームは、ロンドン、ロサンゼルス、サンディエゴ、ニューヨークといった中核的資本主義国の都市ばかりか、メキシコシティやチリのサンティアゴでも、ムンバイ、ヨハネスブルグ、ソウル、台北、モスクワでも、そしてヨーロッパの各地（最も劇的なのはスペインとアイルランド）でも明白である。ニューヨークでは、かつてなく大規模な都市計画が、億万長者マイケル・ブルームバーグの市政下で具体化された。壮大かつ驚異的で、いくつかの点では不条理な都市化計画が、中東のドバイやアブダビといった場所に登場し、石油資産からもたらされる過剰資本を一掃するために、およそ最も奇抜なやり方がとられた（灼熱の砂漠に屋内スキー場を建設するなど）。しかしながら、こうしたブームの多くは、湾岸諸国のそれが典型的だが、深刻な困難を抱えている。〔アラブ首長国連邦の〕政府系開発企業であるドバイ・ワールドは、イギリスなどヨーロッパ諸国の銀行から過剰資本を大量に借り入れ、非常に豪華な建築事業を進めていたが、二〇〇九年後半に債務返済の履行不能を突如発表し、グローバル市場にあらゆる衝撃を与えた。

このように都市化の規模が大きく変わったせいでいささか理解しがたくなっているのだが、グローバルに進行中のこの出来事は、原理的には、第二帝政期のパリでオスマンが短期間ながら巧みに管理したプロセスと非常に類似している。今回の都市空間の形成《アーバナイゼーション》の新たな波もまた、これまで常にそうであったように、その持続に必要な信用を組織する金融イノベーションに依拠していた。世界中の投資家に販売するためにローカルな住宅ローンを証券化してパッケージ化したり、あるいは住宅ローンの二次市場を機能させるのに新たな金融機関を設立したりすることが、決定的な役割を果たした。それによる利点は多岐にわたる。リスクは分散され、貯蓄の余剰プールは過剰な住宅需要に簡単にアクセスできるようになった。総利子率は下がる一方、こうした奇跡を実現した金融仲介機関には莫大な富がもたらされた。しかし、リスク分散はリスクを消去するわけではない。さらに言えば、リスクがきわめて広範に分散可能であるという事実は、リスクをどこか別の所に移せるのだから、ローカル・レベルではさらにリスクのある行動を促してしまう。

一八六七～六八年にパリでペレール兄弟に起きたことや、一九七〇年代半ばにニューヨーク市で起きたこと（資本主義の歴史地理に一貫してあった他のさまざまな事例については言うまでもない）は、サブプライムローン危機や住宅資産価値恐慌の中で現在改めて起こっているのである。

「都市の地理」と文化、政治、暴力

これまでの場合と同様に、都市の地理《アーバン・ジオグラフィ》をつくり直すことは、ライフスタイルの変化を必然的に伴っていた。アメリカにおいてこの変化を大部分規定していたのは、一九六〇年代における郊外の不満を緩和させる必要性であった。都市生活のクオリティは、金を持った人々にとって一個の商品となり、都市そのものもそうなった。それは、消費主義や観光、隙間市場《ニッチマーケティング》の開拓、文化産業や知識産業といったものが、都市の政治経済の主要な側面となった世界であり、スペクタクル型経済に恒常的に依存する世界であった。今や経済が、その原動力として消費主義と消費性向にますます依存するにつれて（個人的消費は現代のアメリカでは経済の七〇％を占めているが、一九世紀には二〇％しかなかった）、都市空間の形成を通じて消費を組織化することは、資本主義のダイナミズムの絶対的核心になった。

都市型ライフスタイルの選択や消費習慣、文化的規範などにおいて、隙間《ニッチ》市場を形成しようとするポストモダン的傾向は、選択の自由のオーラで現代の都市経験を覆いつくしている。ただし、あくまでもお金があるかぎりでのことである。ショッピングモール、シネコン［同一施設に複数のスクリーンのある映画館］やボックスストア［商品を梱包箱のまま販売するディスカウントショップ］が増殖しており（各々の施設の生産が大きな商売になっている）、ファストフード店や伝統工芸品市場、ブティック文化、コーヒーショップなども増えている。しかも、このようなスタイルの都市空間の形成が見られるのは、先進資本主義国だけではない。ブエノスアイレスやサンパウロ、ムンバイでも、思いつくかぎりほとんどすべてのアジアの諸都市でも、それらは見られるだろう。場当たり的で退屈で単調な郊外の宅地開発が、世界の多くの地域で依然として支配的であるが、そうした宅地開発でさえ、今日では「ニューアーバニズム」運動[7]によって、退屈さへの解毒剤を備えている。この運動は、都会の夢《アーバン・ドリーム》を実現する開発業者の提供品として、コミュニティ（親密さと安全性を与えるとされ、しばしばゲートに囲まれている）や、言うところの「持続可能」な小規模ライフスタイルを売り込もうと、やっきになって宣伝している。

政治的主体性に与えた影響も巨大なものだった。この世界では、強力な所有的個人主義と金融的機会主義という新自由主義的倫理が、人々の人格性を社会的に形成する際の模範となっている。これは、行きすぎた消費主義による快楽主義文化によってますます特徴づけられるようになっている世界である。それは、核家族が資本主義の堅固な社会学的基礎であるという神話（イデオロギーとは言わなくとも）を破壊しており、不完全で遅ればせながらであるが、多文化主義や女性の権利、性的指向の平等を受け入れつつある。この衝撃の結果として、個人主義的な孤立、不安、目先の利益の追求、そして神経症が増大しており、人類史上かつてないほどの規模の物質的都市が建築されている真っ只中でそうなっているのである。

しかしながら、都市の変革による剰余吸収の影には、「創造的破壊」による都市再編という反復的な発作がある。「創造的破壊」は、都市再編の契機としての恐慌の意義を浮きぼりにする。そこには階級的次元がある。というのも、この過程で痛手をまずこうむるのは、貧しい人々、特権のない人々、政治権力から周辺化された人々だからである。

過去の残骸から新たな「都市の地理《アーバン・ジオグラフィ》」をつくり出すために、しばしば暴力が要請される。オスマンは、公共の利益の名のもとに土地収用権を駆使してパリの古いスラム街を解体したが、それは市民生活の改善とか環境の回復とか都市改造の名目のもとに行なわれた。彼は、不衛生な産業もろとも、労働者階級やその他の不満分子をパリ中心部から排除しようと意識的に画策した。パリ中心部では、こうした諸分子や産業は、公共の秩序や公衆衛生にとっても、そして当然のことだが政治権力にとっても、一つの脅威となっていた。オスマンが創出した都市形態では、相当レベルの監視と軍事的制御が可能だと想定されており、軍事力によって反抗的諸階級をやすやすと統制することができるとみなされていた（この想定が誤っていたことは、一八七一年の革命的パリ・コミューンによって明らかになった）。

実際、フリードリヒ・エンゲルスは、一八七二年の『住宅問題』の中で次のように指摘している。

ブルジョアジーは、住宅問題を彼らなりのやり方で解決するのに、ただ一つの方法しか持っていない。――すなわち、その解決がたえず新たに問題を生み出すような仕方で、それを解決することである。この方法は「オスマン式」と呼ばれる。〔……〕私がこの言葉で言っているのは、労働者地区に、とくにわが国の大都市の都心にある労働者地区に裂け目をつくり出すという、今では一般化したやり方のことであって、それが公衆衛生や都市美化の考慮にもとづくものか、都心に位置する広壮な営業用建物が需要されたためか、あるいは鉄道敷設、街路等々の交通上の必要によるものかに関わらない（バリケード戦を困難にするという目的も時にはあるかと思われる）。その動機はどんなにさまざまでも、結果はどこでも同じであって、いちばんひどい横町や路地は消え失せて、ブルジョアジーに、このすばらしい成功についてさか

▼7　ニューアーバニズム運動…一九八〇年代後半から一九九〇年代にかけて、北米を中心に生じた都市設計の動きで、人間規模の職住近接型・伝統回帰型都市計画を標榜した。

んに自画自賛する材料を提供するが、それらの横町や路地は、すぐ他の地域に、しかもしばしばすぐ近くに、復活するのである。〔……〕

疫病の巣、資本主義的生産様式がわが労働者たちを来る夜も来る夜も閉じこめておく厭うべき穴ぐらや洞穴、これらは、取り除かれるのではなく、単に――移転させられるだけである！　ある場所にこれらのものをつくり出したのと同じ経済的必然性が、別の場所にもそれらをつくり出すのだ。[8]

エンゲルスが描写したようなプロセスは、資本主義的都市の歴史の中で何度も何度も繰り返されている。ロバート・モーゼスは、（彼自身の悪名高い言葉によれば）「ブロンクスに大なたを振る」い、地域社会のさまざまな団体や運動は、長きにわたって大きな悲嘆の声をあげた。こうした人々は、貴重な都市構造に対する想像を絶する破壊行為や、さらには居住コミュニティ全体の消失、ずっと以前から確立されたその社会的統合のネットワークの喪失、こういったものに直面して、ついには根っからの都市改革論者であったジェイン・ジェイコブズのレトリックへと結集した。高速道路建設や都市再生という目的のために、国家は土地収用権を残酷に行使し、古くからの地域社会が破壊された。こうした事態は、一九六八年における政治的アジテーションや街頭行動による抵抗に遭って何とか食い止められた（その際パリは再び抵抗の中心地となったが、シカゴからメキシコシティやバンコクに至るあらゆる所でも、暴力的衝突が生じた）。すると今度は、はるかに狡猾で癌のように増殖する変化の過程が始まった。すなわち、都市部の民主主義的自治体に対しては財政的規律を課し、土地市場は規制から解き放たれ、不動産投機が促され、できるだけ高い収益が上がるような形で土地の利用者が選別されたのである。

この過程がどのようなものか、エンゲルスはあまりにもよく熟知していた。

現代の大都市の膨張は、その若干の地域、とくに都心地域の土地に人為的な価値を与え、それをしばしば法外に騰貴させる。この土地の上に建てられている建物は、土地の価値を高めずに、むしろ引き下げる。これらの建物は、変化した状況にもはや適合しなくなったからである。人々はそれを取り壊して、代わりに別の建物を建てる。とりわけ、都心にある労働者住宅について、こういうことが起こる。労働者住宅の家賃は、どんなに人口が過密になっても、けっして一定の最高限を越えて上昇させることはできない。あるいは、越えるとしても、ごく緩慢にしか越えることができない。そこで、これらの労働者住宅を取り壊して、そのあとに店舗や、商品倉庫や、公共建築物を建てるのである。[9]

以上の文章が一八七二年に書かれたものであることを考えると、憂鬱な気持ちになる。エンゲルスの説明は、アジアの大半の地域（デリー、ソウル、ムンバイ）で起きている現代の都市化の過程にも、たとえばニューヨーク市内のハーレムやブルックリンにある現代の都市の中産階級化《ジェントリフィケーション》にも、直接あてはまる。新しい都市の地理《アーバン・ジオグラフィ》の形成には、排除と略奪が必然的に伴う。これは、都市再開発による資本吸収の醜い裏面なのだ。

ムンバイの事例を見てみよう。ここでは六〇〇万人が公式にスラム居住者とみなされており、その大部分は法的権利もないままその土地に定住している（彼らが生活する場所は、地図の上では真っ白なままだ）。ムンバイを上海に匹敵するグローバルな金融中心地に変貌させる動きが起こると、不動産開発ブー

▼8　邦訳『マルクス・エンゲルス全集』第一八巻、二五六、二五九頁。
▼9　同前、二〇六～二〇七頁。

ムが一気に加速し、スラム居住者が占拠している土地は、ますます価値あるものとなった。ダラヴィ地区はムンバイでも最も有名なスラム街の一つだが、その土地の価値は二〇億ドルと見積もられ、スラムの撤去圧力が――表向きは環境的・社会的理由でだが――日増しに高まった。国家の支援を受けた金融権力は、スラムの強制退去を強く要求し、時には、スラム居住者がまるまる一世代占有してきた地域を暴力的に奪い取っていった。土地がただ同然で手に入るので、不動産業を通じた現地での資本蓄積は活気を帯びている。退去を強いられた人々に補償はあるのだろうか？　運が良い人は、ほんのわずかな補償を受けとる。だが、インド憲法には、カーストや階級に関わらずすべての住民の生活と福祉を保護し、生活のための住居の権利を保障する義務が国家にあると明記されているにもかかわらず、インド最高裁はこの憲法上の要請を書き換えてしまった。不法占拠者には、自らが占拠する土地に長期間居住していることをはっきりと証明することができないかぎり、補償を受ける権利がないとされたのである。最高裁の言うところでは、そのような権利を認めることは、スリにその行為の報酬を与えるに等しいとのことであった。それゆえ、スラムの居住者は抵抗し闘うか、自分のわずかな身の回り品をまとめて野宿するか（高速道路の端や、わずかな空間を発見できるならどこでも）、そのどちらかを選ぶことを強いられた。

同じような（ただしそれほど野蛮ではなく、形式上より法にのっとった形での）略奪の事例は、アメリカで見られる。そこでは、長期居住者をその手頃な住居から退去させ、その土地をより効率的な利用（たとえば分譲マンションやボックスストア）に供しようとして、土地収用権が濫用されている。アメリカ連邦最高裁での訴訟で、リベラル派の判事は保守派に対して勝利を収め、地方自治体がその不動産税の基盤を強化するためにこのような行動をとるのは、完全に合憲であると宣言した。結局のところこれは進歩になる、というわけだ！

韓国のソウルでは、建設会社や開発業者は、一九九〇年代に同市の丘陵部が高い価値を持つようになったのを受けて、レスラーのような屈強な暴力団員を雇い、彼らをその地域全体に侵入させて、大型ハンマーで家屋を破壊させたばかりか、一九五〇年代に自宅を建設した人々の所有物をも叩き壊させた。現在では、こうした丘陵部のほとんどが高層建築群に覆われており、その建設を可能にした野蛮な「土地浄化」過程の痕跡をそこに見出すことはできない。

　中国では現在、何百万もの人々が長らく占有していた空間を略奪されつつある。彼らには私的所有権がないので、国家は命令するだけで、こうした人々を簡単に土地から追い出すことができ、その移転を促すのにわずかばかりの現金を支払ってすましてしまう（その後で高い利潤率を稼ぎ出す開発業者にその土地が移譲される）。いくつかの事例では住民は進んで移転するが、広範な抵抗が存在することも報じられている。その場合に起こる通常の対応は、中国共産党による過酷な弾圧である。農村部の周辺住民も、都市が外に広がるにつれて、あっさりと退去させられている。

　こうしたことはインドでも見られる。現在、インドの中央政府も各州政府も経済開発特区を推進しているが、これが農業生産者への暴力事件につながっている。その最悪の事態は、〔二〇〇七年の〕西ベンガル州ナンディグラムでの虐殺であった。この事件は、産業開発のみならず都市の不動産開発に関心を示すインドネシア系大資本に便宜をはかることを目的として、同州の政権党であるマルクス主義政党［インド共産党マルクス主義派］に指導される形で行なわれたのである。

　しかし、これらの過程が抵抗なしに済むわけではない。都市部の社会運動はあらゆるところにはっきりと見出される。時として、これらの運動は狭い基盤にもとづいている。ある所では都市の中産階級化《ジェントリフィケーション》に反対する運動があり、別のところでは、手ごろな家賃の住居を防衛する運動がある。だが場合によっては、このような運動はより広範な要求へと結合しはじめる。たとえば、ブラジル人が「居住する権利」と呼ぶものを中心に、あるいは他の人が「都市への権利」と名づけるものを中心に、結集しはじめている。これは、社会的公正の諸原理により合致し環境をより尊重するような、新しい都市の地理《アーバン・ジオグラフィ》を形成する権利である。

したがって、資本主義の地理を形成する過程に参加する権利は、争いの対象となっている権利である。今回の恐慌における権力関係は、何よりもまず資本と国家の結合体に明らかに有利に働いているが、他方で反対勢力も数多く存在する。そして資本も国家も現在守勢に立たされている。自分たちはすべての人々の利益のために行動しているのだという両者の主張は深刻なダメージを受けたし、同じく、市場にもとづく終わりなき資本蓄積を通じて人類全体が利益を得られるのだという彼らの主張も深刻なダメージをこうむっている。

地代と資本蓄積

資本主義の地理《ジオグラフィ》を絶え間なく形成し再形成することのうちにあらゆる偶発性と不確実性が内包されているが、それらの背後にはある独特の原理的力が伏在している。この力は、資本主義の歴史地理だけでなく資本主義的階級権力の全般的進化に関するわれわれの認識のうちにまだ適切に位置づけられていない。新しい地理の形成は、土地の表面にも、その内部にも、さまざまな変化をもたらす。その土地の所有者たちは、こうした諸変化から生じるあらゆるものを手に入れる。彼らは、土地の価値が増加することから、あるいは、その土地およびその中にある「天然」資源に対する地代《レント》が上昇することから、莫大な利益を得る。これらのレントや不動産価値の上昇を左右するのは、場所への投資であり、そしてアクセス性を改善することで土地の価値を高めるような空間的諸関係の変化をもたらす投資である。この土地を所有する不動産開発業者は、地主貴族や封建領主といった「残存階級」とはまったく異なる。土地開発業者の階級は、その収入と権力を増大させる手段として資本主義の地理を形成し再形成する上で能動的な役割を果たしている。

それゆえ、土地、不動産、鉱山、原材料などから生じる各種地代を獲得するための投資は、すべての資本家にとって魅力的な事業となる。これらの価値への投機も盛んになる。資本主義の地理を生産することは、これらの資産からの投機的利益を実現しようとする欲求によって推進される。郊外化の過程がアメリカでいったん進行しだすと、たとえば都市周辺の土地の地代が増大しはじめると、まもなく投機家がイナゴのようにその土地に群がってきた。投機的利益を実現するためには、高速道路や上下水道やその他の関連インフラへの公共投資が確実に実施され、投機家の所有地をより高価なものにすることが必要だった。開発業者と土地所有者は、こうした公共投資が確実に実行されるよう、選挙で選ばれた公職者の政治活動に賄賂を贈ったり、合法的に資金提供したりした。こうした活動によって急速な郊外化に拍車がかけられた。そして言うまでもなく、郊外化の過程は、土地の価値を高めるという衝動に支えられながら自己推進的なものとなった。もちろん、過剰拡張はつねに起こりうる。日本の地価は一九九〇年頃にピークに達したが、それ以降の地価の動向を見ればそのことは明らかである。油が塗られた斜面は、上昇の勢いを容易につけることができるのと同じように、一気に滑り落ちる事態をもたらすのである。

往々にして無視されがちなことだが、新しい地理と新しい空間関係を創出することから貨幣が生み出されうる（あるいは時に失われうる）ことは、資本主義の再生産における根本的な一側面である。社会評論家のソースタイン・ヴェブレンは、二〇世紀初頭に一書を著わし、米国の「有閑階級」（ヴェブレンがそう呼んだ人々）の富が、工業生産というはるかによく取り沙汰される領域から生み出されているのと同じくらい、土地および都市開発と結びついた投機からも生み出されていると考えた。同じことは、イギリスでもずっと以前からあてはまることであったろう。なぜなら一七世紀以降、ロンドン周辺の土地の価値と地代の上昇は、工場制度の発展以上に、上流階級の富の増大に貢献してきたからである。そして先に中国の例で見たように、その地での階級形成を促した富の多くは、都市開発プロジェクトからの投機的利益に由来するのである（上海の高層建築群がつくり出す新しい地平線を見よ）。

土地と資源の資産価値とそれらに対する地代の役割が、資本の流通と蓄積の全体に対して持つ意味が著しく過小評価されてきたように、土地と資源の所有者の力も過小評価されてきた。この活動分野は、多くの先進資本主義国では経済活動の四〇％も占める。ぼろぼろ崩れつつある自国の経済を支えようと各国政府が現在画策している一連の景気刺激策の中で、中心的な構成要素となっているのが都市のインフラ整備であるのも、不思議なことではない。さらに、これを受動的ではなく能動的な力とみなすことは決定的に重要である。なぜなら、土地所有者が、過剰資本吸収問題に対する中心的解決策に寄与しつつ、そして開発業者、建設業界、そして当然ながらどこにでも登場する金融業者と同盟しつつ、自らの階級的地位を強化することができるのは、まさに新しい地理を形成することを通じてだからである。

しかし、この解決策は両刃の剣である。資本家が地代に投資し、資本還元された地代を（何十年も前に償却の終わった古い不動産に関してさえ）取引するようになると、その土地に居住するすべての人々に対してだけでなく、他のあらゆる形態の資本主義的活動に対しても、税金に等しいものを課すことになるからである。「自然の無償の贈り物」（何千年にも及ぶ人類の土地再形成活動によって創出されたあの「第二の自然」という「無償の贈り物」を含む）として機能すべきだったものは、今や資本主義的活動の生産的形態に対する高コストな足枷として機能する。高額な地代が課せられた立地で生産を行なう資金的余力のない生産者は、そこから立ち退かざるをえなくなる。特定の立地において土地や不動産の価格上昇に対応するために、その地方の賃金には上昇圧力がかかるが、その圧力にいつまでも抵抗することはできない。

ロンドンの公務員は、都市での生活費の高騰を補填するために特別手当を受け取っている。地代取得者《レンティア》と開発業者は、金融業者に支援されながら、資本主義の地理を再形成することにおいてだけでなく、恐慌を生み出し長期停滞に貢献することにおいても重要な役割を果たしている。ケインズ卿は、彼が言うところの「不労所得者《レンティア》の安楽死」を、希望的観測として想像した。だが残念ながら、今日なお不労所得者は大量に生き残っている。とはいえ、ニューヨークやマイアミ、ラスベガス、ドバイなどの都市景観に空き室だらけの分譲マンションがあちこちにあることを考えれば、彼らがとりわけ順調であるわけでもない。

地代《レント》や土地の価値は、経済学が、地理、空間、「自然との関係」といったものをその資本主義認識に統合するための理論的範疇である。だとすれば、これらの範疇は、資本主義がどのように運動しているのかに関する理論において残余的なものでも二次的なものでもない。先に利子と信用の事例で見たように、地代は、マルクス主義経済理論や通常の経済理論でのように派生的な分配上の範疇として扱われるべきではなく、むしろ分析の前面に押し出されるべきものである。このようにして初めてわれわれは、空間と地理の持続的生産と、資本の蓄積・流通とを総合的に理解することができるのであり、それらを恐慌形成過程（それらが関係していることがきわめて明白な過程）に関連づけることができるのである。

第7章

地理的不均等発展の政治経済学

土地に対する創造的破壊

いわゆる「自然環境」は、人間活動による形態変化をこうむっている。野原は開墾され、沼地は排水され、都市や道路や橋が建築される。他方で、植物は栽培され、動物は家畜化され飼育される。生息環境《ハビタット》は変容させられ、森林は伐採され、土地は灌漑され、川はせき止められ、景観は（羊やヤギによって貪欲に）草を食《は》まれ、気候も変えられている。人間活動の付随的結果として、山々が半分に削られ、鉱物が採掘され、採石場が景観に傷跡を残し、汚水が小川や河川や海に流され、表土は侵食され、何百平方マイルもの森林と雑木が根こそぎにされていく。その一方、牛の牧場経営者と大豆生産者が熱心だが不法に土地を食い尽くすあいだに、アマゾン川流域の熱帯雨林が焼かれ、ちょうど同じ時に中国政府は巨額の森林再生プログラムを発表する。だが、イギリス人は霧深い田園地帯を散歩するのが好きであり、田舎の別荘を愛《め》でるが、ウェールズ人はその渓谷を、スコットランド人はその峡谷を、アイルランド人はそのエメラルドグリーンの沼を、ドイツ人はその森を、フランス人は地元のワインとチーズのある独特の「故郷(pays)」を愛している。アパッチ族は場所に知恵が宿ると信じており、アマゾン川流域からブリティッシュコロンビアと台湾の山脈に至るどの地域の先住民集団も、自分たちの住んでいる土地との長期にわたる切っても切れない絆を祝福している。

土地に対する創造的破壊の長い歴史は、時に「第二の自然」と呼ばれるものを、つまり人間の行為によってつくり直された自然を生み出してきた。人間が地球に住むようになる前から存在していた「第一の自然」は、たとえ何か残っているとしても、今ではきわめてわずかしか残っていない。地球の最果ての地域や人が住むのに最も不適切な環境でさえ、人間による影響がその痕跡を深くとどめている（気候のタイプの変化、残留農薬の影響、大気や水質の変化など）。資本主義の出現によって特徴づけられる過去三世紀の間、土地に対する創造的破壊の速度と広がりは、とてつもなく増大した。

最初の時期、この活動は総じて、自然に対する人間の支配を勝ち誇る観点から概念化された（自然との関係をロマンチックなものにする審美的感性によって部分的に相殺された）。今ではわれわれは、実践においては必ずしもそうではないとしても、レトリックにおいてはより慎重になっている。資本主義の歴史は、手を加えられたものが環境に対して与える意図せざる（時に長期的な）諸結果に満ちており、そしてこれらの結果の一部は不可逆的なものである（たとえば種の絶滅や生息環境の消滅など）。それゆえ、支配について考えるのではなく、物的世界に対する、そして、生態学的な生命の網の目の内部における、人間実践の発展について考えるほうがよい。この人間実践こそが、しばしば劇的かつ不可逆的な形で地球表面を変えてきたのである。

われわれの周囲の「第二の自然」の地理を生産し再生産している主体《エージェント》は多いが、われわれの時代における二つの主要な制度的主体は、国家と資本である。資本蓄積の地理的景観は絶え間なく進化しているが、それは主としてさらなる蓄積の投機的欲求（土地への投機を含む）という推進力にもとづいており、人々の欲求との関係は二次的なものにすぎない。しかし、われわれを取り巻く「第二の自然」に関して純粋に自然なものは存在しないとはいえ、地理を変容させている共進化過程は、資本と国家に全面的に制御されているわけではなく、さらに言えば、人間がどれだけ能動的であったとしても人間に全面的に制御されているわけでもない。「自然の復讐」というよくある言い回しが示しているのは、たとえば天候のように、われわれを取り巻く環境を構成する物的・生態学的世界が、頑固で、扱いにくく、予測不可能な存在だということである。

自然はそれ自体が絶え間なく進化しているが、この自然との社会的関係の弁証法的展開をどのように理解すべきかは、大きな問題である。農業におけるいわゆる「緑の革命」は、七つの活動領域すべてにおける諸変化がどのように共進化しうるかを示す驚くべき実例である。ことの始まりは一九四〇年代のメキシコである。ノーマン・ボーローグ（二〇〇九年死去）という若い科学者の指導する新しい農業科学研究所で、新種の小麦が開発された。遺伝的に改良されたこの新種小麦によって、二〇世紀の終わりまでに小麦収穫高が四倍になり、一九四五年からの一〇年間でメキシコは小麦の純輸入国から純輸出国に変わった。一九六〇年代にこの新種の小麦が南アジアに導入されると（フォード財団やロックフェラー財団のような、インド政府およびパキスタン政府と手を組んだアメリカの諸財団によって進められた）、一九六五年から一九七〇年の間にこの新種小麦と米の収穫高は二倍になり、食糧安全保障とグローバルな穀物価格に多大な影響を与え、穀物価格は半減した。「緑の革命」は生産性を向上させ、大規模な飢餓を防いだと信じられているが、その際、実にさまざまな環境的・社会的な否定的諸結果をもたらした。モノカルチャーの脆弱性ゆえに、石油を原料とする化学肥料と農薬（モンサントのようなアメリカ系企業によって生産され大いに利潤をもたらしている）に莫大な投資を行なうことになる一方で、関連する資本構成（通常、水の管理と灌漑に関わる）は、富裕な生産者の階級を強化するとともに（しばしば信用機関の心もとない支援があった）、他のすべての人々が土地なし農民の地位に転落する事態をもたらした。遺伝子組み換え作物（GMO）には最初から倫理的な疑問が付されており、環境主義者からの道徳的異議申し立てにさらされてきた（それはヨーロッパでは「フランケンシュタイン食品」と呼ばれている）。GMOの貿易をめぐっては、その時以来、地政学的な衝突が繰り返し生じている。

資本蓄積の地理学と土地に対する創造的破壊の地理学は、これまでいかなる種類の焦点も当てられてこなかった。だが、この種のダイナミズムを注意深く分析することなしには、共進化の過程がさまざまな場所でどのように働いているかをよりよく理解することもできない。そしてこのような理解なしには、自然との関係がさらなる資本蓄積に対して課す限界――どれほど技術的・社会的・文化的回避《フィックス》を駆使しても乗り越えることも迂回することもできないような限界――について判断することもできない。

言うまでもなく、環境科学のおかげで、われわれは、人間行動の実にさまざまな意図せざる結果に気づくことができた。工場の煙突と火力発電所に起因する酸性雨は、一七八〇年以降、長期にわたってマンチェスター周辺におけるペナイン山脈の泥炭地のような地方の生態系を破壊してきたが、高い煙突を建設する技術が出現したことによって、硫黄物質がより高い位置から大気中に広く放出され、汚染地域はローカルなものから広域的《リージョナル》なものになった。一九六〇年代後半には、イギリスから排出された汚染物質はスカンジナビア諸国の湖と森林を破壊し、同様に、オハイオ渓谷から流れ出た汚染物質はニューイングランドに影響を及ぼした。そのせいで、いくつかの困難な政治的帰結が起こり、政治的交渉がなされることになった。

冷蔵庫は、一九二〇年代以降に急増した都市住民に、腐敗していない食糧の供給を確保する上で決定的なものになり、その冷蔵庫に驚くほど有効なのがフロンガスだった。しかしこのフロンガスが大気中に放出されると、上空の成層圏のオゾン層に穴をあけ、地上に届く紫外線量を増大させ、とりわけ北極と南極周辺のあらゆる生命に対して脅威を与えることになった。このことはまたしても厄介な国際交渉を引き起こし、最終的に一九八七年のモントリオール議定書に結実した。フロンガス使用を抑制し、しだいにその使用をなくしていくとする議定書である。人間の活動が地球温暖化の一因であることが科学的に明らかにされると（その進行速度についてはまだ合意がないとはいえ）、反対者たち（通常エネルギー業界のロビー団体から資金を提供されている）は、地球温暖化は科学者によってでっち上げられ世界中の人々に押しつけられた捏造であるという驚くべき主張をするにいたった。驚異の農薬ＤＤＴが一九三九年に農薬として導入された時、それは蚊によって媒介される伝染病に対する奇跡的解決策だと思われた。しかし、その後、多くの種の繁殖能力に対して世界規模で破滅的な影響をもたらすことがわかり、一九六〇年代に禁止せざるをえなくなった（とりわけ、一九六二年のレイチェル・カーソンの『沈黙の春』〔新潮文庫、一九七四年〕が出版された後には）。

資本家とその代理人たちは、「第二の自然」を生産する活動に従事し、その地理を能動的につくり出す。しかも、それ以外のいっさいを生産するのと同じやり方で生産する。すなわち、投機的な冒険としてそうするのであり、その際、しばしば、国家機構の黙認と共謀を伴っており、場合によってはその積極的協力を得ている。たとえば、アメリカの連邦議会は、一九世紀にアメリカ全土で鉄道会社を土地つきで払い下げたが、これによって巨大な土地投機の勃発に手を貸したのである。この計画は、当然のことだが、好景気と不景気の循環をもたらし、その過程で無数のローカル規模の恐慌を生み出した。

社会的生産物としての自然という考え方は、天然資源が文化的・経済的・技術的に評価されたものだとする認識とパラレルな関係にある。この事実は二つの側面を持っている。一方では、それは、たとえばさまざまな原材料を使う新技術の発明を通じて、ある資源を別の資源に置きかえることを可能にする。もし石炭が不足したり、あまりに環境を汚染しているのであれば、天然ガスか原子力に転換される。他方で、新しい技術とライフスタイルの事情からして、供給がきわめて希少で一地方に限定されている原材料に頼らざるをえなくなるかもしれない。風力タービンのような、新しいエレクトロニクスとしてのいわゆる「グリーン・テクノロジー」の多くはそうであり、そのような技術はインジウム、ハフニウム、テルビウム、ネオジムといったいわゆる「レアアース・メタル（希土類金属）」の入手可能性に依存している。これらの強力な磁力を持つレアアース・メタルに対する需要は爆発的に増大しており、現在、そのグローバルな供給の約九五％が中国に握られているという事実は、困惑の元になっている。中国は、環境に対する破壊的影響を考慮することなくこれらのレアアース・メタルを産出しているのだが、場合によっては、今後、その輸出を制限することで、これらの新しいグリーン・テクノロジーの生産企業が中国に移転せざるをえなくするかもしれない。実際、そういう徴候が見られる。こうした状況はけっして珍しくない。地理的な制約ゆえに供給が特定の国によってほとんど独占されることは、歴史を通じて資本蓄積のダイナミズムに対して大きな影響を与えてきたのであり、大国は必要ならば軍事的手段によってでも原材料の戦略的供給を確保するよう強く促されてきたのである。

われわれは地上と景観の巨大な変化を観察することができる。また、環境を変容させようとして失敗した事業のより大規模で不遜なエピソードを跡づけることもできる。私のお気に入りの一つは、グレッグ・グランディンの二〇〇九年の著書『フォルドランジア』で見事に語られているエピソードだ。これは、一九二〇年代にゴム生産のためにアマゾンを開拓しようとしたヘンリー・フォードの投機的試みを描いた話である。フォードは、アマゾン川流域に広大な土地を買い上げ、自分の新しい町をフォルドランジアと名づけ、熱帯雨林地域のゴム・プランテーション労働者と工場労働者にアメリカ中西部のライフスタイルを押しつけようとした。その意図するところは、フォード自動車のタイヤに用いるゴムの供給を安定確保することであった（彼は、他のほとんどすべての材料に関しては手中に収めていた）。「フォルドランジアには、中央広場、歩道、屋内トイレ、刈り込まれた芝生、映画館、靴屋、アイスクリーム屋、香水店、水泳プール、テニスコート、ゴルフコースがあり、そしてもちろんT型フォードが舗装道路を走っていた」とグランディンは書いている。天文学的な金額を費やした二〇年間の試みにもかかわらず、結局そこからは何も生まれなかった。熱帯雨林が勝利を収めた。そこは一九四五年に放棄され、今ではジャングルの中の廃墟である。一滴のゴムラテックスさえ実現しなかった。

フォードがアマゾン川流域でこのような突飛な冒険に乗り出すことができたのは、もちろんのこと、当時の世界が貿易と投資に開かれていて、彼の不遜な野心を追求することを妨げるような空間的障壁（たとえば国境）が存在しなかったからこそである。彼にとって疑いもなく大いに心強かったことは、台頭する米国の、グローバル化しつつあった帝国権力のもつ軍事的影響力が、何か問題が起こったときには自分を助けに来てくれるだろうと確信できたことであった。実際、海軍は一九二〇年代を通じてずっと中米にとどまり、ニカラグアのカリスマ的指導者アウグスト・サンディーノに率いられた先住農民の反乱を鎮圧するために、空爆というまったく新しい手法を用いた。この反乱は、万能のユナイテッド・フルーツ社の利益を脅かしたが、同社は明らかに、現地政府のあり方につけられたあだ名である「バナナ共和国」という名称を、現実のものにするという野心を抱いていたのである。

資本主義における時空間編成の矛盾

人々が相互に作用しあう空間的諸関係が絶えず新たに創出され再創出されること、これは資本主義の最も顕著な成果の一つである。空間的諸関係の変化を伴った、生産、交換、消費の地理的景観の劇的な再編成は、「時間による空間の絶滅」という資本主義の傾向の劇的な実例であるだけでなく、創造的破壊という激しい発作をも必然的に伴っている。たとえば、ジェットエンジンは、空間的なアクセス性を規定する主要な手段としての内燃機関を補完するとともに、それに取って代わりさえする。インターネットとサイバースペースの構築はこれまでのところ、摩擦なき運動という野心を実現する地点へと資本主義が最も接近したものである。残念ながら、物質的財と人はサイバースペースを通って移動することはできないが、それらに関するあらゆる種類の情報と主張は移動可能である。買うという契約行為はeBay〔インターネットのオークションサイト〕ですぐにできるが、商品をＵＰＳ〔国際的宅配便会社〕が玄関まで届けるには数日かかる。

　この最後の例が示しているのは、空間的障壁のない世界を創出しようとする衝動の内部にある矛盾の一領域である。現在の恐慌は、部分的には、時空間編成における根本的な断裂の現われとして解釈することができる。投資銀行の首脳陣は、自分たちの雇っているトレーダーたち（最も著名なのはベアリングス銀行のニコラス・リーソン）のしていることを理解できなかった。トレーダーたちは、洗練された数学的コンピュータモデルで武装し、新たに構築されたまったく異なる時空間枠組みで仕事をした。その結果、上からの監視と統制が失われ、先にわれわれが見たようなあらゆる結果を引き起こした。

　社会秩序にはこの種の問題があふれている。都市の地域社会で子育てをすることは、現代の金融操作によって規定されるものとは根本的に異なった時空間の中で行なわれる。人々は当然にも、たとえば二〇年という時間枠で自分たちの日々の生活を送り再生産活動を行なう安全な個人的空間――マイホーム――を求める。しかしそうするためには、正規の不動産所有者とならなければならず、そのためには債務市場において住宅ローンを獲得しなければならない。ところが、その市場は、異なった時空間の論理にしたがって組織されている。彼らの一部が今では自宅を失ってテント暮らしを余儀なくされているのは、この論理がすっかり破綻したからである。

　このことが示しているのは、資本蓄積の内部およびその周囲に構築されたさまざまな時空間編成のあいだに、深刻で永続的な矛盾が常に存在していることである。資本の蓄積は、たとえば、土地の上に固定された空間を能動的に生産することを通じてのみ可能となる。そうした空間があってこそ、資本はいかなる形態であれ――非物質的な貨幣の流れから、財、人、サービスなどの具体的で物質的な流れに至るまで――、空間を横断して自由に運動することができるのである。しかし、土地に投資された資本は、破壊することなしに移動させることはできない。ここでは静止と運動とのあいだの緊張が、独特の形態をとっている。それは二重の運動を引き起こす。一方では、地理的景観が可動的資本《モバイル・キャピタル》の必要にもはや役立たないのであれば、景観は破壊され、まったく異なった構成で新たに建設されなければならない。さもなくば、資本の流れを、土地に投資された資本が収益を上げる必要性に適合させなければならない。飛行機が着陸しない空港は、利益も生まないし、存続することもできない。

土地に埋め込まれた固定資本は、可動的資本の運動を容易にするかもしれないが、そのような固定資本投資が命ずる地理的経路を可動的資本がたどれない場合は、その価値を失う。しかも、土地に埋め込まれた資本は通常、寿命が長い（空港やオフィスビルは、それを建設して債務を償却するのに長い年月がかかる）。それゆえ資本主義は、速度と空間的制限の縮小を容赦なく追求するのと同時に、資本の流れを、空間に固定されているために流通するのが遅い資本に合わせることもしなければならない。この緊張関係から恐慌が容易に発生しうるのである。

線路に対する過剰投資に起因する一九世紀の壮大な金融恐慌は、来たるべき事態の前触れだった。莫大な費用をかけて線路が建設されたが、十分な運行が常に実現されたわけではなかった。線路に埋め込まれた価値は失われ、投資者は俗に言うところの「すってんてん」になった。フロリダとニューヨークの空室だらけの分譲マンション、カリフォルニアのシャッターの閉まったショッピングモール、カリブ海の空室だらけの高級ホテルは、すべて同じ話を物語っている。かつてマルクスが鋭く述べたように、資本はその本質そのものに内在する制限に直面しているのである。極端な可動性を追求することと、ますます硬直化する建造環境（東京やニューヨーク市に埋め込まれた莫大な固定資本を考えてみればよい）、この両者の不一致はますます劇的なものになっている。

場所の創造と領土的組織

社会組織の領土的形態を創出すること、つまり場所の創造《プレイス・メイキング》は、歴史を通じてずっと人間活動にとって根本的なものであった。それでは、資本の流通と蓄積は、それが過去の時代から受け継いだ領土的形態にどのように適応し、それをどのようにつくり変え、終わりなき複利的成長の追求に適合しうるような固有の場所をどのようにつくり出し、グローバルな政治権力の地図をどのように書きかえるのだろうか？

たとえば近代国家の出現は資本主義の出現と軌を一にしていたのであり、資本主義列強は、とくに一八七〇年から一九二五年までの時期に、地球表面の大半を植民地領有と帝国的行政形態へと分割した。現在でもこれらの国々は、世界における組織化された政治権力の領土的基盤を形成しつづけている。資本蓄積はまた、すでに見たように、ロンドン、ローマ、江戸（東京）のような古い歴史を持った場所をつくり直すだけでなく、シカゴ、ロサンゼルス、ブエノスアイレス、深圳《しんせん》のような新しい大都市を形成する際にも、決定的な役割を果たしてきた。他方で植民地的実践は、ヨハネスブルグ、キンシャサ［コンゴの首都］、ムンバイ、ジャカルタ、シンガポール、香港を、資本蓄積の主要中心地で拡張しつづける需要を満たすための場所として形成した。すなわち、生産手段や市場に対する需要、新しい生産活動の舞台、無慈悲な「略奪による蓄積」の対象として。

しかし今日でさえ、デトロイト、チェンナイ、フォルドランジアのような場所を建設するのに必要なのは、資本だけではない。独立した個人の役割は持続的かつ広範囲に及ぶ。ニュージャージーの郊外かオックスフォードシャー〔イングランド南東部の州〕の「日曜大工」用品店に行くと、無数の人々が、「家」や「庭」と呼ばれる空間を自分たち独自の空間へとつくり上げるために使われるであろう諸商品を買い求めている。貧民街の住民もほとんど同じことをしているが、彼らの場合、その原材料となっているのはしばしば捨てられた商品であり、彼らが占拠する空間には法的地位もインフラ設備もない（場所とサービスに関する世界銀行プログラムか現地の政府機関が、それらを提供する初歩的な試みをしているのでなければ）。場所の創造、とくにわれわれが「家《ホーム》」と呼ぶ場所を中心とする場所創造は、資本ではなく主に人々に帰属する技術《アート》である。その一方で、われわれが都市と呼ぶ場所の一定の諸側面は激しい争いの対象となっており、資本主義的開発業者は、現地で蓄積を可能とするのに必要な物的インフラを供給しようと苦闘している。人々が土地、場所、家に付与しているより深い意味と居住という営みは、土地・不動産市場の粗野な商業主義と絶えず衝突している。

　では、われわれの都市は、人々のために設計されているのか、それとも利潤のために設計されているのか？　この問いが非常にしばしば発せられるという事実はただちに、場所形成をめぐる無数の階級闘争と社会闘争という一大領域へとわれわれを連れていく。都市は、その中で日常生活がなされる景観であり、そこでは情緒的関係と社会的連帯とが確立され、政治的主体性と象徴的意味が構築される。資本家階級と開発業者の利益集団は、この次元を十二分に意識しており、それを動員するためにコミュニティや都市を熱心に宣伝したり、ローカルないしリージョナルなアイデンティティの感覚を意図的に育成しようとするし、時には、土地と場所に対する強い関係から生じる一般民衆の感性をうまく食い物にすることができる。広告業者が弄する甘言は人々を次のように信じさせることを目的としている。すなわち、この新しい郊外開発は、自然とのより健全な関係、より満足のいく社交と日常生活の形態、生活の新しい技術、将来の発展のためのすばらしい立地、こうしたものを約束するものなのだと。もちろん、説得に失敗すれば、資本主義的開発業者たちは周知のように、政治的転覆や合法的策略から剝き出しの暴力に至るまで、あらゆるものに訴えて、自分たちの計画のために土地を浄化しようとする。

反対に、社会的連帯は、まったく異なった諸価値——歴史、文化、記憶、宗教、言語に関わる諸価値——を中心として、人々の中に打ち立てられており、これらは、資本主義的な価値観を煽動し植えつけるあらゆる努力にもかかわらず、資本蓄積と市場評価の純粋なメカニズムにはたいていなじまず、それに抵抗する。興味深いのは、「都市イマジニアリング〔「イマジン」と「エンジニアリング」とを結合させた造語〕」と呼ばれるまったく新しい分野のコンサルタント業の存在であり、これは、まさにこのような深淵に何とか橋を架けるために発明されたのである。

人間や組織は、何らかの集団的行動をする目的で、いっしょに集まって一定の領土的結社を形成し、自分たちの指揮のもとに空間と場所を管理しようとし、そうすることで、世界の中の自分たちの場所に固有の性質を与えようとする。彼らがそうする際、自分たちの物質的な必要、欲求、欲望に従っているだけでなく、それ自身の固有の文化的な歴史と信念にも従っている。社会的諸制度がつくり出され、人々のこれらの結社の（相対的な）自律性と、少なくとも自己の管理下にある領土内の一定の活動に対する自分たちの排他的統制を宣言する。彼らは国家ないしそれに似た実体を形成する。これらの実体は、地域社会、都市ないし都市圏、いわゆる「国民国家」（たとえばフランスやポーランド）、連邦国家（たとえばアメリカやイギリス）、緩やかな国家連合（たとえばＮＡＦＴＡ）ないし厳格な国家連合（たとえばＥＵ）、などでありうる。世界の行政地図は、都市の地域社会からグローバルな権力ブロックに至るまでさまざまな地理的規模で存在する領土単位のヒエラルキーを描き出しており、これらの社会的に構築された単位は、地政学的・地経学的な活動と衝突に一定の枠組みを与える。構築された境界は、その後しばしば運動に対する障壁を形成する。国家は、資本の流れの地理的運動を促進するのと同じくらい、しばしばそれを阻害する。

これらの領土的結社の内部における諸個人や諸集団のあいだの社会的凝集性と社会的結合性の度合いは実にさまざまである。情緒的紐帯——ローカル、リージョナル、ナショナルなレベルでの忠誠——は、強い場合もあるし（激しいナショナリズムの場合のように）、弱い場合もある。これらの紐帯の強弱は、宗教、エスニシティ、言語、単なる歴史や伝統といったものの共通性を反映していることもあり、国家や広域的《リージョナル》な政府に対して、はっきりと規定された共通の利害を有した固有の特徴を与える。これらの領土的結社の実体的性質は相互に競合しあう事態を頻繁に招く。このような競合はしばしば、その領土内に住んでいる人々のあいだで、情緒的忠誠と目的の共通性を強化すると同時に、排除を強め、差異を強調する。

以上のことは、資本の再生産とどんな関係にあるのだろうか？　ここで私が描いているような、一定の領土に立脚した人々の結社の形態は、資本主義の出現に先行している。それは、冒頭で強調したように、最初から人間社会の特徴であった。領土と場所は、住民と権力関係を組織するために、諸機関によって常に使用されてきた。一例を挙げると、カトリック教会は早くから、バチカンを頂点とするヒエラルキー的な権力形態の内部で、小教区、教区、司教区を通して空間を組織してきた。ローマ帝国はしばらくの間同じようなことを試みたし、中国の清王朝とオスマン帝国は実際にそれを行なった。この種の領土的組織が初期条件を規定していた。資本主義は、生き残って繁栄するためには、それらに適合するか、あるいはそれを変容させる必要があった。それでは、資本主義にともなって出現した制度的・行政的構造の固有の歴史と結びついた、資本主義的領土化の固有の形態というのは存在するのだろうか？

資本主義的領土化の諸特徴

領土的組織の何らかの先行形態がなければ、われわれが見たように、資本家はしばしば特定の場所にその活動を集積させる。これは、資本主義的活動の競争的側面というよりは相互補完的な側面であり、協力的な形で組織される。その結果、地理的地域《リージョン》内部でインフォーマルな「構造的凝集性」へと向かう傾向が生まれる。特定の地域で多くのさまざまな活動にたずさわる資本家たちは、いっしょになって、集団的な共通の利害を表現し追求する。経済団体と商工会議所が生まれるが、別の場合には強力な企業（デトロイトの自動車産業の場合）や一人の強力な地方ボスでさえ（たとえば麻薬カルテルやマフィアのリーダー）、ある共通の目的を中心にローカルな諸利害を結合させる上で中心的な組織化役割を担う。地域の専門的分化と領土的分業が積極的に生み出される。デトロイトといえば自動車を意味する（または意味した）し、シリコンバレーといえばコンピュータ電子機器、シアトルとバンガロールといえばソフトウェア開発、バイエルンといえば自動車工学、「サードイタリア」といえば小規模工学製品とデザイナー・ファッション、台北といえばコンピュータ・チップと家電製品を意味する、等々である。

これらの地域のいずれにおいても、共進化のダイナミズムがそれぞれ固有の仕方で作用する。労働供給の質、生産手段へのアクセス性、研究開発活動による支援（その基盤となるのは地方大学。たとえばカーネギーメロン大学は冶金学と技術工学を専門としており、かつて主要な製鋼拠点であったピッツバーグにあった）に関してだけでなく、十分な運輸・通信、効率的で低コストのインフラ設備（たとえば上下水道）という必要不可欠な条件に関しても、さらには、社会的ニーズ（たとえば労働者の教育、医療、環境の質など）を満たす自治体行政に関しても、広く共有された利害が存在する。これらの要素はすべて、相互に支え合うような形で、ある地理的地域の内部で結合しあう傾向がある。もしそれらが凝集しなければ、その地域の経済発展は停滞しがちである。優位な質を発展させた地域は、資本主義的活動をますます引きつける大きな磁場になる。この点で、スウェーデンの経済学者グンナー・ミュルダールの言う「循環的・

累積的因果関係」が作用して、成功した豊かな地域をさらに繁栄させ、他方、より貧しい地域を停滞ないし衰退させる。

分業と生産システムの地域的編成は、要するに、いわゆる自然の優位性に命じられて形成されるというよりも、経済的・政治的諸力の結合によって形成される。その形成は必然的に、技術的・組織的諸形態、社会的諸関係、自然との関係、生産システム、生活様式、世界に関する精神的諸観念（ローカルな文化的価値観がしばしば鍵になる）の地域的《リージョナル》な共進化を必然的に伴っている。そして、活動領域間におけるこうした諸関係の特殊なパターンは、一定の領土に付随した固有の社会的・行政的諸制度の出現を通じて、打ち固められ、固定される。国家は、地理的な容器として、そしてある程度までは以上のような構造の守護者として出現する。しかし出現してくる国家は、行政的な定置網のように作用するのであり、その網は、その地の固有の地域構造へと常に進化している資本主義的諸活動の混沌に向けて投げられるのである。実際、進化しつつあるニューヨーク大都市圏の地域経済は、多くの州境を越えて広がり、各州当局に対して、実にさまざまな行政的・技術的「頭痛の種」を提供している。ロンドンの領土的組織化は、部分的には政治的で部分的には経済的な影響を受けて過去五〇年間にわたって実にさまざまな変化をこうむってきたが、それは、けっして一筋縄ではいかない複雑な歴史を形成している。

さまざまな領土的単位とその独自の役割

国家を形成することは、資本主義の発展に必要不可欠なものであった。しかし、この過程の詳細は安易に分析できるものではない。まず、領土化された社会的・行政的諸制度の構成は、他のすべての活動領域に対する関係によってあらかじめ決定されているわけではない。それは、他の活動諸領域に対しても、資本の流通と蓄積に対しても、相対的な自律性を示している。しかし国家は、社会的諸関係の中から、そして統治の諸技術を通じて生み出される。たとえば、国家が何らかの精神的諸観念を具現化したものであるなら、国家形成の諸理論は次のことに細心の注意を払わなければならない。すなわち、国家と人民との関係がどのようなものであるべきだと人々が考えていたのか、また考えているのか、ということにである。精神的諸観念が変化するにしたがって、国家は、その機能の仕方を変容させようとする実にさまざまな圧力にさらされる。たとえば、一九七〇年代に始まった新自由主義運動は、国家はどのようなものであるべきかに関して、徹底的なイデオロギー攻撃を行なった。それが成功を収めたかぎりで（しばしば成功しなかったのだが）、それは、資本蓄積のダイナミズムにおいてだけでなく、日常生活においても、国家に支援された幅広い変化を引き起こした（公的給付の削減を背景として、個人主義と個人責任という倫理が奨励された）。マーガレット・サッチャーは一九八六年に、彼女の新自由主義化計画に抵抗しているという理由で大ロンドン市議会を廃止し、そうすることで、イングランド南東部の全体を飲み込んだ金融サービスと資産価値の好景気に対応した適切な調整機関をロンドン圏から奪った。結局、ブレア政権は、こうした状況を改善するために、首都行政に似たものを再建する必要があった。

特定の政府（国民国家ないし地方自治体）が「成功」したかどうかはしばしば次のもので測られる。すなわち、それが資本の流れを捉え、さらなる資本蓄積に有利な条件をその境界内に構築し、その住民に質の高い日常生活を実現する、その程度によってである。共進化過程におけるその他すべての活動領域をどのようにある種の機能する全体のうちにまとめるのか、このことをめぐって、国家は不可避的に相互間の競争に巻き込まれる。資本蓄積過程を自己の境界内に確保すればするほど、その国家は豊かになる。国家が共進化の過程を管理することが、統治の目標として現われる。

これらの管理行為を先導する精神的諸観念はしばしば、どのような規範的諸原理に執着しているかに依拠している。たとえば、一九四五年以降に出現した国際システムは、対ドル固定為替相場と、国境を越える資本と貨幣の流れに対する厳しい管理を維持する国家の権利にもとづいていた。一九五〇年代後半に、私が初めてイギリスの国外に旅行した時、一年間で四〇ポンド以下しか持ち出せなかったことや、規則逃れができないよう所持物は何でもパスポートに記録されたということを学生たちに話すと、彼らはみな一様に驚く。この種の規制による制限は、この期間、大規模な多国籍企業や、輸出関連企業、金融機関以外のほとんどの資本の活動を、国民国家の国境内部に厳しく制限しつづけた。一九六〇年代の終わりに固定相場制が崩壊して以降、資本規制はしだいに姿を消していった。主要国がこの資本規制を最後に本気で使おうとしたのは、社会党のフランソワ・ミッテランが、一九八一年にフランスで政権をとった時であった。ミッテランはフランスの銀行を国有化し、資本流出に厳しい統制を課すことで資本逃避を食い止めようとした。しかし、フランス人が海外で自分のクレジットカードを自由に使えないことがわかると、あわや革命が起こりそうになった。資本規制はただちに断念された。しかしマレーシアは、一九九七～九八年の危機に対して、通念とは反対に、資本規制に訴えることで自国を守ることに成功したのである。

現在の恐慌に対する政府の対応は実にさまざまであるが、このことが示しているのは、対応の地理的不均等発展だけでなく影響の潜在的な地理的不均等発展をも説明しうる解釈と理論的枠組みとがいかに多様なものであるのか、ということである。国家の管理者と政治家は、最良の場合でもけっして全知ではないし、最悪の場合には極端に手に負えないものになりうる。またしても、地理的差異に必然的に伴う偶発性と恣意性は、そのようなダイナミズムによって和らげられるというよりも強調されるのである。

それにもかかわらず、資本主義は、その活動を支える社会的・行政的諸制度（たとえば所有権と市場に関わる諸法）を統合するために（必要とあらば力をもってしてでも）、主権を持った領土的実体を必要とする。しかしまた、資本主義には、投機的で革新的な企業活動に自由に従事する、主権を持った諸個人の存在も必要である。このような諸個人こそが、資本主義をかくもダイナミックなものとし、かつ資本の蓄積を動かしつづけるのである。これは政治の組織化における中心的難問を指し示している。つまり、至上の権力を持った主権国家と、主権を持った諸個人——資本家だけでなく、異なったあらゆる性向を有した一般市民も——との関係である。諸個人は、空間的制限に配慮することなく、利益（あるいはアメリカ独立宣言で提起された「生命、自由、幸福」といった他の諸目標）を追求する至上の諸権利を付与されている。

この国家と個人との関係は常に不安定であったし、状況依存的で深刻な問題をはらんできた。この領土的空間の中に入り込んでくるのは、政治の組織化、どのように公共生活が構築されるべきか、統治と民主主義、政治的権威といった諸問題であり、それらの問題がこの領土的空間の中でそれぞれ固有な形で処理される。それぞれの国家はそれ自身の特異で固有の性質、それ自身の制度的・法的・行政的枠組みを発展させる。しかしここでもまた、可動的資本や、富と権力の蓄積を求める国家間競争は、ある編成を他の諸編成よりも有利にする傾向がある。最近におけるシンガポールや台湾、韓国と、一党支配のもとで最先端に立ちつつある現在の中国のような、経済が成功している国々においては、権威主義国家の諸権力と、民主主義的諸権利の制限、かなり自由な市場的個人主義とが結びついているが、これは、強力な資本蓄積と個人的・民主主義的諸権利とのあいだには必然的な関係がないこと、発展の初期段階においてはとくにそうであることを示唆している。

政治システムと、人々が自分の国や自分の住む場所に対して持っている忠誠と忠義は明らかに、資本蓄積過程の単なる副産物ではない。政治的な歴史と伝統に付随する精神的諸観念がそうであるように、人々の意志は常に固有の役割を有している。アメリカを特徴づけているラディカルな反権威主義と、その結果として生じる反国家統制主義的《アンチ・ステイティスト》伝統は、たとえばドイツやフランスのような、経済においても社会生活の規制においても国家の介入をはるかに広く受け入れる国々からアメリカを区別している。インドの民主主義は、中国の共産党支配とは根本的に異なっているし、そしてそのいずれもジンバブエやフィンランドの政治とはほとんど共通するところがない。たとえばアメリカ国内では、世論調査が示すように、国民のほとんどがラディカルな平等主義と同じ程度にラディカルな反国家統制主義に固執している。彼らは明らかに、すべての人のための医療保険を求めているのだが、政府がそれを提供するという発想には激しく抵抗する。だから、保険会社と共和党はけっして国民皆医療に反対しているのではない。彼らがあらゆる時間を費やして非難しているのは、傲慢な国家権力がそれを提供することに対してなのである。これまでのところ、彼らは反国家統制主義的な感情を利用して、すべての国民のためのまっとうな医療という平等主義的理想を阻止することに成功している。とはいえ、謎なのはそれ以外の人々がなぜ国民皆医療保険制度を阻止したがるのかである。公的医療保険が、利潤率の高い肥大化した民間保険会社――ウォールストリートにとっての大のお気に入り――の存続にとって脅威であり、それが問題の根幹にあるのだということが理解されるようになれば、事態は変わるかもしれない。したがって、「ウォールストリートの党」が、こうした理解が国民のあいだに広がらないことを望んでいるのは明らかである。

資本主義の歴史地理を通じて進化してきた国家システムは、階層的形態をとっている。地方自治体は、税金を集め公共財を供給する限定的な権力を有しており、主権国家の中に埋め込まれているが、その主権国家は主権の一部を、国家を越える機関に譲っている。国際通貨基金（IMF）や世界貿易機構（WTO）、世界銀行、国際決済銀行（BIS）、主要国間の協議体（G8、今では拡大されてG20）などは、たとえば、資本の流れを管理し資本蓄積を保護する上で、ますます重要な役割を果たしてきた。国家を超えた権力ブロックの形成、たとえばヨーロッパ連合（EU）、北米自由貿易協定（NAFTA）、中央アメリカ自由貿易連合（CAFTA）、南米共同市場（メルコスール）、あるいは、東南アジア諸国連合（ASEAN）のようにはるかに緩やかな地域協調的な連合体は、主に経済的目的のために、国民国家を超えたところで領土単位を規定するというこうした傾向を強化する。このような傾向が存在するのは、資本（貨幣形態であれ商品形態であれ）が世界中を動き回る際の規制環境にとって、制度化された管理を必要とするからであり、それがなければカオスへと解体することになるからである。

これらさまざまな行政的規模で存在する諸権力は、統治の手段と形態がそうであるように、きわめて多様である。資本蓄積と、統治のさまざまな規模や階層レベルとの関係は、周知のように不安定である。しかし、一定のはっきりしたパターンは存在する。一部の地方自治体が資本の利害のとりこになる場合もある。それは、直接的な買収によることもあれば、もっと巧妙に、選挙で企業寄りの候補者に資金提供することを通じたり、たとえば不動産と経済開発を扱う地方行政の中心部門と資本主義的利益集団との緊密な協力によることもある。

一九七〇年代半ばから起こった、国家の性質の中心的な変容の一つは、地方行政への権力の移譲であった。管理された地方分権化は実際には、中央集権的な統制を行使し強化する一手段に他ならなかった。このことは、一九七九年以降の中国に導入された改革路線においてとくに顕著であった。権限が地方行政と大都市行政に移譲され、別の場合には経済特区に囲い込まれただけでなく、郷鎮〔町村〕にさえ拡大され、事業を起こすことが奨励された。その結果は、驚くべき経済成長と、北京へのよりいっそうの権力集中であった。しかし同様の地方分権は、資本主義世界のほとんど全域で起こった。たとえばアメリカでは、一九七五年前後から、連邦政府と比べて、個々の州の権利と大都市のイニシアティブがはるかに強調されるようになった。フランス国家も一九八〇年代から地方分権化の改革を開始し、イギリスはスコットランド議会に権力を移譲し、スペインはカタロニアに権力を移譲し、等々である。

戦争と領土間競争

国家間の戦争は、資本主義の歴史地理において、世界を震撼させるような創造的破壊のエピソードである。物的インフラが破壊されるだけでなく、労働者が大量に殺され、環境は毀損され、制度は変形され、社会的諸関係はずたずたにされ、実にさまざまな新技術と組織形態（核爆弾、レーダー、火傷の外科治療から、兵站システム、意思決定の指揮実行モデルに至るあらゆるもの）が考案される。戦後期における復興事業は、大量の過剰資本と過剰労働力とを吸収する。ちょうど現在レバノンで起こっているように、あるいは、一九四五年以降に日本経済とヨーロッパ経済の再建の中で大規模に起こったように。もちろん、戦争がこうした目的のために資本によって意図的に計画されたわけではないにせよ、資本が戦争を食い物にして大きな利益を得ているのは確かである。

国家の形成と領土間競争は、あらゆる種類の紛争のお膳立てをするが、それが最終的に訴えるのは戦争である。資本は、いわば戦争の近代的形態の必要条件のいくつかをつくり出すが、十分条件は他のところに、すなわち国家機構の内部の、自分たち自身の狭い利益のために国家権力を利用しようとする利益集団に見出される（そこにはもちろん「軍産複合体」も含まれる。それは主として紛争の恐れを——場合によっては紛争そのものを——推進することで生き長らえている）。

しかしながら、領土間競争という強制法則の作用は、その地理的規模もさまざまである。それは、権力ブロック間（たとえばヨーロッパ、北アメリカ、東アジア）、国家間、地域的実体間（たとえばアメリカの州、ヨーロッパのカタロニアやスコットランドのような地域政府）、さらには大都市圏や都市のあいだでも起こるし、地方の市町村や地域社会のあいだでさえ起こる。地域や国家をグローバル経済の中でより「競争力のある」ものにすることが、公共政策を形成する上で根本的なものになる。それはちょうど、地域社会をより住みやすいものにし、善良な市民を惹きつけるようにすることが、しばしば地方自治体の中心目標になるのと同じである（これは「ニンビー」的な地方政治を大いに招く）。地方政府はお互いに競争しあう。それゆえ、可動的資本を自分たちの市町村へと誘導する試みにおいては、階級を横断して地方が結束することが重要になる。資本投資と雇用機会の両方に利益をもたらすであろう地方の開発プロジェクトが動きはじめると、現地の商工会議所と現地の労働組合は、闘いあうよりも協調するようになる可能性が高い。

場所の売り出しとブランド化、ある場所（国家を含む）のイメージを高めることが、資本主義的競争の作用の仕方にとって不可欠なものになる。歴史や文化やいわゆる自然的優位性によって与えられたものにもとづいて地理的差異を生産することは、資本主義の再生産のうちに内部化されている。たとえば市町村にテーマ建造物を誘致して、スペインのビルバオにあるフランク・ゲーリー〔アメリカの建築家〕のグッゲンハイム美術館のようなものを建設する。そのことで、可動的資本を引きつける地域の一覧にその都市が掲載される一助となるだろう。

もし領土間や国家間に地理的差異が存在しなければ、それはつくり出されるだろう。他とは異なる投資戦略によって、また、立地と環境的・文化的性質の特異性によって与えられる空間的独占権力を追求することによって、である。資本主義は地理的均質性を推進するという考えは、まったく間違っている。資本主義は異質性と差異にもとづいて繁栄するのである。とはいえ、もちろんそれは常に一定の限界内でのことではあるが（それは、キューバ、アジェンデ政権下のチリ、一九七〇年代のイタリアにおける共産党政権の可能性、といったものは許容できない）。

しかし、ある領土内部における社会的・行政的諸制度は、少なくとも理論的には、国民の主権的意志に従う。それは政治的闘争の結果に従うということを意味する。これは、地理的組織化が資本主義の再生産とどのように関連するのかに関して、別の次元を導入する。市場主導型の資本主義に対抗する社会運動だけでなく、行きすぎた商業化と粗野な資本主義的発展に対する反対が、このような構造の中ではきわめて容易に出現しうる。このような反対は、左翼（たとえばコミュニスト主導型の反乱）からも、右翼（宗教原理主義やファシズム）からも生じうる。暴力手段を保持する者なら誰でも——それは伝統的には国家であるが、今ではテロリストやマフィア型の組織に分解したり、あるいはより高いレベルでＮＡＴＯのような組織に置き代わったりしている——、こうした闘争においては総じて有利である。現代の監視技術と軍事技術の精巧さを考えればますますそうだ。

権力の領土的論理と資本主義的論理

帝国主義、植民地征服、資本主義間戦争、人種差別は、資本主義の歴史地理の中で劇的な役割を演じてきた。資本主義の起源に関するいかなる説明も、そのような現象の重要性を直視しないわけにはいかない。しかしこれは、資本主義の存続のためにはそのような現象が必要だという意味なのだろうか？　資本主義が、反人種差別、非軍国主義、非帝国主義、非植民地主義という路線で発展することはできなかったのだろうか？　ジョヴァンニ・アリギが『長い二〇世紀』（一九九四年）［作品社、二〇〇九年］で示唆しているように、帝国主義的・植民地的支配という伝統的諸理論に代えてヘゲモニーという概念を用い、ヘゲモニーは伝統的諸理論とは大いに異なるグローバルな権力関係の組織化であると主張するとすれば、どうなるだろうか？

資本主義の出現は、資本主義に固有の形態の国家権力の出現と結びついていた。一八世紀について研究する経済史家は、今ではそれを「財政軍事国家」として特徴づけるのを好む。さまざまな「国家‐金融結合体」と「国家‐企業結合体」が、資本主義的発展の拡張しつつあるグローバル空間に出現した。これらの結合体同士の競争は、時には激烈なものになり戦争でずたずたにされたこともあったが、その後出現した国家システムを横断して一般的なものとなった。国家権力と領土化された組織形態もまたしだいに進化していった。この進化は、自律的なものとはいいえ、先に述べた共進化の過程のうちに埋め込まれている。それゆえ、領土的必要性と政治的利害によって駆り立てられた権力の領土的論理と、私人と企業への貨幣権力の蓄積から生じる権力の資本主義的論理とのあいだには、一定の区別が生じる。前者は、場所創造に含まれるあらゆる複雑性と、公共圏における民意の表現（たとえばナショナリズム）の進化に囚われており、後者は、利潤の産出を通じた終わりなき成長を追求することから生じる。

権力の領土的論理ということで私が言っているのは、独自の利害にもとづいて国家機構によって展開される政治的・外交的・経済的・軍事的諸戦略のことである。これらの戦略の第一の目的は、領土内部の住民の活動を統制・管理し、国境内部に権力と富を蓄積することである。その権力と富は、国民のために（あるいはもっと狭く、資本と現地の資本家階級のための良好なビジネス環境を創出するために）、対内的に使うこともできれば、他国に対して影響力や権力を行使するために対外的に使うこともできる。たとえば、領有した植民地から、あるいは、ある支配的国家の影響圏内に入った弱い諸国家から、一種の貢納を絞り取ることができる。たとえそのことに失敗しても、自国の国内的諸条件がさらなる蓄積にとって不利である場合には、他の国々に存在する資源、市場、労働力、生産力にアクセスすることができれば、それらを過剰資本のはけ口にすることができる。この開拓は、暴力的征服と植民地支配（一八世紀以来、イギリスがインド全土で行なったような種類のそれ）を伴うこともある。しかしそれはまた、より平和的に、すなわち協議にもとづく相互の資源の利用、貿易協定、商業的な市場統合を通じて確立されることもある。たとえば、イギリスが旧植民地アメリカ合衆国とのあいだで、その独立と一八一二年の米英戦争以降に確立したたぐいのものがそれである。

他方、権力の資本主義的論理は、貨幣権力が、終わりなき蓄積を求めて空間を横断し国境を越えて流れるその仕方に焦点を当てる。この論理は領土的というよりも、過程的で分子的である。以上の二つの論理は、お互いに還元できないが、密接に絡み合っている。また、先に論じたように、ある一定の地点に達すると融合しあい、この二つの論理が結合して「国家‐金融結合体」（今や世界中の中央銀行によって代表されている）を形成する。しかし、その当事者たち――企業人vs政治家――の動機はかなり異なっており、複雑に絡み合っているにもかかわらず大いに矛盾していることもある。貨幣を保有している資本家は、利潤が得られる所であればどこへでも貨幣を投資するし、ただそれだけである。それゆえ資本家は、自由に動き回るための開かれた空間《オープンスペース》を必要とする。そして国境はその障害になりうる。それに対して、政治家と国家官僚は一般に、自国の富と権力を、国内的にも対外関係においても増大させようとする。現在の状況下でそうするためには、彼らは国境内部の資本蓄積を促進するか、他の所から富を抽出する方法を見つけ出す必要がある。貨幣は、結局のところ、社会的権力の基本形態であり、国家はそれを渇望し、他の何にもましてそれによって規律づけられる。歴史的には、こうした路線に明示的にもとづく最もはっきりとした戦略は、「重商主義」と呼ばれている。一七～一八世紀の経済学者たちは、国家の使命は、他の国家を犠牲にして貨幣権力（金と銀）を蓄積することであると主張した。現代アメリカの政治評論家ケヴィン・フィリップスは、近著の中で、現在の政治には、彼が「新重商主義」と呼ぶような特徴が見られると述べている。

たとえば、一九九七～九八年に東アジアと東南アジアを飲み込んだ金融恐慌に対する一つの対応は、

「重商主義的に振るまう」ことであった。現金の不足（流動性危機）によって、各国経済は外国の金融権力に対して脆弱になった。存続可能な企業が、流動性の不足のせいでつぶれていき、外国資本はそれを破格の安値で獲得することができた。状況が改善すると、これらの企業は売り戻され、外国の金融業者に莫大な利益をもたらした。台湾、韓国、シンガポール、マレーシアがそれぞれ何とかしてこの恐慌を切り抜けたとき（好景気に湧くアメリカの消費市場に商品を売るなどして）、これらの国々は、この種の略奪的行為に対して自国を防衛するために、必要な外貨準備を意図的にかき集めた。中国の外貨準備高はますます膨張し、危機的状況に直面したときのフレキシビリティが恐慌以前よりもはるかに高まった。その結果、東アジアと東南アジアに、過剰資本が意図的に集められることになった。しかし、過剰資本は遊休状態で放置しておくわけにはいかない。それはどこかに投資されなければならない。そこで、そのほとんどはアメリカ財務省債に投資され、ますます増大するアメリカの債務をまかなった。その結果、東から西への富の歴史的流出の流れが逆転した。しかしこれは、中国やその他のアジアの強国が、アメリカと対峙して帝国主義的役割を引き受けつつあるということを含意するのだろうか？　なるほどたしかに、第1章で述べたように、ヘゲモニー転換《シフト》は現在進行中であるように思われる。しかし、それを帝国主義とか、あるいは新植民地主義とさえ呼ぶのは不適切であろう。とはいえ、中国と一部のアフリカ諸国とのあいだには、新植民地主義的関係が出現している不穏な徴候が存在するのではあるが。

すでに述べたように、空間に対する支配は、つねに社会的権力の決定的形態である。それは、ある集団やある社会階級が他の集団や社会階級に対して行使することもあるし、あるいはある国民が他の国民に対する権力として帝国主義的に行使することもある。この権力は、拡張的であり（行為し創造する権力）、また強制的でもある（拒否し阻止し必要とあらば破壊する権力）。しかしその結果は、他のすべての人々を犠牲にして、帝国主義的ないしヘゲモニー的な権力の利益になるように、富を再配分し、資本の流れを方向転換することである。

したがって、国内で発生する政治的・軍事的権力は、資本蓄積を通じて私人の手中に蓄積される貨幣権力の使用を促進したり、抑制したり、あるいは抑圧するのにも使われうる。一九一七年以降の社会主義諸国、共産主義諸国の歴史は、この種の対抗権力の重要性（その内在的限界とともに）を示す好例である。それは、国家機構の内部に位置する権力を用いて、非資本主義的論理にしたがってグローバル空間を組織しようとした。しかし、先に論じたように、国家権力の単なる獲得によっては真の社会主義ないし共産主義革命をなしえない。共進化するシステム内部の他のすべての活動領域が何らかの形で連動して動く場合のみ、資本主義的支配とは大きく異なった全面的な革命的変革について語ることができるのである。これは、一部の人々が現在論じているのとは違って、国家権力が時代遅れだとか、変革の政治力学《ポリティクス》の主要な場をもっぱら市民社会と日常生活に移行させなければならないということではない。

現在の反資本主義的思考の多くは、資本の権力に対抗する権力のしかるべき形態として国家に目を向けることに対して、懐疑的ないしあからさまに敵対的であるが、新しい社会秩序を構想する際には、何かの種類の領土的組織（たとえばメキシコのチアパスにおけるサパティスタ革命運動によって編み出されたものを含む）は避けて通れない。それゆえ問題は、国家が人々の問題を処理するのに妥当な社会組織形態なのかどうかではなくて、どのような種類の領土的権力組織であれば、別の生産様式への移行にふさわしいのか、である。前資本主義的な国家形態が、一七世紀以降にすぐれてブルジョア的な資本主義国家へと変容したのと同じように、社会生活の再生産を組織する支配的な方法としての資本蓄積から何らかの形で離脱するためには、領土的権力の根本的な変革と再構築をも想定しなければならない。何らかの領土内で機能する新しい制度的・行政的諸機構が構想されなければならない。これは無理な注文に聞こえるかもしれない。しかし資本主義は現在も共進化しつづけており、その過程において広範囲に及ぶ変革は可能であるだけでなく不可避でもある。このことを理解するには、いかにこの諸機構が過去三〇年間にその新自由主義的転換の中で変化してきたかについて考えてみるだけでよい。

国家形態はこれまでもけっして不動のものではなかった。たとえば一九世紀半ば以降、世界は、主要な帝国主義列強によって世界の大部分に押しつけられた論理の命じるところにしたがって領土化されてきた。世界の領土的境界の多くは、一八七〇年から一九二五年のあいだに定められたのだが、そのほとんどは、イギリスの帝国権力とフランスの帝国権力によってもっぱら引かれたものである。一九四五年以降の脱植民地化は、そうした人為的国境のほとんどを追認し（インドの分割のような大がかりな分裂を除いて）、名目的に独立し名目的に自律した政治国家を数多く生み出した。「名目的」だと言うのは、ほとんどの場合に、帝国主義的に押しつけられた植民地制度との隠れた結びつきがそのまま残っていたからである。たとえば、アフリカにおける新植民地主義は今日まで続いており、アフリカ大陸全体の地理的不均等発展に巨大な影響を及ぼしている。

一九四五年以降に実現された、国家権力の地理的編成は、いったん脱植民地化が完了すると、かなり安定的であった。しかし近年になって世界地図は大きく変貌した。国際連合は当初五一ヵ国からなっていたが、今では一九二の加盟国・地域を擁する。一連の新たな領土化は、一九八九年以降にソヴィエト連邦の崩壊とその後のユーゴスラヴィアの解体とともに始まった。変化は統治とは別の水準でも起こった。領土化は変化しがたいように見えるかもしれないが、歴史が示すように、それはけっして石のように固定されたものではない。

ここから導かれる大きな問題は、進化する国家間システムにおける、そしてその結果として生じる国家間ないし権力ブロック間の政治的紛争における、権力関係の変動である。これは国家間競争について検討したり、勝者と敗者という観点からその結果を考察するという問題にとどまらない。それはまた、ある国家が他の国家に対して権力を行使する能力と、国家機構を指揮する政治的・軍事的指導者たちが、国家間システムの中の自国の位置を解釈する際の観念的枠組みにも関わっている。安全と脅威の感覚、吸収の恐れ、そして、現実的ないし想像上の外部の脅威を引き合いに出すことで領土上の内部闘争を管理する必要性、これらすべてが一定の役割を演じる。つまり精神的諸観念が重要になるわけである。

地政学と地理的ヘゲモニー

このような世界の中では、剝き出しの地政学的思考の暗い側面はあまりに容易に栄えることができるし、潜在的に致命的な結果をもたらしうる。たとえば、ひとたび国家が、国際協調の枠組みにおける開かれた形態の政治組織としてではなく、存続を求める固有の有機体とみなされるなら、ドイツの地理学者カール・ハウスホーファーが論じたように、国家はその将来の安全性を確保するために必要な領土的支配を追求する正統な権利を持つことになってしまう（ハウスホーファーの地政学研究所はナチスの領土拡張主義のための計画を立案した）。この議論はさらにこう続く。国家は最適者のみが生き残るダーウィン的世界に存在する有機体である。世界という舞台で生存を賭けた闘いに挑む以外に選択肢はない、と。

このような思考様式が現在復活しつつあることは、実に憂慮すべきことである。中国政府は、Ａ・Ｔ・マハンの画期的な著作『海上権力史論』（出版は一八九〇年）に魅了されているとの噂であるが、中東、アフリカ、ラテンアメリカとの地経学的関係（それはまだ初歩的なものだが急速に発展しつつある）を守るための地政学的戦略の一部として海軍を建設しているのだろうか？　それゆえ中国は、そのさらなる工業化に必要な原材料を獲得しなければならないのだろうか？　そして、彼らがパキスタン周辺に建築した巨大な新港湾施設とアジア内部でのあらゆる冒険的事業は何なのだろうか？　ここには、グローバル支配のための地政学的計画が存在するのだろうか？　中国は、地理学者のハルフォード・マッキンダーの古い地政学理論（一九〇四年に「歴史の地理学的回転軸」として発表された）にも魅了されているのだろうか？　この理論は、内陸アジアという「ハートランド」を支配する者が、ユーラシアからなる「世界島《ワールド・アイランド》」を支配し、したがって世界そのものを支配すると述べている。もしそうであれば、この脅威に対してアメリカはどのように対応するのだろうか？

実際のところ、イラクとアフガニスタンに対するアメリカの介入主義（および、アフガニスタンでの戦闘継続に対するオバマのいささか驚くべき関与）は、どの程度地政学的考慮によって駆り立てられたものなのだろうか？　一九四五年以降、アメリカは中東を支配しようとしてきたが、それは、そこにグローバルな「石油の蛇口」があるからである。グローバルな「石油の蛇口」を支配する者は誰でも、世界を支配する。アメリカの狙いは、その地域に独立した強力な政治権力が形成されるのを防ぎ、ドル建ての単一の世界石油市場の存在を守ることであった。これは、ドルのグローバル・ヘゲモニーを支え、基軸通貨発行権《セニョリッジ》という権力、つまり、いざとなったら世界貨幣を印刷する能力をアメリカに与えている。アメリカは二度の湾岸戦争を戦い、アフガニスタンとパキスタンにまで手を伸ばした。アメリカはイランという一国家を絶え間なく威嚇している。同国が、アメリカのヘゲモニーを受け入れることを拒否し、一九八〇年代には、アメリカに支援されたサダムのイラクとの長期にわたる戦争を経たにもかかわらず、独立した政治権力としての独自の立場を維持してきたからである。アメリカによるコントロールが、中核的な産油諸国の外部にあるアフガニスタンに、そして中央アジアのハートランドにさえ拡大していることは、ロシアと中国の野心に対抗する、地政学的な予防先制措置のあらゆる痕跡を帯びている。

この種の地政学的思考がどんなに間違った的外れなものであっても、いったん指導的諸国の外交指導層がそれに囚われてしまうと、それにもとづいた行動がなされうるし、そうなる可能性は高いだろう。一九一四年以降、日本、ドイツ、イギリス、フランス、アメリカの地政学的ビジョンと野心が衝突し、巨大な諸結果をもたらした。中でも、政治的・経済的・軍事的支配権をめぐる戦争と闘争を通じて新しいグローバルな地理が形成された。奇妙なことに、まさにこの地政学を通じて、地理学――われわれが見てきたように往々にして社会理論のネグレクトされた孤児なのだが――が世界の社会科学的理解の中に再び入ってくる。だが、国家や権力ブロックが競争しあういわゆるダーウィン－マルサス的政治世界の中に、地理学がこのように地理的決定論という不吉な装いのもとに入ってくることは、悲劇的結果をもたらしうるし、実際にもたらしてきた。現在のような危機の時代には、そのような観点から思考する誘惑はきわめて大きい。一九二九年の恐慌《クラッシュ》後は明らかにそうであった。そして、その結果〔第二次世界大戦〕がいかなるものであったかを見てほしい。

国家権力の拡大は、世界を舞台とした資本蓄積を特徴づける空間的流れを拡大し深化させることによって特定の領土の内部にできるだけ多くの富と貨幣を囲い込むことを伴う。これは不可避的に、資本主義の歴史の大半を特徴づけている不況、景気後退、経済的ハリケーンを防ごうとする政策を促す。あらゆる形態の潜在的な経済的不幸を免れたいと望むのは理解できる。しかしそれはまた、絶望的で時として侵略的な試みを招くこともありうる。自国の野心を押し進めながら、軍事的手段を含むいかなる手段を使ってでも他国の野心を挫折させることによって、資本主義の地理的不均等発展を管理しようとする試みである。リーマンブラザーズを破産するに任せることで、アメリカを中心とする恐慌の影響は全世界に広がった。それは意図的な動きだったのだろうか？　それは現時点では知ることができない。

以上の総合的な結果として地理的不均等発展は拡大深化し、世界の地理はいっそう不安定になっている。その際多くのことが、実行される諸政策に依存している。高い関税障壁、幼稚産業の保護、輸入品を自国製品に代替すること、さらに研究開発に対する国家支援、こういったものが、世界貿易の全体的パターンにおける保護主義的オルタナティブの特徴である。さまざまな障壁があらゆる場所で噴出し、資本家が通常好むような開かれた空間的戦略を妨げている。保護主義は概して報復を引き起こし、国家間競争を激化させる。国家間の貿易戦争はけっしてまれではなく、その結果はつねに状況依存的で不確実である。

もちろん歴史的には、ヨーロッパ列強によって建設された諸帝国とその固有の植民地制度は、これらの問題を次のような形で解決してきた。世界の中心的大都市圏（マドリード、ロンドン、パリ、ブリュッセル、アムステルダム、ベルリン、モスクワ、ローマ）の支配下にある固定された領土を横断して、行政、制度編成、貿易と開発の、安定したグローバルな地理的構造を生み出すことによって、である。植民地本国によっておおむね管理されている地理的不均等発展は、当時の先進資本主義諸国に住む人々の手中に世界の大部分の資本が蓄積されるように資本の流れを方向づけた。脱植民地化は、このいっさいを変えはじめた。脱植民地化の初期の事例は、南北アメリカとオセアニアで起こったが、最終的には一九四五年以降、あらゆるところで受け入れられるようになった（アメリカからの大きな圧力に従った面もある）。とはいえ、それはしばしば、多年にわたる厳しい民族解放闘争を経てのことであり、その後の紆余曲折の歩みは、生まれた新しい諸国家にとって一筋縄ではいかないさまざまな困難を伴っていた。ありていに言えば、脱植民地化はヘゲモニーや支配を終わらせなかったのであり、それは、すでに存在する資本蓄積の中心地に有利なように地理的不均等発展が編成される事態を阻止することもなかった。

かなり初期の頃から（そしていくつかの失敗した出発を試みた後に）、アメリカは、古典的、ヨーロッパ的な（そして後には日本的な）、領土占領にもとづく帝国主義と植民地主義の形態を実践する代わりに、グローバルなヘゲモニーを追求した。アメリカは、領土支配という目標を完全に諦めたわけではなかったが、名目的に独立を維持しているが非公式に（時には台湾や韓国の場合のように公式に）国際問題に関するアメリカのヘゲモニーを受け入れる現地政府の統治という形態を通じて、この支配権を行使しようとした。これは時にアメリカ側の隠された暴力を伴っており、それは確実に、アメリカの支配下で行動する相対的により弱くたいていはより小さい諸国との新植民地主義的諸関係のネットワークを生み出した。

しかし、金融活動の爆発的発展と過去三〇年間に起こった生産活動のグローバルな移動《シフト》の結果、帝国主義と植民地主義という用語は、ヘゲモニーのための闘争という用語よりも不適切なものになった。新しい《ニューイン》帝国主義《ペリアリズム》は、領土に対する直接的支配のための闘争に関する概念というよりも、ヘゲモニー（とくに金融的ヘゲモニーだが、軍事的次元も大きな重要性を持ち続けている）のための闘争に関する概念なのである。

地理的不均等発展の政治経済学

地理的不均等発展は、資本主義の作動の仕方に対する単なる補足ではなく、資本主義の再生産にとって根本的なものである。そのダイナミズムを支配する法則はつかみがたい。それは、多くの局地的端緒を生み出すが、その内部でさまざまな脆弱性が露わになり、対抗勢力が結集されうる。このことは、地理的不均等発展を資本主義の再生産にとっての肥沃な源泉にする。中国はさまざまな理由から（それを特定するのは今でも困難であるが）、一九七九年以降に開放されるにいたった。だがもしそうならなかったならば、グローバル資本主義はその全体としての発展過程においてはるかに制約されることになっただろうし、あれこれの暗礁《バリアリーフ》に乗り上げてしまう可能性がはるかに高まったであろう（資本の蓄積には常にその傾向がある）。中国は、その影響力を東アジアだけでなく、それを越えて拡大しつつあり、今では現在の恐慌からどのような種類の資本主義が生まれてくるかを決定する上で主要な役割を果たしている。ヘゲモニーは地理的に移動《シフト》しつつある――北アメリカとヨーロッパが停滞している時に中国は成長を続けている――が、これは地政学的危険性を提起している。地理的不均等発展が、地経学的にも（おおむね企業の利害によって主導され国家権力によって認可された交易関係を通じて）、地政学的にも（国家の外交と戦争によって。後者について、一九世紀のドイツの偉大な軍事戦略家カール・フォン・クラウゼヴィッツはかつて、「他の手段による外交」と呼んだ）、どのように展開するのかということは、人類の未来にとって測りしれない意味を持つであろう。

以上のすべての背後に複雑きわまりない地理的諸決定因が横たわっている。一方では、資本家は――空間的であれ環境的であれ――いかなる種類の地理的制限も受け入れることができないのであり、それを回避するか乗り越えるために絶え間なく格闘している。他方で資本家は、物的な建造環境という形態で新しい地理と地理的制限を積極的に構築している。この建造環境は、莫大な量の固定不動資本を体現しており、その価値を失いたくなければ、それは使用しつくされなければならない。また資本家は、地域的分業をも生み出しており、それは自分たちの周りにあらゆる種類の支援的諸機能を集め、そうすることで資本と労働両方の地理的可動性に制約を加えている。領土化された行政的諸制度と国家機構は、国境とさまざまな境界を固定化するし、それはしばしば資本の運動を制限する。以上のことにさらにつけ加えておかなければならないのは、人々が多様な仕方を通じて自分たち自身の固有の生活空間を生み出していることである。それは、自然とのしかるべき関係、社交のしかるべき形態に関する人々の固有の見解を反映しているし、それはまた、どのような日常生活の形態が、満足すべきもので、物質的に報われ、有意義であるのかに関する精神的諸観念をも反映している。

地理学を資本蓄積に関する何らかの一般理論に統合することがこれほどまでに困難である理由は、今やすでに明らかになっていると思うが、この過程が深く矛盾しているからだけでなく、状況依存性、偶然性、さまざまな混乱に満ちているからでもある。資本蓄積にとって重要なのは、均質性を実現することではなく、むしろ異質性を維持することなのである。しかし、それにもかかわらず、これらの困難がどこに位置していて、どのような効果を有しているのかを、ある程度理解することは可能である。地球を覆っている経済的気候は、いわば、実に変化しやすく、細部にわたって予測することは不可能である。長期的な経済変動は、あらゆる表面上の攪乱の下にあるためなおのこと見きわめるのが困難だが、それが存在するのは間違いない。また次のことも十二分に明らかになっている。すなわち、資本主義の再生産には新しい地理の形成を必然的に伴うこと、そして、古い地理の創造的破壊を通じた新しい地理の形成が、常に存在している過剰資本処理問題を解決する絶好の方法であること、である。しかし、過剰吸収問題に対するこの地理的「回避《フィックス》」の探求は、絶えず存在する危険性の一部をも構成している。一九三〇年代の恐慌と現在の恐慌とのあいだに実に多くの類似点が指摘されているが、ある潜在的な類似点はほとんど無視されている。それは、国際協調の崩壊、地政学的対抗関係への後退、そして、人類史におけるあらゆる創造的破壊のエピソードの中でも最大のものであった巨大な悲劇、第二次世界大戦である。

第8章

何をなすべきか？ 誰がなすべきか？

恐慌の時期、資本主義の不合理性はすべての人にとって目に見えるものになる。過剰資本と過剰労働力とが相並んで存在し、この両者を――巨大な人的被害と充足されないニーズの真っ只中で――再結合する手立てがまったく存在しないように見える。二〇〇九年の真夏、アメリカにおける資本設備の三分の一が遊休状態となり、その一方で労働力の約一七％が失業しているか、強制されたパートタイマーや「就業意欲喪失」労働者になっていた。これ以上に不合理なことがあろうか？

資本蓄積が三％の複利成長率に回帰するためには、利潤創出と剰余吸収のための新しい基盤が必要であろう。これまでそうするためにとられた方法は不合理なものだった。すなわち、戦争、資産の減価、生産能力の劣化、設備の破棄といった「創造的破壊」の諸形態を通じてそれ以前の時代の成果を破壊することである。その結果は、商品の生産と交換の世界全体に降りかかってきただけではない。人間の生命と生活が台無しにされ物理的に破壊されさえした。全キャリアと生涯の全業績が危機に瀕し、深い確信が大きく揺らぎ、精神は傷つき、人間の尊厳に対する敬意は脇に投げ捨てられた。創造的破壊は、悪や醜いものに対してばかりでなく善や美しいものに対しても襲いかかってくる。恐慌は、不合理なシステムを不合理に合理化するものだと結論づけることができるかもしれない。

資本主義は現在のトラウマを乗り越えることができるだろうか？　もちろんイエスだ。しかし、どれほどの犠牲を払ってか？　資本家階級は、膨大な経済的・社会的・政治的・地政学的・環境的諸困難を前にしてその権力を再生させることができるだろうか？　またしてもその答えははっきりと「そうだできる」だ。しかしながら、そのためには、膨大な数の人々が自己の労働の果実を寛容にも権力者たちに与えなければならず、自分たちの諸権利と必死で獲得した資産価値（住宅から年金権にいたるまでのいっさい）を譲り渡し、甚大な環境悪化をこうむり、そして言うまでもなく生活水準の持続的下落に耐えなければならない。これは、すでにどん底の状況下で何とか生き抜こうと必死で闘ってきた人々の多くが飢えに苦しむことを意味するだろう。その結果として起こる騒乱に対しては、相当の政治的弾圧、警察の暴力、軍事化された国家統制が必要になるだろう。しかし、それと同時に、資本主義的階級権力の地理的・部門的中心部にも、苦悩と痛みの伴う変化が生じることになるだろう。これまでの歴史を手がかりにするなら、資本家階級が権力を維持するためには、必然的にその性格を変え、蓄積を別の軌道に乗せ、新しい空間（たとえば東アジア）に移動させなければならない。

以上の多くは予測しがたいものであり、グローバル経済の空間があまりにも多様なものであるがゆえに、結果に関する不確定性は恐慌の時期にはいっそう大きなものになる。あらゆる種類の局地的可能性が生じうる。すなわち、新興の資本家が何らかの新しい空間において古い階級や地域的ヘゲモニーに挑戦する機会をつかむか（たとえば一九七〇年代半ば以降にアメリカでシリコンバレーがデトロイトに取って代わったように）、あるいは、弱体化した既成の階級権力の復活に挑戦するラディカルな動きが起こるかもしれない。資本家階級と資本主義が存続しうると語ることは、その存続があらかじめ運命づけられていると語ることではないし、その将来の性格が決まっていると語ることでもない。恐慌はパラドクスと可能性の諸契機によって構成されており、そこから、社会主義的で反資本主義的なものを含む実にさまざまなオルタナティブが生じうるのである。

それでは、今回いったいどのような事態が起こりうるだろうか？　もしわれわれが三％の成長率に戻るとすれば、それが意味するのは、二〇一〇年に一兆六〇〇〇億ドル規模の、利潤の上がる新しいグローバルな投資機会が見出されるということであり、二〇三〇年には三兆ドルものそれが見出されるということである。これは、一九五〇年に必要だった新しい投資機会がわずか一五〇〇億ドルだったことや一九七三年には四二〇〇億ドルであったことと先鋭な対照をなしている（ドルの価値はインフレ調整されている）。過剰資本にとっての適切なはけ口を見出すことが現実的問題として起こり始めたのは一九八〇年以降であるが、それは中国の開放やソヴィエト・ブロックの崩壊をもたらした。困難の一部は擬制資本市場がつくられたことによって解決された。そこでは資産価値に対する投機が、いかなる規制機関によってもチェックされることなく隆盛を誇った。これらすべての投資は今やどこに向かうのだろうか？

自然との関係における有無を言わせぬ制約を脇に置いたとしても（地球温暖化は明らかに第一級の重要性を持っている）、その他の潜在的な諸制限、すなわち市場における有効需要、技術、地理的／地政学的分配は深刻なものになりうる。たとえ、資本蓄積の継続と階級権力のさらなる強化に対する本格的で積極的な反対運動が起こらないと仮定したとしても――その仮定は非現実的だが――、そうである。資本過剰を吸収するための新しい空間的回避《フィックス》にとって、いかなる空間がグローバル経済に残されているだろうか？中国と旧ソヴィエト・ブロックはすでに世界市場に統合されている。南アジアと東南アジアは急速に飽和状態になりつつある。アフリカはまだ十分に統合されていないが、これらすべての過剰資本を吸収する能力はどこにもない。成長を吸収するどのような新しい生産部門を開発することができるだろうか？　この資本主義の危機に対していかなる効果的な長期的解決策も存在しないかもしれない（擬制資本の投機に舞い戻ることを別とすれば）。ある一定の地点で量的変化が質的移行をもたらし、われわれはまさに資本主義の歴史におけるあの転換点に至っているとの考えを真剣に取り上げる必要があるのかもしれない。だとすれば、はたして資本主義が適切な社会システムなのかどうかをめぐって資本主義の未来そのものに疑問符をつけることは、本来、現在の討論の最前線に位置するべきだろう。

だが、このような議論に対する欲求はほとんど見られない。自由市場と自由貿易、私的所有と個人責任、社会的給付への最小限の国家関与と低い税率、これらのものさえあれば人間社会は完全に機能しうるという伝統的呪文は、さすがにますます空疎に聞こえるようになってきているとはいえだ。正統性の危機が忍びよっている。しかし、正統性の危機は総じて株式市場の崩壊とは異なったペースとリズムで展開される。たとえば、一九二九年の株式市場の崩壊が、一九三二年以降に勃興した大規模な社会運動（進歩的な運動もファシスト的な運動も）を生み出すのに、三、四年かかっている。政治権力が現在の恐慌から脱する道をこれほど必死で追求しているのは、忍びよる正統性喪失に対する政治的恐怖が存在するからである。

イデオロギーの建造物にひびが入っていても、それは建造物が完全に崩壊することを意味するものではない。また、何らかの真空が明らかに生じているからといって、人々はただちにそれをそういうものとして認識するわけでもない。今のところ、自由市場イデオロギーの基本的諸前提に対する信頼はそれほど侵食されてはいない。先進資本主義諸国の人々は誰も（いつもの不満分子を別とすれば）、ライフスタイルの抜本的な変革を求めてはいない。その多くがそこここで倹約したりより節約したりする必要性を認めていても、である。アメリカで差し押さえを経験した人々は――いくつかの予備調査が語るところでは――総じて、住宅所有者としての個人責任をまっとうできなかったことで（時に不運であったことを認めつつも）自分自身を責めている。銀行家たちの不誠実さに対する怒りや彼らの高額ボーナスに対するポピュリズム的怒りは存在するが、北米ないしヨーロッパでは、ラディカルで射程の長い変革を求める運動は起こっていないように見える。だが南半球、とりわけラテンアメリカでは、まったく異なった事態が見られる。成長が持続し政治が異なった音色を奏でている中国およびその他のアジア地域で政治がどのように展開するのかは不確定である。そこでの問題は、成長がたとえより低い率でも継続していることである。

恐慌にはシステム的な起源があるという思想が、主流派のメディアの中で議論の俎上にのぼることはめったにない。これまでのところ北米とヨーロッパにおける政府の動きの大部分は、ビジネスを通常通り継続させるものになっているし、それは資本家階級向けの援助に変貌してしまっている。金融破綻の直接的なきっかけであった「モラル・ハザード」は、銀行に対する緊急支援において新たな高みに達した。新自由主義の実際の実践は（そのユートピア的理論とは反対に）、金融資本と資本主義エリートに対する剝き出しの支援を常に伴っており、それはたいてい次のような根拠にもとづいている。金融機関はどんな犠牲を払ってでも保護しなければならず、確実な金儲けのための良好なビジネス環境を創出することが国家権力の義務であると。このような姿勢は基本的には変わっていない。このような実践は、資本主義的活動の「上げ潮はすべての船を持ち上げる」とか、複利的成長の恩恵は魔法のように「したたり落ちてくる《トリクルダウン》」（そしてそれは金持ちのテーブルからこぼれ落ちるパンくずという形でしか行なわれないとされる）といった疑わしい命題に訴えることで正当化されている。

資本主義世界の大部分において、われわれは、政治が脱政治化され商品化される驚くべき時代に生きている。国家が金融投資家たちの緊急支援に足を踏み出した今日になってようやく、この国家と資本とが制度的にも人脈的にもかつてなく緊密に結びついていることが明らかになってきている。経済的支配階級は——その代理人として活動している政治的階級ではなくむしろ——自ら実際に支配しているように見える。

では、資本家階級はどのようにして現在の恐慌から脱出し、どれぐらい速やかに脱出するのだろうか？株式市場における相場の反発が上海と東京で起こり、それがフランクフルト、ロンドン、ニューヨークに広がっているのはよい徴候であると言われている。失業があらゆるところであふれかえり、それが増大しつづけているとしてもである。だがこのような基準には階級的バイアスが存在することに注意しなければならない。株式相場の反発を資本家が喜んでいることをわれわれも喜ぶべきだと言われている。なぜなら、それに続いて必ず、「実体経済」においても反発が起こり、それによって労働者の雇用がつくり出され、収入を稼ぐことができるからだ、と。しかし、実際には、二〇〇二年以降、アメリカにおける株価反発が「雇用なき景気回復」に終わったという事実はすでに忘れられてしまっているようだ。とりわけアングロサクソンの世論というのは健忘症を深刻に患っているらしい。資本家階級による暴走とその行動が招いた周期的な惨事はあまりにも容易に忘却され容認されてしまう。資本主義メディアはこのような健忘症を喜んで推進する。

その間に、若い金融のサメたちは前年度の巨額のボーナスをすでに受け取っていて、群れをなしてブティック金融機関を立ち上げ、ウォールストリートとロンドンのシティを巡回し、昨日までの巨大金融機関の瓦礫を振るいわけ、うまみのある部分を掠め取り、こうしていっさいを最初から始めようとしている。アメリカに残っている投資銀行――ゴールドマンサックスとJ・P・モルガン――は銀行持ち株会社として再生したが、種々の規制条件からの免除特権を獲得し（連邦準備制度理事会のおかげだ）、納税者の金を、規制外のいまだ活況を呈しているデリバティブ市場に危険なまでに投機し、巨額の利潤を稼いでいる（そしてそれに見合った巨額のボーナス用の金《かね》を貯えている）。われわれを恐慌に投げ込んだレバレッジという金融操作は、あたかも何ごとも起こらなかったかのように再び隆盛を誇っている。金融イノベーションはなお進行中である。擬制資本債務をパッケージ化し販売する新しい手法が開発され、年金基金のような諸機関に提供され、過剰資本の新しいはけ口を必死で見つけ出そうとしている。虚構が戻ってきた！

コンソーシアム[1]は、抵当流れした不動産を買いあさっており、大儲けできる時までそれを市場に出すの

▼1　コンソーシアム…大型プロジェクトの実現のために複数の大企業が一時的に形成する集合体。

を待つか、将来、積極的な再開発をするために高価値の土地に融資している。富裕な個人や企業、あるいは国家に庇護された経営体（中国の場合）は、アフリカやラテンアメリカ全土で驚くほどの安値で膨大な土地を買いあさっている。あるいは、この機会に自分たちの権力を強化し、将来の安全性を確保しようとしているのである。彼らは、これは、早晩崩れさる別種の投機的フロンティアなのだろうか？　普通銀行は、高額のボーナス支払いという以前のライフスタイルと合致したやり方を再開することをもくろんで現金を手元に確保しているが、そのかなりの部分は公的財源から得たものである。その一方で、多くの企業は、公的資金をじゃぶじゃぶつぎ込まれながら、創造的破壊のこの絶好の瞬間をつかもうと虎視眈々としている。

その間に、少数の者たちによって行使される剝き出しの貨幣権力が民主主義的統治のあらゆる外観を掘りくずしている。たとえば、製薬会社、医療保険、病院のロビー集団は、アメリカにおける医療保険改革を阻止するために二〇〇九年の最初の三ヵ月間だけで一億三三〇〇万ドルもの大金を費やした。医療保険改革法案を起草した上院財政委員会の長であるマックス・ボーカス［モンタナ州選出の民主党上院議員］は、膨大な数の新しい患者を無慈悲な搾取と不当利益からのいかなる保護もなしに保険会社に委ねるような法案（ウォールストリートは大喜びだ）のために、一五〇〇万ドルもの大金を受け取った。次の選挙サイクル――アメリカの選挙は巨大な貨幣権力によって合法的に腐敗させられている――がまもなくやって来る［二〇一〇年になされた］。「Kストリート［ロビイスト街］の党」と「ウォールストリートの党」は、アメリカ労働者が支配階級のつくり出した大混乱から抜け出ようと必死でもがき苦しんでいるあいだに、しっかりと再選を果たすだろう。われわれはこれまでもずっとこのような暗澹たる苦境の中にあったのである。思い返せば、毎回毎回、アメリカの労働者たちは、袖をまくり、ベルトを締め、支配階級が自己のあらゆる責任を否定している自壊の不可思議なメカニズムからシステムを救い出してきたのだ。個人責任は、結局のところ労働者に求められるのであって、資本家には求められないのである。

しかしながら、資本家階級は、資本主義が資本家にとってよいものであるだけでなく、われわれ全員にとってもよいものだということを人々に納得させなければならない。彼らは、二五〇年にも及ぶ持続的成長（現在のような創造的破壊を時おり伴ったそれ）のことを持ち出すだろう。そして、これらいっさいが終焉を向かえると考える理由などないと言うだろう。その終わりなきイノベーションは、何といっても、ベルクロ社のマジックテープやマクラレン社の折りたたみ式ベビーカーのような新技術の基礎を敷いたのであり、これらは人類全体に恩恵を与えることができる。そして、まだまだ征服すべき研究フロンティアは存在するのであって、それは、持続的拡張に必要な新しい生産部門と新しい市場を生み出すことができる。グリーン技術や新しい「上限取引《キャップ・アンド・トレード》」市場（汚染物質排出権）は、地球を救うのに役立つだろう、と。次のイノベーションの波の候補としてはるかに有力なのは、生物医学と遺伝工学の分野である。これは、われわれに永遠の生命を約束し、化学的・生物学的に生命のさまざまな形態に役立つ倫理的領域だとされている（実に疑わしいが）。そしてそれをバックアップする国家（現在現われつつあるアメリカ型モデルが今後も継続するとすれば）が、医療・製薬・保健の産業複合体に巨額の利潤を保障するとされる。これは、ゲイツ財団やソロス財団のような最も資金豊富な財団が熱心にその寄付金によって開拓してきた分野である。知的所有権に対するレントは、それを保有している人々に長期にわたって収益を保障する（生命そのものが特許とされていることを想像せよ！）。

国境を超えた独占化（国家と企業の双方において）がますます進行し、それは経済システムをますます「破滅的競争」に対して脆弱にしている。有効需要問題は、国家に支えられた市場によって以前よりうまくコントロールされ（と期待されている）、お金を刷ることで資金供給されている。これまでのような国防、警察、諜報以外の分野でもそうなっている。医療、住宅、教育といった分野での私的給付にいっそうの公的支援をすることが、あたかも、住民の大多数にとっての市民的・民主主義的諸権利を増幅させることであるかのように都合よく描き出されている。しかしそれは実際には私企業の懐を潤すものでしかない。

そして、今この場所に困難があるのなら、どうしてその困難を国外に輸出しないのか（危機の地理的移転）。その際、自分のところに再輸出されて戻ってくる可能性は何とか避けられるだろうとの期待が込められている。さもなくば、恐慌傾向そのものをある制限から別の制限へと巧みに移転させるかだ。われわれは現在、有効需要問題を抱えているが、なぜそれを、大量のお金をばらまくことによって解決しないのか？　そうすれば五年後にはインフレ問題が起こるだろうが、そのときには都合よく選挙サイクルの時期は終わっているだろう。インフレ危機に対する回答は、もちろんのこと、赤字財政の放蕩の時期に労働者が獲得したわずかな利益を取り上げることである。その一方で銀行家と投資家はあいかわらず贅沢三昧を続ける。あたかも、資本家たちが集団で障害物競争に従事し、見事なまでの優美さと軽やかさで次々とハードルを飛び越えているかのようである。そしてそれは、まるでわれわれが常に終わりなき資本蓄積という約束された土地に住んでいる（あるいは、住もうとしている）という幻想をつくり出している。これが現在の出口戦略のアウトラインであるとすれば、ほぼ確実にわれわれは、五年以内にもう一つの大混乱へと叩き込まれるだろう。実際、危機がまだ十分にそのコースを走り切っていないことを示す重大な徴候が存在する。ドバイ・ワールドは二〇〇九年一一月に突然、その支払いに応じることができないと声明し、世界の株式市場は、石油成金国のアブダビが支援を申し出るまで収縮していった。この直後に問題になったのがギリシャの公的債務である（それはラトビアの債務問題よりも早く起こった）。一部のアナリストは、次にはアイルランド、スペイン、さらにはイギリスさえも問題になるのではないかとの懸念を表明しはじめている。ヨーロッパ連合（EU）は団結して加盟国の支援に当たるのだろうか、それとも金融的苦境のもとで実際に解体していくのだろうか？

その間に、中国経済は年八％もの成長率を記録していたが、それは巨大なインフラ投資計画と新しい生産能力の創出――古い生産能力がどうなるかにまったく頓着することなしに――にもとづいていた。しかし、この種の好況の場合に常に起こることなのだが、過剰生産能力の創出――それは、中央政府の命令にもとづいて中国の銀行による投機的貸付の狂騒によって煽られた――が明るみになるのはずっと後になってからのことなのである。しかし、手に負えない過剰労働力のこのような巨大な予備軍を前にして、中国政府に他にどうすることができようか。その結果生じた中国の国内経済の激しい活況は地方の有効需要を満たし、ある程度まで輸出市場の喪失を相殺した。インドもまた成長を回復している。それは同国の巨大な国内市場と、外国輸出への依存度が低いことのおかげである。例外はサービス部門だが、これは他のどの部門よりも恐慌の影響が弱かった。しかし、その恩恵は不平等に分配されている。インドの億万長者たちは、『フォーブズ』の長者番付によれば、二〇〇八年恐慌の真っ只中で二七人から五二人に増大した。これはまたしても、恐慌の真っ只中で資産がそのしかるべき所有者（と称する人々）の手に返っていくもう一つの事例なのだろうか？　明らかなのは、恐慌と景気回復の双方の地理的不均等発展が着実に進行していることである。

われわれが今回の恐慌から脱出するのが早ければ早いほど、そして現在進行中の破壊される過剰資本の量が少なければ少ないほど、長期的な積極的成長が回復する余地はそれだけ少なくなるだろう。この文章を書いている時点（二〇〇九年半ば）で資産価値の損失は、ＩＭＦの言うところでは、少なくとも五五兆ドルに達する。これは、世界の一年間の財とサービスの総産出高にほぼ相当する額である。すでにわれわれは一九八九年の産出高レベルに後退している。恐慌が終わるまでに四〇〇兆ドルかそれ以上が失われる事態を目にすることになるかもしれない。実際、最近の驚くべき計算によれば、アメリカ一国だけで二〇〇兆ドル以上もの資産価値が保証困難になっていることが示唆されている。これらの資産すべてが駄目になる可能性はごくわずかだとしても、その多くがそうなりうるという考えは至極冷静なものである。一つの具体例だけ取り上げておこう。今やアメリカ政府によって所有されているファニーメイとフレディマックは、五兆ドル以上の住宅ローンを保有ないし担保しているが、その多くは深刻な問題を抱えているのである（二〇〇八年だけで一五〇〇億ドル以上の損失が記録された）。それでは、オルタナティブは何だろうか？

古いオルタナティブから新しいオルタナティブへ

これまで多くの人は次のように夢想してきた。資本主義的（非）合理性に対するオルタナティブを規定することができるだけでなく、万人にとってのよりよい生活の集団的探求へと人類の情熱を動員することを通じてそれを合理的に達成することができる、と。歴史的に社会主義とか共産主義と呼ばれていたこのようなオルタナティブは、さまざまな時期にさまざまな場所で試みられてきた。一九三〇年代、そのあれこれのビジョンは希望の光として機能した。しかし、最近、これらのオルタナティブは輝きを失い、退けられるようになっている。その理由は単に、共産主義がその約束を履行することに歴史的に失敗してきたことや、共産主義体制が自分たちの誤りを弾圧によって隠蔽してきたことにあるだけではない。それと同時に、人間性と人間の制度の潜在的完全性に関する彼らの前提に欠陥があるとみなされたことにも原因がある。

まず社会主義［ここでは「社会民主主義」のこと］と共産主義との相違について論じておく必要がある。社会主義とは、資本主義を民主主義的に管理・規制し、その行きすぎを抑えて、その恩恵を公益のために再分配することを目的とする。累進課税制度を通じて富を広く分配し、教育や医療、さらには住宅のような基本的ニーズを、市場の力が及ぶ範囲の外部から、国家を通じて供給することをめざす。ヨーロッパおよびそれ以外の諸国における、一九四五年以降の時期における分配的社会主義の主要な成果は、社会的にしっかりと埋め込まれてきたし、新自由主義的攻撃からも何とか免れてきた。アメリカでさえ、社会保障〔老齢年金〕とメディケア〔老人医療保険制度〕はきわめて広く受け入れられた制度であり、右翼勢力といえども解体することがほとんど不可能なほどである。イギリスのサッチャー主義者たちも、周辺部を除いては国民医療保険制度に手をつけることができなかった。スカンジナビア諸国およびほとんどの西ヨーロッパ諸国における社会的給付は、社会秩序の揺るぎない基盤であるように見える。

　社会主義のもとで、剰余の生産は総じて市場への積極的な介入を通じてか、あるいは経済のいわゆる「管制高地」（エネルギー、輸送、鉄鋼、時に自動車も）の国有化を通じて管理されてきた。資本の流れの地理的《ジオグラフィ》配置は国家介入によってコントロールされていた。にもかかわらず国際貿易は貿易協定を通じて地道に繁栄していた。市場のみならず職場における労働者の諸権利も強化された。社会主義のこれらの諸要素は、一九八〇年代以降ほとんど至るところで徐々に縮小されていった。事実上、新自由主義革命は剰余の生産を私有化することに成功した。それは、資本主義的生産者を諸制約——地理的制約を含む——から解放し、その過程で、国家機能の進歩的な再分配的性格を掘りくずしていった。このことは、社会的不平等の急速な拡大をもたらした。

　他方、共産主義は、資本主義とはまったく異なる、財とサービスの生産・分配様式を作り出すことによって資本主義に取って代わろうとした。現実に存在した共産主義の歴史において、生産、交換、分配に対する社会的統制は、国家統制と制度的な国家計画化を意味した。結局のところ、この試みは失敗に終わったのだが——その理由についてはここで詳述することはできない——、中国におけるその変形（およびシンガポールなどでのその初期の適用例）は、成長をもたらす上で、純粋に新自由主義的モデルよりもはるかに有効であることが明らかになった。共産主義的仮説を復活させようとする今日の試みはたいてい、国家統制を拒絶し、生産と分配を組織するための基礎として、市場の力と資本蓄積に取って代わる別の形態の集団的な社会的組織を探求している。垂直的な指令システムではなく、水平的なネットワーク型システム――自律的に組織された自己統治的な生産者と消費者の集合体同士のネットワーク――が、新しい形態の共産主義の中核に座ることが構想されている。現代の通信技術はこのようなシステムを実現可能なものにしている。世界中で、このような経済的・政治的形態を構築するさまざまな小規模実験がなされている。この点では、マルクス主義的伝統と無政府主義的伝統とのあいだに一定の収斂が生じている。これは、両者が相闘う陣営に分裂する以前の一八六〇年代にヨーロッパで広く存在していた協力的な状況に戻ることを意味する。この分裂は、一八七一年のパリ・コミューン、および、一八七二年にカール・マルクスと当時の指導的急進主義者の一人であった無政府主義者ミハイル・バクーニンとが激しく対立しあうようになった後に生じたものである。

確定的なことは何も言えないとはいえ、われわれは現在、長期にわたる再編がようやく開始される地点にいるのかもしれない。それは、壮大で射程の長いオルタナティブが世界のあちこちでしだいに表面化してくる時期である。不安定さが長引けば長引くほど、悲惨さが長期化すればするほど、ビジネスを行なう既存の方法の正統性はますます疑問視されるようになり、異なった形で社会を建設したいという要求はしだいに高まっていくだろう。金融システムに応急処置を施す彌縫策的な改良ではなく、抜本的な改革がいっそう必要になってくるだろう。

たとえば、われわれは現在、抑制された「ケインズ主義的解決策」（ただし上層階級を救済することへと歪められたそれ）に回帰する事態を目撃しているが、どうしてそれを、もともとケインズが救済対象としていた労働者階級の方へと向き変えることができないのだろうか（ただしケインズがそうしたのは政治的必要性からではなく経済的必要性からであることは覚えておいてよい）。皮肉なことに、ケインズ主義的解決策に向けた政治的転換がなされればなされるほど、経済的には再び、少なくとも一時的な安定の外観が見られるようになるだろう。しかしながら、資本家は、このような方向への動きが、剝奪された人々、不満を抱く人々、略奪された人々にエンパワーメントの感覚を再び燃え立たせ、それに促されて彼らが事態をもっと先に進めるのではないかと恐れている（実際、一九六〇年代末にはそのような動きが起こった）。一インチ譲れば、一マイル奪い取られるだろうというわけだ。いずれにせよ、資本主義を資本主義自身から救い出すためには、資本家が自分たちの個人的富と権力の一部を進んで放棄することが必要であろう。だが歴史的に彼らは常にそうすることに激しく抵抗してきたのである。

しかしながら、世界全体を通じての資本主義的実践の不均等発展は、世界のいたるところに反資本主義的運動を生み出してきた。東アジアの多くで見られる国家中心型経済は、ラテンアメリカの多くで起こっている激しい反新自由主義闘争とは異なった不満を引き起こしている。ラテンアメリカでは、ボリバル主義的人民権力の革命運動は、資本家階級の利益集団に対して特殊な関係を有しており、まだ真にそれとは対決するに至っていない。恐慌に対する対応は、ヨーロッパ連合（ＥＵ）を構成する諸国家の中でも、戦術や政策に差が見られるが、その差は、統一したＥＵ憲法を作成しようとする第二の試みが進行中であるにもかかわらず、ますます大きなものになっている。革命的で断固として反資本主義的な運動――そのすべてが必ずしも進歩的なものではないが――もまた、資本主義の周辺地域の多くで見出すことができる。これまでも、支配的な社会的諸関係、生活様式、生産能力、「世界に関する精神的諸観念」といった点からして根本的に異なったものが繁栄しうるような一定の空間が開かれてきた。このことは、タリバーンに、またネパールの共産党支配にあてはまるだけでなく、チアパスのサパティスタやボリビアの先住民運動、あるいはインド農村の毛沢東主義者の運動にもあてはまる。これらの運動が目標、戦略、戦術の点でかけ離れているとはいえだ。

中心となる問題は、全体として、資本家階級の再生産とその権力の永続化に世界的規模で的確に挑戦しうるような、堅固で十分統一された反資本主義運動が存在しないことである。資本主義的エリートたちの特権の砦を攻撃したり彼らの法外な貨幣権力と軍事力を抑制するための何らかの明白な方法も見出されてはいない。しかしながら、「もう一つの世界は可能だ」という感覚は存在している。これは、オルタ・グローバリゼーション運動が一九九〇年代に宣言しはじめたスローガンであり、世界貿易機構（WTO）の会議が街頭行動によって徹底的に妨害された一九九九年の「シアトルの闘争」の後に人口に膾炙するようになった。そうした漠然とした感覚が存在するだけでなく、ソヴィエト帝国の崩壊とともに、もう一つの共産主義もまた可能かもしれないという感覚も存在している。何らかのオルタナティブな社会秩序に向けたいくつかの最初の手がかりが存在するとはいえ、そうした社会秩序がいかなるものであるのかを実際に知っている者は誰もいない。しかし、単にこのような綱領を明確化しうる——実践することは言うまでもなく——政治勢力がまだ存在していないからといって、オルタナティブの概略を描き出すことに躊躇する理由にはならない。

レーニンの有名な問い、「何をなすべきか」に答えるには、たしかに、誰がどこでなすのかに関する一定の理解が存在しなければならない。しかし、グローバルな反資本主義運動は、何をなすべきなのか、なぜなすべきなのかに関する、人々を鼓舞するような構想なしには本格的に出現しえないだろう。つまりここでは二重の閉塞が存在するわけである。オルタナティブな構想の欠落が反体制運動の形成を妨げていること、そして、このような運動の不在がオルタナティブの明確化を排除していることである。では、どのようにしてこの二重の閉塞を乗り越えることができるのだろうか？　何をなすべきで、なぜなすべきなのかに関する構想と、それをなすための、特定の場所を越えた政治運動の形成、この両者の関係を一個の螺旋に転化させなければならない。どちらにおいても、何らかのことが現実に行なわれるならば、他方が強化されるだろう。さもなくば、潜在的な反対の動きは永遠に閉じられた円環の中に拘束され、建設的な変革を求めるあらゆる展望を挫折させるだろう。そしてそれは、将来においても資本主義の危機《クライシス》／恐慌にわれわれを絶え間なくさらし続け、それはますます致命的な結果をもたらすだろう。

共－革命的理論の構築に向けて

対処すべき中心的問題は十分明白である。永遠の複利的成長は不可能であり、この三〇年間世界を苦しめてきた諸困難は、持続的資本蓄積に対する限界が忍びよりつつあること、それは、持続不可能な虚構を創造することによってしか克服できないことを示している。このことに加えて、世界中で膨大な数の人々が絶望的貧困の条件のもとで暮らしており、環境悪化が手に負えないぐらい急速に進行し、人間の尊厳が至るところで侵害されている。その一方で金持ちたちはますます多くの富を自己の支配下に積み上げ、政治、制度、司法、軍事、メディアといったもろもろの「権力の梃子」がこのような堅固だがドグマ的な政治的コントロールのもとにあり、そのため、単に既成秩序を永続化させる以上のことがほとんどできなくなっている。

終わりなき複利的資本蓄積に敢然と挑戦し、それによって人類史の主要な原動力としての複利的資本蓄積を終わりにするような革命政治が必要であり、そのためには、社会変革がどのように起こるのかに関するメカニズムを深く理解しておかなければならない。社会主義と共産主義を建設する過去の努力の失敗を避けなければならないし、この巨大で複雑な歴史からの教訓を率直に学ばなければならない。だが、首尾一貫した反資本主義的革命運動にとって何が絶対に必要なのかということも認識しなければならない。この運動の基本目標は、剰余の生産と分配の両者に対する社会的管理を前提としたものでなければならない。

第5章で概観した共進化の理論を別の面から見てみよう。これは、共‐革命的理論の基礎を形成しうるだろうか？　政治運動はどこかを起点に開始することができる。労働過程においてか、精神的諸観念をめぐってか、自然との関係においてか、社会的諸関係においてか、革命的技術と組織形態のデザインにおいてか、日常生活からか、国家権力の編成を含む制度的・行政的構造の改革の試みを通じて。重要なのは、政治運動がある活動領域から別の活動領域へと相互に強化しあう仕方で絶えず移動することである。これこそ、資本主義が封建制から出現した過程を示すものであったのであり、何か根本的に異なったもの——共産主義と呼ぶのであれ、社会主義と呼ぶのであれ、その他何と呼ぶのであれ——が資本主義から出現するであろう過程を示すものでもある。共産主義的ないし社会主義的オルタナティブをつくり出すこれまでの試みは、異なった活動領域間の弁証法を運動させつづけることに致命的に失敗したし、諸領域間の弁証法的運動における予測不可能性と不確定性を把握することにも失敗した。資本主義は、まさにこの弁証法的運動を維持することによって、そしてその結果生じる、危機／恐慌を含む不可避的な緊張関係を包摂することによって生き残ってきた。

想像してみよう。ある領土の中に住む国民が、終わりなき資本蓄積が可能なものでも望ましいものでもないことに気づき、それゆえ、もう一つの世界が可能であるだけでなく、可能なものにならなければならないと集団的に信じるようになった、と。このような集団は、オルタナティブの構築を探求する際に何から開始するだろうか？

変革はまずは現状から生まれるし、それは現状のうちに内在している可能性を利用しなければならない。

この現状は、ネパール、ボリビアの太平洋地域、ミシガンの産業衰退した諸都市、ムンバイや上海のいまだ活況を呈している諸都市、さらにはダメージを受けはしたがけっして破壊されていないニューヨークやロンドンなどの金融中心地などでそれぞれまったく異なっており、したがって、社会変革といっても、さまざまな場所とさまざまな地理的規模において、ありとあらゆる種類の試みが存在するのであり、それらの試みは、もう一つの世界を可能にする（あるいはしない）方法として、潜在的に啓発的なものになる可能性は高い。そして、いずれの場合においても、現状のあれこれの側面が異なった政治的未来に対する鍵を握るものであるように見えるかもしれない。しかし、反資本主義運動にとっての最初のルールは、一つの契機のダイナミズムの展開にのみ依拠するのではなく、他のすべての契機との諸関係がどのように適応しそれに反映するのかを見ながら注意深く修正せよ、ということである。

将来の有力な可能性は、さまざまな諸領域間の関係の現状から生まれてくる。諸領域の内部およびそれらを横断しての戦略的な政治的介入は、しだいに社会秩序を異なった発展経路へと動かしていく。これは、賢明な指導者と先を見通した諸機関とがローカルな諸状況を踏まえて常にやるべきことであり、したがって、このようにして行動することが何か特別に空想的ないしユートピア的なことであると考える理由はない。

しかしながら、最初にはっきりと認識しなければならないのは、発展は成長と同じではないことである。たとえば、社会的諸関係、日常生活、自然との関係といった諸領域で異なった発展をすることは、必ずしも経済成長を前提したり資本を利するることなしに可能である。成長は貧困や不平等を減らすための前提条件であるとか、自然食品のようなよりきめ細やかな環境政策が金持ちのための贅沢であるなどと主張するのは誤りである。

第二に、それぞれの領域で変革を起こすためには、たとえば社会的諸制度や技術変化を例に取ると、それらの内的ダイナミズムについての深い理解を必要とするとともに、それらと他のすべての活動領域との関係についても深い理解を必要とするだろう。これらのそれぞれの領域で活動している人々のあいだで同盟が構築されなければならないし、それらの領域を横断するような同盟も構築されなければならない。このことは、反資本主義運動が、社会的諸関係をめぐって、あるいは日常生活それ自体の諸問題をめぐって動員される諸集団よりもはるかに広範なものでなければならないということを意味する。たとえば、技術的・科学的・行政管理的専門家と、現場で社会運動に従事している人々とのあいだに存在する伝統的な敵意に対処し、それを克服しなければならない。

第三に、グローバル経済の他の諸空間から生じるインパクトやフィードバック（政治的敵意を含む）を直視する必要もあるだろう。それぞれ異なった場所は、その固有の歴史、文化、位置、政治的・経済的諸条件にもとづいて異なった仕方で発展する。他の地域での何らかの発展は補助的ないし補完的役割を果たしうるが、他方では、別の発展が有害ないし敵対的な役割さえ果たすかもしれない。何らかの領土間競争は不可避であるが、必ずしも悪いものであるとはかぎらない。それは、競争が何をめぐってのものであるのかによる。すなわち、経済成長の指標をめぐってのものなのか、日常生活の暮らしやすさをめぐってのものなのか？　たとえばベルリンは非常に暮らしやすい都市だが、経済的成功をはかる通常の資本主義的指標にもとづくなら、ベルリンは後進的な場所として記述される。土地の価値と不動産価格は驚くほど低く、これは、財産の乏しい人々にとっては容易にそこそこの住居を見つけ出すことができることを意味するが、開発業者《デベロッパー》は貧弱である。ニューヨークやロンドンがこの点でもう少しベルリンに似ていてくれたなら！

第四に、共通の目標に関して一定の大雑把な合意が必要である。いくつかの全般的な指導的原則を設定することができるだろう。そこにはおそらく、自然の尊重、社会的諸関係におけるラディカルな平等主義《エガリタリアニズム》、何らかの共同利益の感覚にもとづいた社会的諸制度、民主主義的な行政手続き（現在存在する貨幣化されたまがいものではなく）、直接生産者によって組織された労働過程、新しい社会的諸関係と生活様式の自由な探求としての日常生活、自己実現と他者への奉仕に焦点を当てた精神的諸観念、軍事化された権力や企業の強欲を支持するのではなく共通善の追求をめざした技術的・組織的諸形態、が含まれるだろう。これらは、その周囲に社会的活動が結集し回転する共－革命的な諸ポイントである。もちろん、これはユートピア的だ！　しかし、だから何だというのだ！　そうでしかありえない。

さて、望ましい社会的諸関係の一形態として、ラディカルな平等主義――個人間および自己規定的な社会集団間のそれ――が選ばれたと仮定しよう。この仮定を支える根拠は、何世紀にもおよぶ政治闘争から生じている。そこでは、バスティーユから天安門広場に至るまで、平等の原理が政治行動と革命運動とを鼓舞してきた。ラディカルな平等主義はまた膨大な文献にも依拠しており、その思想は多くの地理的・文化的相違を超えているように思われる。アメリカの世論調査によると、政治生活の適切な基礎として、また個人間および社会集団間の社会的諸関係を組織するための基盤として、平等の原理に対する深い愛着があることが示されている。市民的・政治的諸権利が元奴隷に、女性に、同性愛者や障害者に拡張されていく過程に二〇〇年を要したかもしれないが、これらの領域における進歩の要求は否定しがたいものであり、今後とも、個人間のみならず社会集団間における平等の探求は続いていくだろう。逆に、アメリカのエリートたちに対する軽蔑が政治的に動員される（そしてしばしば悪用される）という事態も、この平等主義から派生している。

ラディカルな平等主義の原理はそれ自体としては拒否しがたいものであるように見えるが、問題は、それが他の活動領域とどのように接合するのかである。たとえば、社会集団の定義はつねに論争の対象となっている。多文化主義は、ほとんどの自己規定的社会集団間の平等という理想に適合しうるだろうが、深刻な困難を生み出す一つの分岐点もずっと存在してきた。それは階級という分岐点である。というのも、階級は資本主義の再生産に必要不可欠な根本的不平等だからである。それゆえ、既存の政治権力による回答は、この階級の存在を否定するか、あるいは、このカテゴリーはきわめて混乱していて複雑なものなので（あたかも人種やジェンダーのようなその他のカテゴリーがそうではないかのように）、分析に役立たないと言うかであった。このようにして、世界を解釈するヘゲモニー的な知的構築物（たとえば経済学の分野におけるそれ）においてであれ、実践的な政治の場においてであれ、階級の問題は回避され、否定され、無視されるのである。階級意識は、人種、ジェンダー、エスニシティ、宗教、性的指向、年齢、消費性向、社会的嗜好といったものによって与えられる政治的主体性と違って、最も論じられることが少なく、最も積極的に拒否されている。かつての政治的な時代と場所の奇妙な残余として言及される場合を除いて（「古いヨーロッパ」などと言われる場合のように）。

明らかに、階級的アイデンティティは、人種的アイデンティティなどと同じく、複合的で重層的である。たとえば、私は労働者として働くが、年金基金を持ち、その基金は株式市場に投資されている。私は自宅を所有し、額に汗してその資産価値を増そうと努力し、それを売って投機的利益を得ようとするかもしれない。このような複合性は階級概念を凝集性を欠いたものにするのだろうか？　階級は役割であって個々人に付着するラベルではない。われわれは常に複合的な役割を演じる。しかし、われわれのほとんどがドライバーと歩行者の両方の役割を演じるからといってドライバーと歩行者との関係の分析にもとづいてしかるべき都市計画を立てることはできないなどとは言わない。資本家の役割とは、貨幣を用いて労働ないし他人の資産を支配し、この支配力を用いて利潤を稼ぎ出し、資本を蓄積し、したがって富と権力に対する個人の支配力をいっそう増大させることである。資本の役割と労働の役割との関係は、資本主義のもとでさえ正面から取り上げられ規制されなければならない。革命的目標課題《アジェンダ》は、この関係を真に不必要なものにすることであって、それを隠蔽したり不透明なものにすることではない。資本蓄積なき社会を設計することは、クルマのない都市を設計することと原理的に違いはない。どうして階級的区別なしにお互い対等平等に働くことができないのか？

したがって、ラディカルな平等主義が共進化的過程の中で他の諸領域と接合する仕方は、問題を複雑なものにすると同時に、どのように資本主義が運動しているのかを明らかにするものでもある。資本主義が約束する個人的自由は、自由主義の理論と実践の双方においてそうであるように、私的所有と市場という社会的諸制度によって媒介されている。その結果、巨大な不平等が生じている。マルクスがずっと以前に指摘したように、一七世紀の思想家であるジョン・ロックを起源とする個人的権利の自由主義理論は、新興の所有者階級と、生きるために自分の労働力を売らなければならない人々から構成される別の階級とのあいだの不平等が増大しつつあることを強調した。一九四〇年代に活躍したオーストリアの哲学者で経済学者であるフリードリヒ・ハイエクの新自由主義理論においては、このようなつながりはいっそう固く結びつけられた。彼は、国家暴力（ファシズムと共産主義）に直面して平等主義と個人的権利を守る唯一の方法は、不可侵の私的所有権を社会秩序の中心に据えることであると論じた。階級権力の再生産と資本蓄積に有効に挑戦するためには、この深く定着した見解に正面から挑戦しなければならない。したがって、社会的諸制度の領域で、ラディカルな平等主義がラディカルに平等主義的な形で機能するためには、所有のまったく新しい概念、すなわち私的所有の権利ではなく共同所有の権利というまったく新しい概念が必要になるだろう。その上で、社会的諸制度をめぐる闘争は、政治的関心の中心へと進み出なければならない。

というのも、資本主義は市場の中ではラディカルな平等主義に同意しているが、この平等主義は、マルクスが言うところの、生産という「隠れた場所」の内部に入るやいなや崩壊するからである。それは、オフィスビルの中に入り、鉱山に降り、田畑や工場の中、事務所や店舗の中に入ると消えてなくなる。したがって、アウトノミア運動が、労働過程内部でラディカルな平等主義を達成することはいかなる反資本主義的オルタナティブを構築する場合であっても最高度に重要であると主張したのはまったく正しい。自治と労働者自主管理の構図はここでは理にかなっているのであり、それがその他の諸領域と民主主義的な形で結びついている場合にはとりわけそうである。同じことは、われわれがラディカルな平等主義の諸原理を日常生活の行為と結びつける場合にもあてはまる。私的所有と市場の諸制度によって媒介されると、ラディカルな平等主義は貧困者のホームレス状態をつくり出し、金持ちには高級住宅のゲーティッド・コミュニティをつくり出す。明らかにこれは、日常生活におけるラディカルな平等主義が意味すべきものではないはずである。

労働過程と日常生活に対する批判は、ラディカルな平等主義という崇高な原理が資本主義のもとで、それと接合された社会的諸制度によっていかに貧困化し堕落しているかを示す。この知見は驚くべきことではない。私的所有と国家（国家は私的所有の制度的形態を維持し保護することに専念してきた）は、資本主義の存続にとって決定的な二本柱であった。たとえ資本主義がその生き残りの上でラディカルな企業平等主義に依存していたとしてもである。国連の人権宣言は、不平等な結果に対して異議申し立てをしておらず、一方での市民的・政治的諸権利と他方での経済的諸権利とを、相対立する主張が衝突しあう危険領域にしてしまっている。「平等な権利と権利とのあいだでは」とカール・マルクスはかつて書いている――「力がことを決する」[2]。好むと好まざるとに関わらず、階級闘争はラディカルな平等主義の政治にとって中心的なものになっているのである。

ラディカルな平等主義と私的所有とのあいだの結びつきを断つ方策が見つけ出されなければならない。そして、たとえば共同所有権と民主主義的統治の発展にもとづいた諸制度に向けた架け橋が構築されなければならない。強調点は、ラディカルな平等主義から制度的領域へとシフトされなければならない。一例を挙げれば、「都市への権利」運動の一つの目標は、行きすぎた私有化／民営化と排除（それは私的所有と結びついているだけでなく国家所有とも結びついている）に取って代わる新しい都市公共財《コモンズ》をつくり出すことである。このような排除は、ほとんどの時代にあっても、ほとんどの人々を都市から切り離してきたのだ。

　同じように、ラディカルな平等主義、生産の組織化、労働過程の機能の仕方、この三者の連結性《コネクティヴィティ》は、ワーカーズ・コレクティブ〔労働者の協同事業体〕、アウトノミア組織、協同組合、その他さまざまな社会的給付の集団的形態によって提唱されている路線に沿って練り直されなければならない。ラディカルな平等主義のための闘争はまた、自然との関係を再概念化することをも必要とする。すなわち、自然はもはや——一九五〇年代にドイツの哲学者マルティン・ハイデッガーが不平を述べたように——「一つの広大なガソリンスタンド」とみなされるのではなく、維持し育成し尊重し本質的に価値あるものとすべき生活形態の共同の源泉とみなされなければならない。自然に対するわれわれの関係は、自然を他のすべての商品と同じ商品とみなして、原料、鉱物、水、汚染物質排出権、などの将来市場を構築するというような発想によって導かれるべきではなく、また、地代の領有や土地・資源価値を最大化しようとする志向によっても導かれるべきではなく、自然というものが、われわれ全員がそれに対する平等な権利を持つと同時に巨大な責任をも平等に負っている一個の偉大な公共財《コモン》であるという認識によって導かれるべきである。

　しかし、現在は絵に描いた餅のように非現実的に見えるものが、いったんわれわれの精神的諸観念とわ

▼2　マルクス『資本論』第一巻、三〇六頁。

れわれの社会的諸制度や行政管理制度が変革の政治的可能性に開かれるやいなや、まったく異なった意味を帯びるようになる。では、精神的諸観念における転換は世界を変えうるのだろうか?

精神的諸観念の変革

イギリス女王は二〇〇八年一一月にロンドン・スクール・オブ・エコノミクスを訪問し、どうして一人の経済学者も金融恐慌の到来を予測することができなかったのかと尋ねた。六ヵ月後、英国学士院の経済学者たちは女王にどこか弁解がましい手紙を送った。それはこう結論づけている。「女王陛下、要約しますと、今回の恐慌の時期、程度、深刻さを予想することができなかったこと、それには多くの原因があったのにそれを阻止することができなかったことについてですが、それは主として、システム全体を脅かすリスクを理解する上での、多くの賢明な人々――国内および国際的な――の集団的想像力の失敗に起因します」、「傲慢さと結びついた希望的観測の、これ以上の事例を想起することは困難です」。彼らが言っているのは金融投資家たちのことだが、彼らは続けて、すべての者たち――おそらく彼ら自身も含む――もまた「否認の心理学」に囚われていたことを認めている。

大西洋の向こうでは、『ワシントン・ポスト』のコラムニストであるロバート・サミュエルソンも似たような調子でこう書いていた。「われわれは現在、この数十年で最も壮大な経済的・金融的危機を目の当たりにしている。起きている時間の大部分を使って経済を分析してきた一集団は根本的にこれを理解しそこねた」。だが、同国の一万三〇〇〇人かそこらいる経済学者たちは、「自己の過失に対する厳格な自己批判」に従事することにきわめて否定的だった。サミュエルソン自身の結論は、経済理論家たちは、数学的モデル構築の洗練された形態にあまりにも固執したため、自分たちを窮地に陥れたような歴史の乱雑さに煩わされるのを拒否したということであった。

ノーベル経済学賞受賞者にして『ニューヨーク・タイムズ』のコラムニストであるポール・クルーグマンもそれに同意した（彼なりに！）。彼はこう書いている――「職業としての経済学は堕落した。なぜなら、集団としての経済学者は、真実よりも、立派に見える数式で粉飾された美しさを優先させたからである」。イギリスの経済学者トーマス・パリーは、イギリス女王への追加公開状の中で、より手厳しくなってさえいる。経済学を職業としている者たちは「ますます傲慢で偏狭で閉鎖的な考えになってきている」とし、「社会にとって巨大なコストを伴う大規模な知的失敗を生み出したその社会学的失敗に正面から取り組むこと」がまったくできなかったと。

これらの事例を引用したのは、経済学者だけを問題にしたいからではない。何より、彼らの全員が誤ったわけではない。ホワイトハウスの国家経済会議（ＮＥＣ）の現議長であるローレンス・サマーズは、一九八七年の株式市場崩壊の余波の中で、政府による緊急支援が金融ビヘイビアに与える影響について説得力ある分析をしたことがある。その中で彼は、モラル・ハザード問題がどこに行き着くかについてはっきりと予想しているのだが、それにもかかわらず、政府が金融機関を支えない場合に生じる影響は、金融機関を毎回緊急支援する場合よりもはるかに悪いものになるだろうとの結論を下している。政策上の問題は、モラル・ハザードを回避することではなく、それを制限することであった。不幸なことに、一九九〇年代末に財務長官であったこの同じサマーズは、かつての自分自身の分析を忘れてしまい、まさに彼が以前経済を破綻させるものとして示していたような無制約なモラル・ハザードを推進した（行動における否認の明白なケース）。

連邦準備制度理事会の元議長であるポール・ボルカーは二〇〇四年に、五年以内に金融恐慌が起こると警告していた。しかし、大多数の意見はベン・バーナンキに与した。彼は、連邦準備制度理事会の議長になる以前の二〇〇四年に次のように述べた。「金融政策は改善され、そのおかげで世帯と企業が直面する経済的不確定性の程度」は縮小し、したがって不況は「より少なくより深刻でないもの」になったと。これが、「ウォールストリートの党」（そしてそれは何という党派だったことか！）の見解だった。だが、このようなことをインドネシア人やアルゼンチン人に言ってみてはどうか？　恐慌の最悪の局面がすぎる頃である二〇〇九年の夏には、バーナンキの予測がよりまともなものになっていることを心から望む。

思想は結果をもたらすし、誤った思想は破壊的な結果をもたらしうる。誤った経済的思考にもとづいた政策上の失敗は、一九三〇年代の破局に至る局面においても、そこからのしかるべき脱出路を見つけ出す外観上の能力に関しても、決定的な役割を果たした。まさにどの政策が誤っていたのかに関して歴史家と経済学者のあいだで普遍的な見解は存在しないが、次の点に関しては同意がある。すなわち、あの恐慌を理解するためにはそれまでの「知の構造」を変えなければならなかったということである。この課題を遂行したのがケインズとその同僚たちであった。しかし、一九七〇年代半ばごろには、ケインズ主義的な政策ツールがもはや機能しなくなったこと、少なくともかつて適用されていた頃のようには機能しなくなったことが明らかとなった。そして、このような文脈の中で、マネタリズム、サプライサイド理論、ミクロ経済学的市場行動の（美しい）数学モデルが、ケインズ主義の大雑把なマクロ経済学的思考に取って代わっていった。一九八〇年以降に支配的となったマネタリスト的、およびより狭い意味で新自由主義的な理論枠組みが、今では疑問に付されている。

われわれに必要なのは、世界を理解する新しい精神的諸観念である。だが、それはいったいいかなるものので、誰がそれを生み出すのか？　より広範に知の生産の上に影を落としている社会学的不安と知的不安の両者を踏まえてこのことを考える必要がある。新自由主義理論と結びついた精神的諸観念が深く定着していること、大学が新自由主義化し法人化していること、これらは現在の恐慌をつくり出す上でけっして小さくない役割を果たした。たとえば、金融システム、その銀行部門、「国家－金融結合体」、私的所有権の権力、等々について何をなすべきかという問題は、伝統的思考の箱の外に出ないかぎり、しかるべく提起することはできない。そうするためには、金融機関それ自身の内部だけでなく、大学、メディア、政府といったきわめて多様な場所で思考における革命が起こることが必要だろう。

カール・マルクスは、けっして哲学的観念論に傾くことはなかったが、それと同時に、思想〔観念〕が歴史における物質的力であることを主張していた。精神的諸観念は、何といっても、彼の共－革命的変化の全般的理論における七つの領域の一つを構成するものなのである。精神的諸観念の一定の自律的発展、およびいかなる精神的諸観念がヘゲモニー的なものになるのかをめぐる内的衝突は、重要な歴史的役割を果たす。だからこそ、マルクスは『共産党宣言』を（エンゲルスといっしょに）書き、『資本論』を書き、その他無数の作品を書いたのである。これらの作品は、資本主義とその恐慌傾向に対する（不完全とはいえ）体系的な批判を提供している。しかし、マルクスも主張しているように、これらの批判的思想が社会的諸制度や組織形態、生産システム、社会的諸関係、技術、自然との関係にまで到達した場合のみ、世界は本当に変わるのである。

マルクスの目標は世界を変革することであり、単にそれを理解することではなかったのだから、思想は一定の革命的意図にもとづいて定式化されなければならない。このことは不可避的に、支配階級にとってより快適で有用な思考様式と衝突することを意味した。マルクスの反体制思想が――とりわけ昨今――繰り返し抑圧と排除（あまたの換骨奪胎や偽造については言うまでもない）の対象とされてきた事実は、それが今なお支配階級にとって甘受するにはあまりにも危険でありつづけていることを示唆している。ケインズは、マルクスを読んだことがないと繰り返し断言していたが、一九三〇年代、彼の周囲には、彼に影響を及ぼしていた多くの人々、たとえば彼の同僚であった経済学者のジョーン・ロビンソンのような人々がおり、これらの人々はマルクスを読んでいた。彼らの多くはマルクスの基本概念とその弁証法的論証方法に猛烈に反対していたが、マルクスのより洞察力のある結論のいくつかを鋭く認識しそれに深く影響されていた。それゆえ次のように言っても不公正ではないだろう。ケインズの理論革命は、舞台裏に潜んでいたマルクスの革命的な存在感なしには成し遂げられなかっただろう、と。

今日の時代において厄介なのは、ほとんどの人々がケインズがどういう人物で、いかなる思想を実際に擁護したのかを知らないことであり、マルクスに対する理解もごくわずかしか見られないことである。批判的・急進的思想潮流が抑圧されたために——あるいはより正確に言えば、急進主義が多文化主義と文化的選択の境界の中に囲い込まれたために——、アカデミズムの世界においてもその外部においても、人々のあいだで原理的に何の意見の相違も存在しないという嘆かわしい状況がつくり出され、銀行家たちに対して、まさに彼らが人々を混乱に叩き込んだのと同じ手段を用いてこの混乱から抜け出すよう求めなければならないという事態に陥っている。大きな構図の思考を犠牲にして特殊性を信奉するポストモダン思想とポスト構造主義思想に対する広範な執着は、こうした事態を改善するのに何の役にも立たなかった。たしかに、ローカルなものと特殊なものはきわめて重要であり、たとえば地理的差異を包含することのできない理論は、役立たないというにとどまらない問題性を有している（私は以前この点について苦労して強調しておいた）。しかし、この事実が、ごく狭い領域の政治を超える大きな政治を排除するのに用いられるならば、知識人の裏切りと彼らの伝統的役割の放棄はほぼ完全なものになる。私は確信してやまないが、イギリス女王が聞きたかったのは、ある種の緻密な枠組みの中に大きな構図を入れ込むことでそれを誰にでも理解できるようにするための、大いなる努力が進行中であるという話だったに相違ない。

しかし、社会科学と人文科学の学者研究者、知識人、専門家の現在の一団は、全体として、このような集団的課題に着手する準備がほとんどできていない。ロバート・サミュエルソンが呼びかけたこのような自己批判的反省に取りかかる気概がある者はほとんど見当たらない。大学は新古典派経済学や合理的選択の政治理論に関する無意味な講義を、まるで何ごともなかったかのように、以前と同じく提供している。傲慢な経営学大学院《ビジネス・スクール》は、ただ経営倫理学とか、あるいは他人の破産からお金を稼ぐ方法に関する新しい講義を一つか二つ追加しただけである。結局のところ、恐慌は人間の強欲から生じたのであり、それについてはどうすることもできない、というわけだ！

現在の「知の構造」は明らかに機能不全に陥っており、同じく明らかに正統性を失っている。唯一の希望は、洞察力を持った学生（世界を知ろうとするすべての人々という広い意味でのそれ）の新しい世代が、こうした状況をはっきりと理解しそれを変革することを追求することであろう。こうしたことは一九六〇年代に生じた。それ以外でも歴史のさまざまな決定的地点において学生によって鼓舞された運動が、世界で起こっていることとメディアによって教えられ培われたものとの断絶について認識し、それについて何ごとかをなそうとした。テヘランからアテネにいたるまで、そしてヨーロッパの多くの大学のキャンパスで、そのような運動の徴候が存在する。中国の学生たちの新しい世代がどのような行動に出るかは、明らかに、北京の政治権力の回廊において重要な関心事である。

だが、あらゆる不確定性とさまざまな問題を抱えている学生主導の若い革命運動は、現在の終わりなき成長という問題に対するより合理的な回答へとわれわれを導きうる精神的諸観念における革命を生み出す上で、必要条件ではあるが十分条件ではない。このことは明らかである。学ぶべき最初の教訓は、すべての者にとって利益となるような倫理的で非搾取的で社会的に公正な資本主義というのは不可能だということである。それは、資本の何たるかというその本質そのものと矛盾する。

反資本主義運動と批判的知識人の役割

反資本主義運動が、不満を抱き、疎外され、剝奪され、略奪された人々の広範な同盟から構成されるならば、何が起きるだろうか？　現在、あらゆるところで立ち上がり、経済的・社会的・政治的生活においてその本来の場所を要求し獲得しつつあるこれらの人々の姿は、実際に感動的である。それはまた、これらの人々が何を要求するのか、この要求をどのように実現するのかという問題に焦点を当てるのにも役立つ。

不満を抱き疎外された人々は、どんな理由であれ、資本主義的発展の現在の道筋が袋小路に、場合によっては人類にとっての破局に続いていることを理解しているすべての人々から構成される。そのように考える理由はさまざまであり、人々はそれぞれ別の理由からそう確信するようになった。膨大な数の人々――そこには多くの科学者も含まれる――は、現在暗い影を落としている環境的制約を克服不能なものとみなしている。グローバル経済と世界人口の定常状態が彼らにとっての長期的目標である。自然の新しい政治経済学が構築されなければならない。このことは、支配的な社会的諸関係や生産システムや社会的諸制度においてのみならず、日常生活においても、また都市空間においても、ラディカルな再編を引き起こすことを意味する。それは、地理的差異に対する大きな感受性をも必要とするだろう。新しい環境と新しい地理が生産され、古いそれに取って代わらなければならない。技術的発展の軌道もまた、重厚長大型や軍国主義的なものから「スモール・イズ・ビューティフル」と「より少ないことはより豊かなこと（less is more）」という消費スタイルへと変化しなければならない。これらのすべては、資本主義的な複利的成長に深く対立している。

その他にも、大規模な貧困や不平等の増大に政治的ないし倫理的に反対する態度を培うことは、ほとんどどの場所でも進行している資本主義的国家政策の権威主義的・反民主主義的・拝金主義的・監獄国家的傾向と対立する人々との同盟を強化するだろう。さらに、社会的諸関係の領域ではなすべき膨大な量の仕事がある。人種差別や、セクシュアリティおよびジェンダーにおける差別を取り除く必要があるし、われわれとはライフスタイルや文化的価値観、信条や日常の習慣が違うだけの人々への暴力を取り除く必要がある。しかし、これらの暴力形態と立ち向かうには、日常生活、労働市場、労働過程において起きている社会的不平等に立ち向かうことなしには困難である。資本蓄積が立脚している階級的不平等はしばしば、人種、ジェンダー、エスニシティ、宗教、地理的出身などの種々のアイデンティティによって規定されている。

多くの疎外された知識人と文化労働者もまた、メディアや教育機関や文化生産機構における権力関係の重荷に抗議している。それらは、市民的議論の言語を劣化させ、知を絶え間ないプロパガンダに変え、政治を大きな嘘つき合戦以外の何ものでもないものにし、言説を独善的議論に変え、偏見と憎悪を蔓延させる手段に変えている。そして、人々を保護すべき社会的諸機関を腐敗の汚水槽に変えている。これらの諸条件は、職業的知識人が最初に自分たち自身のすみかを正さないかぎり変化させることはできない。一九八〇年代以降、新自由主義政治と共犯関係になった知識人たちの大いなる裏切りがまずもって撤回されなければならず、その後でようやく、剝奪され略奪された人々との意味のある同盟が構築されうるのである。

共－革命的政治の理論で武装した、疎外され不満を抱いた人々の知識人部分は、人類の発展コースをどのようにして変えるべきかをめぐる現在継続中の討論を深める上で決定的な役割を果たすだろう。彼らは、政治的な革命的変化がどのようにしてなぜ起こるのか、その文脈の大きな構図を描き出すことができるだろう。資本主義のダイナミズムをどのように理解するべきか、複利的成長から生じるシステム的諸問題をどのように理解するべきか、このことに重点を置いた議論は、こうした観点から最も的確に明らかにされうるだろう。資本の謎《エニグマ》を解き、政治権力が常に不透明なまま維持したがっているものを透明なものにすることは、どんな革命的戦略にとっても決定的だろう。

しかし、これが政治的に意味あるものになるためには、疎外され不満を抱いている人々は、自己の労働条件や生活条件が資本流通と資本蓄積に組み込まれることで最も直接的に影響をこうむる人々と共同しなければならない。これらの人々は、自己の労働に対する指揮権のみならず、自己自身の存在の物質的・文化的・自然的関係に対する指揮権をも剥奪され略奪されているのである。

この剥奪され略奪されている人々に、何をなすべきで何をなすべきでないのかを説教することは、疎外され不満を抱いている人々の本分ではない。しかし、疎外され不満を抱いている人々を構成するわれわれがなすことができるしなさなければならないのは、われわれ全員が直面している問題の深い根源を突き止めることである。何度となく繰り返し政治運動はオルタナティブな空間を構築してきた。その内部では一見したところ異なる何かが起こるのだが、そのオルタナティブはたちまち資本主義的再生産の支配的実践に再吸収されてしまう（労働者協同組合、参加型予算、等々の歴史を見よ）。その際の結論は明らかに、まさにこの支配的実践こそ対処しなければならない当のものである、ということであろう。この支配的実践がどのように機能するかをはっきりと暴露することは、ラディカルな理論化にとっての焦点とならなければならない。

略奪された人々の二大カテゴリー

剝奪され略奪された人々には二つの大集団が存在する。一つ目は、資本ないし資本主義国家の指揮下にある労働過程において自己の創造的力の果実を奪われた人々である。二つ目は、資本蓄積のための空間（時に文字通りの意味で）をつくり出すために、自らの資産、生活手段へのアクセス権、自己の歴史、文化、さまざまな社交のあり方、を奪われた人々である。

第一のカテゴリーが想起させるのは、自らを縛る鉄鎖からの解放のために力強く闘争し、社会主義ないし共産主義を創出する闘いの前衛として自己規定しているプロレタリアというマルクス主義的主体像である。産業資本主義の工場や鉱山にいる労働者が、そこで実際に問題にされていた人々であった。なぜなら、彼らが工場の門の中に入ったり鉱山に降りたなら、その搾取条件が本人たちにも他者にも劇的に明らかなものだったからである。さらに、彼らが共通の空間に集合していたことは彼らの階級意識を高め、集団的行動の組織化を促した。彼らはまた、労働を拒否することで資本主義のスムーズな進行をストップさせる集団的力を持っていた。

「真の」階級意識と革命的階級闘争の場としての工場労働へのこうした固執はつねに、的外れとは言わないまでもあまりに限界のあるものだった（左翼も誤った思想を持つことがある！）。林業や農業に従事している人々、裏通りの搾取工場《スウエットショップ》の非正規労働という「インフォーマル」セクターで働いている人々、家内サービス業やより一般的にサービス部門で働いている人々、さらには、空間と建造環境の生産に従事している労働者、都市空間の溝（しばしば文字通りの意味で）で働いている労働者、これらの膨大な数の労働者を二次的なセクターとして扱うことはできない。彼らは異なった労働条件のもとで働いている（建設業や都市開発《アーバナイゼーション》においてはしばしば低賃金で臨時的で不安定な労働条件が存在している）。彼らの移動性、空間的分散性、個別化された雇用条件は、階級的連帯を構築したり組織の集団的形態を形成したりすることをより困難にしている。彼らの政治的存在感を示すものはしばしば、粘り強い組織化ではなく自然発生的な暴動と自発的な蜂起であった（最近でもパリ郊外でその種のものが起こっているし、アルゼンチンでは二〇〇一年における同国の金融崩壊後にデモ参加者が行動に立ち上がっている）。しかし、彼らは自分たちの劣悪な搾取状況を十分自覚しており、自分たちの置かれた不安定《プレカリアス》な存在によって深く疎外され、しばしば国家権力によって日常生活が残酷に迫害されていることに怒りを感じている。

現在、しばしば「プレカリアート」として言及されているこれらの労働者たち（彼らの雇用とライフスタイルの流動的で不安定な性格を強調するためにそう呼ばれている）は、これまでも常に総労働力のかなりの部分を占めていた。先進資本主義世界において、この三〇年間に、新自由主義的な企業リストラと脱産業化によって押しつけられた労働関係の変容によって、彼らはますます顕著な存在になっている。

これらの労働者の闘争を無視することは間違いである。資本主義の歴史において革命運動の多くは、狭い工場的基盤にもとづいていたのではなく、もっと広い都市的基盤にもとづいていた。ヨーロッパ各地で起きた一八四八年革命、一八七一年のパリ・コミューン、一九一七年のレニングラード、一九一八年のシアトルのゼネスト、一九六九年のアルゼンチンのトゥクマン蜂起、一九六八年のパリ、メキシコ市、バンコク、一九六七年の上海コミューン、一九八九年のプラハ、二〇〇一～〇二年のブエノスアイレス……。このリストはまだまだ伸ばせる。工場に中心的運動が存在した場合でさえ（一九三〇年代のミシガンにおけるフリント工場のスト、一九二〇年代のトリノの労働者評議会など）、地域社会における組織的支持が政治行動において——あまり知られていないとはいえ——決定的な役割を果たした（フリントにおける女性や失業者の支援グループ、トリノの「人民の家」)。

伝統的左翼はかつて、工場と鉱山の外部で起こっている社会運動を軽視するというまったくの誤りを犯してきた。階級意識は、工場においてだけでなく、街頭で、バーで、パブで、台所で、教会で、公民館で、労働者地域の裏庭で生産され言語化される。一八七一年のパリ・コミューン政府が発した最初の二つの法令は、興味深いことに、パン焼き工場における深夜労働の禁止（労働過程問題）と家賃支払いのモラトリアム（日常生活問題）であった。都市は工場と同じく階級運動の場である。そしてわれわれは、革命的変革のための広大な同盟を構築するつもりならば、少なくともこのレベルにまで自らの視野を広げ、広大な農村・農民運動と同盟しつつ、政治的組織と政治的実践の規模を拡大しなければならない。

ここでわれわれは、剝奪され略奪された人々の第二の大カテゴリーに導かれる。これは、その構成においてもその階級的性格に関してもはるかに複雑である。それはおおむね、「略奪による蓄積」と私が呼ぶものによって形成される。それはたいてい、さまざまな場所と時代において一見したところ無限に多様な形態をとる。剝奪され略奪された人々のリストは、非常に幅広く長大である。そこに含まれるのは、土地から追放され、非合法的および合法的（すなわち国家によって承認された）手段によって、また植民地的ないし新植民地的ないし帝国主義的手段によって自分たちの天然資源と生活様式に対するアクセス権を剝奪され、強制的な貨幣化と課税制度によって暴力的に市場交換（物々交換やその他の習慣的な交換形態とは違って）に統合された農民と先住民である。土地の共同使用権を土地の私的所有権へと転換することはこの過程を完成させる。土地そのものが商品となる。このような略奪形態――それは今なお豊富に見出せるが、資本主義発展の初期段階において最も強力に出現した――に関しては、現代においても多くの類似物が見られる。たとえば資本家は、低所得層の住民をできるだけ低コストで高価値な空間から追い出すことによって、都市再開発のための空間を切り開く。確固とした私的所有権のない場所――中国、あるいは、アジアやラテンアメリカの不法占拠者の居住地——では、政府当局者による低所得住民の暴力的排除が行なわれる。その際、しかるべき補償制度がある場合もない場合もある。私的所有権が確固として確立されている諸国では、収用権の行使による接収が、私的資本の代理人としての国家によって画策されうる。合法的および非合法的手段による貨幣的圧力（すなわち増大する固定資産税と地代）が、立場の弱い住民に対してかけられる。それは時に、低所得で好ましからざる住民を地上から追放するための系統的な計画でも存在するかのようにさえ見える。

しかしながら、現在、金融資本が残りの住民から富を抽出するための主要な近代的梃子になっているのは信用制度である。合法的ビジネス（クレジットカードの高利率、決定的瞬間に流動性を拒絶することによる事業の抵当流れ、など）だけでなく、あらゆる種類の強奪的手法が、略奪の諸戦術を追求するのに用いられる。それは、すでに裕福で強大な人々をいっそう利するものである。一九七〇年代半ば以降に生じた金融化の波は、その略奪的スタイルの点で実に際立ったものだった。市場の株価操作とそれによる売り抜け。ネズミ講型投資詐欺《ポンジー・スキーム》と企業詐欺。合併・買収（M&A）による資産の強奪。先進資本主義諸国でさえ全国民が債務奴隷に追い込まれるほどの額の債務を負わせること。資産の略奪（株価暴落や企業倒産による年金基金の強奪とその破壊）。これらすべての特徴は、現代資本主義の性格を特徴づける中心的なものである。

「略奪による蓄積」のまったく新しいメカニズムも切り開かれている。世界貿易機構（WTO）交渉（いわゆる貿易関連知的所有権（TRIPS）協定）を通じて確立された知的所有権は、遺伝物質や原種子やその他すべての産出物をも特許やライセンスの対象とするところまで進んでおり、これらのものの開発に決定的な役割を果たした当の住民全体に敵対的な形で用いることができるようになっている。生物資源の略奪《バイオパイラシー》はそこら中にはびこっており、世界が備蓄する遺伝子資源が大手製薬会社の金儲けのために略奪されている。文化、歴史、知的創造物を商品に転化することは、過去と現在における人間の創造力に対する大規模な略奪を伴っている。ポップミュージックは、草の根の文化と創造性の領有と搾取で悪名高い。関係するクリエーターが貨幣的損失をこうむることは、残念ながら、けっして話の終わりではない。社会的ネットワークの破壊と社会的連帯の崩壊は、ますます深刻なものになっている。社会的諸関係の喪失を貨幣の支払いによって補償することは不可能なのである。

　最後に、われわれは恐慌の役割について指摘しておく必要がある。恐慌は結局のところ、資産（有形のものだけでなく文化的なものも）の略奪の大規模な局面以外の何ものでもない。たしかに、貧しい者だけでなく金持ちも被害をこうむる場合もある。住宅の差し押さえや、バーニー・マドフの馬鹿げたネズミ講《ポンジー》型《・スキーム》投資詐欺への投資による損失の場合に見られるように。だがこれは、富と権力が階級内部および階級間でどのように再分配されるのかに関わっている。減価したとはいえ破産や崩壊をかろうじて免れた資本や資産は、喉から手が出るほど流動性を欲している人々によって捨て値で売りに出され、それを買った人々はそれを高値で流通に戻すことで莫大な利潤を上げる。こうして過剰資本は、新たな蓄積のための新しい豊穣な土地を見出すのである。

　恐慌は、以上のような理由からして、資本主義という非合理なシステムを合理化するために画策され管理され統制される。利子率や信用制度という中心的梃子を利用しながら国家によって遂行される緊縮計画などはまさにそれである。限定された恐慌が、外的な力によってある部門ないしある地域に押しつけられる場合もある。これこそまさに国際通貨基金（ＩＭＦ）が専門的に行なっていることである。その結果は、世界のある部分で、減価した（多くの場合は本来の価値より減価した）膨大な資産が周期的につくり出されることである。それは、他のあらゆる場所では投資機会を欠いている過剰資本の持ち主によって、利潤が上がる形で利用されるだろう。これはまさに、一九九七～九八年の東アジアと東南アジアで、一九九八年にロシアで、二〇〇一～〇二年にアルゼンチンで起こったことであり、そしてそれは、二〇〇八～〇九年に手に負えないほどの規模になったのである。

国家の政策と企業の集団行動によって意図的に恐慌を誘発することは危険なゲームである。このような恐慌を人為的につくり出したという狭い意味での積極的な陰謀の証拠は存在しないとはいえ、次のように信じている有力な「シカゴ学派」のマクロ経済学者と経済政策策定者たちは、あらゆる種類の企業主義的機会主義者たちと並んで、世界中に大勢いるのである。すなわち、それなりの規模の創造的破壊は、資本主義が生き残るために、そして資本家階級を再編するために、繰り返し必要なのだと。彼らは、政府が景気刺激策でもって恐慌を防ごうと試みるのは根本的に誤っていると主張する。むしろ、市場主導の「構造調整」過程（典型的にはＩＭＦによって命じられたたぐいのもの）にその仕事を委ねる方がはるかによいと彼らは主張する。このような劇薬は、資本主義を経済的に健全に保つ上で必要なのだと。資本主義がその死の淵に近づけば近づくほど、ますますその治療は痛みを伴うものになるだろう。もちろん、その目的は患者を死なせることではないのだろうが。

同盟の構築とその諸困難

労働運動内部で、また、自己の政治・経済的資産のみならず文化的資産も奪われている人々のあいだで、多様な諸闘争を政治的に統一することは、人間の歴史の軌道を変えるためのいかなる運動にとっても決定的なものとして現われるだろう。夢は、あらゆるところにいるすべての剝奪され略奪された人々の壮大な同盟を構築することである。その目標は、万人の長期的な利益のために剰余生産物の生産と分配、その組織化をコントロールすることであろう。

こうした思想に関してはあらかじめ検討しておくべき二つの困難が存在しており、それはいずれ直面するに違いないものである。まず第一に、略奪の中には、資本蓄積に直接にはほとんど関係していないものも多く含まれている。それゆえ、それらに対する闘争は必ずしも反資本主義的運動に結びつくわけではない。旧ユーゴスラビアにおける民族浄化、北アイルランド紛争における宗教浄化、あるいは一九九〇年代初頭のムンバイにおける反ムスリム暴動、パレスチナ人の土地と水の権利がイスラエルによって奪われたこと、これらはいずれもその種の事例である。移民、レズビアンとゲイ、異なった肌の色の人々が都市近隣地域にコロニーを形成しているが、これらの人々はしばしば旧住民に代わって、今後起こりうる略奪に反対して闘っている。市場の力と変動する不動産価値は道具的ないし補助的役割を果たしているとはいえ、その結果として起こる政治闘争は、誰が好きで誰が嫌いか、ますます人のひしめきあう地球のどこに誰が住む権利があるのかをめぐるものになっている。安全性、他者への恐怖、社会的嗜好、偏見といったものがすべて、空間の統制《コントロール》をめぐる、そして、価値ある資産へのアクセスをめぐる社会集団間の種々の流動的な衝突において一定の役割を果たしている。社会集団と諸個人は、特定の空間を占有し帰属しているという所有者的感覚を確立している。これと同じ流れで広がっているのが略奪されることへの恐怖である。

略奪に対する現在盛り上がりつつある運動のすべてが反資本主義的というわけではない。たとえば、アメリカの、主として白人男性労働者からなる古い世代は、マイノリティ、移民、ゲイとフェミニストの力の増大（と彼らがみなすもの）に怒りを感じている。それらを支援し教唆しているのは、（東海岸と西海岸の）傲慢な知的エリートと強欲で不信心なウォールストリートの銀行家たちであると彼らはみなしており、この銀行家たちは総じてユダヤ人であると（誤って）みなしている。有名なオクラホマ連邦ビル爆破事件の主犯ティモシー・マクヴェイを育てたようなたぐいの過激な右翼武装民兵運動も、オバマの当選以降復活してきている。彼らはけっして何らかの大規模な反資本主義運動には参加しないだろう（たとえ彼らが銀行家や企業やエリートへの敵意と連邦準備制度理事会への憎悪を表明しているとしてもである）。こうした動きは、疎外され略奪されていると感じている人々が、自分の愛してやまない国を再領有するために闘争していることを示している。

このような社会的緊張は資本主義的利用の可能性をも与えている。一九六〇年代のアメリカの諸都市では、白人の地域社会でブロックバスティングと呼ばれる不動産屋の詐欺的手法が広がった（今も存在している）。それは、全員が白人の地域社会に黒人の一家が引っ越してくるとの噂を流すというもので、そうすれば白人は恐れて逃げ出すだろうとの思惑にもとづいている。それによって不動産価値が下落し、投機家たちは住宅を安い価格で購入することができ、その後マイノリティの住民に高く売りつけるのである。恐怖を抱いた白人住民の反応は、暴力的に抵抗することから（引っ越してくる黒人一家の家を爆破するというような）、できるだけ平和的に統合するというより穏健な試み（それはしばしば公民権法によって余儀なくされたものだ）に至るまでさまざまだった。

第二の大きな問題は、一部の略奪は必要であるか進歩的なものだということである。いかなる革命運動といえども、資本家からその財産、富、権力を収奪〔略奪〕することには同意しないわけにはいかない。資本主義のもとでの略奪の歴史地理全体は、両義性と矛盾に満ちている。資本主義の出現過程に内包されていた階級暴力は忌まわしいものだが、資本主義革命には積極的側面も存在していた。それは、恣意的な封建的諸制度（君主制や教会など）とその権力を破壊し、創造的エネルギーを解放し、新しい空間を切り開き、交換関係を通じて世界をいっそう緊密なものにした。社会を技術的・組織的変革の強力な流れへと開放し、迷信と無知にもとづく世界を克服し、それを啓蒙的科学でもって置きかえた。それは、人類全体を物質的欠乏から解放する可能性をもたらした。これらのいずれも、どこかで誰かが略奪されることなしには起こりえなかっただろう。

資本主義は、このいっさいを巨大な社会的・環境的犠牲を払って実現した（この点は昨今、批判者たちによって大いに指摘されている）。しかし、それにもかかわらず、「略奪による蓄積」（あるいはマルクスの言い方では「本源的蓄積」）を、たとえそれが醜悪な段階だとしても必要なものとみなすことは可能だった。社会秩序は、資本主義とその何らかのオルタナティブ（社会主義ないし共産主義と呼ばれるそれ）が可能となる状態に到達するためには、この段階を通らなければならなかったのだ、と。マルクス自身、本源的蓄積によって破壊された社会形態をほとんど評価しなかった。また彼は――今日の一部の論者と違って――、何らかの前資本主義的な社会的諸関係や生産形態の復活をけっして支持しなかった。彼が支持したのは、資本主義発展の進歩的諸側面に依拠して社会主義と共産主義を建設することであった。これらの進歩的諸側面に含まれるのは、農地改革の運動、政府の民主主義的形態の出現（それは常に貨幣権力の役割によって汚されているが）、情報の自由（つねに状況依存的だが決定的に重要なもの）、通信と表現の自由、市民的・法的諸権利の創出であった。

略奪に対する闘争は興隆する諸運動にとって不満分子の苗床を形成しうるが、革命政治の重要なポイントは、古い秩序を保護することではなく、階級的諸関係と国家権力の資本主義的形態とを直接に攻撃することである。

革命的変革は、少なくとも、われわれの観念〔思想〕を変えること、われわれが心に抱いている信念や偏見を捨て去ること、さまざまな日常の快適さや権利を断念して何らかの新しい日常体制に自己を従わせること、われわれの社会的・政治的役割を変えること、われわれの権利、義務、責任を割り当てなおすこと、われわれの行動様式を変更して集団的ニーズと共同の意志によりよく適合させること、こうしたことなしには不可能である。われわれを取り巻く世界――われわれの地理――は、抜本的につくり直されなければならない。われわれの社会的諸関係、自然との関係、その他、共−革命的過程におけるその他の諸活動領域もまたそうである。多くの人々が、このすべてに積極的に取り組む政治よりも「否認の政治」の方を好むのは、ある程度、理解可能である。

これらのいっさいが平和的に漸進的に達成可能であると考えること、すなわち、いわば現在所有されているいっさいのもの、社会的により公正でより安定した社会秩序の創出を妨げているこのいっさいのものを、平和的に収奪〔略奪〕し身ぐるみ剝ぐことができるだろうと考えるのは、居心地いいだろう。しかし、そんなことが起こりうるだろうと想像したり、ある程度の暴力を含むいかなる積極的闘争も必要がないと想像するのは、不誠実であろう。資本主義がこの世に現われたのは、マルクスがかつて述べたように、血と火に覆われてであった。たとえ、資本主義のもとから出て行く方が資本主義の中に入るよりも順調に事が進むと仮定しても、約束の地に純粋に平和的に移行しうる可能性はきわめて低い。

収奪がより積極的な変革にとって必要な前提であると認めることは、社会主義と共産主義のもとでの収奪の政治とはいかなるものかという問題の全体を提起する。マルクス主義的／共産主義的な革命的伝統のもとでは、資本主義的発展への通過儀礼をまだ経ていない諸国においては近代化のプログラムを実行するために収奪〔略奪〕を組織することが必要であるとしばしばみなされてきた。これはしばしば、ソ連におけるスターリンの農業強制集団化（富農《クラーク》の根絶）の場合に見られるような、ひどい暴力をも伴っていた。このような政策は、ほとんどの場合、偉大なサクセスストーリーとはならずに、中国における毛沢東の大躍進政策が招いた大飢饉のように（これは、それまで急速に増大していた平均寿命の伸びを停止させた）、巨大な悲劇を招いた。そのような政策はまた、激しい政治的抵抗を掻き立て、それらはしばしば無慈悲に粉砕された。

したがって、労働過程で起こっている以外の略奪に対して盛り上がっている反対運動は、昨今、総じて反共産主義的道を取っている。これはしばしばイデオロギー的な理由にもとづいているが、別の場合には、このような闘争がいかなるものなのかという本質そのものから派生する単にプラグマティックで組織的な理由にもとづいている場合もある。略奪の資本主義的諸形態に対する闘争は過去も現在も実に驚くほど多様であり、これらのあいだに結びつきがあると想像することさえ難しい。ニジェールのデルタ地帯でのシェル石油による土地汚染に対するオゴニ族の闘争。生物資源《バイオパイラシー》の略奪と土地強奪に対する農民の反対運動。遺伝子組み換え食品に反対する闘争と地産地消システムを確立するための闘争。先住民が森林資源を利用する権利を維持するための闘争、および森林伐採業者の活動を妨げる闘争。私有化／民営化に反対する闘争。発展途上諸国で労働者の権利ないし女性の権利を向上させるための運動。生物多様性を維持し生息環境《ハビタット》の破壊を阻止する運動。ＩＭＦによって押しつけられた緊縮政策に対する何百という抗議運動。インドやラテンアメリカでの、世界銀行にバックアップされたダム建設プロジェクトに反対する長期的闘争。これらはみな、一九八〇年代以降にしだいに世界を覆い新聞の見出しとなった不安定な抗議運動の集合体の一部である。これらの運動や反乱はしばしば凶暴な暴力によって粉砕されたが、その暴力の大部分は、「秩序と安定」の名のもとに行動する国家権力によるものだった。従属諸国は、巨大な軍事機構（それを率いているのはアメリカであり、イギリスとフランスが副次的役割を演じている）によって軍事的に支援され、場合によってはその機構によって訓練された特別部隊を伴っているが、これらの国は、「略奪による蓄積」に挑戦する活動家の運動を無慈悲に阻止するために弾圧と解体のシステムにおいて先頭を切っている。

変革主体の諸潮流と組織形態

この両方の種類の略奪に反対する運動は広範に存在しているが、地理的にもその組織原理や政治目標の点でもまだ始まったばかりである。それらの運動はしばしば内的諸矛盾を露呈している。たとえば、環境保護グループが生物多様性の保護にとって決定的であるとみなしている区域において先住民が自己の権利の回復を求めるときなどがそうである。そして、一部は、このような運動を引き起こす異なった地理的条件のせいで、これらの運動の政治的方向性と組織様式も大きく異なっている。メキシコにおけるサパティスタの反乱者たちは、自己自身の土地と地方の資源をコントロールする力を奪われ自分たちの文化的歴史が蹂躙されてきたことに憤りを覚えて決起したのだが、国家権力の獲得を求めようとはせず、政治革命を完遂しようとはしなかった。その代わり彼らは、市民社会の全体をつくり変えて、オルタナティブの探求に対してより開かれた、より流動的なものにしようとした。文化的形成物としての自分たちの特殊なニーズに応え、尊厳と自尊心の感覚を取り戻すことを可能とするようなオルタナティブの探求である。この運動は前衛主義を避け、政党としての役割を担うことを拒否する。その代わりそれが選択するのは、国家の内部で運動を維持し、先住民文化が政治権力の諸制度にとって周辺的ではなく中心的であるような政治的権力ブロックの形成を追求することであった。それゆえそれは、メキシコ国家によって支配される権力の領土的論理の内部で、受動的革命に似た何かを完遂することを求めたのである。

このような運動の全般的な結果は、政治的組織化の領域を、伝統的な政党と工場内の労働組織(もちろんどちらも存続しつづけているのだが)から、総じて、市民社会の全スペクトラムを横断する社会行動の政治的ダイナミズムへと移動させたことであった。このダイナミズムは、組織的集中度は弱いが多様なものの集合性と結びついている。その結果、歴史的に労働運動を中心として構築されてきたのとは大きく異なった組織化モデルが登場している。したがって、略奪のこの二つの形態は、衝突しあう願望と組織形態を生み出しているのである。市民社会を横断するこのより広範な運動は、集中度において劣っているものの、その広い連関性の点で優っている。というのも、まさに、それは特殊な地理的文脈における日常生活の政治にきわめて直接的に結びついているからである。

現在われわれが直面している諸問題にどのように対処するべきかに関して、左派のあいだでは実にさまざまに分岐し断片化した思想潮流が存在する。まず何よりも、急進的行動と左翼政治理論の言説化の歴史から派生している通常のセクト主義が存在する。奇妙なことに、健忘症がそれほど普遍的ではない一つの場所は左派そのものの内部に見られる（遠く一八七〇年代にまで遡るアナーキストとマルクス主義者の分裂、二〇世紀におけるトロツキスト、毛沢東主義者、正統派共産主義者の分裂、国家の支配を欲する中央集権主義者と反国家主義的アウトノミア派やアナーキストとの分裂）。論争はきわめて苛烈で深く対立しており、時には、もっと健忘症になった方がいいのではないかと思わせるほどだ。しかし、これらの伝統的な革命的セクトと政治的分派を超えて、政治行動の領域全体は一九七〇年代半ば以降、根本的な転換を経てきた。政治闘争と政治的可能性の領域は、地理的にも組織的にも変貌を遂げた。

今では膨大な数の非政府組織（ＮＧＯ）が存在し、それらは、一九七〇年代半ば以前にはほとんど目立つことのなかった大きな政治的役割を果たしている。国家および民間営利団体から資金を調達し、しばしば理想主義的な思想家と組織者たちによって人員を補充され（これらの団体は膨大な雇用の担い手になっている）、そして大部分はシングルイシュー（環境、貧困、女性の権利、反奴隷制と反人身売買、等々）に専念している。これらの組織はストレートな反資本主義政治からは一線を画しており、進歩的な思想と大義を信奉している場合でさえそうである。しかしながら、時には、これらの団体が積極的に新自由主義的である場合もあり、国家の福祉機能を民営化することに従事したり、周辺化された住民の市場的統合を促進するような制度改革を推進することもある（低所得者層向けのマイクロクレジットやマイクロファイナンスはその古典的実例である）。

　このNGOの世界には急進的で献身的な実践家たちが大勢いるが、彼らの活動は状況の改善を目指すものでしかない。全体としてみれば、彼らの進歩的成果の記録にはむらがある。ただし、女性の権利、医療、環境保全などの分野では、彼らが人類の進歩に重大な貢献をしたと主張するのはまったく正当であろう。しかしNGOによって革命的変革を成し遂げることは不可能である。NGOは、その資金提供者《ドナー》の政治的立場と政策的スタンスによって強く制約されている。それゆえ、ローカルなエンパワーメントを支援する際に、NGOが反資本主義的オルタナティブが可能となるような空間を切り開く場合でさえも、さらには、このようなオルタナティブの実験を支援する場合であっても、これらのオルタナティブが支配的な資本主義的実践へと再吸収される事態を妨げる上では無力なのである。それどころかそうした事態を後押しさえすることもある。昨今におけるNGOの集団的力の大きさは、それらが世界社会フォーラムで果たしている支配的な役割のうちに示されている。グローバル・ジャスティス運動、すなわち新自由主義に対するグローバルなオルタナティブを構築するさまざまな試みがなされているが、この一〇年間にそうした試みの結節点となってきたのが世界社会フォーラムである。

　反対勢力の第二の大集団はアナーキスト、アウトノミア派、草の根組織（GRO）から発生している。この運動は外部からの資金調達を拒否している。もっとも、その一部は何らかのオルタナティブな制度的基盤に依拠している。たとえば、ラテンアメリカにおけるカトリック教会とそのベースコミュニティ運動[3]、あるいはアメリカのインナーシティにおける教会の広範な支援にもとづく政治的動員などである。この集団は均質的とはとうてい言えない。それどころか、彼らのあいだでは激しい論争が存在する。たとえば、社会アナーキストは、彼らが単なる「ライフスタイル上の」アナーキストと侮蔑的に呼ぶ集団と対立している。しかしながら、国家権力と交渉することに対しては共通の敵意が存在し、市民社会を、変革を遂行しうる領域として重視する点で共通している。人々が日々生きている日常の状況の中で自分たちの力を自己組織化することは、どんな反資本主義的オルタナティブにおいても一つの基礎とならなければならない。水平的ネットワークは彼らの愛好する組織化モデルである。物々交換や協同事業体《コレクティブ》や地産地消システムなどにもとづくいわゆる「連帯経済」は、彼らの愛好する政治経済形態である。彼らが典型的に拒否するのは、何らかの中央の監督が必要であるとする思想であり、階層的な社会的諸関係ないし階層的な政治的権力構造を拒絶し、それとともに伝統的な政党をも拒絶する。この種の諸組織はあらゆるところに見出せるが、一部の地域では、政治的にかなり目立つ存在にまでなっている。彼らの一部はラディカルな反資本主義的スタンスをとっており、革命的目標を信奉し、場合によってはサボタージュやその他の破壊形態を唱導している（イタリアの「赤い旅団」やドイツの「バーダー・マインホフ団」▼4、一九七〇年代のアメリカのウェザーマン地下組織▼5などを彷彿とさせる）。しかし、そのより暴力的な傍流は別にしても、こうした運動すべての有効性を制限しているのは、彼らが自分たちの活動力をグローバルな問題と対決しうるような組織形態へとスケールアップすることを忌避していること、あるいはそうする能力がないことである。

▼3　ベースコミュニティ運動…解放の神学にもとづく草の根の地域運動で、平信徒である貧しい農民や労働者に文字を教えたり、聖書の学習や政治的討論などを通じて自己意識を高める。
▼4　バーダー・マインホフ団…一九六〇〜七〇年代にかけて活発に活動した西ドイツの赤軍派。
▼5　ウェザーマン地下組織…一九六〇〜七〇年代にかけてアメリカで活動した極左武装組織。

ローカルな行動こそが唯一意味のある変革レベルであるとし、ヒエラルキーの匂いのするものなら何でも反革命的であるとする想定は、よりスケールの大きい問題に直面したときには自滅的なものになる。だが、これらの運動は疑いもなく、反資本主義的政治の実験にとって広範な土台を提供するものである。

第三の大きな潮流は、伝統的な労働組織と左翼政党（社会民主主義的伝統からより急進的なトロツキスト的・共産主義的な政党組織の形態にいたるまで）の中で起こってきた変化によって与えられている。この第三の潮流は、国家権力の奪取や組織の階層的形態に敵対的ではない。それどころか、後者をさまざまな政治的規模を横断して政治組織を統合するのに必要不可欠であるとみなしている。社会民主主義がヨーロッパでヘゲモニー勢力であってアメリカでさえ有力であった時期、剰余の分配を国家的に管理することは、不平等を緩和する決定的な道具だった。だが、剰余の生産を社会的に管理することができず、したがって資本家階級の権力に真に挑戦することができなかったこと、これはこの政治システムのアキレス腱であった。しかしながら、われわれはそれが実現した進歩の大きさを忘れるべきではない。たとえ、社会福祉制度やケインズ主義経済を伴ったこのような政治モデルに立ち戻ることが不十分であることが今や明らかになっているとしてもである。

組織労働者と左翼政党はどちらも、この三〇年間というもの先進資本主義世界では厳しい打撃をこうむってきた。どちらも、新自由主義化（ただしより人間的な顔をしたそれ）を広く支持することを説得されるか、そうすることを強要されてきた。新自由主義に対する一つの見方は、かつて指摘したように、剰余を私有化／民営化するための、あるいは少なくともこれ以上の社会化を阻止するための壮大な「革命的」運動（それは革命的人物を自称するマーガレット・サッチャーによって率いられた）だとみなすものである。

労働組織と左翼政治の復活を示すいくつかの徴候が存在するとはいえ（ただし、トニー・ブレア政権下のイギリスにおけるニュー労働党《レイバー》で有名な「第三の道」やヨーロッパの多くの社会民主主義政党によるその無残なコピーは別だ）、またそれとともに、世界の他の地域ではより急進的な政党の台頭を示す徴候が存在するとはいえ、労働者の前衛にもっぱら依拠するそのスタイルは今では疑問に付されており、また、それらの左翼政党が政治権力を獲得して資本主義の発展に実質的なインパクトを与えたり、恐慌傾向を持った資本蓄積のダイナミズムの問題に対処することができるのかどうかについても疑問視されている。ドイツの緑の党が政権に参加したときの実績は、政権外にある時の同党の政治的スタンスと比べて優秀であったとはとうてい言いがたいものであった。その一方で、社会民主主義諸政党は真の政治勢力としては完全に力を失ってしまった。しかし、左翼諸政党と労働組合はいまだ重要な勢力であり、国家権力の諸側面を獲得することは、ブラジルの労働者党（ＰＴ）やベネズエラのボリバル運動に見られるように、左派の思考にはっきりとしたインパクトを与えたし、それは何もラテンアメリカにかぎった話ではない。また、中国における共産党の役割をどのように解釈するのか、その将来の政策はいかなるものになるのかという複雑な問題も、容易に解決できるものではないかもしれない。

先に概観した共‐革命的理論が示唆するところでは、国家権力を握り、それを根本的に変革し、その立憲的・制度的枠組みをつくり直すこと、このことなしに、反資本主義的社会秩序が建設されうるというのは、とうていありえないことである。この制度的枠組みは現在、私的所有、市場システム、終わりなき資本蓄積を支えている。貿易と貨幣からヘゲモニーの問題に至るあらゆるものをめぐる国家間競争と地経学的・地政学的闘争もまた、ローカルな社会運動に委ねるにはあまりにも大きい問題であり、大きすぎて考えることができないとして脇に投げ捨てるわけにはいかない。「国家‐金融結合体」の構造をどのようにつくり直すべきか、また貨幣によって与えられている価値の共通尺度という重要問題にどう対処するべきか、これらの問題は、資本主義的政治経済に対するオルタナティブの構築を探求する上で無視することはできない。したがって、国家および国家間システムのダイナミズムを無視することは、どんな反資本主義的革命運動にとっても受け入れがたい奇妙な考えなのである。

　第四の大きな潮流は、何らかの政治哲学や政治的傾向によって導かれているのではなく、むしろ排除と略奪（都市の中産階級化《ジェントリフィケーション》、産業開発、ダム建設、水道事業の民営化、社会サービスと公的教育機会の剝奪、等々）に抵抗するプラグマティックな必要によって導かれているあらゆる社会運動によって構成されている。この場合、都市や町や農村その他における日常生活に焦点が当てられており、これは、国家政策と資本主義的利益集団とが立場の弱い住民に対して絶えず与えている脅威に反対して政治的組織化を行なう上での物質的基盤を与えている。

　またしても、この種の社会運動は著しく広範なものであり、その一部は時とともにますます急進化して、しだいに次の点を理解するようになっている。すなわち問題はシステム的なものであって、特殊的なものでもローカルなものではないということである。このような社会運動を結合させて農村地域で同盟を構築すること（たとえば、ブラジルの「土地なき農民の運動（ＭＳＴ）」や、インドでの資本主義企業による土地と資源の強奪に反対して農民を動員すること）、あるいは都市地域でそうすること（ブラジルや現在のアメリカにおける「都市への権利」運動）は、より広範な同盟を創出し、種々の特殊性（都市の中産階級化《ジェントリフィケーション》、ダム建設、私有化／民営化、など）を根底で支えているシステム的勢力について討論しそれと対決することを可能とする方策が開かれるかもしれない。イデオロギー的に前もって持っている諸概念よりもプラグマティズムに駆り立てられているとはいえ、それでも、これらの運動は、自分たち自身の経験からシステム的な理解へと至ることができるかもしれない。彼らの多くが同じ空間（たとえば大都市圏の内部）に存在しているかぎり、共通の大義を抱き（産業革命の初期段階における工場労働者に起きたように）、自分たち自身の経験にもとづいて、次のような意識を形成しはじめるかもしれない。すなわち、資本主義がどのように運動し、それに対して集団的に何をなすべきなのかという意識である。

これこそ、二〇世紀初頭のマルクス主義理論家アントニオ・グラムシの著述の中で重視されている「有機的知識人」タイプの指導者が本領を発揮すべき領域である。これらの有機的知識人は独学者であり、自己の過酷な経験を通じて肌身でこの世界を理解するに至ったのだが、その資本主義理解をより一般的な形で形成したのである。ブラジルのMSTの農民指導者たちやインドの企業による土地強奪に反対している運動の指導者たちの言うことに耳を傾けることは、他では得られない特別の教育である。この場合、教育のある不満分子の課題は、こうしたサバルタンの声を増幅させ、人々の注意と関心を搾取と抑圧の現状に向けることであり、反資本主義的プログラムに向けた回答を形成することである。

社会変革の第五の震源地は、アイデンティティ、女性、子ども、ゲイ、人種的・民族的・宗教的マイノリティの諸問題を中心とした解放運動である。それらはいずれも、太陽の下の平等な場所を要求している。これらの問題をめぐってそれぞれ解放を求めている運動は地理的に不均等で、しばしばニーズと願望の点で地理的に分裂している。しかし、女性の権利に関する世界会議（一九八五年のナイロビ会議。これは一九九五年の北京宣言へと結実した）と人種差別反対世界会議（二〇〇一年に南アフリカのダーバンで開催され、二〇〇九年の第二回会議では〔パレスチナ問題をめぐって〕はるかに紛糾するものとなった）は、共通の基盤を見出そうとする試みであり、疑いもなく、社会的諸関係がこれらのすべての次元に沿って変わりつつあること――少なくとも世界のいくつかの部分では――を示すものである。狭い本質主義的観点から見るなら、これらの運動は階級闘争に敵対的に見えるかもしれない。たしかに、アカデミズム内部のかなりの部分では、これらの問題は、階級分析と経済学を犠牲にして優先的な場所を占めている。しかし、国際労働力の女性化、ほとんどあらゆる場所で起きている貧困の女性化、労働統制の手段としてジェンダー格差が用いられていることは、女性をその抑圧から解放することを、階級闘争がその課題を先鋭化させる上での必要条件にしている。同じことは、差別ないしあからさまな抑圧が見出せるその他のアイデンティティのすべてにあてはまる。人種差別と女性・子どもの抑圧は、資本主義の出現過程において根本的なものであった。しかし、現在構築されている資本主義は、原理的にはこれらの差別と抑圧の形態なしに存続しうる。ただし、これらの差別なしにやっていく資本主義の政治的能力は、より統一した階級勢力を前にすれば、深刻に減殺されるだろうし、場合によって致命傷をこうむるかもしれない。企業の支配する世界の中で、とりわけアメリカ合衆国の中で、多文化主義と女性の権利がそれなりに存在することは、社会変革のこれらの次元での資本主義の適応力を示す一定の証拠を提供しており、階級分裂が政治行動にとっての原理的次元として優位な位置にあることを再強調するものになっている。

これら五つの大きな傾向は相互に排他的なものではないし、政治行動の組織形態を網羅するものでもない。いくつかの組織は五つの傾向すべてのさまざまな側面を巧みに結合させている。しかし、これらの多様な諸傾向を、次の根底的問題を中心にして連合させるためになすべき仕事はたくさんある。その問題とは、かくも多くの場所で見られる社会的・自然的諸関係の悲惨な状況と対決するだけでなく、終わりなき複利的成長の持続という問題と対決するためには、どのように世界を物質的、社会的、精神的、政治的に変革すればいいのか、という問題である。これは不満を抱く人々が何度も何度も問いつづけなければならない問題である。そして、その点に関しては、直接痛みを経験している人々、複利的成長の恐るべき結果に対して現地で抵抗を組織することに非常に長けている人々、これらの人々から、多くを学ぶことができるだろう。

新しい反資本主義運動に向けて

共産主義者は――マルクスとエンゲルスが『共産党宣言』で提示したその最初の概念の中で断言したところでは――いかなる特殊な政党も持たない。単に彼らはどの時代どの場所でも自らを、資本主義的秩序の限界、没落、破壊的傾向を理解する者として、さらには、資本家とその弁護人（とりわけメディアの中の）が自分たちの単一の階級権力を永続化させるためにつくり出す無数のイデオロギー的仮面と誤った正当化論を暴露する者として規定する。共産主義者とは、資本主義が予示するものとは異なった未来を準備するために絶え間なく活動するすべての者たちのことである。これは興味深い定義である。伝統的な制度化された共産主義は死亡し埋葬されてしまったも同然だが、この定義によるなら、われわれのあいだには事実上《デファクト》の共産主義者が何百万人も活動し、自らの認識にもとづいて行動しようとし、創造的に反資本主義的目標を追求しようとしていることになろう。一九九〇年代終わりのオルタ・グローバリゼーション運動が「もう一つの世界は可能だ」と宣言したように、どうして「もう一つの共産主義は可能だ」と言わないのだろうか？　資本主義的発展の現在の状況は、もしその根本的な変革を達成するべきであるとするなら、この種のものを必要としていると言えるだろう。

「共産主義」は、不幸なことにあまりに重荷を背負った用語であり、それを政治的言説に再導入することは――現在一部の人々はそう望んでいるとはいえ――困難である。とくにアメリカでは、たとえばフランスやイタリアやブラジルと比べて、あるいは中央ヨーロッパと比べてさえ、はるかに困難であろう。しかし、ある意味で名称は重要ではない。おそらく、われわれはこの運動を反資本主義運動と単に定義するべきなのだろう。あるいは、自分たちを、あらゆる所にいる「ウォールストリートの党」およびその従者や弁護人たちと闘い、それを打ち負かす「怒れる者たちの党」と呼び、それだけにしておくべきなのだろう。生存と正義のための闘争は単に継続しているだけではない。それは新たに始まっている。全能に見える資本家階級の利益にかくも寄与している略奪の経済を対象にして怒りと道徳的憤怒が起こるにつれて、分裂している政治的運動も必然的に融合しはじめ、時間と空間の障壁を乗り越えていくだろう。

このことの政治的必然性を理解するためには、まずもって、資本の謎《エニグマ》を解き明かさなければならない。いったんその仮面が剝がされ、その神秘性が暴かれたならば、何をなすべきなのか、なぜなすべきなのか、どのように開始するべきなのかをより容易に理解することができるだろう。資本主義はひとりでに崩壊することはない。それは打倒されなければならない。資本蓄積はけっして停止することはない。それは止めなければならない。資本家階級はけっしてその権力を自ら進んで放棄したりはしない。それは奪い取らなければならない。

なさねばならないことをなすことは、粘り強さと決意を、忍耐と抜け目のなさを必要とするし、それとともに道徳的憤怒から生まれた激しい政治的献身を必要とする。その憤怒は、搾取的な複利的成長が、地上における人間およびその他の生命のあらゆる側面に行なっていることへの怒りである。このような課題にふさわしい水準の政治的動員は過去になされたことがある。そのような動員は間違いなくもう一度起こすことができるし、起こるだろう。清算すべき時期はとっくに来ているのだ。

［ペーパーバック版あとがき］

恐慌の反復か、資本主義からの転換か

階級戦争が存在する。その通りだ。だがそれは私の階級、富裕階級が行なう戦争であり、勝利しつつあるのはわれわれだ。

（ウォーレン・バフェット『オマハの賢人』）

金融恐慌の地理的不均等発展

為政者たちと専門の経済学者たちがまったく無邪気にも資本主義の恐慌体質に気づいていないように見え、また彼らが自己の周囲に多数見られた危険信号を陽気に無視し、一九九〇年代以降の激しい変動と混乱の年月を「偉大な中庸」と呼んでいたとき、そういう時に、メインストリートの人々〔一般市民〕が、恐慌が起きればどれほど自分たちが打撃を受けるのかについてほとんど理解していなかったことや、現在自分たちに与えられている専門家の説明をほとんど信用していないことも、許されてしかるべきだろう。

経済学者たちが自由市場資本主義に内在する「システミック・リスク」を理解していなかったと告白している現在にいたってもなお、そのリスクとはいかなるもので、それについてどうすべきかに関して彼らはさっぱり理解していないように見える。国際通貨基金（IMF）の元主任エコノミスト〔シカゴ大学のラグラム・ラジャン〕はこう述べている。「われわれは、システミック・リスクとはいかなるもので、どのような諸要因がそれに関係しているのかについて漠然と多少は知っている。しかし、現時点でそれが十分発達した科学であると論じることは事実を誇張することである」。

二〇一〇年夏に出された公式の報告書の中でIMFは、システミック・リスクの研究についてはまだ「幼年期にある」と記述している。マルクス派の理論にあっては、近視眼的な新古典派ないし金融経済理論とは反対に、「システミック・リスク」は資本蓄積の基本的諸矛盾に翻訳される。IMFは、それを研究することによって自らを多くの困難から救い出すことができるだろう。本書において、私は、自分に可能なかぎり明確に、資本主義が恐慌体質を持つ理由、資本主義の再生産における恐慌（われわれがいまだ経過中のそれ）の役割、資本が地球上の生命に対して課す長期的なシステミック・リスクを解明しようとした。

私が結論づけるところでは、資本はけっしてその恐慌傾向を解決することはできない。それはただ恐慌をたらい回しするだけである。それは二重の意味でそうだ。すなわち、世界のある場所から別の場所へと回し、ある形態から別の形態へと回す。こうして、アメリカの南部および南西部の住宅市場（それとともにイギリス、アイルランド、スペインの住宅市場）で最初に勃発した恐慌は、ニューヨーク市とロンドンの金融市場を直撃し、その後、「グローバルに展開」し、ほとんどすべての地域の国際取引を脅かした（まずもってアイスランドの諸銀行、ドバイ・ワールド、ラトビアの破産、カリフォルニアの財政破綻、ギリシャとその後のアイルランドの債務危機を経た）。アイルランド、ポルトガル、スペインなどのいくつかの国の国立銀行制度は、さらなる緊急支援を必要とするだろう。恐慌に先立つ擬制的な不動産市場ブームに由来する不良資産がまだ大量に残っているからである。その一方で、国際金融システムは、パッチワーク的な政府介入によって安定性を取り戻したかのように見える。その効果は、恐慌の打撃を銀行から国家債務にシフトさせることであった。北アメリカとヨーロッパでは、膨張する国家債務に対する回答は、公的サービスを削減し公共の福祉を危機に陥れることで債務を縮減するという過酷な緊縮政策を提案し実行することだった。

しかしながら、世界のいくつかの部分では恐慌はとっくに過ぎ去っていた。アメリカでさえ不況は二〇〇九年六月に統計的には終了したと宣言された。ブラジル、アルゼンチン、インド、オーストラリアで「経済恐慌」について尋ねると、「恐慌だって？　それはあなた方の問題であってわれわれの問題ではない」という返事が返ってくるだろう。地理的近視眼はもちろんどこにでも見られるものである。西ヨーロッパと北アメリカの多くの者たちは、二〇〇四年一二月にインド洋の沿岸を襲った津波の被害者に気前よく義援金を送ったが、一九九七～九八年の経済崩壊で仕事を失った一五〇〇万人のインドネシア人や二〇〇一～〇二年の恐慌でアルゼンチンで急増した失業については一顧だにしなかった。それらは彼らの経済恐慌であり彼らの落ち度なのであって、われわれのせいではないというわけだ。

今これを書いている時点で（二〇一〇年一二月）、恐慌がアメリカおよびヨーロッパのかなりの部分でなお過ぎ去っていないことは深く実感できるし、それを示す明白な証拠もたっぷり存在する。失業が大きな問題になっている。ＩＭＦと国際労働機構（ＩＬＯ）によって二〇一〇年九月に出された合同討議文書は、二〇〇七～〇九年の不況期に国際的に失われた雇用の純減は三〇〇〇万人に達すると見積もった。そのうちの二〇〇〇万人は公式統計を通じて確認することができ、その四分の三は先進経済国の中におり、アメリカで七五〇〇万人を数え、スペインで二七〇万人、イギリスは九〇万人であった。だが純雇用喪失は、新興の市場経済でははるかに少なかった。中国では三〇〇万人の雇用喪失が伝えられたが、その労働市場の巨大さを考えると、たしかに深刻ではあるが破局的なものではない。奇妙なことに、いくつかの低所得国では雇用の増大さえ記録された。その理由の一つは、雇用が中国からさらにもっと労働の安い南アジアや東南アジアに移ったからである。

二〇〇七年に始まった金融恐慌は、世界の多くの部分でほとんど長期的な影響を持たなかった。中国とインドではすぐに成長が回復した。中国では二〇〇九年に一時的に六%にまで成長率が下落したが、二〇一〇年には一〇%以上の成長率となった。インドではまもなく中国を超える成長率になるだろう。この両国と平行して、対中貿易を盛んに行なっている諸地域で強力な成長が見られた。オーストラリアやチリのように中国に原料を供給している諸国は、相対的に無傷に恐慌を切り抜けた。他の事例では、貿易パターンに一定の調整がなされた。たとえば、二〇〇〇年以降、ブラジルとアルゼンチンの側での対中貿易は一〇倍も増大した。その結果、ラテンアメリカのさまざまな場所で経済成長が力強く回復した（ブラジルとアルゼンチンの両国で八%近い成長率）。もっとも、そのために、かなりの土地を大豆プランテーションに転換し、潜在的に有害な環境的影響を伴うという犠牲を払ってのことだったが。中国にハイテク設備を輸出している諸国——とくにドイツ——もかなり順調に回復した。

失業と雇用喪失はアメリカおよび、不均等にだがヨーロッパ全体に高度に集中していた。公式の失業率はスペインで一一ポイント増大し、アイルランドで九ポイント、アメリカで五ポイント、ギリシャ、ポルトガル、スペイン、イギリス、スウェーデン、イタリアで三〜四ポイント増大した。しかし、失業率はオランダでは低いままであり、ドイツでは逆に下がり（それは、市場の不況に直面した時に労働者を解雇するよりも労働時間を短縮するという政策のおかげでもある）、韓国と中国ではほとんど変化がなかった（中国では二〇〇八年に三〇〇〇万人の雇用が失われたと報告されたにもかかわらずだ）。

アメリカで雇用喪失がぐずぐずと継続していることは、同地でのそれ以前の二つの不況（一九九〇～九二年、二〇〇一～〇二年）に続いていわゆる「雇用なき景気回復（jobless recovery）」が生じたことと類似している。ただし、今回のはどちらかというと「雇用なし状態創出型景気回復（joblessness-creating recovery）」と言うべきかもしれないが。さらに、失業者のうち「長期的」（六ヵ月以上仕事に就けない）とみなされた人々の割合も、これまでは二五％を超えることはけっしてなかったのだが、今では、仕事をなくした人々の半分以上を占めている。就業意欲を喪失した労働者や、劣悪な一時的雇用で働いている労働者を一〇％近い公式の失業率に加えるならば、アメリカの労働人口の五分の一近くが適切な仕事を欠いた状態にあると言える。このような膨大な失業者の労働予備軍の存在は、雇用労働者の賃金水準と労働条件に対する下方圧力となっている。交渉にもとづくゼネラルモーターズ（ＧＭ）の破産は、二層の労働システムをつくり出すことになった。新しい労働者は、すでに雇用されている人々よりも低い賃金と低い付加給付に同意して同社の労働力に加わることになる。このような二層システムは今ではアメリカのかなりの部分に広がっている。その結果、利潤は、二〇〇八年末の低水準から、ビジネス紙誌の表現によれば、「目もくらむスピード」で回復し、株式市場においても、ウォールストリートの住人たちの浪費的ライフスタイルにおいても、その回復を促している。しかし、以上のいっさいは、一九七〇年代後半からすでに始まっていた賃金抑制をいっそう深化させるという犠牲を払ってのことだった。国民所得に占める賃金の割合は下落しつづけ、それは、利潤の占める割合が恐慌以前のレベルにまで跳ね上がったのとちょうど軌を一にしていた。失業に伴って、二〇〇七年に恐慌《クラッシュ》の引き金を引いた住宅の差し押さえはあいかわらず継続し、資産構成に占める不良債権の割合はますます悪化している。抵当物件の差し押さえ手続きの月間着手件数は、二〇〇九年四月の一四万二〇〇〇件の高い水準から二〇一〇年八月にはちょうど一〇万件強に下落したが、差し押さえ物件が実際に業者に回収された件数は同じ月で九万五〇〇〇件という空前の高さに達した。金融機関の法的所有名義となっている住宅物件は二〇一〇年で一〇〇万件を超えている。消費者信頼度指数がゆっくりとしか回復せず、個人消費市場が停滞したままであるのは、大して驚くべきことではない。

新自由主義と不平等のさらなる進行

アメリカにおけるこうした現状（それはヨーロッパのかなりの部分と類似している）は、経済的に必然的なものなのだろうか、それとも政治的選択の結果なのだろうか？　答えは両方が少しずつである。しかし、その政治的側面は現在、去年よりもずっとあからさまなものになっている。先進資本主義世界のかなりの部分で、ケインズ主義のちょっとした復活が当初見られたが、国家債務危機は、資本家階級にとって、福祉国家にまだ残されていたものを緊縮政策によって剝奪する口実になった。資本は常に社会的再生産の諸費用（若年者、病人、障害者、高齢者のケア、社会保障、教育、医療の諸費用）を内部化する上での困難を抱えている。一九五〇年代と一九六〇年代の時期、これらの社会的費用の多くは、直接的に（企業医療保険制度や企業年金を通じて）か間接的に（住民全体に対するサービスを税金で賄うことによって）内部化された。しかし、一九七〇年代半ば以降における新自由主義的資本主義の全時期を特徴づけているのは、資本がそのような負担を自己から振り払い、それを住民の負担へと転化し、そうしたサービスの取得と支払いを住民の自助努力に委ねるための闘争であった。われわれがどのようにして自分たちの生活を再生産するのか、これは、政治とメディアにおける強力な右派の声が語るところでは、個人責任の問題であって、国家の義務ではないのである。

いくつかの主要な領域はまだ民営化されていない。その筆頭は社会保障と公的老齢年金である（ただしチリはとっくに両者を民営化した）。したがって、現在、緊縮政策に重点が置かれていることは、社会的再生産のコストを個人化する方向に向けてさらに歩みを進めるものである。住民の福利に対するこの攻撃は、多くの国で、国家を、労働組合の最後の牙城たる公共部門労働組合と衝突させるだけでなく、最も直接に公的給付に依存している住民（たとえば、アテネからパリ、ロンドン、バークレーにまで至る学生たち）とも衝突させるコースへと進ませている。この攻撃は反乱の勃発を誘発しており、ＩＭＦでさえ、より無鉄砲な右派政府に対して、大規模な社会的騒乱を挑発するリスクを犯していると警告したほどである。二〇一〇年の秋以降、ヨーロッパで騒乱の高まりを示す種々の徴候が見られるが、それはＩＭＦの警告の正しさを示している。

緊縮を経済的に正当化する議論はよくて曖昧であり、悪くて明らかに逆効果である。有力なアナリストたちは、二〇一〇年一〇月に新たに選出されたイギリスの保守党主導の政府が来たる三年間に約一五〇万人もの労働者を仕事から放り出すだろうと見積もっている。公共部門における五〇万人近い人々と、残る一〇〇万人は主として政府と契約している民間サービス部門の労働者である。自助にまかされた民間部門は自らたがを締め、なしうる最良の努力をすれば、イギリスで毎年三〇万人の雇用をつくり出すことができるだろうと言われているが、この考えは穏便に言っても希望的観測である。アメリカでは最近の下院選挙で共和党が勝利したが、それは、いわゆる「財政再建強硬派」があらゆることに強い影響力を持つことを意味する（ただし、財政赤字をいっそうひどくする最富裕層向けの巨額の減税措置の継続は例外のようだ）。しかし、民主党が権力のあらゆる手綱を握っていたときでさえ、「財政再建強硬派」を拒否して人々の暮らしを支援するだけの度量を彼らは持ち合わせてはいなかったのである。「ウォールストリートの党」（私はそう呼んでいるのだが）はそうするにはあまりにも強力であり、それが民主党と共和党の両方の選挙に献金していることからしてもそうである。そして、時間が経つにつれて、オバマ大統領もこの党の一員であることが悲しいほどはっきりしてきている。

今日、アメリカに対してなされていることは、事実上、一九八〇年代初頭以来繰り返し繰り返し国内外で行なわれていたことである。たとえば、一九八二年、多くの発展途上国で債務危機が勃発した。その象徴はメキシコであり、ニューヨークの投資銀行から巨額の借り入れをするという過ちを犯した。この巨額債務が不履行になればニューヨークの銀行家たちを破滅させただろう。それゆえアメリカ財務省とIMFはメキシコを緊急支援《ベイルアウト》し、銀行への支払いを済ませるとともに、同国で緊縮措置を管理実行した。その結果はきわめて深刻なものであり、国民の生活水準は二五％も下落した。銀行を救済し、国民をいじめることは、それ以来スタンダードな処方箋となった。これは、二〇一〇年初頭のギリシャで起こったことであり、同年秋のアイルランドで起こったことでもある。ギリシャの場合、危機に陥ったのはドイツとフランスの銀行だった。アイルランドで危機に陥った銀行は主としてイギリスの銀行であった。ギリシャ国民の生活水準の低下ははっきりとしたものであり、アイルランドもすぐにその後を追った。昨年、アメリカで銀行が救済され、今では連邦政府が国民に打撃を加える時期になっている。それはすでにカリフォルニア州でなされているものよりもずっと大規模なものである。世界で九番目に大きい予算規模を持つカリフォルニア州は、ギリシャとアイルランドの道を突き進むのを何とか防いだが、それはただ州規模で容赦なく予算をカットし、連邦政府の税収を州に移転して社会保障やメディケアなどを支えることによってであった。しかしながら、投資家たちが二〇一〇年一二月に、州および自治体の公的債務向けの免税債券市場から急速に手を引きはじめたことは、そこがアメリカにおける金融恐慌の次の波にとっての中心になるかもしれないことを示唆している。自治体および州政府の大規模な債務不履行が起こるかどうかは、連邦政府と連邦準備制度理事会の対応いかんにかかっている。しかし、この種の恐慌は、銀行部門のケースよりも解決するのがはるかに困難である。一部はその深さと広がりのせいであり、一部は政治的理由による。

ほとんど間違いなく、ギリシャやアイルランドにとっては、債務不履行にする方がましだったろう。そうなれば、銀行と債券保有者が国民と痛みを分かち合うことになる。債券保有者は金融界で言われている言い方では「債務元本の削減《ヘアカット》」をこうむることになっただろう。アルゼンチンは二〇〇四年に事実上債務不履行状態に陥った。恐るべき結果になるぞとの脅しを受け、「諸君は二度と国際投資家に相手にされないだろう」と言われた。しかし、二、三年もすると、自分たちの過剰資本のための儲けの上がる市場を必死で探し求めていた外国の投資家たちは、同国の経済的活況に積極的に関与し、この活況は二〇〇七〜〇九年の困難な時期においてすら多少の落ち込みを伴いつつも継続した。ギリシャとアイルランドにおける緊縮政策はこれらの国の経済回復を妨げ、その債務状況を悪化させ、終わることのない緊縮政策の下降スパイラルへと追いやった。この経験に照らして、主流派メディア（『ニューヨーク・タイムズ』の社説を含む）における有力な声はついに、債務不履行（「債務の再編《リストラ》」という上品な言葉で知られている）はよりましな選択肢ではないのかという疑問の声を発しはじめた。ドイツ首相のアンゲラ・メルケルでさえ、「債務元本の削減《ヘアカット》」は、ヨーロッパの緊急支援基金が徐々に縮小する二〇一三年以降に起こるだろうとの予測を発表した。その結果は、少なくとも恐慌の負担の一部が銀行にはね返ってくることになるだろう。いずれにせよ世の多くの人々は恐慌の負担は銀行が負うべきだと思っているし、とりわけ、恥知らずにも銀行家が天文学的なボーナスを自らに支払うことに固執している状況からしてそうである。ギリシャのケースでは、負担がフランスの銀行システムとかなり脆弱なドイツの銀行システムに地理的に舞い戻ってくることにもなるだろうし、最終的にはフランス政府とドイツ政府に転嫁されることになるだろう。多くのギリシャ国民も両国政府が負担するべきだと考えている。

しかし、大資本の利益のために国民に打撃を与えることは、一貫して右派と資本家階級の目標課題《アジェンダ》でありつづけた。ロナルド・レーガン大統領は、ソヴィエト連邦との軍拡競争を通じて一九八〇年代に巨額の財政赤字をつくったが、それと同時に、アメリカ人の最高所得税率を七二％から三〇％近くにまで大幅に引き下げた。彼の予算担当責任者であったデヴィッド・ストックマンが後に告白しているところでは、計画は、まず財政赤字をつくり出し、その次にそれを利用して、社会的保護や社会福祉プログラムを削減ないし廃止する口実にすることであった。息子の方のジョージ・ブッシュ大統領は、共和党支配の連邦議会に支持されながら、レーガンの実例に忠実に従った。ブッシュは一九九〇年代末には黒字だった予算を二〇〇一年から二〇〇九年までのあいだに巨額の赤字に変えた。進んで二つの戦争〔アフガニスタン戦争とイラク戦争〕を遂行し、また〔二〇〇三年に〕メディケアの処方薬に関する法案を通し（それは製薬会社に対する大きなプレゼントだった）、さらには富裕層向けに大規模な減税をすることによってである。この減税は、ブッシュ派の言うところでは、投資を促して税収の増大をもたらすので元が取れるだろうとのことだったが、実際にはそうはならなかった（そのほとんどは投機への追加資金になった）。また二つの戦争についても、イラクの石油のおかげで元がとれるだろうとも言われた。二〇〇三年時点で、この戦争は二〇〇〇億ドルかかるだろうと見積もられたが、その推定を行なった人々は非愛国的冷笑屋として乱暴に攻撃された。だが今ではこの二つの戦争で二兆ドルかそれ以上のコストが費やされたのだが、誰もブッシュ時代には気にしなかった。なぜなら、副大統領のディック・チェイニーが好んで口にしたように、「レーガンは財政赤字は重要ではないことをわれわれに教えてくれた」からである！

実際には財政赤字は重要な問題である、もちろんそうだ。だが、それを削減する最良の方法は成長を刺激することである。現在の財政赤字の重要な一部は、不況と急増する失業の結果としての歳入減を原因としている。それに比べれば、緊急支援の純コストは大して大きなものではなかった。いくつかの場合には、緊急支援資金は利子を伴って返ってきさえした。経済を回復させ、経済成長問題を解決せよ、そうすれば、歳入増を通じて財政赤字問題を手当てすることができるだろう（一九九〇年代のクリントン政権時代の好況によって証明されたように）。だが緊縮政策は、すでに論じたように、経済を正反対の方向に持って行くものである。米英両国およびヨーロッパ全体における現在の経済的困難は基本的に、経済的必然性からというよりも政治的理由から深刻化しつつある。この政治的理由とは、社会的再生産の費用をまかなう資本の責任を免除したいという願望である。

大衆の社会的福利に対する攻撃は、すでに裕福な人々の富を維持し高めるための絶え間ない衝動から生じている。これは、ウォーレン・バフェットがはっきりと認めていることである。アメリカにおける所得の不平等は一九七〇年代以降、うなぎ上りに増大した。アメリカ国民の下位九〇％が現在所有しているのは富のわずか二九％であり、一〇％が残りの富を独占している。さらにトップ一％が富の三四％を所有しており、所得の二四％を獲得している（これは一九七〇年の三倍である）。これらすべての指標が示しているのは、一部の例外を除けば、最富裕層が最近の事件で大した打撃を受けなかったということである。主要なヘッジファンドのマネージャーたちは自分たちの権力を実際のところかなり増大させた（たとえばジョージ・ソロスとジョン・ポールソンは二〇〇八年にそれぞれ三〇億ドル稼いだ）。緊縮財政と赤字削減が世間で声高に唱えられている最中に、共和党はブッシュの減税措置を延長させるための闘いに成功を収めた。これは、アメリカの納税者のわずか〇・一％を占める最富裕層に一人あたり年三七万ドルもの巨額の贈り物になり、次の一〇年間で総額七〇〇〇億ドルも赤字を増大させる。その間に、いくつかの自治体は警察・消防署を閉鎖し、場合によっては財政不足を理由に街頭の明かりさえ消した。このような過酷な予算削減政策が、すでにイライラが募った住民のいる大都市でなされたならば、どういう騒動を引き起こすかを想像してみてほしい。これは最悪の形態の金権政治の政策である。

すでに優位な立場にある人々を保護する政治は国家間関係の領域にも適用されている。先の崩壊を耐えぬいた諸国は、当然ながらその貿易黒字にもとづいて復活してきている。とくにドイツと中国は、自国の競争優位を減じかねないどんな措置にも激しく抵抗している。これらの国は、世界の他の諸国の消費力を犠牲にして富を吸い上げている。現在の高まる不安に対して国際的に協調して対処する方策を練り上げるのにG20が失敗したのは、ほぼ全面的に、貿易赤字と貿易黒字の妥当な水準、為替相場、等々をめぐる対立に起因している。ドイツのアンゲラ・メルケルは、普遍的な原則として成長刺激策ではなく緊縮財政策を推進しているが、その理由はそれがドイツの輸出力の優位性を維持するのに役立つからである。彼女の財務大臣は、アメリカの連邦準備制度理事会が最近行なっている、経済活動を刺激し失業を減らす試みを「的外れ」と呼んでいる。ドイツとアメリカ共和党の両者が望んでいるのは、アメリカ経済が次の選挙まで停滞したままでいることである。アメリカ上院の共和党院内総務ミッチ・マコーネルが言うところでは、自分たちの第一の優先事項は、オバマが再選されないようにすることである。そのための最良の方法は、健全財政の名のもとに景気回復を妨げる容赦のない緊縮政策を追求することである。しかし、最富裕層向けの減税を継続するという闘いにすでに勝利した「ウォールストリートの党」は、その後、正気を取り戻した。彼らは二年に及ぶ全面的な緊縮政策が行きすぎたものであることに気づいた。彼らは、中間選挙で勝利した共和党を説得して、財政赤字で資金調達された何らかの広範な景気刺激策に同意させた。それは企業の利潤回復が軌道に乗るのを期待してのことだった。

米国と中国——ヘゲモニー・シフトの徴候

しかしながら、緊縮の呪文はあらゆるところで受け入れられたわけでも実践されたわけでもない。世界は、北アメリカとヨーロッパにおける赤字恐怖症と、中国を筆頭とする東アジアのケインズ的積極財政主義とのあいだで二分されている。両者の政治は大きく異なっており、その結果はなおいっそう鮮明である。

中国を中心とする陣営の回復率は、インドやラテンアメリカのそれと並んで、目を見張るものだった。ブラジルの前大統領イグナシオ・ルラも、アルゼンチンのクリスティーナ・キルチネル大統領も、そして間違いなく中国の胡錦濤主席も、緊縮を語らなかった。もっとも、胡錦濤について言えば、彼は、単純に現実の地政学上の問題として、アメリカがその自殺的緊縮政策を遂行するのを嬉々として推奨しているのだが。

巨額の黒字を抱え、中央政府によって容易に操作される無傷の銀行システムを保持している中国は、より全面的なケインズ的路線をとる手段を有している。輸出指向型産業が受けた大きな打撃、大規模な失業の脅威（三〇〇〇万人の純雇用喪失を想起せよ）、二〇〇九年初頭の騒擾は、何らかの手を打つことを政府に余儀なくさせた。案出された包括的景気刺激策は二つの柱からなっていた。まず第一に、六〇〇〇億ドルに近い額が主として大規模なインフラ事業に投入された。ハイウェイ建設――その規模は、一九六〇年代におけるアメリカの州間ハイウェイ網をすっかりかすませるものだ――、新空港、巨大水利事業、高速鉄道、さらには丸ごと新しい都市を建設することさえ。第二に、中央政府は銀行に対して、各省や民間事業に対する信用を緩和させた（中央政府に逆らうことは中国の銀行家にとって選択可能なオプションではない）。

大きな問題は、これらの投資が国の生産性を増大させるかどうかである。中国経済の空間的統合（とりわけ内陸部と沿海地域との関係）がまだまだ不十分であることを踏まえれば、その可能性は高いと言えるだろう。しかし、その債務が一定期間にちゃんと返済されうるのか、それとも中国がもう一つ別の恐慌《クラッシュ》の震源地になるのかは、未決定の問題である。さまざまな否定的影響もある。たとえば、インフレの亢進（それはしばしばケインズ主義政策を管理する際のアキレス腱になっている）や、住宅などの種々の資産市場への投機の増大である。二〇〇九年に上海の不動産価格は二倍に跳ね上がり、同年に全国の不動産価値が一〇％以上増大した。他にも種々の危険な徴候が見られる。製造業とインフラ部門において過剰生産能力が見られること――中国の中央部では一つの都市が丸ごと建設されたが、住民の受け入れはまだこれからである――や、銀行による融資の過剰拡張がなされているとの噂が絶えないことである。中国の内陸部に新たに建設された諸都市は必死で外国の投資家を求めている。国際資本主義にとってのこの新しいユートピア的フロンティアへと投資家を誘い込むことを意図した米国メディアの華々しい広告から判断するかぎりではそうである（もっとも、ドバイ・ワールドの負の歴史が影を落としており、そこでは不動産開発への投機的な融資の過剰拡張は結局、破局へ至った）。

さらには、規制外の「影の銀行システム」である、資産と貸付の相対取引が出現している証拠も見られる。それは、一九九〇年代以降にアメリカの銀行システムで生じた失敗の一部を繰り返すものである。しかし以前、中国政府は、一九九〇年代末には銀行の資産の四〇％にまでなっていた不良債権を処理したことがある。その際、中国政府は、それを一掃するために外貨準備を用いた。アメリカで二〇〇八年にブッシュ大統領のもと連邦議会でしぶしぶ可決され、その後世論の大きな怒りを引き起こした不良資産救済プログラム（ＴＡＲＰ）と違って、中国政府は、自国の銀行システムを健全化するのにより直接的なアクションを起こすことができる。中国政府が影の銀行システムに対して断固たる措置を取ってそれを統制することができるかどうかは、なおさら未確定な問題であるように見える。インフレに対する懸念は、この数ヵ月間急速に高まっているようだ。成長率を一〇％未満に抑えてインフレを緩和するために銀行貸出を制限するというような真剣な試みも検討されているようである。このような抑制政策は、当然にも国際株式市場を震撼させるだろう。

中国は結果的にケインズ主義政策の別の側面を受け入れた。労働者をエンパワーし社会的不平等に対処することによって国内市場を刺激することである。二〇一〇年の夏の初め、中央政府は突然、中国共産党によって統制された公式の組合によって組織されたのではない自然発生的なストライキに対して寛容に振るまうようになった（あるいは抵抗できなくなった）。そのストライキは、たとえばトヨタやホンダやフォックスコン（同社では、多くの労働者が自殺しており、賃金や労働条件をめぐるスキャンダルになった）などの主要な生産企業で起きている。これらのストライキはかなりの賃金増をもたらした（二〇％から三〇％程度の範囲で）。賃金抑制政策は放棄された。もっとも、インフレーションの結果、この成果はそれほどのものではなくなったのだが。しかし、中国で賃金が上昇するにつれて、資本は海外に移転し、バングラディシュ、カンボジア、その他の東南アジア諸国の低賃金地域に移りつつある。

中国政府は、医療や社会的サービスへの投資を増大させ（それによって社会的賃金が増大する）、環境技術の開発に力を入れはじめ、今では中国がこの分野でグローバル・リーダーになっているほどである。アメリカでは政治行動を悪魔化するために用いられる社会主義的とか共産主義的という呼称に対する恐怖は、中国人にとっては滑稽に聞こえるだろう。私的な企業主義だけが経済的成功をもたらしうるというアメリカ人の呪文は、中国のみならず、シンガポール、台湾、韓国での国家主導の驚異的成長を直視するならば、滑稽と言わぬまでも浅薄に聞こえる。

明らかに中国は、今回の恐慌から他のどこよりも急速かつ成功裡に抜け出た。国内の有効需要の増大は、中国内部で作用しただけでなく、他国の経済をも牽引した。とりわけ、その隣国（シンガポールから韓国に至るまで）と原料産出国（たとえばオーストラリア）の経済がそうである。ゼネラルモーターズ（GM）は、他のどの国よりも中国で最も多くの車を生産し最も多くの利潤を上げている。中国は国際貿易におけるる部分的回復を何とか刺激することに成功し、自国の輸出財に対する需要を喚起した。輸出指向型経済は総じて、とりわけ東アジアと東南アジアやラテンアメリカのかなりの部分がそうなのだが、他の国よりも急速に回復した。米国債に対する中国の投資は、中国製の低コスト生産物に対する有効需要を維持するのに役立った。もっとも、中国はその保有債券を徐々に多様化させようとしている徴候が存在する。その結果は、西から東へと経済力のヘゲモニーがグローバル経済の内部で移動《シフト》していく過程が始まったことであった。アメリカは明らかにまだメジャープレイヤーではあるが、二〇一〇年一一月にソウルで開催されたG20会議において明らかになったように（その会議でオバマは孤立し相対的に無力であることが示された）、もはや以前のように采配を振るうことはできない。

原料に対する中国の渇望は、貿易条件を原料産出国に有利にしただけでなく（一九九〇年以前、貿易条件は総じて原料産出国にとって不利だった）、土地や天然資源やその他の重大なレント収入源（知的所有権など）に対する支配権をめぐる国家間、企業間、富裕な個人間の競争を激化させた。「略奪の政治」は、ラテンアメリカや中央アジアだけでなくアフリカ大陸のかなりの部分、さらには東南アジアでまだ残っていた未開発地域を侵食する大規模な土地強奪《ランドグラブ》へと行きついたが、それは疑いもなく、大国間・企業間競争のこの伝統的舞台への新参者たる中国によって主導されたものであった。しかし、それぞれの国家の内部においてさえ、ある住民集団全体に対する略奪が起きており（中央インドや北東インドの鉱物資源が豊富な地域で起きているように）、このような略奪は先住民の激しい抵抗にもかかわらず、急速に進展してきた。どうやら、将来の経済崩壊の脅威からわが身を守るために、宝物をいっぱい積み込んだ方舟《はこぶね》を確保することをもくろんでいる多くの利益集団がいるようだ。

輸出指向型経済の復活は、興味深いことに、ドイツにまで拡大している。しかし、これはわれわれを、ヨーロッパ連合（ＥＵ）を横断する恐慌への厄介な回答という問題に直面させる。景気刺激策を最初に立て続けに行なった後、ドイツは、インフレを誘発することの恐れから、あまり乗り気ではなかったフランスを引き連れてユーロ圏を赤字削減の財政政策へと方向づけた。この政策は、イギリスの新しい保守連合政府の共鳴を得ている。この動きは、他のあらゆる場所での財政状況の突然の悪化と軌を一にしていた。

いわゆるPIGS（ポルトガル、アイルランド、ギリシャ、スペイン）は深刻な金融的苦境に立たされ、それは部分的には自国の管理体制の不備から生じているが、はるかに重要な理由は、それらの国の経済が、信用崩壊と不動産市場や観光業の突然の収縮に対してとりわけ脆弱であったことである（そのかなりの部分は北欧の投機的資本によって資金調達されていた）。ドイツにおけるような産業的基盤を欠いていたこれらの国々は、自国を飲み込もうとしていた財政危機に適切に反応することができなかった。

明らかにこのことから政治戦略における大きな分岐が生じた。西方諸国の多くは、緊縮政策を通じて財政赤字削減という至高の目標を追求しているが（その結果、生活水準の下落が起きる）、東方諸国（東アジアなど）は、南方諸国（ラテンアメリカなど）の新興市場と並んで、積極財政的なケインズ主義戦略に従っている。グローバルな成長が復活するとすれば、それはケインズ主義的な景気刺激策という東方的道が支配的になるからであろう。

しかし、ここには一つ問題がある。本書で論じたように、三％の複利的成長という最低ライン――これは経験的にも伝統的にも資本主義が十分に機能する上で必要なものだとみなされている――がますますもって維持しがたくなることである。中国はハイウェイと自動車だらけになり、猛スピードで郊外建設と新都市建設に取り組み、さらには、アフリカ全土を初めラテンアメリカなど足がかりを見出せるあらゆるところで、資源を確保するためのグローバルな土地争奪戦に参加することでその影響力を著しく拡張している。このようなありさまを心穏やかに見ることはほとんどできない。中国の台頭によって生じる環境的結果は巨大なものであり、それは何も中国国内だけではない。急速に台頭する中国は、石油、石炭、セメント、大豆、その他を求め、アフリカ、ラテンアメリカ、中央アジア、さらにはオーストラリアのような諸国さえも、土地の劣化や原料の枯渇をまったく省みない原料産出衛星国に変えつつある。この点において、もちろんのこと、東アジアは単に、西方諸国が豊かさと権力とを追い求めた厄介でしばしば野蛮であった道のりをたどっているにすぎない。しかし、われわれがすでにこのようにしてこの道をたどってきたのなら、誰が彼らに対してそうするのをやめるべきだと言うことができるだろうか？　とりわけ、環境上の問題関心に応えるためにわれわれが自分たちのライフスタイルを制限するそぶりさえ見せていない時にである。

　ケインズ主義的景気刺激策の目的は、永続的に作用することではなく、短期の不況に対処することであって、状況が改善したときには財政赤字を埋め合わせるようにすることである。だが一九六〇年代にすでに起こっていた問題は、財政赤字を埋め合わせることが政治的にきわめて困難であったことであり、あるいは、かつて連邦準備制度理事会の元議長ウィリアム・マチェスニー・マーティン〔一九五一年から七〇年まで議長〕が言ったように、政治権力の仕事は「パーティがたけなわになったまさにその時にパンチボウル〔飲み物入りの大鉢〕を下げること」なのだが、そうはなかなかいかなかったことである。そして、われわれは現在、アラン・グリーンスパンのつけを払わされている。というのも彼は、一九九〇年代と二〇〇〇年代初頭の「古き良き時代」に連邦準備制度理事会の預言者めいた議長とみなされていたのだが、まさにこのような仕事をやり遂げることに失敗したからである。中国が、ちょうど良いときにパンチボウルを下げることができるかどうかはまだ未決定の問題である。

複利的成長の継続か反資本主義的転換か

　自分自身の私利私欲にもとづいて行動する個々の資本家が、集合的には、資本主義をより深く恐慌に投げ込むような行動の仕方をする傾向にあるということは、公平な観察者にとってはずっと以前から明白なことであった。同じことは、周期的に政治的・経済的権力を支配するさまざまな分派的利益集団についても言える。巨額のボーナスに飢えた銀行家と金融業者たちは今や、ワシントンとロンドンにおける政治的目標課題《アジェンダ》の大部分を設定している。不労所得者《レンティア》の階級が復活成長しているが、彼らは土地、不動産、資源に対する支配権からだけでなく、ますますもって知的所有権からもレントを抽出している。さらにウォルマートやイケア［スウェーデンの国際的家具販売グループ］のような商業資本家は、生産者を自分たちのスケジュールと注文票で厳格に縛っており、生産者はこれらの商業資本家による競争ゲームの単なる駒になっている。自己の特殊利益を追求している個々の資本家や個々の資本分派は、ほとんど常に、苦境に陥っている資本主義システムを安定化させる（回復させることは言うまでもなく）ために、何らかの適切で首尾一貫した政治的目標課題《アジェンダ》をつくり出すことにはっきりと失敗してきた。今回もまたそうであることを示す証拠は至るところに存在している。アメリカにおけるティーパーティ運動のまるで首尾一貫しない政策に対して、最富裕層の諸個人と金融およびメディアの強力な分派がこれほどまでに財政的支援をしていることを他にどう説明することができるだろうか？

もっとずっと厄介なのは、富と権力をめぐる国家間競争であり、競争のための権力ブロックが形成されていることである。国家がいまだに暴力手段に対するある種の独占を要求している――そしてある程度までは各国別ないし集団的に（ＮＡＴＯのような同盟を通じて）維持している――というただそれだけの理由で、である。政治と軍事の世界はたいていの場合、資本蓄積の国内的諸矛盾を抑制するのではなく、最も豊かで最も権力を持ったもの以外のすべてのものにとって不利な形でその諸矛盾を拡大する。このような危険性はずっと以前から理解されていた。イギリスの政治哲学者ウィリアム・トンプソン［著名な初期社会主義者］は、一八二四年にこう書いている。

こうした（富の）現実の分配を維持することと比べて、絶えず繰り返される全人類の窮乏ないし幸福は考慮に値しないとみなされてきた。暴力、欺瞞、偶然の結果を永続させることは、安全策と呼ばれてきた。そしてこの偽りの安全策を維持するために、人類のあらゆる生産力は容赦なく犠牲にされてきたのである。[1]

これこそまさに、終わりなき複利的成長という安全策のみならず緊縮という偽りの安全策にもあてはまることである。

過去、このような首尾一貫しない資本主義的政治を押しとどめてきたのは、それこそありとあらゆる種類の闘争だった。搾取され略奪された者たちの闘争、資本家に対する労働者の闘争、家主や地主や略奪的商人に対する市民の闘争、しばしば暴力的であった植民地主義と帝国主義による略奪に対する住民全体の闘争、そして、やや輪郭が曖昧だったとはいえその影響力の点で優るとも劣らなかった、公正と権利のための闘争やより倫理的で民主主義的な社会秩序のための闘争である。過去四〇年間、資本の非文明化作用に対するこのような抵抗の組織された制度的枠組みは破壊されてしまい、後に残ったのは、私が本書の最終章で記述したたぐいの、古い諸制度と新しい諸制度との奇妙な混合体であった。それは、首尾一貫した反対運動や首尾一貫したオルタナティブな政策を明確化するのを困難にしている。このような状況は、人々にとってだけでなく資本にとっても災いの前兆となっている。それは、「わが亡き後に洪水は来たれ」という政治をもたらしている。そうなっても金持ちたちは、他の者たちに洪水への対処を任せてしまって、自分たちはよく装備されたたっぷり必需品を詰め込んだ方舟《はこぶね》（グローバルな土地強奪はその徴候か？）に乗って安全に航行することができると空想している。しかし、資本がつくり出した世界には今や隠れる場所は文字通り存在しないのであり、金持ちといえどもその世界の上に浮かんだままでいることは望むべくもない。

現代において、資本をそれ自身から救い出し、トンプソンが叙述した結果を阻止するために、諸制度のもう一つ別の組み合わせがうまく揃うことができるかどうかは未知数である。しかし、たとえこのような政治とそれに関わる諸制度をつくり出しうるとしても、それらは過去にあったものと大きく異なったものでなければならないだろう。だがそれにとどまるものではない。より文明的な資本主義を実現するための闘争をはるかに超えたものが必要になるであろう。倫理的かつ公正であるような資本主義を構築するというドンキホーテ的探求はいずれ放棄されなければならないだろう。結局のところ、アダム・スミスが人々の行動を規制する市場の見えざる手の力を認識した際に指摘したように、われわれが善意に満ち倫理的傾向を持っているのか、それとも自ら強欲にふけり破壊的に競争しあうのかは、どうでもいい問題である。終わりなき資本蓄積と終わりなき成長の論理はわれわれに絶えずつきまとっている。それは、われわれの倫理的傾向が何であれ意識的ないし無意識的に従っている隠れた至上命令を内部化しており、市場の見えざる手はその一つにすぎない。これは支配的な実践のあり方であり、そこには巧妙に植えつけられたあらゆる政治的主体性が付随している。それゆえ、われわれの世界を根本的に変革するためには、このような支配的実践に対して建設的な形で反抗しなければならない。終わりなき資本蓄積を通じた終わりなき複利的成長の問題に正面から取り組み、それを克服しなければならないだろう。これこそ、われわれの時代の政治的必然性である。

このような長期的展望からすると、東アジアや南アジアで、あるいは豊かな湾岸諸国のような他の地域で、アメリカ型ライフスタイル（「生きているかぎり倒れるまで買い物をする衝動」）をさらに誇張したようなバージョンを構築することによって資本主義的成長を再活性化しようとする衝動は、根本的に誤って

▼1　ウィリアム・トンプソン『富の分配の諸原理』下、京都大学学術出版会、二〇一一年、四六七頁。

いる。今まさに進行しているグローバルな土地強奪は、この犯されつつある誤りの明白な証拠である。そして、この長期的な至上命令の観点からすれば、北アメリカとヨーロッパを緩慢な成長と終わりなき緊縮政策へと追いやることは逆に正当であるように見えるかもしれないが、これは単に、金権主義者たちの特権を擁護するためになされているにすぎないし、それは結局、人間の潜在能力と力とが発展していく無限の可能性の代わりに終わりなき複利的成長の不可能性を追求することであって、その先に待っているのは袋小路でしかない。東アジアおよび南アジアからラテンアメリカに至る新興市場経済における資本主義の短期的な爆発的成長は、富と権力のグローバルな分配を再均衡させるのに役立つかもしれないし、したがってまた、より合理的に組織されたグローバル経済を実現するためのより健全でより平等主義的な基礎を創出するのに役立つかもしれない。成長の短期的復活はまた、困窮をただ増大させていくのとは違って、体制転換に向けたより長期的な解決策を練り上げるのに必要な時間を稼ぐことにも寄与できるかもしれない。しかし、稼がれた時間は、有効に使われる場合にのみ有意義なのである。

オルタナティブはこれから発見されなければならない。そして、この点では、グローバルな共-革命的運動の出現は決定的である。それは、自己破壊的な資本主義的行動様式《ビヘイビア》の流れをせき止めるのに決定的であるだけでなく（それ自体重大な成果であるだろうが）、次のことにとっても決定的である。すなわち、自分たちを再組織化し、新しい集団的な組織形態、知識バンク、精神的諸観念を構築しはじめること、新しい技術および生産と消費の新しいシステムを建設しはじめること、その間に、新しい社会的諸制度、社会的・自然的諸関係の新しい形態、ますます都市化する日常生活の再設計を伴ったさまざまな実験を行なうことである。

資本はわれわれに、反資本主義的体制転換という課題に接近するのに必要な手段を豊富に提供してきたが、資本家とその手先たちは、状況がいかに切羽詰まったものになろうとも、そうした体制転換を阻止するためにあらゆることをなすだろう。しかし、体制転換の課題はわれわれの側にあるのであって、金権主義者の側にあるのではない。シェイクスピアはかつてこう助言した——「われわれがこんな惨めな境遇にあるのは〔……〕星のめぐりが悪いせいではない。それは、われわれ自身の罪なのだ」[2]。今のところ、ウォーレン・バフェットが断言しているように、彼の階級は勝利しつつある。われわれの当面する課題は彼が間違っていることを証明することである。

ニューヨーク、二〇一一年一月

▼2　シェイクスピアの『ジュリアス・シーザー』の一幕二場で、キャシアスがブルータスに語るセリフ。

［日本語版解説］

「資本の謎」の謎解きのために

伊藤 誠

本書の主題

本書の原題は、*The Enigma of Capital and the Crisis of Capitalism*（2011）である。著者はデヴィッド・ハーヴェイ。一九三五年にイギリス、ケント州に生まれ、ケンブリッジ大学で地理学を専攻し、当初、地域の歴史的特性を重視しつつ、主流派的計量分析手法にしたがっていたが、一九六九年にアメリカのジョーンズ・ホプキンス大学に移籍した後、アメリカや世界の深刻な社会問題の体系的な理解のために、地理学をマルクス学派の観点から革新する試みを提示するにいたり、ラディカル派地政学の研究を開拓し、指導的役割を担い続けている。それは、この時期の欧米マルクス・ルネッサンスに重要な一翼を加えるものであった。我が国でも翻訳出版された*Limits to Capital*（『空間編成の経済理論』大明堂）など以降、世界中にそのファンは多い。私もその一人である。前著*A Brief History of Neoliberalism*（『新自由主義』作品社）での明快な批判的分析に惹きつけられた読者も多いはずである。

本書も、出版前から最終章の論稿（もしくはそれによる講演）のファイルが、欧米の研究者なかまのメール・サークルに流されて期待を集めていた。そのファイルも、ついで昨年に初版が出版された本書も多大の興味をもって読んでいた。読みながら、原題にenigmaという日常的にはあまり使われない、いささか古風な用語をなぜわざわざ選択したのか、そこに込められた著者の意図や含意はなにか、気になっていた。たまたま昨秋、ケンブリッジ大学教授で、ハーヴェイとも親しいボブ・ローソンが来日したおりに、この用語の意味をたずねてみた。それへの返答は"What you cannot understand"ということで、シニカルなジョークの好きなイギリス人らしく、「おまえにはわからないことさ」とからかわれた感じもあった。原題の前半 *The Enigma of Capital* を、一般的な辞書にしたがい「資本の謎」と読んだときに、その謎とはなにか。わかりやすい邦訳で本書を再度通読してみても、そう簡単にわかったとはいえない。からかわれてもしかたがない。以下、いちおうの解説は試みるが、それにこだわらず、読者諸兄姉も、「謎の謎解き」として、本書を読みながらこの表題の意味内容をそれぞれに考えてみていただきたい。

本書の原題後半 *the Crisis of Capitalism* の意味は、はっきりしている。いま世界を揺るがし続けている、いわゆるサブプライム世界恐慌はどうして生じたのか。この経済的災厄の構造と意義を、広い歴史的、地政学的見地から解明して、そこから代替的未来への可能性を探ろうとする、切実な課題を提示するものである。

たとえば、リーマンショックの直後、二〇〇八年一一月にロンドン・スクール・オブ・エコノミックスを訪ねたエリザベス女王は、この恐慌の到来をどうして予想できなかったのか、と尋ねた。経済学者たちはこれにすぐ回答できず、イギリス・アカデミーに集まり六ヶ月も相談を重ね、自分たちがシステミック・リスクを見逃していたことなどを公開書簡で告白した。その経緯は日本の新聞でも報じられたが、それで女王だけでなく、世界の大多数の人びとも納得できたかどうか。むしろ世界の学界に支配的な新古典派経済学では、この災厄をもたらしたシステミック・リスクの由来や意義が考察課題としても看過されてきていることに、あらためて気づかされ、失意を深めたのではなかろうか。日本でも中谷巌（『資本主義はなぜ自壊したのか』集英社インターナショナル）のように、それまで依拠していた新古典派経済学による市場原理主義の見地に懺悔と転向を表明するものも生じていた。

こうした新古典派ミクロ経済学の挫折をうけて、あらためて現代世界に広がる経済的災厄を資本主義経済に内在的な運動法則の帰結として、学問的に正確に理解するためには、どのような理論的基礎に依拠し、またそれをどのように適用するかが問われている。この要請に応える可能性を求めて、ケインズ経済学とマルクス経済学の再評価が世界的にすすめられつつある。本書の著者は、むろん『資本論』の経済学、とくにその恐慌論の再整理と現代的発展により、サブプライム世界恐慌の意義と作用とを解明しようと試みているのである。そこに、われわれが直面している世界恐慌がなぜ生じたのかを、「資本の謎」として解こうとする本書の主題のひとつが読みとれる。

その際、『資本論』の恐慌論自体をどのように読みとり、さらにそれを現代世界にどう適用すべきかにも、実はそう容易でない錯綜した問題があって、そこにもいわば「*Das Kapital*（英語では*Capital*）の謎」といってもよい学問的課題があり、それをどう解いてみせるかにも著者の手腕のみせどころがある。

それればかりではない。現代世界の恐慌は、たとえば一九二九年大恐慌と少なくとも比肩さるべき経済危機をなしていながら、グローバリゼーションがすすんでいるなかで、かえってはるかに多様で地域差の大きい打撃の波及過程を生じている。そのなかで階級的な富や所得の格差が拡大し、金融的資本の経済力の強化とその保護が顕著であるが、それは世界の進路になにをもたらしつつあるのか。そこにもまた、著者の本来の問題関心としての地政学的空間編成の動態と世界恐慌との関連をめぐる、謎解きを要する主題がある。

これに加え、現代世界の経済危機は、地球温暖化のような自然破壊や自然資源の制約、さらには自然災害やそれにともなう原発事故のような経済危機の側面とどう関係しているのか、本書は東日本大震災・原発事故に先立って執筆されているのではあるが、エコロジカルな危機の深化には重大な関心をよせており、これを現代の世界恐慌との関連でどう解きあかすか、著者にとっての謎的挑戦課題がそこにも存在しているといえよう。

本書は、これらのけっして単純ではない謎の複合的な解明を主題として構成されている。それは学問的に大胆な試みを追究するものであるが、その展開は、豊富な史実や例証をともないつつ、広い市民的読者にも理解が容易なスタイルで訴えかけるところが多く、知的興奮をおぼえつつ、著者の謎解きの手腕を味わうことになる読者が多いにちがいない。ハーヴェイらしい、魅力に富んだ作品である。

全体で八章からなる、本書の展開の順序や要点は、「訳者解題」ですでに取りまとめられているので、以下三項にわけて、その主要な内容につき、その意義を解説する観点から、若干の感想や補助線的整理を加えるとともに、本書の執筆後に生じた事態をふくめ、日本経済にとってのこの経済危機の災厄の逆説的作用にも補足を加え、最後に本書最終章の魅力についてもその意義を述べておきたい。

ハーヴェイの恐慌論

本書の中心的な主題は、アメリカのサブプライム金融危機に端を発する世界恐慌がなぜ生じたのか、その経済的災厄の原因と作用をめぐる謎を、マルクスの恐慌論にたちもどって解きあかすことにある。数多いハーヴェイの作品群のなかで、はじめて本格的に恐慌論にとりくみ、その現代世界への適用を試みた、ハーヴェイの恐慌論にあたる著作となっている。

その接近方法は、基礎理論としての『資本論』の恐慌論についても、その現代世界への適用に際しても、資本の蓄積が多様な制限との関係で過剰化して、自壊作用を生ずる論理を可能性の束として広く認識して考察をすすめようとする見地にたっている。恐慌論としては、いわば多原因的接近（multi-causal approach）をとるものといえよう。

『資本論』の理論体系のなかで、マルクスは、当時の古典的景気循環の過程における、恐慌の周期的必然性を、資本主義経済の内的矛盾の発現として原理的に解明しようとしていた。しかしその試みは、多分に未完成であり、いくつかの異なる類型の恐慌論を、その相互関係が不分明なまま並存させていた。そのいずれに依拠するかで、マルクス学派の恐慌論の研究も対立的な陣営にわかれてきた。

本書では、第4章の終わりに、その対抗的な理論陣営をつぎの三つに大別している。その第一は、資本蓄積の過程で実質賃銀が上昇して利潤率が下落する論理を恐慌の原理的要因として重視する利潤圧縮説である。第二は、資本の有機的構成（剰余価値の源泉である労働力に投じられる資本比率の逆数）が蓄積の過程で高度化して、それをもたらす技術革新の逆説的作用として利潤率の低下傾向が生ずる論理を基本とみる利潤率の傾向的低下説。第三は、資本主義のもとでの労働者大衆の消費を抑制する分配関係にともなう有効需要の不足傾向による過少消費説で、現代的には過度の独占化による停滞傾向もこれを助長していると解釈される。

これに補足すれば、本書も第3章などで指摘しているように、資本主義経済に特有な無政府的な投資が、生産部面間に不比例ないし不均衡を生じさせ、それが累積して「不比例性恐慌」をもたらすという不均衡説も、ヒルファディングらにより有力視されてきた。過少消費説と不均衡説とは、それらの要因による商品の過剰生産、販売ないし価値実現の困難を恐慌発生の基本問題として強調し、利潤率の低下はその結果とみなす、商品過剰論の二類型と大別することもできる。これにたいし、利潤率の低落による資本蓄積の困難が生じなければ、蓄積の進行にともない、消費需要と投資需要も拡大して、過少消費の困難も緩和・

解消されていきうるし、また部門間の不均衡も利潤率の差異に誘導されて解決されていく可能性が高いので、恐慌の必然性を原理的に論証するには、資本の過剰蓄積による利潤率の下落を先行する要因とみなければならないとする見解が、資本過剰論であり、その内部に労賃上昇説と資本構成高度化説との二類型が分かれていたことになる。

資本過剰論のなかでは、資本構成高度化による利潤率の傾向的低下の法則に依拠する論理では、剰余労働による利潤の総量は増大を続け、それを資本に追加して資本蓄積をすすめることは、速度は鈍るにせよ、阻害されない可能性が残り、資本蓄積の停止による恐慌発生の必然性は論証しえないおそれが大きい。そのうえ、労働節約的技術への革新は、生産手段の単位価値を引き下げて、技術的構成は高度化しても、資本の価値構成はあまり高度化しない蓄積経路もありうることが、置塩信雄らにより指摘されている。

これらにくらべ、労賃上昇説的資本過剰論は、資本主義経済の基本前提をなす労働力の商品化に、資本蓄積の進行にとって原理的に緩和も解消も困難な恐慌に発現する内的矛盾の根源があるとする観点から、古典的産業循環の一環としての恐慌局面の必然性、周期性、全面性を論証することができる可能性に富んでいる。日本では、宇野弘蔵（『恐慌論』岩波文庫など）とその後継者たちがこれを強調して、資本主義の発展段階論や現状分析の次元での研究にたいし、原理論としての考察基準を『資本論』によって整備する際に、この類型の恐慌論を基本とし、マルクス信用論の整理をこれと有機的に接合して、マルクスの恐慌論を完成する作業をすすめてきた。

こうして従来の恐慌論が、『資本論』にみられるいくつかの異なる見地のいずれか一つに「支配的説明を探し求めようとする傾向」があったのにたいし、ハーヴェイは本書で、「はるかに良い考え方がある。すなわち、資本流通の分析はいくつもの潜在的な限界と制限を指し示しており、それらがいずれも恐慌の可能性をつくり出すという考え方である」（一四九ページ）と主張している。その潜在的制限として、たとえば貨幣資本の不足、労働問題、部門間の不比例、自然的限界、有効需要の不足などをリストアップしている。それは、マルクスにみられる多様な恐慌論を、潜在的可能性の束としての多原因的分析への道具箱のようにすべて保持して、史実としての現実の恐慌の解明に役立てようとする接近方法を推奨するものである。

宇野理論の観点からすれば、その接近方法は、『資本論』でマルクスがめざしていた資本主義経済の内的矛盾の発現として、現実資本と貨幣資本の対抗的な蓄積の展開が、いかにして周期的で全面的な恐慌による自己崩壊を必然的に生ずることになるのか、その原理を論証しようとする研究次元での課題に応えようとするものではない。むしろそのような原理論とは異なる資本主義の発展段階論や現状分析としての、より具体的で多様な形態に様相を変転させる恐慌の現実分析に主たる関心をおくものといえる。その問題関心にそって読めば、宇野理論による原理的恐慌論を考察基準としながら、恐慌の現実分析には、ハーヴェイのいうような多様な制限との関わりがフレキシブルに適用されてよい側面は多分に認められてよいであろう。

たとえば、本書も認めているように、一九七三年に戦後資本主義の高度成長を終焉させた世界経済危機は、先進諸国における労働力商品に対する産業資本の過剰蓄積による労賃の騰貴にともなう利潤圧縮を一因として発生したものであった（九二ページ）。その分析を提示していたものと本書が例示しているA・グリンらの著作（『賃上げと資本主義の危機』ダイヤモンド社）では、当初、労働組合の圧力に利潤圧縮の主たる原因があるとされていたのであるが、なぜそのようなパワーをこの時期に組合が発揮しえたのかは、その背後に生じていた資本の過剰蓄積による労働市場の逼迫を重視することで理解しやすくなる。その意味で宇野恐慌論が重視する原理が現実に作用していたのではないか。これが、グリンをオックスフォードに訪ねては、私が主張していた論点のひとつであり、グリンもその後の著作ではこの見地をとりいれるようになっていた。もっとも当時の労賃騰貴と利潤圧縮の危機がインフレの悪性化を介して発現したのは、古典的で原理的恐慌の場合とまったく異なるところで、ブレトンウッズ国際通貨体制の崩壊にともなう通貨信用の膨張が、労賃や一次産品の需給逼迫と接合していたためであった（伊藤誠著作集第４巻『逆流する資本主義』社会評論社）。

他方、本書によれば、「二〇〇八〜〇九年の恐慌を利潤圧縮という観点から理解することは不可能である。むしろ、過剰に豊富な労働供給による賃金抑制とその結果としての消費者の有効需要の不足の方がはるかに深刻な問題なのである」（九三ページ）。たしかに、このいわゆるサブプライム恐慌をもたらした、二〇〇二年以降の景気の回復とブーム化の過程では、資本主義企業の多くが高収益をあげながら、先進諸国では実質賃銀が抑制され、労働分配率は低下しがちであった。七〇年代初頭にみられたような、実質賃銀の騰貴による利潤圧縮は生じていなかったといえよう。にもかかわらず、この恐慌は、一九七三〜七五年の経済危機とは原因を異にする、過少消費説的観点での理解を要するものと、多原因説的に対比するだけでは、少なくともつぎの二点で十分な分析とはいえない。

第一にサブプライム恐慌に先行する景気の回復・上昇は、本書でも内容的にはそう記述しているように、住宅・建設・家具・不動産の分野にわたる消費ブームとそれを助長する金融ブームとが主要因となっていた。そのかぎりでは、労働者大衆の過少消費による有効需要の不足が直接の原因となったというより、むしろ特異な過剰消費のブームが恐慌を準備したともいえる。実質賃銀が抑制されていながら、そのような消費ブームが実現されていたのは、これも本書が指摘しているように、先進諸国で設備投資に十分吸収されえないで、過剰化している金融資金が、グローバルな証券市場を介し、アメリカなどの消費者金融に大量に注ぎ込まれ、低所得のサブプライム層にまで、投機的な住宅抵当ローンを拡大し続けたことによる。過少消費説による有効需要の不足の観点からの分析のみでは、こうしたサブプライム恐慌のとくに金融の投機的役割の演じた特性は十分な位置づけを与えられないおそれがある。

第二に、そのような過剰資金の投機的運用にともなう株式や不動産価格のバブル的膨張とその崩壊は、一九八〇年代末葉の日本、九七年にかけての周辺アジア諸国、二〇〇一年にかけてのアメリカのＩＴ（情報技術）関連株式などに連続的にくり返されるようになり、サブプライム恐慌もそのような八〇年代以降の金融の投機的不安定性をアメリカの住宅金融との関連でより大規模に露呈するものであった。それは先進諸国における資本蓄積が、ＩＴ化による生産性の上昇の成果を労働者の実質賃銀の上昇に均霑せず、新自由主義的グローバリゼーションの競争圧力のもとで、非正規の安価な労働力に依存する度合いを増大させ、不完全雇用と賃銀の抑圧、内需の不振、生産設備の過剰化と産業的投資の不振、それにともなう貸付可能な貨幣資本の過剰化の傾向を、この時期の基調としているためである。それは、古典的景気循環の不況局面における、労働力の相対的過剰、産業資本の生産能力の過剰、貸付資本の過剰の三者が容易に結合・動員されえない困難が、七〇年代初頭の労賃騰貴にともなう利潤圧縮の経済危機を反転する、その後の長期不況において、大規模に継続している事態とみることができる。その文脈においてみれば、サブプライム恐慌と七〇年代初頭のインフレ恐慌とを、類型が異なるものと対比するだけにとどめず、両者の有機的な関連を、古典的な景気循環の原理を考察の基準として、位置づけて理解することも必要なところなのである。

本書も事実上こうした関連に着目し、ことに七〇年代初頭にかけて実質賃銀を上昇させやすく有利な立場にあった先進諸国の労働者階級が、その後の経済危機を介し、新自由主義的グローバリゼーションのもとで、公企業の民営化による労働運動への攻勢、ＩＴ合理化、中国などのアジア諸国の工業化などにより、政治経済的に抑圧され続ける傾向を批判的に解明し、それを今回の世界恐慌の重要な背景と現実的作用として強調している。そのような新自由主義批判の論旨も、七〇年代初頭の世界恐慌と今回のサブプライム恐慌とを多原因説的に異なる類型として対比するにとどめず、両者の展開関係を追究する恐慌論の観点から、より明確にできるはずである。ハーヴェイは、新著『〈資本論〉入門』（作品社）のなかで、「二〇〇八年の恐慌を利潤圧縮説で解釈することは、遠回しな言い方を除いては（そして、伊藤誠の場合のようにこの理論のある種のバージョンは実際にそうしているのだが）、難しい」（四七一ページ）と述べている。しかし、私の意図は、右に述べてきたように、利潤圧縮説を周期的恐慌の原理論として整備し、これを考察基準としつつ、現実分析としては、二〇〇八年恐慌についても一九七三年恐慌の場合と同様にこの原理が適用できるとするところにあるのではなく、むしろ双方の恐慌の歴史的意義と特質をあきらかにするためにも、両者の展開関係の脈絡を重視する接近方法が望ましいとする発想にある（拙著『サブプライムから世界恐慌へ』青土社をも参照されたい）。

いずれにせよ、ハーヴェイの恐慌論の多原因的接近方法は、地理学を政治経済学的に革新する学問的作業のなかで、資本の運動の論理が、各地域の多様な歴史、文化、政治、自然制約などとの関連で、それぞれの国や都市の地政学的空間構造の特性に重要な特徴を与えることを、「共進化」論としての複合的観点で分析してきたことに由来し通底しているところがある。本書での恐慌論とその二〇〇八年恐慌への適用にも、ことにアメリカと世界の不動産ブームとその崩壊の史実についての地政学的で具体的な指摘が、現実分析としての魅力を与えている。その魅力は、本書の第6章「資本の流れの地理学」、第7章「地理的不均等発展の政治経済学」などにおいて、ハーヴェイならではの世界像に読者をいざなう。

本書は、サブプライム金融恐慌が世界的に深化した二〇〇九年までの事態をふまえ、二〇一〇年にまずハードカバーで出版され、多くの読者をえて、アイザック・ドイッチャー賞をうけ、ただちに翌一一年にはペーパーバック版も出版されている。本書には幸いこの「ペーパーバック版『あとがき』」も収録されており、そこには著者の世界経済危機の原著執筆以降の展開についての分析が示されている。とくにつぎのような三点が注目に値する。

すなわち、第一に、サブプライム恐慌は、二〇〇九年にかけて先進諸国の経済成長を軒並みマイナスに転落させたが、その間の公的資金による金融諸機関などの救済と緊急経済対策の効果によりひとまず鎮静し、翌一〇年にはかなりの幅での回復をみた。しかし、ハーヴェイによれば、「資本はけっしてその恐慌傾向を解決することはできない。それはただ恐慌をたらい回しするだけである」（本書三二四ページ）。すなわち、空間的にアメリカから他の諸国に恐慌を波及させてゆくとともに、恐慌の打撃を金融危機から国家債務危機へシフトさせている。実際、いまやギリシャ、イタリア、スペインなどの国家債務危機が、ＥＵを直撃し、ユーロの信認を下落させ、フランスとベルギーに基盤をおく大手銀行デクシアが一一年一〇月に倒産したように、金融諸機関への打撃の回帰も深刻に憂慮されている。まさに恐慌がたらい回しされているのである。それと同時に、恐慌が先進諸国ではとくに雇用情勢の側面で「なお過ぎ去っていない」ことにも注意しておかなければならない。

第二に、この間、〇九年のアメリカと日本での民主党への政権交代にともない、先進資本主義世界では、「ケインズ主義のちょっとした復活が当初見られたが、国家債務危機は、資本家階級にとって、福祉国家にまだ残されていたものを緊縮政策によって剝奪する口実になった」（三二八ページ）。この点でもハーヴェイの見解は明快である。すなわち、こうした新自由主義的緊縮政策を「正当化する議論はよくて曖昧であり、悪くて明らかに逆効果である」（三二九ページ）。それはアメリカでは、金融利害を代表する「ウォールストリートの党」が民主党をも支配しており、オバマ大統領もこの党の一員であることからきている。財政赤字はむろん重要な問題だが、「それを削減する最良の方法は成長を刺激することである」（三三二ページ）。

第三に、その傍証として、ハーヴェイは中国その他東アジアが恐慌の打撃を微弱で短期なものにとどめ、先進諸国とは異なる高成長に復帰している地政学的事実を指摘している。すなわち、「世界は、北アメリカとヨーロッパにおける赤字恐怖症と、中国を筆頭とする東アジアのケインズ的積極財政主義とのあいだで二分されている。両者の政治は大きく異なっており、その結果はなおいっそう鮮明である」（三三四ページ）。

こうした三点でのハーヴェイの分析は、新自由主義のもとで、その重大な挫折をもたらしたサブプライム恐慌が、いまなお先進諸国に重大な経済危機を生じ続けており、しかもそのなかで、失敗を露呈したはずの新自由主義的緊縮政策が、国家債務危機を介して復活し、その政策方針が東アジアの経済的活況と対比される先進諸国の不況と危機をもたらす作用を生じていることを批判的に論評するところとなっている。前著『新自由主義』の論調をその後の推移に展開してみせた鮮やかさがある。この論評をどうみるか。たとえば東アジアの活況との対比における、先進諸国の経済的危機と衰退は、新自由主義的緊縮政策の方針選択の誤りに由来するものとのみ理解してよいかどうか。いちど挫折した新自由主義的政策が復活しているのは、「ウォールストリートの党」のような金融利害の支配によるものとしてのみ解釈してよいかどうか。その背後には、一九八〇年代以降の先進諸国の資本主義企業のＩＴ化にともなう多国籍化、とくに東アジア諸国への生産、営業拠点の移転の進展が、先進諸国内部の雇用の不振、内需の冷え込み、財政赤字の増大などをもたらしてきた、グローバルな経済構造の変化が、サブプライム恐慌の前後でもあまり変化なく存続し、経済政策の選択にも重大な影響を与えていることにも注目しておくべきではないか。ハーヴェイの論評をふまえ、読者とともにさらに検討を重ねたいところである。

日本経済との関わり

本書は、アメリカ発のサブプライム恐慌の世界経済危機としての地政学的意義と構造に包括的な考察をすすめている。その分析は、日本経済に訪れている深刻な災厄にも幾重にも深く関わっている。とはいえ、本書では、残念ながら日本に直接論及しているところはごく少ない。たとえば、中国をはじめとする東アジア諸国の経済的活況に強い関心をよせながら、その地域で重要な例外をなしている日本経済の衰退と危機には分析が及ぼされていない。それは、日本が先進資本主義世界の一員とみなされているためとも考えられるし、また欧米のメディアや読者の東アジアへの関心も、一九八〇年代までと異なり、日本から中国など新興経済諸国に大きくシフトしているためとも推測される。そこで、ここでは本書の分析が日本経済にどのように関わるか、あらためて補足的な解説を加えておこう。

まず、サブプライム恐慌の発生過程についてはつぎのような関係が注意されてよい。すなわち、本書が二〇〇二年以降の景気回復において、先進諸国では資本主義企業が高収益をあげながら、実質賃銀が抑制され、そこに生じていた有効需要の不足問題が、アメリカなどでは「信用に煽られた過剰な消費主義によって糊塗され」ていた（一五一ページ）とみている事態は、日本経済にもある意味で妥当していた。すなわち、拙著『サブプライムから世界恐慌へ』でも指摘したように、この時期の景気回復は、日本でも、全産業の企業経常利益を〇二年から〇七年に一・八倍に増大させているが、労働者現金給与月額は、〇一年の三五万一三三五円から〇七年の三三万三一三円に低下し続け、多くの人びとにとっては「実感なき景気回復」といわれていた。そのため内需は冷え込んだまま、景気回復への需要拡大は圧倒的に輸出の増加に依存していた。とくにアメリカの「信用に煽られた過剰な消費主義」のブームとそれへの輸出を一因として高成長をつづける中国・インドなど周辺アジア市場の活況への輸出増大が、日本のこの時期の景気回復の主要因をなしていた。

このように、労働者の所得を抑圧し続ける傾向は、本書が指摘しているように、一九七〇年代初頭にかけてみられた労働者側に有利な政治経済関係のもとで生じた利潤圧縮の危機を、八〇年代以降の新自由主義的グローバリゼーションのもとで逆転する政治経済的攻勢によるものであった。日本ではその攻勢が臨調行革の名のもとに公企業の民営化を一環に推進され、戦闘的労働組合運動に解体的攻撃が加えられるとともに、官民ともに低賃金で不安定な非正規労働者の雇用比率を増大させ続け、貧富の格差を拡大し、ワーキング・プアーを顕著な社会問題とするにいたる。その間、日本経済に生じた例外的な内需拡大による景気回復は、八五年九月のプラザ合意後の八〇年代末に生じたバブル景気の過程であった。この時期の日本は、九〇年代末のアメリカに生じニュー・エコノミーといわれたIT関連株式の投機的バブルと、その崩壊後の二〇〇二年以降の住宅・不動産バブルの二波にわたる投機的ブームとその崩壊を一体化して、先駆的に経験したような、株式市場と住宅・不動産市場のまさに「信用に煽られた」巨大バブルの膨張とその大崩壊とを生じたのであった。この巨大バブル崩壊が世界恐慌への転化を危惧されながら、今回のサブプライム恐慌と異なり、世界化しなかったのは、投機的金融の膨張への銀行などの資金投入が、もっぱら国内的に調達されていたことによるといえよう。

とはいえ、このバブル崩壊の後遺症として、一九九〇年代以降の日本経済は、不良債権の処理に悩む銀行など金融諸機関の危機と再編、内需の不振、産業空洞化の進展、雇用環境の劣化、所得格差の拡大などをともなう「失われた一〇年」とも二〇年ともいわれる停滞傾向にあえいできた。そのため、二〇〇二年以降のアメリカの住宅バブルによる消費ブームに牽引された、輸出増加を主要因とする日本経済の景気回復もその停滞基調を払拭するものとならず、年平均実質成長率一・八％程度の微弱で脆弱なものにとどまっていた。

サブプライム恐慌は、震源地アメリカから、住宅ローンを組み合わせて組成した不動産担保証券（MBS）の不良債権化、価格下落による金融危機が、ヨーロッパにも波及して、実体経済にも打撃を与える経過をたどっていた。その間、日本の金融諸機関は、サブプライム関連MBSの保有比率も低く、金融恐慌の直撃をまぬがれ、相対的に安定していた。にもかかわらず、日本経済は、主要先進諸国のなかでいちはやく〇八年からマイナス成長に転落し、〇九年にかけてもっとも大幅な成長率の落ち込みをみている。それは、これに先立つ景気回復が、雇用条件とそれにともなう内需を改善しえず、むしろ冷え込ませ続けて、もっぱら輸出頼みで実現されていた内的脆弱性を内包していたことに起因する事態であった。

こうした日本経済の内的脆弱性は、また、本書で強調されている新自由主義的グローバリゼーションの重圧のもとで、労働者階級への継続的な抑圧作用が強化されてきた結果であるとともに、その過程でとくに日本では、結婚、子育てへの社会的支援のしくみや配慮が不足したまま、女性を安価な労働力として大量に動員して、急速な少子高齢化を生じ、しかも景気回復に十分役立たないまま、経済対策としての公共事業費の巨額な支出が続けられて国家債務の累積が危機的に膨張してきていることが、経済生活の未来に重い閉塞感を与えていることにも由来していた。

この経済危機からの新たな脱出の道を期待する民衆の選択は、二〇〇九年にアメリカに続き日本でも民主党への政権交代をもたらした。民主党政権のもとでの子ども手当や、エコポイント制などの新たな発想による社会民主主義的生活支援の方策が、二〇一〇年にかけて年率二・八％程度の成長率へ、前年のマイナス五・八％からかなりの幅での経済回復をもたらす効果を示した。しかし、本書が「ペーパーバック版『あとがき』」でも問題としているような、国家債務危機の深化にともなう国家の「赤字恐怖症」が新自由主義的緊縮財政への反転をもたらす傾向は、欧米のみならず日本にもおよんで、エコポイント制の多くは一〇月秋以降当初の予定期日で順次打ち切られ、子ども手当も減額、さらには廃止に向かい、経済回復は二〇一一年には減速するものと予測され、後産的な二番底への低落も懸念されていた。

二〇一一年三月一一日に生じた東日本大震災とそれにともなう原発事故は、この懸念をだれも予想していなかった形で深刻に現実化するものとなった。それをうけて『経済財政白書』（平成二三年度版）も地震と津波による建物、港湾、道路などの資産の直接被害額のみでも一六〜二五兆円に達するとし、近年の先進国では類例のない被害規模が発生していると述べている。本書の「ペーパーバック版『あとがき』」執筆の後に生じた日本経済のもうひとつの大きな災厄である。実際、日本経済は、この一一年の前半六ヶ月マイナス成長に転落し、IMFもこれをふまえて、日本の経済成長見通しを前年一〇月段階での一・五％からさらに大きく引き下げて、マイナス〇・七％に下方修正している。大震災と原発事故への巨額な復旧・復興予算の必要も、日本における緊縮財政への反転の政治的動向を特殊的に強める契機とされつつある。

加えて、この年の七、八月に急激な円高が生じ、円は対ドルレートで震災前の八二・三円の水準から史上空前の七五円台に突入し、輸出産業にきびしい重圧をもたらし、社会問題化しつつある若者の就職難など雇用情勢にも追加的悪影響が広がりつつある。それは、ギリシャ、イタリア、スペインなどにおける国家債務危機によりユーロの信認がゆらいでその相場が大きく下落し、ついでアメリカでも財政危機が政治問題化し、これに対応する金融緩和による利下げへの方針もドル売りを誘発しているためである。日本は一〇年末で対GDP比一三四％の国債を累積させ、主要先進諸国のうちではその比率が最も高い国家債務危機を内在させ、サブプライム恐慌の経済的打撃も実体経済的には最も深刻で、しかもその後の大震災・原発事故も重なり、二重の激震に襲われているのに、その通貨である円が高騰をみているのはまったく逆説的にみえる。それは、サブプライム恐慌後の金融危機が国家債務危機に転化される構造が、対外債務の比率の大きいギリシャなどのEU内縁辺諸国とアメリカの財政危機を介してユーロとドルの低落をもたらし、巨額な国家債務がなお国内資金で調達され、銀行などの金融機関に相対的安定がみられる日本の円への投機的金融資金の逃避的移転を生じている動向を示すものである。

こうした一連の経緯のなかで、景気回復には輸出に期待したい日本経済に、サブプライム恐慌の屈折した「たらい回し」の打撃が円高の重圧としても与えられ、世界恐慌と大震災・原発事故との二重の激震の災厄を、いっそうきびしく重いものとしているのである。

何をなすべきか？

本書の最終章は「何をなすべきか？　誰がなすべきか？」と題されている。本稿のはじめにも述べたように、この部分（もしくはそれによる講演）のファイルが、出版前から世界の研究者なかまのあいだにメールで広く流されて関心を集めていた。まさに本書のめだま（眼目）として、世界の多くの読者もこの章に惹きつけられるにちがいない。

というのは、つぎのような一連の諸問題が広範な人びとに訴えかける切実さを増しているからである。すなわち、新自由主義のもとでの資本主義の市場原理主義にもとづく発展が、サブプライム恐慌の災厄において行きづまりを示している事態のなかで、どのような代替路線に期待をよせることができるか。たとえば、政権交代後の米日の民主党政権に多くの民衆が期待をかけ新たな環境政策や子育て支援をともなった社会民主主義やケインズ主義への回帰が、どうして容易に定着せず、さらにより労働者階級寄りの政策方針に変えられていけないのか。あるいはまた資本主義の枠組みを超えてゆく変革運動が、世界恐慌による経済生活の危機から、あらためてチャンスをむかえているはずなのに、社会主義や共産主義をめざす社会運動にも閉塞感が強いのはなぜか。ソ連型集権的計画経済社会の崩壊のショックもいぜん作用しており、資本主義を超えて歴史を前進させるべき社会運動にも主体の危機が生じているのではなかろうか。

「何をなすべきか？」。レーニンが一九〇二年に提起した問題が、ハーヴェイによって現代的にどう解読されるか。現代世界の政治経済の混迷の解読の鍵をマルクスの思想と理論にもとめる世界の批判的知性の多くが、いまそれぞれに緊急な問題として、本書のこの章の表題と展開に期待し惹きつけられるのは不思議ではない。

この文脈で想起される一シーンがある。たしか一九八〇年代末のドイツであったか、「現代経済のグローバリゼーション」をめぐる国際コンファレンスの席で、われわれは現代資本主義のＩＴ化、多国籍化、新自由主義などとの関連でその意義や作用を報告しあい、論議していた。そのさなかにハーヴェイが手をあげて立ちあがったのでみなが注目した。彼はマルクスを思わせるあの頬髭の風貌で、「ここでわれわれが議論しているグローバリゼーションの基本は、『共産党宣言』ですでに指摘されている資本主義の発展傾向だと思う」とだけ述べて、すっと着席した。一同ちょっとあっけにとられた。しかし思い返してみると、たしかに『共産党宣言』の第一章では、「ブルジョアジーは、世界市場の開発を通じて、あらゆる国々の生産と消費を世界主義的《コスモポリテイツシュ》なものにした」、それにともない、精神面でも、多くの民族文学から「世界文学」が形成される、といった印象的な洞察が示されている。マルクスとエンゲルスによって示されている、こうした資本主義の基本的発展傾向と現代世界のグローバリゼーションとの関連と差異をあらためて検討してみたいという興味にかられたものである。

それとともに、ハーヴェイの現代世界についての現実感覚にあふれた批判的分析の基本的視点のひとつが『共産党宣言』をわれわれの時代にどのように活かせるか、という発想にあることも実感した。本書でも、資本主義を超える社会を共産主義と規定し、そこから、社会主義は資本主義を前提に所得再配分により平等性をめざす社会民主主義をさす用語としている。それは『共産党宣言』による用語法であろう。晩年になるとマルクスとエンゲルスも、ドイツ社会民主党を支援する観点からも、共産主義とごく近い意味でも社会主義という用語も使用しており、自らの立場を科学的社会主義とも述べていた。その意味で、マルクスによりながら、本書の用語法とは異なり、平等主義を確実に実現するために、その基礎として生産諸手段の共有をめざす社会主義は、資本主義を前提とする社会民主主義とは区別して理解することも十分可能であり、そのほうが一般的であろう。さらに、こうした意味あいでの社会主義と社会民主主義とをあわせて、広義の社会主義という場合もなくはない。もっとも、本書は、あらためて「共産主義」の理念を社会主義と区別して推奨しながら、この呼び名は不幸にしてあまりに重荷を背負った用語となっており、とくにアメリカでは、これを政治的言説に再導入することはさしあたり困難であるとして、「名称は重要ではない」とも述べている（三二一ページ）。そこで、われわれの期待する社会運動は、たんに反資本主義的運動と定義してもよい、とも主張している。

いずれにしても、本書の著者は、世界の「今日の状況はかつてないほどにマルクスが描き出した様相に近いものになっている」（六九ページ）ことに強く注意をうながしている。そのひとつの重要な証左は、グローバル経済の進展のなかで、富と所得が一部のブルジョアジーに集中し、社会的格差と階級的不平等が拡大する傾向に示されている。「一九九六年の国連開発レポートによると、約三〇〇家族が、世界の富の四〇％を支配していた」（一四二ページ）。「アメリカにおける所得の不平等は一九七〇年代以降、うなぎ上りに増大した。アメリカ国民の下位九〇％が現在所有しているのは富のわずか二九％であり、一〇％が残りの富を独占している。さらにトップ一％が富の三四％を所有しており、所得の二四％を獲得している（これは一九七〇年の三倍である）」（三三三ページ）。こうした富と所得の不平等の拡大は（日本でもこの間、顕著な傾向となっているが）、有効需要の回復をさまたげ、不安定な投機的バブルとその崩壊による恐慌の災厄を生じやすくし、またそのなかで公的資金による銀行や企業の救済措置をも介しさらに再拡大され続けている。まさに『共産党宣言』の基本認識の現代的貫徹を思わせるところである。

このような不公平で不安定な資本主義の発展は、「世界のいたるところに反資本主義的運動を生み出してきた」（二八一ページ）。ソ連崩壊後の一九九〇年代にオルタ・グローバリゼーション運動が宣言したように「もう一つの世界は可能だ」という感覚は存在している。しかし、「中心となる問題は、全体として、資本家階級の再生産とその権力の永続化に世界的規模で的確に挑戦しうるような、堅固で十分統一された反資本主義運動が存在しないことである」。資本主義エリートたちの法外な貨幣権力と軍事力を抑制するための明白な方法もまだ見出されていない。ここには「二重の閉塞が存在する」。すなわち、人びとを鼓舞するような構想なしには、本格的な反資本主義運動は出現しえないであろうが、逆にまた、そのような運動の不在がオルタナティブの明確化を排除しているのである（二八二ページ）。

そのような閉塞状況から抜け出してゆくためには、たとえば社会諸運動をつうずる共通の目標に関し、おおまかな同意が必要となる。そこには、たとえば、自然環境の尊重、ラディカルな平等主義、共同利益の感覚にもとづく社会的諸制度、生産手段の共同所有の発想、民主的行政手続き、直接生産者の組織する労働過程、新しい社会関係と生活様式の自由な探究、などがふくまれるであろう。こうした目標に向けての協力と連帯の共–革命的運動にとって、現在生じつつあるマルクス主義と無政府主義との（マルクスとバクーニンとの対立以降の伝統をのり越える）収斂傾向も重視したいところである（二八〇ページ）。また、反資本主義運動の担い手としても、伝統的左派が依拠してきた職場での労働者階級の組織運動にとどまらず、その外部での地域社会での階級意識の形成、農民運動との同盟、さらに広く都市開発や信用制度のもとで、住まいや職場や所得を奪われ剝奪された人びとの反抗や生活権の要求などにも可能性が求められてよい。労働組合とともに協同組合、ワーカーズ・コレクティブ、NPO、NGOなどとの協力も必要とされる。

こうして「何をなすべきで、なぜなすべきなのかに関する構想と、それをなすための、特定の場所を越えた政治運動の形成、この両者の関係を一個の螺旋に転化させなければならない。どちらにおいても、何らかのことが現実に行なわれるならば、他方が強化されるだろう」（二八二～三ページ）。

いままさにニューヨークで始まりアメリカ各地にも伝播しつつある、民衆の長期にわたる格差拡大反対、ウォールストリートの金融利害への富と所得の集中とその公的救済や支援政策反対の連続的なデモと街頭占拠《オキュパイ》運動は、まったくこうした本書の訴えに呼応して展開されているようにみえる。そこには「われわれは九九％だ」というプラカードが掲げられ、まさに都市の不安定な「プレカリアート」が、自生的に連帯して新たな社会運動の姿を形成しつつあるのではなかろうか。本書のいうアナーキズムとマルクス主義の収斂の可能性も実感させられる。そこからたとえば、共和党でも民主党でもない第三の大統領候補を模索する、新たな政治運動も触発され、それに広い共感が広がりつつあるという。

日本でもいま、脱原発、反原発の社会運動が、大震災・原発事故からの協同組合的復興支援の連帯活動やさらにはＴＰＰ参加反対の運動とも連動し、これまでにない広い自生的な関心を集め、新たな政治運動の可能性を開きつつある。

これらが、本書のいう二重の閉塞からの反資本主義運動の螺旋的反転攻勢再生への契機となるよう期待したいところである。本書に刺激をえて、読者とともに、こうした運動の強化発展のためにも、役立ちうる資本主義の理論的・現実的分析と、そこから示唆される未来への展望や構想の検討をさらに協力してすすめたいものである。

二〇一一年

訳者解題

森田成也

「あなたは株の投機、投機とうるさくおっしゃる。でもね、これこそ私が夢見ている巨大蒸気機関の魂そのものであり、かまどであり、そこで燃えさかる炎なんです!〔……〕もしわれわれが予言したあの奇跡を中東で実現したいのなら、雨あられと降り注ぐ金貨や踊り狂う巨額の金《かね》が必要なんです。そう! 私は犠牲がないとは言いませんよ。世界を動かす時には、一人や二人の通行人の足をつぶしてしまうことだってあるでしょうよ」。

エミール・ゾラ『金《かね》』(藤原書店、二〇〇三年、一五四頁)

本書は、以下の著作の全訳である。David Harvey, *The Enigma of Capital and the Crises of Capitalism*, Profile Books, 2010. これに、以下のペーパーバック版に収録されている「あとがき」を追加している。David Harvey, *The Enigma of Capital and the Crises of Capitalism*, Profile Books, 2011.

二〇〇八年の世界金融恐慌をテーマとしている本書は、『新自由主義』の著者デヴィッド・ハーヴェイによる最新著作である。本書は出版直後から世界中で話題となり、ドイッチャー賞を受賞するとともに、すでに一一言語での翻訳が進んでいる。

二〇〇六年ごろから部分的に始まり二〇〇八年におけるリーマンブラザーズの破綻で頂点に達した世界金融恐慌をめぐっては、すでに多くの著作が出されているので、その具体的な経緯についてはここでは繰り返さない。少なくともこの恐慌については次の三つの次元での解明が必要になるだろう。

まず、第一に、最も直接的で最も表層的な次元での説明である。異常なまでに発達しグローバル化した金融化と証券化の手法、生産に向かわずに株や各種金融商品や不動産への投機に回った膨大な過剰資本、高度な数式モデルにもとづくリスク評価と複雑なリスク分散の手法、等々である。この次元だけで今回の金融恐慌を説明するならば、それに対する対応策としては、行きすぎた金融化や証券化を多少規制するとか、リスク評価のやり方を見直すとか、といったあれこれの小手先の改良が問題になるだろう。

しかし、第二に、このような金融化の進展、莫大な過剰資本の存在そのものの起源が解明されなければならない。そのためには、一九七〇年代後半から生じはじめ一九八〇年以降のレーガン・サッチャー革命を契機に爆発的に進行した資本主義の構造転換、すなわち新自由主義化と金融資本主義化、そしてアジア諸国の経済成長と冷戦の崩壊を伴う資本のグローバリゼーションが解明されなければならない。

だが、ここまで説明してもなお不十分である。というのも、今日におけるような国際的な富と権力の巨大な格差の存在、きわめて投機的で周期的に恐慌を引き起こす金融資本主義の出現というのは、そもそも資本主義にとって外在的なものなのか、すなわち一部の人がそう言いたがるように、きわめて特異な英米型資本主義の産物にすぎないのか、それとも資本主義そのものに内在する本質的な傾向なのかが問われなければならないからである。もしそれが単に英米型資本主義の産物にすぎないのなら、より投機的ではない資本主義への回帰（ケインズ型あるいは福祉国家型？）が課題になるだろう。しかし、資本主義そのものに、強力な恐慌傾向、投機化傾向が内在しているのなら、それ自体を解明する第三の最も根底的で普遍的な次元が議論の俎上にのぼる必要がある。

本書はまさに、この三つの次元に即して、とりわけ、第三の最も根底的な次元に即して、今回の金融恐慌を解明しようとするものである。

二〇〇八年恐慌の全体像とその資本主義的起源――第1～4章

まず第1章は、今回の金融恐慌の全体像を概観し、その複数の起源（第一の次元と第二の次元）を簡単にたどっていく。そして、その究極の根拠が資本の運動そのものに内在する種々の制限／障壁《バリア》にあることを示唆する。

第2章から第4章までが、そのさまざまな制限／障壁《バリア》を具体的に明らかにしている部分である。資本は物ではなく絶え間なく運動する一個の過程であり、流れ《フロー》である。そして、その全体としての流通ないし循環の過程の各結節点において、その流れを妨げる固有の閉塞ポイントが存在する。ハーヴェイは前著『〈資本論〉入門』（作品社、二〇一一年）の最終章「反省と予測」の中で、まさにこのような閉塞ポイントの主要なものを指摘し概括していたが、本書の2章から4章はその拡張版である。

ハーヴェイがこの部分をこの三つの章に分けたのは、資本の生産過程を中間項として、資本の流れが大きく三つの部分に分かれるからである。まず第一の部分（第2章）は、生産過程を開始する準備段階としての貨幣資本の集積である。これは歴史的には本源的蓄積として現われるが、しかし資本は日々、一定額の貨幣を手元に集積しなければ生産を開始することはできないのであって、現代においては、その集積過程において信用が決定的な役割を果たす。ここでは貨幣資本そのものの集積が一つの制限となりうる。

第二の部分（第3章）は資本の生産過程そのものである。資本は貨幣を集めただけでは生産を開始することができないのであって、次にその貨幣資本でもって、生産手段と労働力を入手しなければならない。

生産手段の購買は資本を「自然との関係」という厄介な問題へと巻き込む。ここでは自然そのものの限界が資本の限界として現われる。労働力の購買は、旧社会秩序の解体や相対的過剰人口の創出、労働力の地理的移動といった諸問題へと連結する。だが、生産手段と労働力とを購入するだけではまだ生産はスムーズにいかないのであり、「部外者立ち入るべからず」と入口に書かれた生産過程の内部においても種々の制限が存在する。一つは、資本主義的生産にふさわしい技術と組織形態の確立という問題がある。二つ目に、その過程内部における唯一の主体的存在たる労働者に対する統制という問題がある。労働者に資本自身が立てた目標に沿って勤勉に働いてもらわなければ、資本はその競争上の優位性を獲得できないのであり、労働者が生きた人間である以上、そうした勤勉さを調達するにはさまざまな工夫や階級妥協やイデオロギー的な支配等々が必要になる。

たとえば、戦後における日本資本主義の成功の秘密は、銀行から調達された豊富な資金、農村から調達された豊富で低賃金の労働力、主として中東から入手された安価な石油、アメリカから輸入された高度な技術、フォード主義を改良した独特の労働組織形態（トヨティズム）といった諸要素に加えて、企業主義的に巧みに編成された「労働者統合」が結びついたことにある。

第三の部分（第4章）は、その生産過程から再び出てきた資本が自己の価値を市場において実現する過程である。ここでは有効需要と市場問題が重大な制限として登場する。

以上すべての局面において資本の流れを妨げる多くの制限ないし障壁が存在するのであり、それらが深刻に資本の流れをせき止めれば、恐慌となって事態は爆発する。資本はこれらの種々の制限を絶えず克服するか回避しようとする。しかしこれらの克服ないし回避は、別の制限、別の障壁をつくり出す過程でもある（ハーヴェイはこれを「フィックス（回避）」という言葉で表現している）。現実の貨幣資本を集積することの困難という制限を回避するために信用創造やレバレッジが用いられるなら、それ自体が処理に困るような膨大な擬制資本が形成される。労働力確保の困難や労働者の反抗という制限を回避するために、労働節約型技術が採用されれば、それは大量の失業をつくり出し市場問題を悪化させる。現実の生産過程に伴う多くの制限をすべて回避しようとして、不動産や金融商品へと資本が流れるが、それは投機的熱狂をもたらす。市場問題を回避するために、（生産的消費においてのみならず個人的消費においても）借金を通じた架空の需要が大量につくり出されれば、それはまさに今回の金融恐慌に見られたような事態を準備する。

このように、資本のうちには、恐慌を誘発しうる多くの制限が存在するというだけでなく、それらの制限を回避する各々の努力それ自体にも恐慌を誘発する別の制限を（場合によっては、回避しようとした制限以上に大きな制限を）つくり出す傾向が本質的に備わっているのである。

資本蓄積の歴史的・地理的展開――第5～7章

さて、このような内在的諸限界を持つ資本は、一個の体制ないしシステムとして（つまり資本主義として）、できあがった形で天から降ってきたわけではない。それは、歴史的に封建制の中で芽生え、しだいに自己の周囲にある社会的・自然的諸環境を包摂し、それを自己にふさわしいものへと変容させ、あるいは自己に必要な諸機関や諸制度をつくり出すことで、一個のシステム（ただし常に外部に依存し、内部にも制御しきれない諸要素を抱え込んだシステム）へと成長転化したのである。その過程を明らかにするとともに、それ自身を乗り越えていく変遷の可能性を考察するのが第5章である。その際、ハーヴェイは、社会的DNAとも言うべきある基本原理（資本主義の場合は「終わりなき資本蓄積」と「永続的な複利的成長」という二重螺旋構造）が一個のシステムになる上で必要不可欠な七つの「活動領域」を明らかにし、それらが複雑に相互作用しあいながら一個のシステムへと共進化（co-evolution）していく過程を明らかにしている。

その七つの「活動領域」とは、生産過程、技術(および組織形態)、日常生活の再生産(人口の世代的再生産を含む)、社会的諸関係、自然との関係(「第二の自然」との関係を含む)、世界に関する精神的諸観念、社会的・行政的諸制度である。ハーヴェイは前著『〈資本論〉入門』では、「社会的・行政的諸制度」を除く六つの領域を特定しており、かつそれを「契機(moment)」と呼んでいた。本書では、そうした発想をさらに発展させて七つの契機を明らかにし、かつそれを「活動領域(sphere of action)」と呼んでいる。この七つの領域は相対的に自律して進化しながらも、資本主義の基本原理を軸心にして相互作用しあい、資本主義システムへと共進化していく。そして、やがては、それ自身を乗り越えて新しいシステムの可能性を示唆する。だがこの可能性は自動的に実現するわけではなく、無数の不確定性と偶発性(状況依存性)を伴いながら、主体的に切り開かれなければならない。

ところで、この歴史的過程は、地理的真空の中で起こるわけではない。主流の経済学者は、具体的な歴史的過程を捨象してしまうだけでなく、具体的な地理的過程をも捨象し、あたかも経済が「針の頭の上」で、あるいは均質な平滑空間の中で起こるかのように考察する。マルクス主義者は、ブルジョア経済学の「超歴史的」態度を徹底的に批判したが、「資本主義の地理」(「資本主義の歴史」という言い方は普通になされるが、「資本主義の地理」という言い方があまり聞きなれないのは、まさに地理的過程への経済的無関心を反映している)に関しては、主流派経済学者と同じように無視しがちだった。

経済地理学者であるハーヴェイはそうした「超地理的」態度をきっぱりと批判する。資本主義は歴史的のみならず地理的にも、したがって、時間的のみならず空間的にも把握されなければ、その全体像をつかむことはできない。それは、各国別の資本主義の特殊性を理解するという静態的な類型論的レベルをはるかに越えて、資本主義そのものに内在する絶えざる「地理の生産」、「空間の生産」を資本のダイナミズムそのものとして理解しなければならないということである。こうした過程を具体的に明らかにしたのが第6章である。この章は本書の白眉の一つでもあって、経済地理学者ハーヴェイの面目が躍如している。

この過程の解明は、実を言うと、今回の金融恐慌の解明にとっても決定的である。というのも、資本による「空間の生産」の最たるものは都市空間の形成《アーバナイゼーション》とその根幹部分を構成する「建造環境（built environment）」の構築なのだが、それこそ、膨大な過剰資本と過剰労働力を吸収するものであっただけでなく、莫大な有効需要も生むものであり、今回の金融恐慌において決定的なきっかけとなったのもまた、その過程の一環である住宅市場、不動産市場の膨張とその崩壊だったからである。

資本主義の具体的な進化はしたがって、これまで論じてきた資本主義の歴史的形成過程と地理的形成過程との統一であり、ハーヴェイはそれを資本主義の地理的不均等発展として把握する。この過程は、一方では、自然環境や社会に対する絶えざる創造的破壊の過程であるとともに、他方では、資本主義の歴史的・地理的存在を一定の領土と制度のもとに絶えず組織化し固定化する過程でもあった。これを解明するのが第7章である。国家や自治体や国家間組織などの種々の領土的単位は、資本主義の地理的不均等発展を独特の形で媒介し、それを屈折させる。資本の絶えざる流動性の時空間と、領土化された空間の相対的に固定的な時空間とは、しばしば摩擦と衝突を引き起こす。

このように、資本主義そのもののうちに、恐慌と投機、金融化とグローバル化へと突き進む内在的傾向が存在する。このことを、ハーヴェイが本書でも引用しているエミール・ゾラは、伝説的投機家サッカール（本書でも取り上げられている実在のペレール兄弟がモデルの一つ）の口を通じて次のように表現している。「投機というのは生きる糧そのものなんです。〔……〕もし投機がなかったら事業なんてものはできないのですよ。もしあなたが私にとてつもない満足や空が突然晴れ渡るような幸福を約束してくれないのなら、何で私は自分のお金を投げ出して、財産を危うくさせるような真似をしなくちゃならないのでしょうか」(エミール・ゾラ『金《かね》』一八二頁)。ケインズはこのようなメンタリティを「アニマル・スピリッツ」と呼んだ。

資本主義はしたがって、それが世界的に成立して以降、周期的に金融資本主義化し、金融恐慌を繰り返し引き起こしては世界経済を大混乱に叩き込んできた。戦後の世界資本主義が一九七〇年代半ばまで相対的に安定的であったのは、一方では、二度にわたる悲惨な世界大戦と世界大恐慌の教訓のおかげで、資本主義に内在する恐慌・投機・排除・不平等傾向を相対的に抑制する制度的枠組みが構築されたことと、他方では過剰資本を吸収しうる豊富な外部と内部とが存在しており、過剰資本危機を永続的インフレーションへと転化することができたからであった。しかし、世界大戦と世界恐慌の悲惨な思い出が遠ざかり、過剰資本を吸収する内部と外部とがしだいに枯渇し(後に中国が新たな広大な外部を提供するのだが)、労働陣営の地位向上とエンパワーメントとともに大企業の利潤が圧迫され、インフレーション危機に対する富裕層の不満が増大していった。ついに大企業と富裕層は猛烈な反転攻勢に出た。これが、一九七〇年代後半からしだいに顕著になり、一九八〇年代に英米を中心に爆発し、一九九〇年代に世界に広がっていった新自由主義的反革命である。

資本主義に内在的な恐慌傾向、投機傾向、不平等拡大傾向を相対的に抑制してきたあらゆる行政的・社会的諸制度や諸勢力が次々と攻撃され、しだいに破壊ないし無力化されていった。資本主義は、しだいにその本来の野蛮な姿を露わにしつつある。今回の金融恐慌はその果実の一つなのだが、それ以降も資本主義はその野蛮さをいささかも緩和させていない。したがって、なすべき課題は、この剝き出しの資本主義に再び社会的・経済的公正や福祉国家というイチジクの葉をつけることではなく(過渡的スローガンとしては有効であるとしても)、資本主義そのものを克服することである。

オルタナティブの探求――第8章

ハーヴェイの二〇〇三年の『ニューインペリアリズム』（邦訳は二〇〇五年、青木書店）や二〇〇五年の『新自由主義』（邦訳は二〇〇七年、作品社）では、新自由主義に対するオルタナティブとして「新しい《ニュー》ニューディール」が提唱されていたのだが、本書では、そうした水準をはるかに超えて、資本主義のシステムそのものから離脱することの必要性が力説され、世界各地で芽生えている反資本主義運動に深い注意が向けられている。しかし、それがきわめて困難な課題であることは明らかであって、第8章はそれがテーマとなっている。

その際、ハーヴェイが重視しているのは、先に明らかにした「七つの活動領域」論である。ある特定の領域における変革だけでシステム全体の変革が達成されるわけではない。社会的・行政的諸制度を変えるだけではだめなのは、理解されやすいだろうが、生産過程における変革だけでも不十分なのである。その変革が日常生活、技術と組織形態、精神的諸観念、社会的諸関係などの他の諸領域における変革へと波及していかなければ、資本主義にとって代わる「もう一つの世界＝システム」は可能とはならない。ハーヴェイは、七つの活動領域を横断しそれらの各領域の変革と相互作用しながら全体としてのシステムを変革していく過程を、「共‐革命的（co-revolutionary）」過程と呼んでいる。

では、この「共‐革命的」過程の担い手となるのは誰なのか？　ハーヴェイはこの点では、これまでの諸著作と同様、大きな二つの資本蓄積様式（拡大再生産による蓄積と「略奪による蓄積」）を区別し、それぞれの蓄積様式による搾取、略奪、排除の被害にあう人々を変革主体として想定している。しかし、これまでの著作と違って、本書ではこの二大カテゴリーをより詳細に区分して、より具体的に変革主体を模索している。これらの諸主体内部および諸主体間の同盟を構築することが決定的な鍵となる。

ペーパーバック版「あとがき」

最後のペーパーバック版「あとがき」は、本書のハードカバー版が執筆された二〇〇九年末以降、二〇一一年一月までの状況の変化について概観している。あれほどの規模の金融恐慌が起こったにもかかわらず、主要資本主義国における主流派の経済学者や為政者たちは根本的な反省を何らせず、これまでと同様の新自由主義と金融資本主義の道を走っている。世論の動向も大きくは変わっていない。新自由主義的反革命がつくり出した精神的諸観念の変容はかくも強固なのである。

ここではとくに、この間の世界資本主義を生産的にも金融的にも支えてきた中国の役割が議論されている。二〇世紀に、イギリスおよびその他のヨーロッパ諸国を中心とした資本主義のシステム的行き詰まりを、広大な土地と資源を持った新世界たるアメリカ合衆国が救ったように、この二一世紀においては、アメリカを中心とした資本主義のシステム的行き詰まりを救うのは、同じように広大な土地と資源を持ち、そして最大級の人口を抱えた中国かもしれない。まだアメリカは資本主義陣営のヘゲモニーを失ってはいないが、グローバル・ヘゲモニーはしだいに西から東へと移動《シフト》しつつある。この両国の運命はおそらく世界資本主義の運命そのものでもあろう。

以上、簡単に本書のあらすじを明らかにした。本書でハーヴェイが言うように、今回の金融恐慌の教訓が本当に汲み取られないならば、グローバル資本主義は今後とも同じような恐慌を、あるいは異なった形での新たな危機を繰り返し引き起こすだろう。ギリシャの債務危機とそれを契機とするユーロ安、最近ロンドンで起きた大暴動などはその不吉な現われである。このような資本のシステムを前提とした部分的改良ではなく、システムそのものの是非が問われなければならない（追記——最近起こったウォールストリート占拠の取り組みは、システムそのものを問い直す試みの一つであろう）。

本書の翻訳について

最後に翻訳について簡単に説明しておく。まず各章の担当者は以下の通り。

・序文、第8章、ペーパーバック版「あとがき」、「典拠資料と文献」……森田成也
・第1章、第2章、第3章、付録1・2……新井田智幸
・第4章、第5章、第7章……中村好孝
・第6章……大屋定晴
・全体の点検と統一……森田成也

本書で繰り返し登場する「crisis」ないし「crises」は、「危機」と「恐慌」の両方の意味があり、本書でもその両方の意味で使われているので、文脈に応じて「恐慌」と訳したり、「危機」と訳したり、場合によっては、「危機／恐慌」と訳したりしている。同じくそれぞれ文脈に応じて、「barrier」は、「制限」「障壁」「制限／障壁」と訳され、「urbanization」は「都市空間の形成」「都市空間」「都市建設」「都市開発」などと訳され、「contingency」は「偶発性」か「状況依存性」と訳され、「privatization」は、「民営化」「私有化」「私有化／民営化」と訳され、「deindustrialisation」は「産業空洞化」「産業衰退」「脱産業化」と訳されている。

各章の見出しは、原著ではいささかわかりにくい表現になっていたので、本書では、内容に即したタイトルをつけている。また原著では、各章は「――――」でいくつかの部分に分かれているが、とくに小見

出しはつけられていなかった。本書では読者の便宜を考えて、それぞれの内容に即して小見出しを入れておいた。ペーパーバック版「あとがき」にはまったく区切りも小見出しもなかったので、適当な箇所に内容に即した小見出しを挿入しておいた。

本書を含め、作品社からデヴィッド・ハーヴェイの著作を立てつづけに三冊出すことになっている。本書はその二冊目である。三冊とも、編集者の内田眞人氏のお世話になっている。記して感謝したい。

二〇一一年九月五日

［付記］

本書は、二〇一六年度「経済理論学会ラウトレッジ国際賞」（JSPE - Routledge International Book Prize）を受賞した。デヴィッド・ハーヴェイの来日講演も検討されている。（二〇一七年三月一四日記）

1998～2001年　資本逃避危機がロシア（1998年に破綻）から、ブラジル（1999）、さらにアルゼンチン債務危機（2000-2002）で最高潮に達すると、ペソの減価に続き、大量失業と政治的騒乱が起きる。

2001～02年　ドットコムバブルと株式市場が崩壊し、エンロン、ワールドコムが破綻。FRBは資産価値を支えるため利子率を引き下げる（不動産バブルが始まる）。

2007～10年　不動産主導のバブルがはじけて金融恐慌がアメリカ、イギリス、アイルランド、スペインで起こり、金融機関の強制的合併や破綻、国有化が続く。CDOやヘッジファンドなどに投資していた世界中の機関に緊急支援がなされ、不況が起こり、失業、国際貿易の崩壊はさまざまなケインズ主義的景気刺激策と中央銀行による流動性注入によって対処される。

付録1　主要な債務危機と緊急支援《ベイルアウト》（1973～2010年）

1973～75年　アメリカ、イギリスでの不動産市場崩壊、アメリカでの連邦、州、地方自治体での財政危機（ニューヨーク市が破綻寸前に）、原油価格の高騰、不況。

1979～82年　インフレの急進とボルカーの利率ショックがレーガン不況を押し進め、アメリカでは失業率が10％以上にまで上昇し、各地で連鎖反応が起きる。

1982～90年　発展途上国の債務危機（メキシコ、ブラジル、チリ、アルゼンチン、ポーランドなど）が「ボルカーショック」の高利によって発生。債務国支援がアメリカ財務省と復活したIMF（ケインズ派を追放し、「構造調整」プログラムで武装）によって仕切られたことでアメリカの投資銀行が救済される。

1984年　コンチネンタルイリノイ銀行が、連邦準備制度理事会（FRB）、財務省、連邦預金保険公社（FDIC）によって救済される。

1984～92年　不動産投資をしていたアメリカの貯蓄貸付組合の破綻、閉鎖。FDICによる3260の金融機関の救済。1987年以降、イギリス不動産市場の不況。

1987年　10月の株式市場での大混乱がFRBとイングランド銀行の巨額の流動性注入によって処理される。

1990～92年　不動産市場主導のバブルが北欧と日本ではじけ、銀行危機に。アメリカではシティバンクとニューイングランド銀行への緊急支援。

1994～95年　高リスクのメキシコ債務を保有していたアメリカの投資家保護のためにメキシコペソの救済。デリバティブによる重大な損失が、オレンジ郡の破綻や他の地方政府の同様の高リスク投資による大損失で最高潮となる。

1997～98年　アジア通貨危機（部分的に不動産主導）。流動性不足が巨大な破綻と失業を強要し、IMFの懲罰的な緊急支援に続いて、略奪的な企業に手っ取り早く利潤をあげる機会を提供（韓国、インドネシア、タイなど）。

1998年　アメリカでロングターム・キャピタル・マネジメント（LTCM）がFRBに緊急支援される。

付録2　アメリカにおける金融イノベーションとデリバティブ市場の拡大（1970〜2009年）

1970年	不動産担保証券（MBS）導入
1972年	シカゴ通貨先物市場開設
1973年	シカゴオプション取引所、エクイティ先物取引開始
1975年	財務省短期証券およびMBSの先物取引
1977年	財務省長期債券先物
1979年	相対型の規制外取引が、とくに通貨先物において常態化。「影の銀行システム」が登場
1980年	通貨スワップ
1981年	ポートフォリオ・インシュアランス（資産保証）導入。金利スワップ。ユーロダラー、譲渡性預金、アメリカ国債の先物市場
1983年	通貨、株価、アメリカ国債のオプション市場。モーゲージ担保証券（CMO）導入
1985年	オプションと先物市場の深化と拡大。コンピュータによる市場取引や数理モデル化が本格化。統計的裁定取引戦略導入
1986年	ビッグバンによる株式市場、オプション市場、通貨取引市場の国際的統合
1987〜88年	債券担保証券（CBO）、CMOに加えて債務担保証券（CDO）導入
1989年	金利スワップ先物
1990年	株価指数スワップに加えてクレジット・デフォルト・スワップ（CDS）導入
1991年	特別目的会社（SPE）や投資ビークル（SIV）のような「帳簿外」組織の認可
1992〜2009年	これらの手段の全般的な取引量の急増。取引高は、取るに足らなかった1990年から、2008年には年間600兆ドルを超えるまでに拡大

Partnoy, F., 2003, *Infectious Greed: How Deceit and Risk Corrupted Financial Markets*, New York, Henry Holt.

Peet, R. and Watts, M. (eds.), 2004 edition, *Liberation Ecologies*, New York, Routledge.

Phillips, K., 2006, *American Theocracy: The Peril and Politics of Radical Religion, Oil and Borrowed Money in the 21st Century*, New York, Viking.

Phillips, K., 2009, *Bad Money: Reckless Finance, Failed Politics, and the Global Crisis of American Capitalism*, New York, Viking.

Pollin, R., 2003, *Contours of Descent: US Economic Fractures and the Landscape of Global Austerity*, London, Verso.
〔ロバート・ポーリン『失墜するアメリカ経済——ネオリベラル政策とその代替策』日本経済評論社、2008年〕

Porter, P., Sheppard, E. et al., 2009 2nd edition, *A World of Difference: Encountering and Contesting Development*, New York, The Guilford Press.

Santos, B. de Sousa, 2006, *The Rise of Global Left: The World Social Forum and Beyond*, London, Zed Books.

Santos, B. de Sousa (ed.), 2006, *Another Production is Possible: Beyond the Capitalist Canon*, London, Verso.

Silver, B., 2003, *Forces of Labor: Workers' Movements and Globalization since 1870*, Cambridge, Cambridge University Press.

Smith, N., 2008 3rd edition, *Uneven Development: Nature, Capital, and the Production of Space*, Athens, Ga, University of Georgia Press.

Turner, G., 2008, *The Credit Crunch: Housing Bubbles, Globalisation and the Worldwide Economic Crisis*, London, Pluto Press.
〔グレアム・ターナー『クレジット・クランチ　金融崩壊——われわれはどこへ向かっているのか？』昭和堂、2010年〕

United Nations Development Program, 1989-2009, *Human Development Report* (annual issues), New York, Palgrave Macmillan.

Walker, R. and Storper, M., 1989, *The Capitalist Imperative: Territory, Technology and Industrial Growth*, Oxford, Wiley-Blackwell.

Wang Hui, 2003, *China's New Order: Society, Politics and Economy in Transition*, Cambridge, Ma, Harvard University Press.
〔汪暉『思想空間としての現代中国』岩波書店、2006年〕

Wolf, M., 2008, *Fixing Global Finance*, Baltimore, MD, Johns Hopkins University Press.

Wolf, R., 2009, *Capitalism Hits the Fan: The Global Economic Meltdown and What to Do about It*, New York, Olive Branch Press.

The Worldwatch Institute, *State of the World 2009*, New York, Norton.（過去25年間の報告を比較すると興味深い）

Dumenil, G. and Levy, D., trans. D. Jeffers, 2004, *Capital Resurgent: Roots of the Neoliberal Revolution*, Cambridge, Ma, Harvard University Press.
Eichengreen, B., Yung Chul Park and Wyplosz, C. (eds.), 2008, *China, Asia and the New World Economy*, Oxford and New York, Oxford University Press.
Galbraith, James. K, 2008, *The Predator State: How Conservatives Abandoned the Free Market and Why Liberals Should Too*, New York, Free Press.
Galbraith, John K., 1975, *Money: Whence it Came, Where it Went*, Boston, Houghton.
〔ジョン・K・ガルブレイス『マネー——その歴史と展開』TBSブリタニカ、1980年〕
Galbraith, John K., 1993, *A Short History of Financial Euphoria*, Knoxville, TN, Whittle Direct Books.
〔ジョン・K・ガルブレイス『新版　バブルの物語——人々はなぜ「熱狂」を繰り返すのか』ダイヤモンド社、2008年〕
Gautney, H., 2009, *Protest and Organization in the Alternative Globalization Era: NGOs, Social Movements, and Political Parties*, New York, Palgrave Macmillan.
Greider, W., 1989, *Secrets of the Temple: How the Federal Reserve Runs the Country*, New York, Simon and Schuster.
Harvey, D., 2005, *A Brief History of Neoliberalism*, Oxford, Oxford University Press.
〔デヴィッド・ハーヴェイ『新自由主義——その歴史的展開と現在』作品社、2007年〕
Harvey, D., 2007 edition, *The Limits to Capital*, London, Verso.
〔デヴィッド・ハーヴェイ『空間編成の経済理論——資本の限界』大明堂、1989～1990年。1982年出版の旧版の翻訳〕
Helleiner, E., 1994, *States and the Reemergence of Global Finance: From Bretton Woods to the 1990s*, Ithaca, Ny, Cornell University Press.
Klein, N., 2007, *The Shock Doctrine: The Rise of Disaster Capitalism*, New York, Metropolitan Books.
〔ナオミ・クライン『ショック・ドクトリン——惨事便乗型資本主義の正体を暴く』上下、岩波書店、2011年〕
Maddison, A., 1982, *Phases of Capitalist Development*, Oxford, Oxford University Press.
〔アンガス・マディソン『経済発展の新しい見方——主要先進国の軌跡』嵯峨野書院、1988年〕
Maddison, A., 2007, *Contours of the World Economy, 1-2030 AD: Essays in Macro Economic History*, Oxford, Oxford University Press.
Mertes, T. (ed.), 2004, *A Movement of Movements: Is Another World Really Possible?*, London, Verso.
Milanovic, B., 2005, *Worlds Apart: Measuring International and Global Inequality*, Princeton, NJ, Princeton University Press.
Panitch, L. and Konings, M. (eds.), 2008, *American Empire and the Political Economy of Global Finance*, New York, Palgrave Macmillan.

典拠資料と参考文献

本書全体を通じて私が引用した詳細情報の多くは新聞報道にもとづいている。『ニューヨーク・タイムズ』が主たる情報源であり、『ガーディアン』と『フィナンシャル・タイムス』で補った。また恐慌に関しては他の説明にも依拠した。とりわけ2008年夏の「崩壊」以前に書かれた文献は、理論的洞察にとっても構造的理解にとっても有益だった。不満を持つ者たちと略奪された者たちとの同盟という思想は、ピーター・マルクーゼ［ヘルベルト・マルクーゼの息子］から来ており、この定式化に関して彼に感謝している。また、マーギット・メイヤー、および、ニューヨーク市立大学大学院とベルリン自由大学における私の院ゼミ参加者にも感謝したい。彼らは、本書の初期の原稿にコメントしてくれた。

以下の文献は、理論的手引きとしても詳細情報のソースとしてもとりわけ有意義だった。

Arrighi, G., 1994, *The Long Twentieth Century: Money, Power, and the Origins of Our Times*, London and New York, Verso.
〔ジョヴァンニ・アリギ『長い20世紀——資本、権力、そして現代の系譜』作品社、2009年〕

Arrighi, G. and Silver, B., 1999, *Chaos and Governance in the Modern World System*, Minneapolis, University of Minnesota Press.

Bellamy Foster, J. and Magdoff, F., 2009, *The Great Financial Crisis: Causes and Consequences*, New York, Monthly review Press.

Bookstaber, R., 2007, *A Demon of Our Own Design: Markets, Hedge Funds, and the Perils of Financial Innovation*, Hoboken, NJ, John Wiley.
〔リチャード・ブックステーバー『市場リスク　暴落は必然か』日経BP社、2008年〕

Brenner, R., 2002, *The Boom and the Bubble: The US in the World Economy*, New York, Verso.
〔ロバート・ブレナー『ブームとバブル——世界経済のなかのアメリカ』こぶし書房、2005年〕

Cohan, W., 2007, *The Last Tycoons: The Secret History of Lazard Freres & Co.*, New York, Doubleday.

Dicken, P., 2007, *Global Shift: Reshaping the Global Economic Map in the 21st Century*, fifth edition, New York, The Guilford Press.（この著作に関しては1986年から出版された最初のいくつかの版も読む価値がある。過去数十年間にグローバル経済に生じた巨大な地理的移動を理解することができる）
〔P・ディッケン『グローバル・シフト——変容する世界経済地図』古今書院、2001年。原著第3版の翻訳〕

ものにはほど遠いが、恐慌に関する伝統的経済学者たちによる生きた論争を提供している。
http://delong.typepad.com/main/

- 『ニューヨーク・タイムズ』の記事アーカイブ。
http://www.nytimes.com/ref/membercenter/nytarchive.html

- 『ル・モンド・ディプロマティク』のサイト。同サイトは、オルタ・グローバリゼーション運動の現在に関する国際的な情報を提供するとともに、広範な社会的・政治的・環境的・経済的諸問題に関する批判的議論を提供。
http://www.monde.diplomatique.fr/

- 『ソーシャリスト・レジスター』は、本書で取り上げた多くの問題についてテーマごとに多年にわたって解明してきたが、それらの論文は以下のページで読むことができる。
http://socialistregister.com/index.php/srv/issue/archive

- 『マンスリー・レビュー』のサイト。同サイトは、現在進行中の事態に関する論評と最新情報を提供。
http://www.monthlyreview.org/mrzine/

役立つサイト

- アメリカ合衆国における収入と富の不平等の変遷に関するトーマス・ピケッティとエマニュエル・サエーズのサイト。
  http://elsa.berkeley.edu/~saez/

- 差し押さえに関するアメリカの地方および全国データを集計したサイト。
  http://www.realtytrac.com

- アメリカにおける住宅ローンの適用とローン支払不履行の記録をつけているアメリカ抵当銀行協会のサイト。
  http://www.mbaa.org/

- マルクスの『資本論』と恐慌の都市的起源に関するデヴィッド・ハーヴェイのサイト。
  http://DavidHarvey.org

- 国際通貨基金（IMF）による国際報告書とデータ。
  http://www.imf.org

- 国際決済銀行（BIS）による調査報告書、とりわけ恐慌のさまざまな地理的インパクトに関する報告。
  http://www.bis.org

- 世界銀行による比較国際データと報告書。
  http://worldbank.org/

- アジア開発銀行のサイト。同サイトは、アジア地域で起こっていることに関する私の情報源である。
  http://www.adb.org/Economics/

- ブラッド・デロングのサイト。同サイトは本人が主張するような公平でバランスのとれた

【解説者紹介】

伊藤 誠（Itoh Makato）

東京大学名誉教授、日本学士院会員。経済学博士。1936年、東京生まれ。東京大学経済学部教授、國學院大学経済学部教授、国士舘大学大学院グローバルアジア研究科教授、および、ニューヨーク大学、ニュースクール・フォー・ソシアルリサーチ、ロンドン大学、シドニー大学、グリニッチ大学、上海経済大学などの客員教員を歴任。主な著書に、『伊藤誠著作集（全6巻）』（社会評論社、刊行中）、『サブプライムから世界恐慌へ』（青土社）、『「資本論」を読む』（講談社学術文庫）、『幻滅の資本主義』（大月書店）ほか多数。

【訳者紹介】

森田成也（Morita Seiya）

国学院大学非常勤講師。主な著書：『資本主義と性差別』（青木書店）、『資本と剰余価値の理論――マルクス剰余価値論の再構成』（作品社）、『価値と剰余価値の理論――続マルクス剰余価値論の再構成』（作品社）。主な訳書：デヴィッド・ハーヴェイ『新自由主義』（作品社、共訳）、同『〈資本論〉入門』（作品社、共訳）、スーザン・ジョージ『アメリカは、キリスト教原理主義・新保守主義に、いかに乗っ取られたのか？』（作品社、共訳）、キャサリン・マッキノン『女の生、男の法』（上下巻、岩波書店、共訳）、トロツキー『永続革命論』（光文社古典新訳文庫）、同『ニーチェからスターリンへ』（光文社古典新訳文庫、共訳）ほか多数。

大屋定晴（Oya Sadaharu）

北海学園大学経済学部准教授。主な著書：『共生と共同、連帯の未来』（編著、青木書店）、『マルクスの構想力』（共著、社会評論社）ほか。主な論文：「ハーヴェイの『地理的不均等発展論』と新自由主義批判」（東京唯物論研究会『唯物論』第88号、2014年）ほか。主な訳書：デヴィッド・ハーヴェイ『新自由主義』（共訳）、同『反乱する都市』（共訳）、同『コスモポリタニズム』（共訳）、J・センほか編『世界社会フォーラム――帝国への挑戦』（共訳。以上、作品社）ほか。

中村好孝（Nakamura Yoshitaka）

滋賀県立大学人間文化学部助教。主な著書：『社会学的想像力のために』（世界思想社、共著）、『「ひきこもり」への社会学的アプローチ』（ミネルヴァ書房、共著）など。主な訳書：デヴィッド・ハーヴェイ『新自由主義』（共訳）、同『〈資本論〉入門』（共訳）、同『〈資本論〉第2巻・第3巻入門』（共訳）、同『コスモポリタニズム』（共訳）、スーザン・ジョージ『アメリカは、キリスト教原理主義・新保守主義に、いかに乗っ取られたのか？』（以上、作品社。共訳）、C・ライト・ミルズ『社会学的想像力』（共訳、筑摩書房）など。

新井田智幸（Niida Tomoyuki）

東京経済大学経済学部専任講師。主な論文：「ヴェブレンの制度論の構造――人間本性と制度、制度進化」（東京大学『経済学研究』第49号、2007年3月）、「書評『新自由主義の嘘』（竹内章郎著、岩波書店）」（『月刊東京』東京自治問題研究所、2010年8月）、「制度変化理論と制度の多層性――『資本主義の多様性』論の発展に向けて」（東京大学『経済学研究』第56号、2014年3月）ほか。

【著者紹介】

デヴィッド・ハーヴェイ（David Harvey）

1935年、イギリス生まれ。ケンブリッジ大学より博士号取得。ジョンズ・ホプキンス大学教授、オックスフォード大学教授を経て、現在、ニューヨーク市立大学教授（Distinguished Professor）。専攻：経済地理学。現在、論文が引用されることが、世界で最も多い地理学者である。

2005年刊行の『新自由主義』は、高い評価を得るとともに、アカデミズムを超えて話題となり世界的ベストセラーとなった。そして2008年には、『資本論』の講義を撮影した動画をインターネットで一般公開したが、世界中からアクセスが殺到し、現在の世界的なマルクス・ブームを巻き起こすきっかけとなった。

本書は、『ガーディアン』紙の「世界の経済書ベスト5」（2011年）に選ばれ、また「ドイッチャー賞」を受賞している。

［邦訳書］
『新自由主義——その歴史的展開と現在』（渡辺治監訳、森田成也・木下ちがや・大屋定晴・中村好孝訳、作品社）
『〈資本論〉入門』（森田成也・中村好孝訳、作品社）
『〈資本論〉第2巻・第3巻入門』（森田成也・中村好孝訳、作品社）
『反乱する都市』（森田成也・大屋定晴・中村好孝・新井大輔訳、作品社）
『コスモポリタニズム——自由と変革の地理学』（大屋定晴ほか訳、作品社）
『パリ——モダニティの首都』（大城直樹・遠城明雄訳、青土社）
『ニュー・インペリアリズム』（本橋哲也訳、青木書店）
『ネオリベラリズムとは何か』（本橋哲也訳、青土社）
『ポストモダニティの条件』（吉原直樹監訳、青木書店）
『都市の資本論——都市空間形成の歴史と理論』（水岡不二雄監訳、青木書店）
『空間編成の経済理論——資本の限界（上・下）』（松石勝彦・水岡不二雄訳、大明堂）
『都市と社会的不平等』（竹内啓一・松本正美訳、日本ブリタニカ）
『地理学基礎論——地理学における説明』（松本正美訳、古今書院）

資本の〈謎〉
——世界金融恐慌と21世紀資本主義

2012年2月29日　第1刷発行
2018年9月30日　第9刷発行

著者——————デヴィッド・ハーヴェイ
訳者——————森田成也・大屋定晴・中村好孝・新井田智幸

発行者—————和田 肇
発行所—————株式会社作品社
102-0072 東京都千代田区飯田橋2-7-4
tel 03-3262-9753　fax 03-3262-9757
振替口座00160-3-27183
http://www.sakuhinsha.com/
編集担当————内田眞人
本文組版————編集工房あずる＊藤森雅弘
装丁——————伊勢功治
印刷・製本———シナノ印刷（株）

ISBN978-4-86182-366-4　C0033

デヴィッド・ハーヴェイの著書

Marx's Capital
〈資本論〉入門

森田成也・中村好孝訳

世界的なマルクス・ブームを巻き起こしている、ハーヴェイ教授の最も世界で読まれている入門書。グローバル経済を読み解く、『資本論』の広大な世界へ！

「ハーヴェイ教授は、経済学やマルクス研究に革命を起こし、
世界の新たな世代の知識人に影響を与えている。
今を生きるすべての人が、本書を読むべきだ」

ナオミ・クライン

Marx's Capital
〈資本論〉第2巻・第3巻 入門

森田成也・中村好孝訳

グローバル経済を読み解く鍵は、〈第2巻〉にこそある。難解とされる〈第2巻〉〈第3巻〉が、こんなに面白く理解できるなんて！ハーヴェイだからこそなし得た画期的入門書

〈第２巻〉の主題「資本の流通過程」は、経済地理学と重なるテーマ（資本の空間的移動、流通時間、資本の回転、時間による空間の絶滅……）が対象であり、著者が最も興味のそそる理論領域である。単なる解説ではなく、理論の拡張と適用であり、読者の生き生きとした興味と関心を喚起する。（「訳者解説」より要約）

デヴィッド・ハーヴェイの著書

反乱する都市

資本のアーバナイゼーションと都市の再創造

森田成也・大屋定晴・中村好孝・新井大輔 訳

パリ・ロンドン暴動、ウォールストリート占拠、ギリシア・スペイン「怒れる者たち」……。世界を震撼させている都市反乱は、いかに21世紀資本主義を変えるか？混迷する資本主義と都市の行方を問う。

「世界的反乱が、資本主義のいかなる必然性から発生し、資本主義にどのような影響を与えようとしているのか？ 本書は、きわめて知性的な左派からの分析である」（フィナンシャル・タイムズ）

コスモポリタニズム

自由と変革の地理学

大屋定晴訳・解説　森田・中村・岩崎訳

地理学を欠いた“自由と解放”は、“暴力と抑圧”に転化する。グローバル資本主義に抗する。“コスモポリタニズム”を再構築する〈地理学的批判理論〉の誕生。ハーヴェイの思想的集大成！

「オリジナリティあふれる議論は、今後、間違いなく、激動の21世紀世界に大きな論議を巻き起こし続けるだろう」

（「アメリカ地理学会」誌）

ジョヴァンニ・アリギの著書

北京のアダム・スミス

21世紀の諸系譜

中山智香子ほか訳　山下範久解説

21世紀資本主義の〈世界システム〉は、中国の台頭によってどうなるのか？東アジアの経済的復興と新たな〈世界システム〉への転換を、アダム・スミスの経済発展理論をもとに、壮大な歴史的視野から分析し、世界的な話題を巻き起こした注目の書！　世界10カ国で翻訳出版。

【付】

アリギ生前最後のインタビュー

（聞き手：デヴィット・ハーヴェイ）

日本語版解説

山下範久《資本主義から市場社会へ》

「目から鱗が落ちるとは、このことではないか！
一読の価値のある大著だ」

（姜尚中『朝日新聞』書評より）

「東アジアの復興に伴う世界像の変化を、いかに説明するか？
本書は、著者アリギの21世紀世界像であり、
世界システム論の到達点である」

（川北稔『日経新聞』書評より）

長い20世紀

資本、権力、そして現代の系譜

土佐弘之ほか訳

20世紀資本主義の〈世界システム〉の台頭と終焉を、壮大なスケールで分析した世界的名著。いかに〈マネー〉と〈パワー〉は「長い20世紀」を終焉させ、新たな時代を作ろうとしているのか？世界11カ国で翻訳出版。

「〔世界金融危機について〕たんに混乱をあおるだけで
何の洞察もない本や雑誌を読みあさるなら、
せめて、こういう本に目を通すべきであろう。」

（柄谷行人『朝日新聞』書評より）